权威·前沿·原创

皮书系列为
"十二五""十三五""十四五"时期国家重点出版物出版专项规划项目

中国社会科学院创新工程学术出版资助项目

中东黄皮书

YELLOW BOOK OF THE MIDDLE EAST

中东发展报告 *No.25*（2022~2023）

ANNUAL REPORT ON DEVELOPMENT IN THE MIDDLE EAST No.25(2022-2023)

气候变化与中东地区可持续发展

Climate Change and Sustainable Development in the Middle East

主　编／王林聪

副主编／刘　冬

社会科学文献出版社
SOCIAL SCIENCES ACADEMIC PRESS（CHINA）

图书在版编目（CIP）数据

中东发展报告 . No. 25，2022-2023：气候变化与中
东地区可持续发展 / 王林聪主编；刘冬副主编 . --北
京：社会科学文献出版社，2024.1
（中东黄皮书）
ISBN 978-7-5228-2896-1

Ⅰ.①中… Ⅱ.①王… ②刘… Ⅲ.①社会发展-研
究报告-中东-2022-2023②中外关系-研究-中东-
2022-2023 Ⅳ.①D737.069②D822.337

中国国家版本馆 CIP 数据核字（2024）第 013972 号

中东黄皮书

中东发展报告 No. 25（2022~2023）
——气候变化与中东地区可持续发展

主　　编 / 王林聪
副 主 编 / 刘　冬

出 版 人 / 冀祥德
组稿编辑 / 祝得彬
责任编辑 / 郭红婷
责任印制 / 王京美

出　　版 / 社会科学文献出版社·当代世界出版分社（010）59367004
　　　　　　地址：北京市北三环中路甲 29 号院华龙大厦　邮编：100029
　　　　　　网址：www.ssap.com.cn
发　　行 / 社会科学文献出版社（010）59367028
印　　装 / 三河市东方印刷有限公司

规　　格 / 开 本：787mm×1092mm　1/16
　　　　　　印 张：22.25　字 数：337 千字
版　　次 / 2024 年 1 月第 1 版　2024 年 1 月第 1 次印刷
书　　号 / ISBN 978-7-5228-2896-1
定　　价 / 168.00 元

读者服务电话：4008918866

中东黄皮书编委会

主要编撰者简介

王林聪　历史学博士，中国社会科学院西亚非洲研究所副所长、研究员，中国非洲研究院副院长。中国社会科学院大学国际政治经济学院教授、博士生导师。中国社会科学院海湾研究中心主任。中国中东学会会长，中国亚非学会副会长，享受国务院政府特殊津贴专家。主要从事中东历史、政治、社会和国际关系研究。现主持中国社会科学院登峰战略优势学科"当代中东发展"项目和国家社会科学基金专项研究项目。主要学术代表作有《中东国家民主化问题研究》（专著，中国社会科学出版社，2007）、《中国与埃及友好关系》（研究报告，社会科学文献出版社，2019），论文有《中东安全问题及其治理》（《世界经济与政治》2017 年第 12 期）等。

刘　冬　经济学博士，中国社会科学院西亚非洲研究所经济研究室副主任、副研究员，中国社会科学院海湾研究中心秘书长兼能源研究项目主任。主要从事中东经济发展、产油国石油政策研究。主要代表作有《石油卡特尔的行为逻辑》（专著，社会科学文献出版社，2015），论文有《货物贸易视角下中海自贸区收益的实证分析》（《西亚非洲》2014 年第 3 期）、《境外工业园建设与中阿产能合作》（《西亚非洲》2017 年第 6 期）、《变迁中的国际能源秩序与中东的角色》（《西亚非洲》2022 年第 4 期）等。

摘　要

　　随着世界进入新的动荡变革期，中东在全球战略竞争中的地位进一步凸显，中东地区也经历着深刻的"历史之变"和"时代之变"，自主、发展、和解成为当前中东地区新变化的三个重要标识。

　　第一，战略自主是当前中东国家的突出特点。美国在中东地区的战略收缩客观上加快了中东地区大国战略自主步伐。中东国家纷纷谋求摆脱美国等西方大国的控制，自主决定其地区发展进程和国家发展道路。

　　第二，发展优先已成为中东国家的战略选择。许多中东国家将发展置于优先事项，并通过实施一系列中长期发展规划提升了国家的整体实力，一些国家逐渐摆脱所谓"阿拉伯之春"的剧变旋涡，开始走上恢复发展之路。

　　第三，谋求和解成为当前中东国家的现实抉择。为创造有利于和平发展的环境，许多国家采取主动行动，降低地区冲突，缓解矛盾纷争，逐渐形成了中东"和解潮"。其中，中国扮演了中东和平缔造者的关键角色，中国通过促成沙伊复交，有力助推中东地区的和平与发展，中国和中东国家关系进一步提质升级，迈入快车道。

　　第四，中东国家致力于可持续发展，在全球治理中积极作为。2022年11月，《联合国气候变化框架公约》第27次缔约方会议（COP27）在埃及沙姆沙伊赫成功举行，2023年11月，阿联酋主办《联合国气候变化框架公约》第28次缔约方会议（COP28），标志着国际社会高度重视中东地区的气候变化问题和国际气候变化议程进入"中东时刻"，显示了中东国家在全球治理中的影响力不断上升。

与此同时，中东地区发展仍面临一系列严峻挑战，大国竞争趋于激烈，地区动荡跌宕起伏，巴以、叙利亚、也门以及利比亚等热点问题并未改观，一些根本性矛盾和分歧并未缓解，安全风险依然尖锐突出，这些不仅制约了中东国家战略自主能力，也增添了中东"和解潮"的变数，因此，中东地区和平进程仍然具有脆弱性、漫长性和反复性。但是，从长远看，战略自主、团结自强、聚焦发展正成为中东国家的共识，并推动中东地区迎来历史性转机。

关键词： 中东 战略自主 "和解潮" 气候变化 可持续发展

目 录 ↖↘

Ⅰ 总报告

Ⅱ 分报告

Ⅲ 国别报告

IV 热点问题

V 对外经济合作

VI 文献资料

皮书数据库阅读**使用指南**

总 报 告
General Report

Y.1
中东地区发展：历史性转机及前景

王林聪*

摘　要： 伴随世界格局的演变，中东正经历深刻的时代之变和历史之变，中东地区发展呈现历史性转机。一方面，发展优先成为中东国家的首要选择，战略自主成为许多中东国家的显著特征；另一方面，"和解潮"持续扩大，谋求和解是当前中东国家的现实抉择。全球气候变化议程进入"中东时刻"，中东国家在全球治理中积极作为，致力于可持续发展，这一切正在改变中东的历史进程。与此同时，中东地区发展仍面临一系列严峻挑战，诸如大国在中东地区的竞争，外部势力的干扰，地区动荡跌宕，尤其是巴以冲突加剧、安全风险上升，发展困境持续，从而制约了中东国家战略自主能力和中东"和解潮"的全面推进，中东地区和平进程仍然具有脆弱性、漫长性和反复性。然而，从长

* 王林聪，中国社会科学院西亚非洲研究所副所长、研究员，中国非洲研究院副院长，中国社会科学院海湾研究中心主任，中国中东学会会长，主要研究领域为中东历史、政治、社会和国际关系。

远看，中东地区发展已展现了较好的前景，正在摆脱 2010 年以来"剧变长波"的旋涡，开始塑造一个不同以往的"新中东"。

关键词： 中东　战略自主　"和解潮"　气候治理　安全态势

中东地区发展是指在世界大变局背景下中东国际地位的变迁、中东地区格局的变动以及中东国家政治、经济和社会的历史性变化。近年来，中东地区发展的重大变化是国际、地区和国内等多层面互动的结果。国际、地区和国内等多层面互动不仅塑造着中东地区的面貌，而且为中东地区发展创造了新的契机，甚至在一定程度上改变着中东地区的历史进程。因此，本文旨在分析中东地区发展的新变化及其深远影响，探讨中东地区发展面临的诸多问题及挑战，进而展望中东地区发展的走向和前景。

一　中东地区发展的新变化及特征

中东地区发展的新变化主要包括中东国家将发展作为最优先事务、国家战略自主性明显提升、地区国家间的缓和态势明显、地区诸国高度重视气候变化问题。

（一）发展优先已成为中东国家的战略选择

中东国家在顺应第四次工业革命浪潮、反思阿拉伯剧变的消极影响、回应民众提高经济水平的要求等因素的推动下，纷纷提出中长期发展规划，如土耳其"2023 年愿景"、埃及"2030 年愿景"、沙特"2030 年愿景"等。① 可见，发展优先已成为地区国家的普遍共识。总的来讲，其背后主要有三大动力。

---

① 详细内容可参见王林聪《中东国家发展规划与中东地区发展前景》，载王林聪主编《中东发展报告 No. 24（2021~2022）》，社会科学文献出版社，2022，第 1~27 页。

第一，顺应新一轮工业革命浪潮，明确发展优先是中东国家的战略选择。2015 年，世界经济论坛主席克劳斯·施瓦布指出，继水和蒸汽动力驱动的生产机械化、电力驱动的生产大规模化、电子和信息技术驱动的生产自动化这三次工业革命之后，人类正在经历第四次工业革命。[①] 其特点是技术融合驱动的生产智能化，代表性技术包括人工智能和机器学习、物联网、增强现实和虚拟现实、纳米技术、机器人、3D 打印、量子计算和能量存储。历史上，任何一次工业革命都对社会变革、国家发展和世界秩序产生深远影响，第四次工业革命也不会例外。

中东国家不愿错过第四次工业革命浪潮，发展优先是其必然选择。除了以色列、土耳其等少数几个国家之外，中东地区绝大多数国家错过了第三次工业革命浪潮，没有赶上全球经济增长大潮，进而陷入了经济发展困境，这也带来了一系列消极的政治和社会影响。[②] 中东国家试图跟上新一轮工业革命浪潮，力争在全球竞争中赢得先机，纷纷制定新工业发展战略，大力发展先进技术和产业。此外，中东国家的政府还提供相关的配套支持体系，包括制定新的教育政策，提出新的培训计划，发布远程工作管理框架，制定人工智能政策和战略，打造创新和创业生态系统等。

第二，回应民众提高经济水平的要求，增强政权合法性是中东国家奉行发展优先战略的内在动力。多个有关中东国家的民调结果显示，中东国家的民众最关心经济发展问题。例如，阿拉伯学术研究和政策研究中心（Arab Center for Research and Policy Studies）2022 年发布的《阿拉伯舆论指数 2022》显示，当阿拉伯国家的民众被问及"本国需要解决的最紧迫问题是什么"时，60%的受访者认为是与经济相关的问题，包括失业率、高物价、恶劣的经济条件和贫困；16%的受访者认为是与政府绩效和政府政策相关的

① Klaus Schwab, "The Fourth Industrial Revolution: What It Means and How to Respond", Foreign Affairs, December 12, 2015, https://www.foreignaffairs.com/world/fourth-industrial-revolution, accessed March 5, 2023.

② Melani Cammett, Ishac Diwan, Alan Richards, and John Waterbury, A Political Economy of the Middle East, Boulder, Co.: Westview, 2015, p.50.

问题，如公共服务不足、金融和行政腐败、政府治理和政策，以及民主转型；12%的受访者认为是安全和政治稳定问题。[①] 可见，经济问题是绝大多数中东民众的首要关切。实际上，中东国家中长期发展规划的核心目标都包括推动经济发展以及与此相关的社会福利改善。例如，土耳其的"2023年愿景"、埃及的"2030年愿景"以及沙特的"2030年愿景"都将推进经济社会发展视为解决各种问题和提升国家在地区和国际影响力的突破口。

第三，反思阿拉伯剧变的消极影响，聚焦民生和治理问题是中东国家奉行发展优先战略的关键所在。一方面，阿拉伯剧变给中东带来一系列政治问题。那些经历剧变的中东国家非但没有走上国富民强之路，反而陷入了冲突动荡的发展困境。利比亚、叙利亚、也门三个国家爆发内战，国家崩溃，社会撕裂，民众受难。埃及、突尼斯、苏丹等国经历国家转型，但陷入持续的政治动荡，国家的经济发展受到阻碍。知名民调机构"阿拉伯晴雨表"2022年公布的数据显示，超过一半的阿拉伯国家的受访者认为，民主制度下经济更疲软。[②] 中东国家的民众越来越关心政府政策的有效性，而不是政府的类型。

另一方面，阿拉伯剧变给中东带来一系列安全问题。阿拉伯剧变之后，中东地区陷入阵营化敌对，[③] 出现了以伊朗为核心的什叶派阵营，土耳其领导的亲穆兄会阵营，沙特、埃及、阿联酋、以色列等组成的反伊朗、反穆兄会阵营。这些阵营之间纷争不断，对抗加剧，尽管没有直接爆发大规模武装冲突，但频频被美国所利用，中东地区充斥着与此相关的混合性战争、代理人战争、"灰色地带"冲突等，加之以"伊斯兰国"组织为代表的恐怖主义威胁、粮食安全问题、难民问题等诸多非传统安全问题，对中东国家安全构

① "Arab Opinion Index 2022: Executive Summary", Arab Center Washington DC, January 19, 2023, https://arabcenterdc.org/resource/arab-opinion-index-2022-executive-summary/, March 6, 2023.
② Michael Robbins, *Democracy in the Middle East & North Africa*, Princeton: Arab Barometer, 2022, p. 3.
③ 吴冰冰：《中东地区的大国博弈、地缘战略竞争与战略格局》，《外交评论》2018年第5期，第42页。

成严重威胁。

正因为如此，越来越多的中东国家精英和民众逐渐认识到，追求所谓西式民主化和自由化非但不能解决中东的深层次结构性问题，反而可能恶化国家的发展困境。因此，提高国家的治理能力和解决发展问题成为中东民众的广泛共识。

（二）战略自主是当前中东国家的突出特征

冷战结束之后，中东地区进入了"美国的单极霸权"时期，美国主导中东地区事务，中东国家的战略自主性低。美国维持与以色列、土耳其、埃及和沙特等多个地区大国的双边联盟关系，阻止任何地区大国和域外大国谋求地区霸权，严厉打压伊朗、叙利亚、哈马斯等反美力量。同时，美国还积极在中东地区发动所谓的"反恐战争"，推进"大中东民主倡议"，试图巩固美国在中东的霸权地位。正如美国企业基金会的中东问题专家肯尼斯·波拉克所言，2004 年之前，美国在中东地区是名副其实的霸权国。[1]

奥巴马政府以来，美国的中东霸权地位不断衰落，这在特朗普政府和拜登政府时期愈加明显。阿富汗战争和伊拉克战争的高战略成本和低战略收益导致美国越来越不愿直接卷入地区事务，尤其是大规模军事介入地区事务，这影响了美国中东霸权角色的自我概念。"奥巴马主义"的核心内涵是中东地区的问题不能靠美国来解决，而只能由地区国家来提供问题的解决方案。奥巴马在论及沙特和伊朗敌对关系时明确指出："沙特人与伊朗人的竞争，助长了发生在叙利亚、伊拉克和也门的代理人战争，并导致地区混乱，我们需要告诉我们的朋友（沙特）和对手（伊朗），他们需要找到一个有效的共存方式，并达成某种冷和平。"[2] 据此，美国在诸多重要的中东事件中并未

① Kenneth M. Pollack, "U. S. Policy toward a Turbulent Middle East", Brookings Institution, March 24, 2015, https://www.brookings.edu/testimonies/u‐spolicy‐toward‐a‐turbulent‐middle‐east/, accessed March 8, 2023.

② Jeffrey Goldberg, "The Obama Doctrine", The Atlantic, April 2016, https://www.theatlantic.com/magazine/archive/2016/04/the‐obamadoctrine/471525/, accessed March 8, 2023.

按照地区国家的期待行事。例如，阿拉伯剧变中，美国并未支持或保护传统盟友；面对盟友沙特和阿联酋遭受无人机袭击，美国几乎没有做出任何实质性反应；美国重建伊拉克和阿富汗惨淡收场，并仓皇从阿富汗撤军；等等。在地区国家看来，美国的战略收缩行动表明其在中东地区霸权的逐渐衰落。

美国在中东地区的战略收缩客观上为地区国家尤其是地区大国奉行相对独立和自主的战略提供了空间，中东国家的战略自主明显增强。一是地区国家，包括美国的地区盟友不再事事唯美国马首是瞻。这在乌克兰危机中有着直观反映，2022 年的乌克兰危机发生后，面对美西方的压力，中东国家并不愿追随西方国家强烈谴责俄罗斯，更没有中东国家跟随美国领导的西方阵营制裁俄罗斯。2022 年 2 月 25 日，美国牵头在联合国安理会提出有关"谴责俄罗斯入侵乌克兰，要求俄罗斯撤军"决议草案的过程中，中东只有科威特、土耳其两个国家予以支持。①

二是地区大国在全球大国间奉行多元化平衡外交，最大限度地维护自身利益。② 以沙特为例，沙特与全球主要政治力量均积极发展关系。沙特虽然高度重视与美国的安全关系和战略关系，但不仅拒绝追随美国制裁俄罗斯，而且继续与俄罗斯在政治、能源、安全等领域合作。同时，沙特还积极发展与中国的贸易、能源、科技、安全等合作，不断深化两国战略伙伴关系。沙特积极发展与欧盟的关系，2022 年 7 月，沙特王储穆罕默德·本·萨勒曼访问法国等欧洲国家。此外，沙特还寻求与印度、韩国、南非、印度尼西亚等中等强国发展关系。

三是中东地区国家提升自身战略能力，减少对外部大国的依赖。长期以来，中东国家的先进武器装备主要依赖外部进口，并形成了对西方国家严重

---

① Margaret Dene, Hannah Labow, Carol Silber, "Middle East Responses to the Ukraine Crisis", The Washington Institute for Near East Policy, March 4, 2022, https：//www. washingtoninstitute. org/policy-analysis/middle-east-responses-ukraine-crisis, accessed March 8, 2023.

② Mustafa Kutlay and Ziya Öniş, "Turkish Foreign Policy in a Post－Western Order：Strategic Autonomy or New Forms of Dependence?", *International Affairs*, Vol. 97, No. 4, July 2021, p. 1085.

的军事和安全依赖。近年，中东国家纷纷加快武器国产化进程。例如，曾经严重依赖美式武器的土耳其不仅大大增强了国防工业的自主化，而且实现了武器的大量出口，尤其是土耳其的"旗手TB-2"无人机受到青睐。即使是高度依赖武器进口的沙特，也表现出发展本土国防工业的决心。沙特"2030年愿景"中提出，到2030年，沙特的武器装备及部件国产化率要提升到50%。2018~2021年，沙特与武器国产化相关的投入占国防总预算的比重从2%上升到11.7%。①

（三）谋求和解成为当前中东国家的现实抉择

2021年以来，由阿拉伯剧变引发的地区紧张态势逐渐和缓。中东三大阵营间关系逐渐好转，主要表现在沙特与卡塔尔关系破冰，土耳其与沙特、阿联酋和以色列实现高层互访，伊朗与沙特在中国斡旋下恢复外交关系。一是土耳其、卡塔尔组成的穆兄会阵营与阿联酋、沙特、埃及、以色列组成的阵营之间的关系全面恢复。出于经济利益和2023年全国大选考虑，土耳其积极恢复与阿联酋和沙特的关系。2021年11月，阿联酋阿布扎比时任王储扎耶德应邀访问土耳其。2022年2月和4月，土耳其总统埃尔多安先后访问阿联酋和沙特两个海湾国家；6月，沙特王储穆罕默德应邀访问土耳其。至此，一度陷入严重敌对的土阿和土沙两组关系基本恢复。与此同时，土耳其也积极恢复与以色列、埃及的关系。② 2022年3月，以色列总统赫尔佐格访问土耳其，土以国家元首15年来首次会晤；8月，土以两国全面恢复外交关系。土耳其与埃及关系也有所改善，2022年11月的卡塔尔世界杯期间，埃尔多安与埃及总统塞西实现会晤，双方同意启动和解进程；2023年2月和3月，埃土两国外长实现互访，两国关系加速恢复正常化。此外，卡塔

---

① Waffa Wael, Nirmal Narayanan, "Localization in Saudi Arabia's Military Spending Rises to 11.7%: GAMI Chief", *Arab News*, September 5, 2022, https://www.arabnews.com/node/2156741/business-economy, accessed March 10, 2023.

② Hazal Muslu El Berni, "The Negotiated Desecuritization of Turkey in Saudi Foreign Policy", *Middle East Policy*, Vol. 30, No. 2, Summer 2023, pp. 62-74.

尔与沙特、阿联酋加快和解。2021 年 1 月 5 日，第 41 届海合会领导人峰会在沙特欧拉召开，卡塔尔埃米尔塔米姆率团参会，标志着持续了三年半之久的"海合会断交危机"迎来转机。2022 年 11 月，阿联酋总统和沙特王储齐赴卡塔尔出席世界杯开幕式，卡沙关系、卡阿关系逐步恢复。

二是伊朗阵营与沙特、阿联酋等海湾国家间的关系加速缓和。2022 年，科威特、阿联酋先后同伊朗恢复大使级外交关系。从 2021 年 4 月开始，沙特与伊朗在伊拉克和阿曼的斡旋下进行了 6 轮对话。2023 年 3 月，在中国的积极斡旋下，中、沙、伊三国在北京发表联合声明，沙特和伊朗宣布同意恢复两国外交关系，标志着海湾地区两个最大国家实现和解，这对海湾与整个中东地区的安全和发展促进作用明显。在沙伊和解的背景下，2023 年 5 月 7 日，阿拉伯国家联盟（以下简称"阿盟"）发表声明称，同意恢复叙利亚的阿盟成员国资格，叙利亚时隔 12 年重返阿盟。需要指出的是，伊朗与以色列的关系依旧紧张，双方短期内实现和解的可能性不大。

中东"和解潮"背后有着多重动因，这里拟从全球、地区和国家三个层面进行分析。第一，在全球层面，美国对海湾盟友的战略承诺越发不可信，促使海湾国家加速进行战略调整。从奥巴马政府开始，美国在中东盟友间的战略声誉不断下降。更为重要的是，与特朗普政府相比，拜登政府对于沙特、阿联酋等的支持更弱，美国不仅与两国的对手伊朗积极恢复全面核协议谈判，而且对两国大行"人权外交"，加重了它们对"美国是否靠得住"的疑虑。[①] 沙特、阿联酋等逐渐从之前的"安全外包"转向"安全自主"，进而决定与先前的对手伊朗和土耳其缓和关系。更为重要的是，中国积极在中东地区劝谈促和，是推动地区和解的重要全球性力量，为中东地区"和解潮"的形成注入了强劲的动力。

第二，在地区层面，长期的战略僵局迫使地区国家放弃冲突性战略。阿拉伯剧变之后，沙特、土耳其、伊朗、以色列等地区大国纷纷采取咄咄

---

① 唐志超：《美国拜登政府中东政策调整的动因、特征与前景》，《当代世界》2023 年第 1 期，第 41 页。

逼人的进取性冲突战略，积极进行外部干预，扶植代理人，争夺势力范围。然而，军事优先的政策虽帮助这些国家短暂地获取了战略收益，但最终导致它们陷入了战略僵局。沙特在 2015 年以军事手段干预也门局势，不仅没能如愿击败亲伊朗的胡塞武装，而且本土不时遭受无人机和火箭弹袭击。① 土耳其出兵叙利亚和利比亚，但因俄罗斯的对抗，其战略收益很难突破叙利亚北部和利比亚西部。伊朗虽在伊拉克、黎巴嫩、叙利亚和也门增强了影响力，但在整个地区面临愈加严重的战略孤立。因此，这些国家基于成本收益分析，纷纷调整既有战略，转而采取外交优先、追求务实的策略选择。

第三，在国内层面，地区国家面临的绩效合法性压力推动其寻求关系缓和。常年对外用兵带给中东大国沉重的经济负担，沙特在也门的军事行动费用曾高达每月 60 亿美元，导致其财政负担沉重。伊朗和土耳其常年参与外部军事行动，致使其本就不佳的财政状况雪上加霜，并产生一系列政治问题。根据世界银行的数据，由于常年对外用兵，土耳其的军费开支从 2011 年的 170 亿美元上升到 2019 年的 204 亿美元，极大地拖累了土耳其的经济发展。有研究指出，为了支持叙利亚巴沙尔政权，伊朗每年耗费至少 20 亿美元。如果考虑伊朗对地区盟友的广泛支持，伊朗的经济压力可想而知。② 同时，中东国家的民众对国家经济发展的关注度越来越高，国家的经济发展离不开安全的外部环境和大量的经济投入。中东大国的政治人士逐渐意识到，它们需要缓和相互间的关系以便更好地投入国家经济发展事务。

（四）全球气候变化议程进入"中东时刻"

近年来，全球范围内极端天气频发，造成严重的经济和社会破坏，世界

---

① 朱泉钢：《中东地区军用无人机的扩散、应用及其安全影响》，《西亚非洲》2022 年第 5 期，第 124 页。

② Thomas Juneau, "Iran's Costly Intervention in Syria: A Pyrrhic Victory", *Mediterranean Politics*, Vol. 25, No. 1, 2020, p. 31.

各国都受到不同程度的影响。气候变化问题已成为各国政府共同面临的最严重的非传统安全问题之一。联合国发布的研究报告指出,世界几乎无法实现在 21 世纪将全球气温升幅控制在 1.5℃ 以内的目标,人类将在未来几十年继续遭受气候变化带来的负面效应。因此,积极应对气候变化、实现绿色可持续发展关乎全人类共同命运和未来。1980~2022 年,中东地区气温每十年上升 0.46℃,远高于 0.18℃ 的世界平均水平。气候变化不仅给中东地区带来严重的缺水和土地盐碱化问题,而且引发一系列极端天气,如摩洛哥、突尼斯连年干旱,阿联酋、伊朗、沙特、卡塔尔、阿曼和也门不时暴发洪水,干旱导致伊拉克、叙利亚的沙尘天气增多。在北非,由于海平面上升、淡水资源减少、作物产量下降和沙漠化蔓延,2000 万人可能成为国内气候移民。[1] 有研究指出,即使地球的温度与工业化前相比平均只上升 2℃,中东地区的夏季温度也会上升 2 倍多,而且热浪发生的频率可能是现在的 10 倍。[2] 极端温度、水资源短缺、沙漠化蔓延、海平面上升等使中东成为世界上受气候变化影响最严重的地区之一。面对日益严重的环境问题,中东国家成为气候变化问题国际治理的重要参与者和积极贡献者。

第一,中东国家积极举办气候变化问题相关的国际会议,展现了致力于全球治理的强烈意愿。2022 年 11 月,《联合国气候变化框架公约》第 27 次缔约方会议(COP27)在埃及沙姆沙伊赫成功举行,会议不仅在全球气候行动问题上达成了许多共识和成果,也成为中东国家在国际舞台展现应对气候变化挑战决心的重大行动。埃及以此塑造其在中东地区绿色发展的先行者和引领者地位。在 COP27 期间,埃及和沙特共同主持第二届"绿色中东"倡议峰会,提倡中东国家开展区域性合作,减少区域内碳排放,开展绿化种植、修复耕地等;埃及还与阿联酋签署了新能源合作协议,两国将在埃及合

① Ferid Belhaj, "COPs Offer Middle East-North Africa A Climate Leadership Role", Forbes Middle East, November 14, 2022, https://www.forbesmiddleeast.com/leadership/opinion/cops-offer-middle-east-north-africa-a-climate-leadership-role, accessed March 18, 2023.

② "Climate-exodus Expected in the Middle East and North Africa", Max-Planck-Gesellschaft, May 2, 2016, https://www.mpg.de/10481936/climate-change-middle-east-north-africa, accessed March 18, 2023.

作建设装机容量为 10 吉瓦的全球最大陆上风电厂。[①] 此外，2022 年 3 月在迪拜举行首届中东气候周（MENA Climate Week），2023 年中东气候周活动于 10 月在沙特首都利雅得举办。2023 年 11 月，阿联酋主办《联合国气候变化框架公约》第 28 次缔约方会议。连续两届气候变化大会以及中东气候周国际会议在中东国家召开，不仅显示出中东国家成为气候变化问题全球治理的重要参与者和应对气候变化问题的领导者，而且标志着国际社会高度重视中东地区的气候变化问题和国际气候变化合作迎来"中东时刻"。

第二，中东国家加强顶层设计，制定应对气候变化的战略和计划。阿联酋制定了《2015~2030 年绿色议程》，它是第一个公布国家气候战略的海湾国家，并将其气候战略与经济发展计划对接。科威特于 2019 年发布了《2019~2030 年国家适应计划》，摩洛哥于 2019 年制定了《2030 年国家气候计划》。2021 年 3 月，沙特公布了沙特绿色倡议和中东绿色倡议，目标是未来几十年在沙特种植 100 亿棵树，将树木覆盖面积相比目前水平增加 12 倍，到 2030 年利用可再生能源减少 1.3 亿吨碳排放，并在中东地区种植 400 亿棵树。2021 年，卡塔尔部长理事会批准了《国家气候变化行动计划》，旨在到 2030 年将温室气体排放量减少 25%。2021 年，埃及宣布将执行《埃及国家气候变化战略 2050》。此外，一些中东国家还制定了本国"减碳"线路图。例如，2021 年底，阿联酋宣布 2050 年前实现"碳中和"，是中东产油国中首个提出碳中和战略的国家。此后，以色列、摩洛哥也提出到 2050 年实现"碳中和"，土耳其宣布到 2053 年实现"碳中和"，沙特、阿曼、巴林、科威特等国宣布到 2060 年实现"碳中和"。

第三，中东国家加快能源转型进程，大力发展清洁能源。一些中东国家通过发展可再生能源和绿色技术，应对气候变化，包括大力发展太阳能、风能、核能等清洁能源，开发绿色氢气和碳捕集、利用与封存等新兴低碳技术。阿联酋已成为太阳能光伏开发的地区领跑者，预计到 2025 年，

---

① 《全球应对气变合作迎来"中东时间"》，中国石油新闻中心网站，2022 年 11 月 22 日，http：//news.cnpc.com.cn/system/2022/11/22/030085758.shtml，最后访问日期：2023 年 5 月 15 日。

阿联酋可再生能源产能年复合增长率将超过 31%，可再生能源发电占比将从 2020 年的 7% 增加到 2030 年的 21%。[①] 沙特、阿联酋、卡塔尔逐步推进碳捕集、利用与封存技术，减少碳排放。埃及、摩洛哥、阿尔及利亚等增加太阳能等清洁能源生产项目，摩洛哥可再生能源的旗舰项目——努奥太阳能发电园已建设完成，并全部投产。埃及政府大力发展太阳能和风能，并计划到 2035 年将可再生能源产量提高到能源总产量的 42%。为吸引和加大可再生能源投资，阿联酋、摩洛哥、约旦等逐步取消对汽油和燃油的补贴。

第四，加大绿色投资和气候融资，打造多样化气候融资工具。中东地区目前获得的气候融资金额仍然较少，每年大约 160 亿美元，这对于中东国家应对气候变化问题远远不够。早在 2015 年，阿联酋就宣布了 1630 亿美元的财政承诺，支持在 2050 年前实现国家能源供给中使用 44% 的清洁能源目标。2021 年，阿联酋发布可持续金融框架（2021~2031 年），鼓励私营部门加强气候和绿色投资。2021 年，国际可再生能源署与阿联酋共同启动了能源转型加速器融资平台（ETAF），旨在加快发展中国家向可再生能源转型的步伐，为解决全球气候问题提供必要的资金支持。根据协议，ETAF 计划先期融资 10 亿美元，其中阿联酋承诺将通过阿布扎比发展基金会为平台注资 4 亿美元。2020 年，埃及推出中东地区首个价值 7.5 亿美元、收益率 5.25% 的绿色主权债券。2022 年，沙特公共投资基金（PIF）发布了绿色金融框架，旨在筹集资金支持 2021~2025 年的绿色转型，目前已经发行两种绿色债券。2023 年 1 月，沙特表示将投资高达 1 万亿里亚尔（约合 2664 亿美元）来生产"清洁能源"。[②] 绿色可持续发展之所以受到越来越多的中东国家重视，根本原因在于气候变化给其带来的影响尤为突出、全球能源转型大

---

① 《阿联酋大力发展可再生能源》，中华人民共和国国务院新闻办公室网站，2021 年 2 月 24 日，http：//www.scio.gov.cn/31773/35507/35513/35521/Document/1699128/1699128.htm，最后访问日期：2023 年 3 月 25 日。

② "Saudi Arabia to Invest about ＄266 bln for Clean Energy-Minister"，Reuters，January 30, 2023，https：//www.reuters.com/world/middle-east/saudi-arabia-invest-about-266-bln-clean-energy-minister-2023-01-30/，accessed March 28, 2023.

势不可阻挡，谋求经济结构多元化成为它们的必然选择。然而，对于埃及、约旦等中东国家而言，在应对气候变化等方面，由于缺乏足够的政府财政资源，加强与私营部门的合作、吸引外国直接投资和开展国际合作仍是中东国家绿色转型资金来源的重要渠道。

二　中东地区发展面临的问题和挑战

虽然中东地区发展迎来历史性转机，但仍面临一些问题和挑战，主要包括经济发展问题的长期困扰、外部因素的干扰和破坏以及地区动荡跌宕、安全风险叠加等因素。

（一）发展问题尖锐复杂，长期困扰中东国家

整体看来，中东地区目前面临的发展挑战与过去类似，但数量更多且相互交叠。阿拉伯剧变以来，中东多数国家面临的人口膨胀、不平等加剧、中产阶级萎缩、失业率高企、腐败猖獗、社会保障水平低、私有经济活力不足等问题依旧严重。与此同时，中东地区的治理能力赤字问题依然严峻，国家应对这些问题的能力不容乐观。中东国家需要高效、灵活、适应性强的国家机构来应对这些发展中的难题，但多数中东国家近年的治理能力未升反降，这导致不少中东国家没能很好地应对发展问题。根据世界银行发布的治理指数排名，2010~2020 年 10 年间，中东国家的平均排名下降了 12%，跌幅最大的领域是政治稳定、控制腐败和政府有效性等。[①]

虽然中东国家发展意愿强烈，但发展成果不尽如人意。以埃及为例，埃及政府通过执行"2030 年愿景"虽维持了宏观经济的稳定，但仍存在诸多问题。从塞西开始执政的 2014 年到 2022 年，埃及经济的年平均增长率为 4.8%，高于中东地区 2.7% 的平均水平。2014~2021 年，埃及官方公布的失

---

① World Bank Worldwide Governance Indicators Database，https：//info. worldbank. org/governance/wgi/，accessed April 4, 2023.

业率从13.1%下降到9.3%，同期，中东国家的平均失业率从10%上升到10.5%。此外，埃及还是2020年经济实现正增长的少数几个国家之一。然而，埃及经济发展存在诸多问题。一是外债规模不断扩大，经济发展可持续性存在问题。埃及2010年外债为237亿美元，2015年外债为480亿美元，2022年外债已高达1370亿美元。二是非正规劳工规模巨大，民众社会福利保障水平低。2014~2021年，埃及非正规劳工占劳动力总人口的比重从52%上升到58%。三是能源业、采矿业和建筑业在经济中占比较大，不利于绿色发展。2014~2022年，埃及的碳排放量占全球总排放量的近0.62%。[1]整体来看，埃及经济虽实现了短期增长，但长期的经济结构性问题依然严峻。

2022年，受益于国际高油价和全球经济复苏的影响，中东地区经济整体表现良好，实现了5.3%的经济增长，财政有所盈余，债务问题有所缓解。然而，能源出口国和能源进口国经济表现差异很大。石油出口国的经济增长率为5.7%，伊拉克的经济增长率高达8.1%。反观石油进口国，受乌克兰危机造成的高油价和高粮价以及全球范围内严重的通胀问题影响，其经济问题十分严峻，表现在经济增速放缓、通胀严重、本币贬值、物价飞涨、债务问题严重等。以突尼斯、黎巴嫩为例，2022年，两国的经济增长率分别为2.5%、-2.6%，通胀率分别为8.3%、171.2%，经常账户余额占国内生产总值（GDP）的比重分别为-8.5%、-20.6%。[2]事实上，即使是中东产油国，其资源红利推动经济增长大概率也难以为继。一方面，一些油气资源充足国家的石油储量不断下跌，最为明显的是阿曼和巴林；另一方面，随着低碳发展成为全球共识，全球石油需求和价格面临下行压力，而大多数产油国并没有为转型做好充分准备。因此，中东地区经济发展的长期前景并不乐观。

[1] Matteo Colombo, "Trading Short-Term Gains for Long-Term Costs: The Egyptian Political Economy under al - Sisi", Clingendael, March 3, 2023, https://www.clingendael.org/publication/egyptian-political-economy-under-al-sisi, accessed April 4, 2023.

[2] IMF, *Regional Economic Outlook: Middle East and Central Asia*, May 2023, pp.6-25.

总的来讲，现代国家经济发展的成功并不容易。全球范围内，现代国家经济发展大致经历四个阶段：第一个阶段是经济启动阶段，这一时期的关键是国家能够控制秩序和确保稳定，提供基础设施和必要的公共服务；第二个阶段是经济快速发展阶段，这一时期的关键是国家提供更好的教育和医疗服务，并提高劳动力素质；第三个阶段是接近中等收入水平后的经济跨越阶段，这一时期的关键是从学习和模仿升级到创新和引领；第四个阶段是经济持续高质量发展阶段，这一时期的关键是经济增长主要依赖创新驱动。[①] 中东国家无一不立志实现经济发展，然而，除了以色列等少数国家能够达到经济发展的第四个阶段之外，大多数中东国家处在经济发展的第二个阶段和第三个阶段，而叙利亚、也门、利比亚、伊拉克、黎巴嫩无法突破甚至倒退到经济发展的第一个阶段。因此，中东国家的经济和社会发展仍然任重而道远。

（二）外部因素干扰地区和平与发展

美国虽然在中东地区的影响力不断下降，但其并不愿意自动放弃在中东的霸权，并通过多种方式干扰地区和平与发展。

第一，无端制裁地区国家，阻碍地区国家发展。美国频繁对伊朗、叙利亚等中东国家挥舞制裁"大棒"，严重干扰地区国家发展。以伊朗为例，在美国主导的国际制裁和伊朗内部结构性经济问题的双重影响下，伊朗经济压力很大。根据伊朗方面的评估，2012~2022年，由于美国主导国际社会施加的制裁，伊朗损失了约4500亿美元的石油收入。此外，制裁还加重了伊朗本就严重的问题，包括过于依赖石油经济部门、经济运行的高行政成本、低效的市场机制、严重的腐败等，这些共同造成了伊朗严重的经济危机。2022年，伊朗经济增长率从2021年的4.9%下降到2.9%。大量资本逃离伊朗，仅2022年3~6月就有100亿美元的资本流出伊朗。物品短缺，物价飞涨，食品和饮料价格较前一年上涨约60%。2023年1月底，伊朗的通胀率接近

① Tang Shiping, *The Institutional Foundation of Economic Development*, Princeton：Princeton University Press, 2022.

50%，伊朗里亚尔与美元的汇率为 447000∶1，全国失业率为 9.4%，其中青年失业率为 15%。①

面对严峻的经济形势，伊朗着力从两方面脱困。一方面，政府积极推动经济改革。2023 年 1 月 30 日，最高领袖哈梅内伊发表电视讲话，指出伊朗经济经历了"停滞的十年"，经济的快速增长"对于解决民生和社会问题十分关键"。他敦促"政府要改革官僚作风，改善营商环境，消除监管机构的随意决定"。2 月初，伊朗宣布取消外汇进口税，以缓解外汇紧缺问题。另一方面，伊朗积极寻求规避制裁的方法。包括充分利用与邻国的贸易便利条件，创新石油出口方式，采用非美元体系的结算方式，加强与俄罗斯和中国的经济合作等。虽然这些方式部分纾解了伊朗的经济压力，但只要美国主导的国际制裁不解除，伊朗的经济发展前景很难令人乐观。

第二，制造安全紧张态势，妨碍地区稳定。一是美国向中东大量出售武器，加剧地区的不安全状态。2016~2020 年，美国是中东地区最大的武器销售国，仅美国向沙特、卡塔尔、阿联酋、科威特、巴林出售武器的金额就分别高达 370 亿美元、159 亿美元、94 亿美元、94 亿美元、47 亿美元。② 这不仅耗费了地区国家的大量财政资源，阻碍了其发展经济投入水平的提高，而且加剧了地区精英的不安全感，破坏了经济发展所需的安全环境。二是美国在中东大量驻军，频繁与地区国家合作举行军演。截至 2023 年 5 月，美国在中东仍有 34000 人的驻军，对地区安全事务仍具有重要的影响力。2022 年，美国与中东国家的海军联合举行了 70 多次海上军事演习。③ 2023 年 1 月，美国与以色列举行代号为"杜松橡树"（Juniper Oak）联合军演，两国

---

① "Khamenei：Iran's Economy a 'Decade Behind'", United States Institute of Peace, February 1, 2023, https：//iranprimer. usip. org/blog/2023/feb/01/khamenei - irans - economy - decade - behind, accessed April 15, 2023.

② "SIPRI Arms Transfers Database", https：//www. sipri. org/databases/armstransfers, accessed April 15, 2023.

③ Nathan P. Olsen, "Preserving U. S. Military Advantages in the Middle East", The Washington Institute for Near East Policy, May 14, 2023, https：//www. washingtoninstitute. org/policy-analysis/ preserving-us-military-advantages-middle-east, accessed May 15, 2023.

共出动 142 架各式军机，演练内容包含联合指挥、海空协同作战、战斗搜索与救援、电子战与敌方防空压制等项目，这也是两国史上最大规模的联合军演。三是美国加大对伊朗及其盟友的军事威慑。近年，美国频频以伊朗及其代理人对美国人员发动导弹和无人机袭击为由，对叙利亚、伊拉克等地的相关目标发动空袭进行报复，试图建立可信的军事威慑。例如，2023 年 3 月，数名美国人在叙利亚东部遭无人机袭击身亡后，美国中央司令部遂对叙利亚东部据称与伊朗伊斯兰革命卫队有关的设施发动空袭进行报复。

第三，开展大国竞争，阻挠地区国家与其他大国的正常合作。美国高官频繁出访中东，强调美国不会离开中东，不允许中国和俄罗斯填补"真空"，将兑现对地区国家的安全承诺，加强与地区国家的合作。美国积极拉拢地区国家建立小多边机制，排挤中国、俄罗斯、伊朗。① 目前，美国成功推动建立的中东小多边机制主要有两个。一是"中东版四方安全机制"（I2U2），成员包括美国、以色列、阿联酋和印度四国。2022 年 7 月 14 日，四国通过视频方式举行 I2U2 首次首脑会议，旨在深化四国在中东地区的技术和私营部门协作，共同应对水资源、能源、交通、空间、卫生和粮食安全等领域的挑战，并宣布启动两个有关粮食安全和新能源的联合项目。二是"内盖夫论坛"。2022 年 3 月，在以色列的召集下，以色列、美国、阿联酋、巴林、摩洛哥和埃及外长举行内盖夫峰会，同意六国定期举行论坛，并成立地区安全、能源、旅游、卫生、教育、食品和水安全 6 个工作组。② 美国仍在积极推动小多边机制合作，2023 年 5 月，美国国家安全事务助理沙利文访问沙特，在与沙特王储以及印度、阿联酋的国家安全顾问会谈时，提出修建连接中东和印度的铁路网。此外，美国还以意识形态、民主人权、宗教、新冠疫情、债务、数据安全、腐败等抹黑中国，挑拨离间中国与中东国家关系，甚至直接向地区国家施压要求其"选边站队"，阻挠地区国家与俄罗斯

---

① 牛新春：《与美国共处：中国中东政策的新挑战》，《现代国际关系》2022 年第 11 期，第 12 页。

② 朱泉钢：《推动小多边机制建设：美国中东政策的新动向》，《当代世界》2023 年第 5 期，第 51~56 页。

和中国开展高科技及港口领域的合作。例如，美国向阿联酋施压，阻止中国与阿联酋的港口合作；向约旦施压，阻止约旦的三大电信运营商 Umniah、Orange、Zain 选择华为作为 5G 供应商。

（三）局部动荡严重损害地区发展

中东地区经济社会的可持续发展需要和平稳定的安全环境。然而，在近期中东"和解潮"持续演进的同时，叙利亚、利比亚和也门等长期战乱国家的政治和解进程依然缓慢，巴以紧张局势再度升级，苏丹国内两大武装力量爆发激烈冲突。局部动荡与冲突不仅导致相关国家出现严重的人道主义危机，也对地区整体安全形势产生了显著的外溢影响。

巴以冲突再起扰动地区安全形势与阿以和解进程。内塔尼亚胡领导的以色列"史上最右政府"就职后，在巴以问题上采取加快推进约旦河西岸的犹太定居点扩建等激进政策，巴以局势再度紧张。

2023 年 4 月因阿克萨清真寺冲突以色列遭到火箭弹袭击后，以色列国防军空袭叙利亚和黎巴嫩南部的哈马斯目标，这是自 2006 年以来罕见的黎以边境冲突。与此同时，巴以冲突激化导致阿以关系正常化进程受阻。出于道义与安抚国内民众情绪的需要，阿拉伯国家放缓与以色列改善关系和开展合作的步伐，并多次谴责以色列的军事行动，甚至连埃及和约旦两个与以色列长期保持外交关系的阿拉伯国家都增加了对以色列激进政策的批评。虽然与以色列签署《亚伯拉罕协议》的 4 个阿拉伯国家并未退出协议，但近年来与以色列关系密切的阿联酋也通过外交行动向内塔尼亚胡政府施压，要求后者减少对巴勒斯坦的极端言论和激进政策。特别是以色列急切谋求与沙特实现关系正常化，但沙特一直坚持在巴勒斯坦问题解决后才与以色列建交，在巴以冲突激化之际更不可能与以色列在官方层面上缓和关系。

苏丹内乱对中东安全与发展也产生显著的消极影响。2023 年 4 月，苏丹主权委员会主席布尔汉领导的苏丹武装部队与副主席达加洛控制的快速支援部队（RSF）在首都喀土穆及周边地区爆发激烈冲突，战火随后向苏丹全境蔓延。截至 7 月初，苏丹内部冲突已经造成 3000 多人死亡、6000 多人受伤，超过 300 万人流离失所，其中 73 万人逃往周边国家。^① 国际社会通过沙特主持的吉达对话以及东非政府间发展组织（伊加特）框架下的苏丹问题四方委员会等多边机制积极调解苏丹问题，并促使冲突双方达成了多轮短期停火，但苏丹尚未出现政治和解趋势，依然存在冲突演变为持久全面内战的可能性。

内乱使刚出现复苏苗头的苏丹经济再次遭受打击。在经历政治动荡和长期国际制裁后，苏丹经济刚刚进入缓慢复苏阶段，非洲发展银行在冲突爆发前预测苏丹国内生产总值在 2023 年和 2024 年将分别增长 2%和 3.8%。但受冲突影响，苏丹农业、采矿业等支柱性产业的生产活动遭到严重破坏，贵金属、阿拉伯树胶、肉类等主要产品的出口受阻。以黄金为例，2022 年苏丹向阿联酋出口了价值 19 亿美元的黄金，约占其贵金属出口总额的 94.7%，^②但冲突爆发后黄金出口几乎陷入完全停滞的状态。而且，中国及其他国家在冲突爆发后迅速从苏丹撤离本国公民，外资短期内重新进入的可能性极小，苏丹几乎完全丧失经济发展的动力。内乱还导致苏丹国内的人道主义形势迅速恶化。世界粮食计划署估计，冲突将导致超过 250 万苏丹人口陷入饥荒。联合国负责人道主义事务的副秘书长、紧急救援协调员马丁·格里菲思在 2023 年 5 月初表示，联合国已筹集 2 亿美元用于援助苏丹，但这个国家需要更多的援助物资。

苏丹内乱出现了严重的外溢效应，将对地区其他国家的安全形势和经济社会发展产生负面影响。一方面，苏丹局势不稳定可能传导至"非洲之角"等周边地区，并为"索马里青年党"等武装组织以及武器的对外扩散提供条件，地区国家面临的非传统安全风险上升。另一方面，苏丹与以色列在

① Samy Magdy, "UN Says Raging Conflict in Sudan Has Displaced over 3 Million People. UK Sanctions Warring Sides", AP News, July 12, 2023, https：//apnews.com/article/sudan-conflict-military-rsf-displacement-war-dcda6a35935171ed902b2cb7190991ad, accessed July 13, 2023.
② Hagar Omran, "Experts Explain Why Sudan's Conflict Is a Concern for Arab Countries", Forbes Middle East, April 29, 2023, https：//www.forbesmiddleeast.com/industry/economy/experts-explain-why-sudans-conflict-is-an-economic-concern-for-the-arab-countries, accessed July 10, 2023.

2023 年 2 月达成双方关系正常化协议的最终文本并预计将于 2023 年正式签署，如果苏丹内部冲突持续，两国关系全面正常化的进度不可避免会受影响，这也将阻碍阿以关系正常化进程。值得注意的是，苏丹邻国埃及受到的直接冲击最为明显：一是冲突爆发后约 25.6 万名苏丹难民进入埃及；二是苏丹出口受阻造成埃及肉类供应短缺、食品价格飙升；三是苏丹政局不稳影响埃塞俄比亚复兴大坝蓄水问题的多边磋商。苏丹局势恶化不仅使埃及本就脆弱的经济状况雪上加霜，也使其粮食安全和水资源安全面临严峻挑战。可以明确的是，苏丹冲突持续得越久，对周边国家和中东地区造成的冲击就会越严重。

三　中东地区发展的走向和前景

"当前，世界之变、时代之变、历史之变正以前所未有的方式展开。"其一，世界多极化加速演进，"东升西降""南升北降"态势明显，但这也导致传统霸权国重拾大国竞争战略，全球地缘政治紧张加剧。其二，人类逐渐从工业化时代迈入数字化和智能化时代，这给政治、经济、社会、安全等带来全方位的影响，也是全球性问题层出不穷和应对乏力的重要原因。

受全球大变局影响，中东地区也在经历深刻的时代之变和历史之变。[①]聚焦发展、战略自主、和解合作正成为越来越多中东国家的共识，这将有助于中东地区实现和平与发展，不仅将改变中东历史发展的进程，而且将塑造一个不同于以往的"新中东"。然而，地区长期的安全赤字、发展赤字、治理赤字问题的解决不可能一蹴而就。中东地区的发展取决于结构性的激励和限制因素、国家采取相关政策的意愿和能力、地区内外力量的交往和互动等因素，中东国家将在相关的积极因素和消极因素叠加中艰难前行。

---

① 王林聪、李绍先、孙德刚、唐志超：《推动人类命运共同体建设，促进中东繁荣发展与持久和平》，《西亚非洲》2023 年第 2 期，第 3 页。

第一，中东国家精英和民众追求发展的意愿强烈，中东国家仍会将发展作为优先事务，但国家治理能力不足将会影响中东国家的发展前景。中东地区发展依然面临经济、社会和环境等问题，尤其是能源转型、气候变化、技术转型和人口压力等复合性挑战。一是全球能源转型使中东地区经济发展的传统动能衰退，不仅油气资源丰富的国家不能再轻松获得大量财富和发展资本，油气资源匮乏的国家也难以通过侨汇、投资和发展援助等方式受益。[①]二是气候变化给中东地区经济发展带来诸多消极影响。世界银行研究指出，由于气候变化造成的水资源短缺，中东国家的农业产量到 2050 年将下降60%，并造成国内生产总值损失 6%~14%。[②] 三是中东国家适应第四次工业革命的水平并不乐观。中东国家未能吸引许多需要未来技能的工作，包括云计算、区块链、机器学习、增强现实和虚拟现实等相关的工作。[③] 四是人口压力将对经济发展构成严峻挑战。新一波青年潮将再次席卷中东，其峰值将在 2035 年前后出现，届时，中东地区的 15~24 岁青年人口占比将达到18.3%，远高于 14.9%的全球平均水平，[④] 并对中东地区的教育系统、劳工市场、社会福利等产生深远影响。

第二，受美国在中东战略收缩的驱动，中东国家战略自主性将持续增强，但其战略自主能力仍具有局限性。一方面，美国收缩在中东的具体战略目标，降低在中东的战略投入，避免大规模军事介入中东事务，表明美国塑造地区形势的意愿和能力双双下降。美国中东霸权的持续衰落，将带给地区国家更多的战略自主性，地区国家可以更多地依据自身利益采取政策和行

---

① 李海鹏：《脆弱的地区纽带——石油租金与阿拉伯政治经济秩序的演变》，《文化纵横》2023 年第 2 期，第 103 页。

② Edoardo Borgomeo et al. , *The Water-Energy-Food Nexus in the Middle East and North Africa：Scenarios for a Sustainable Future*, Washington, D. C. ：The World Bank, 2018, p. 4.

③ ESCWA, *The Arab Region May Be Missing the Fourth Industrial Revolution：Arab Skills Are Still Stuck in the Past*, Beirut：ESCWA, 2022, p. iv.

④ Nader S. Kabbani, "The Middle East Faces Major Development Challenges：Most Countries Are Not Prepared to Meet Them", Middle East Council on Global Affairs, July 2, 2022, https：//mecouncil. org/publication/the-middle-east-faces-major-development-challenges-most-countries-are-not-prepared-to-meet-them-2/, accessed April 4, 2023.

动。此外，世界多极化趋势也为中东国家的战略选择提供了更多选项。另一方面，美国并未彻底放弃在中东地区的霸权，美国中东战略调整的实质是以更优化的战略资源配置来维护美国的国家利益，更长久地维持美国在中东的霸权。再加上中东国家整体上综合国力偏弱，并且在安全和金融领域仍对美国高度依赖。因此，美国仍对部分中东国家的政策和行动有较大影响，一些国家甚至不得不做出某些迎合美国但不符合本国利益的选择。

第三，中东地区的"和解潮"仍将持续，但地区安全的结构性问题尚未得到根本解决。中东地区长期受制于外部干预、国家间的复杂矛盾、不少国家严重的治理赤字问题，影响中东安全的结构性变量并未出现根本性好转。因此，中东地区仍存在诸多传统安全和非传统安全风险，包括武装冲突，混合性战争，恐怖主义和极端主义威胁，核扩散，气候变化和自然灾害，有组织犯罪，海洋安全问题，食品、水、能源安全问题，难民危机，网络安全问题，公共卫生安全问题等。① 此外，虽然中东多数行为体试图暂时锁定言语攻击和军事冲突，转而开启外交对话和开展合作，但是以色列与伊朗、巴勒斯坦频繁爆发军事摩擦和冲突。2023 年 4 月爆发的苏丹武装冲突再次表明中东部分国家内部安全的脆弱性和复杂性。

然而，展望未来，中东地区发展仍展现了较好的前景。一方面，战略自主成为许多中东国家的显著特征，美国在中东地区的战略收缩客观上加快了中东地区大国的战略自主步伐，中东国家纷纷谋求摆脱美国等西方大国的控制，自主决定其地区发展进程和国家发展道路。另一方面，谋求和解成为当前中东国家的现实抉择。为创造有利于和平发展的环境，许多国家采取主动行动，降低地区冲突烈度，缓解矛盾纷争，逐渐形成了中东"和解潮"，其中，中国扮演了中东和平缔造者的关键角色，中国通过促成沙伊复交，有力助推中东地区的和平与发展。更为重要的是，中国和中东国家深化政治沟通与互信，加强发展战略对接和经济合作，加强安全交流与合作，中国与中东

---

① IISS, *The Defence Policy and Economics of the Middle East and North Africa*, London：IISS, 2022, p. 14.

关系步入新阶段，并助推地区发展。① 一是战略关系不断增强。在元首外交的引领下，中国与中东国家政治关系不断升级。2022 年 12 月召开中沙、中海和中阿"三环峰会"，发表《首届中阿峰会利雅得宣言》和中沙、中海联合声明，以战略合作为依托，共同推进中阿关系提质升级，"一致同意全力构建面向新时代的中阿命运共同体"②，进一步推进了中国与中东国家的战略互信和战略合作。中国与伊朗、土耳其、以色列等非阿拉伯国家的战略关系也在持续深化和拓展。一批中东国家积极要求加入上海合作组织、金砖国家，其中伊朗已成为上海合作组织的成员，这提升了伊朗的国际地位，展现了中东国家从"向东看"到"向东行"的意愿，从这个意义上说，中国与中东关系处在历史上的"黄金期"。二是发展合作与时俱进。中国与中东国家的贸易总量持续攀升，投资合作逆势上扬，标志性工程和项目引人注目，能源全产业链合作和新能源合作不断深化。中国是中东最大的贸易伙伴，2022 年中国和中东国家贸易额突破 5000 亿美元，中国已成为 12 个阿拉伯国家的最大贸易伙伴。阿拉伯国家向中国出口石油 2.71 亿吨，占当年中国全球原油进口总量的 53.31%。③ 体现时代潮流的高科技经济合作方兴未艾，北斗卫星导航系统、华为、TikTok 在中东成为中国的"新名片"，中国高科技公司在"数字埃及""沙特 Neom 新城储能项目""智慧迪拜 2021"等中东国家重要项目上发挥重要作用，阿联酋的"拉希德二号"月球车将搭载中国"嫦娥七号"参与探月。2023 年 6 月 11~12 日，中阿合作论坛第十届中阿企业家大会在沙特首都利雅得召开，中阿双方签署了价值 100 亿美元的 30 多个合作项目。三是安全合作逐渐推进。近年，中国与中东国家增强了安全交流和合作，双方在传统安全和非传统安全领域的合作不断提升。中国在力所能及的范围内在中东地区提供越来越多的公共产品，中国海军的亚丁

---

① 孙德刚：《新时代中阿合作迎来新机遇》，《人民论坛》2023 年第 10 期，第 88 页。
② 《首届中阿峰会利雅得宣言》，中华人民共和国外交部网站，2022 年 12 月 10 日，https：//www.mfa.gov.cn/web/zyxw/202212/t20221210_10988459.shtml，最后访问日期：2023 年 5 月 4 日。
③ 中国国际问题研究院：《国际形势和中国外交蓝皮书（2022/2023）》，世界知识出版社，2023，第 450~456 页。

湾护航行动已经走过了 15 年，中国官兵在黎巴嫩的联合国维持和平行动广受赞誉，中国提出多个与中东事务有关的安全倡议，尤其是在 2023 年 3 月促成沙特和伊朗和解，被誉为"中东和平的缔造者"。

在新的历史条件下，中国与中东国家将以"全球发展倡议"、"全球安全倡议"和"全球文明倡议"为抓手，深化交流，创新合作，共促地区乃至世界的和平与发展。一是以"全球发展倡议"和共建"一带一路"双轮驱动，共谋发展。在巩固双方传统的能源和贸易合作的基础上，加强在符合数字化和智能化时代潮流领域的合作，包括大数据、人工智能、5G（6G）通信、绿色能源、数字经济、航空航天、基因工程、民用核能、深海技术等。二是以"全球安全倡议"为指导，共促安全。中国成功促成了沙特与伊朗和解，为中东的和平与发展注入了新动力。因此，持续推动中东地区"和解潮"，可以进一步尝试推进中东地区的安全机制和安全共同体建设，助力解决长期困扰中东地区的安全问题。三是以"全球文明倡议"为指引，共鉴文明。坚持"各美其美，美人之美，美美与共"的精神，挖掘中国与中东国家的共同价值观，赋予其时代和普遍意义。加强中国与中东各文明之间的交流、互鉴、包容，超越文明隔阂、文明冲突和文明优越，携手在全球文明转型中发挥引领作用。中东地区的命运应掌握在中东各国人民手中。伴随世界格局的演变，中东正经历深刻的时代之变和历史之变，中东地区发展迎来历史性转机，即逐渐摆脱 2010 年阿拉伯剧变以来"剧变长波"的旋涡，开始塑造一个不同以往的"新中东"。

分 报 告
Sub-Report

Y.2

2022~2023年中东政治形势及展望

朱泉钢*

摘　要： 2022年以来，中东国家政治形势整体稳定，部分国家动荡加剧。黎巴嫩、以色列、突尼斯、巴林和科威特五国举行全国议会大选，民众求变心态明显。利比亚、叙利亚和也门三个战乱国家的地面战场形势变化不大，但这些国家实现全面和平仍然任重道远。伊朗爆发大规模民众抗议，呈现出全国性、长期性和内外联动性等特征。在乌克兰危机的影响下，以埃及为代表的财政状况欠佳的中东国家面临的政治压力增大。中东国家走出政治发展困境的出路在于形成政治发展基本共识，平衡政治参与和政治稳定，提高国家治理能力和治理体系的现代化水平。

关键词： 中东　选举政治　战乱国家　政治压力

* 朱泉钢，中国中东学会副秘书长，中国社会科学院西亚非洲研究所中东发展与治理研究中心副主任，主要研究方向为中东政治、中东国际关系、军政关系问题等。

2022 年，中东国家政治形势整体稳定，反映出民众求发展、求变革、求稳定的心态。黎巴嫩、以色列、突尼斯、巴林和科威特顺利举行全国议会大选。利比亚、叙利亚和也门战场形势变化不大，但政治和解进程的进展有限。受传统的经济社会矛盾和新近的乌克兰危机影响，部分中东国家政治压力增大。

一　多国举行议会大选，民众求变心态明显

2022 年，黎巴嫩、以色列、突尼斯、科威特和巴林五个中东国家举行全国性议会选举，其中折射出这些国家的政治制度、社会结构和权力关系等方面的特征。整体来看，这些国家的基础性权力结构依旧，但民众求变的心态明显。

（一）黎巴嫩：教派政治依旧和微弱改变

2022 年 5 月 15 日，黎巴嫩举行国民议会选举，718 名候选人争夺 128 个议会席位。最终，得票排名前 6 位的是黎巴嫩国内的老牌教派型政党，其中，代表基督教马龙派利益的黎巴嫩力量党和自由爱国运动分别获得 21 席和 18 席，代表什叶派穆斯林利益的阿迈勒党和真主党分别获得 15 席和 13 席，代表德鲁兹派穆斯林利益的进步社会主义党获得 8 席，代表逊尼派穆斯林利益的未来运动获得 7 席。[①] 可见，黎巴嫩传统的教派政党政治依旧。

与 2018 年议会大选相比，此次议会选举显示出一些变化。一是真主党主导的联盟所获议席减少。2018 年议会大选中，真主党及其盟友阿迈勒党和自由爱国运动等获得 71 个席位，此次选举中它们所获议席减少了 10 席，为 61 席。虽然真主党主导的联盟仍具有重要政治影响，但其政治地位下降也是不争的事实。二是相当数量的独立候选人胜选。在庇护关系盛行的黎巴

---

① "Lebanon Election Results 2022 in Full: Which Candidates and Parties Won?", The National, May 17, 2022, https://www.thenationalnews.com/mena/lebanon/2022/05/17/lebanon-election-results-2022-in-full-which-candidates-and-parties-won/, accessed March 2, 2023.

嫩,非传统政治力量在议会选举中获得席位绝非易事。然而,此次选举中,有多达13名新当选议员来自非传统政治集团,这在黎巴嫩历史上十分罕见。[①] 这些变化表明,黎巴嫩民众不仅对真主党及其联盟的治理绩效十分不满,而且对黎巴嫩长久以来低效的教派政治体系愈加厌倦。

(二)以色列:持续右倾化和高度碎片化

2021年,以色列八党联盟组成联合政府,但八党意识形态分歧过大导致政府在2022年6月倒台。2022年11月1日,以色列举行了近4年来的第5次全国议会大选。此次大选的投票率为70.6%,表明大量民众试图通过参与选举改变近年以色列政治频陷僵局的处境。

此次大选表现出两个特点。一是以色列政党政治高度碎片化。有40个政党和政党联盟角逐议会中的120个席位,其中,10个政治团体跨过3.25%的准入门槛进入议会。最终,内塔尼亚胡领导的利库德集团获得32席,拉皮德领导的"拥有未来"党获得24席,宗教犹太复国主义者党、"国家统一"党、沙斯党分别获得14席、12席和11席。此外,圣经犹太教联盟党、"以色列,我们的家园"党、拉姆党、"和平与平等民主阵线"和工党分别获得7席、6席、5席、5席和4席。[②] 二是以色列政治持续右倾化。由于社会结构、安全形势和政府政策等原因,以色列社会近年右倾化趋势十分明显[③],这也折射在此次议会大选中。以色列政治的右翼色彩越来越深,如极右翼的宗教犹太复国主义者党在议会中的席位比上次大选增加了8席,成为议会第三大政治力量。与此形成鲜明对照的是,传统左翼政党梅雷茨党自建党以来首次没能进入议会。

---

① Elie Abouaou, "Lebanon's Election Offers Lessons for Now and the Future", USIP, June 8, 2022, https: //www. usip. org/publications/2022/06/lebanons - election - offers - lessons - now - and - future, accessed March 2, 2023.

② "Understanding Israel's Election Results", Israel Policy Forum, https: //israelpolicyforum. org/ wp-content/uploads/2022/11/Israeli-Election-Results-Explainer. pdf, accessed March 3, 2023.

③ 王林聪、朱泉钢:《中东政治形势及其展望》,载王林聪主编《中东发展报告 No. 22 (2019~2020)》,社会科学文献出版社,2020,第43页。

（三）突尼斯：从半议会制向总统制转向

阿拉伯剧变之后，突尼斯被西方国家视为民主化转型最成功的国家。然而，西式民主制度不仅没有为突尼斯带来持续的经济发展，而且导致政党之间相互推诿，国家治理低效。[①] 2021年7月，总统赛义德在安全部门、司法部门和部分民众的支持下，解除迈希希的总理职务，并暂时冻结议会职权。随后，总统的行政权和司法权不断增强。伊斯兰主义的复兴运动党和其他社会组织在2022年4月组建了"救国阵线"，试图阻止突尼斯的总统制转向，然而效果不大。2022年7月，突尼斯举行新宪法公投，投票率虽仅有30.5%，但新宪法仍以94%的支持率通过。至此，突尼斯在宪法层面从之前的半议会制转向总统制。

在2022年底和2023年初，突尼斯举行议会大选。此次大选的投票率极低，两轮投票率都只有约11%。其主要原因来自三方面：一是随着突尼斯的总统制转向，议会的作用明显下降，总统并没有动员大量支持者参加投票；二是反对派对赛义德的国家治理方式十分不满，因此对带有合法性色彩的投票活动强烈抵制；三是国家规定不允许政党参与此次选举，不允许对候选人提供资金资助，这导致中间选民缺乏投票兴趣。[②] 最终，经过两轮投票，在1050名候选人中选出161名议员。2023年3月13日，新一届议会举行第一次会议，与赛义德关系密切的易卜拉欣·布达尔巴拉当选议长。

（四）科威特：内阁和议会之争持续

2022年9月29日，科威特举行2012年以来的第6次国民议会选举，显示出内阁与议会之间的持续紧张关系。此次选举中，350名候选人竞争50个议席，投票率约为50%。与穆斯林兄弟会相关的准政党伊斯兰宪法运动

---

① 王凤：《中东剧变以来突尼斯的经济状况及前景分析》，《中东研究》2021年第2期，第175~178页。
② "Tunisia：Assembly of People's Representatives", IPU Parline, https://data.ipu.org/node/176/elections? chamber_id=13546, accessed March 6, 2023.

仅获 3 席，反对派候选人大获全胜，赢得 30 个席位。同时，此次大选中，32%的胜选者为首次当选议员，并且只有 46%的胜选者是 2020 年大选中当选的议员，[①] 反映了科威特民众的求变心态。

然而，此次选举并未结束科威特近年严重的内阁和议会之争。科威特属于"弱二元君主制"，王室虽处于权力优势地位，但议会拥有较强的政治权力。反对派占据多数的新议会着力推动高预算的政策，引发了立法部门与行政部门的紧张关系。此外，随着前任议长马祖克·加内姆离开议会，科威特国内最有权势的社会力量——商人阶级的利益受损，加剧了内阁和议会的矛盾。2023 年 3 月 19 日，科威特宪法法院宣布，2022 年 9 月的议会选举结果无效，并裁定恢复被解散的 2020 年选出的议会。5 月 1 日，科威特颁布皇家法令，解散被恢复的 2020 年选出的议会，并宣布在 6 月 6 日举行新的议会选举。

（五）巴林：民众积极求变

巴林实行两院制，国民议会由上议院和下议院组成。其中，协商会议（上议院）由 40 名议员组成，由国王任命；众议院也由 40 名议员组成，由全民选举产生。两院代表任期四年，上议院可以否决下议院的决议，并且只有内阁才能制定法律。

2022 年 11 月，巴林举行众议院选举。通过两轮投票，选出 40 名议员，首轮投票率高达 73%，是巴林议会选举的历史最高水平。其中，28 名新议员之前并没有当选过议员，并有 8 名女性候选人当选，这些都表明巴林民众积极求变的心态。[②] 此外，巴林是什叶派穆斯林人口占多数的国家，代表什叶派利益的政治团体"伊斯兰民族和谐协会"曾在 2006 年和 2010 年众议院

---

① Oliver B. John, "Will Kuwait's New Parliament Resolve Its Political Impasse？", MEI, October 28, 2022, https：//www. mei. edu/publications/will - kuwaits - new - parliament - resolve - its - political-impasse, accessed March 8, 2023.

② "2022 Final Election Results", Citizens for Bahrain, November 20, 2022, https：//www. citizensforbahrain. com/2022/11/20/2022-final-election-results, accessed March 8, 2023.

选举中赢得约 50% 的席位，但在 2016 年被宣布为非法，并未参加最近两次的议会大选。

二 战乱国家内部僵局持续，全面和平进程任重道远

阿拉伯剧变之后，利比亚、叙利亚和也门先后发生战乱，陷入严重的安全困境和人道主义困境。2022 年，三国战场形势整体稳定，但除也门外，其他两国政治和解进程进展不大，三国实现全面和平仍然任重道远。

（一）利比亚：政治和解进程出现倒退

2011 年，反对卡扎菲政权的利比亚民众抗议很快演变为利比亚战争。时至今日，虽然通过外交努力和选举工作产生了一系列临时政府，但是由于相互竞争的武装力量、地方势力和外部力量的强大影响力，利比亚仍未产生稳定的政治过渡安排。有学者指出，利比亚一直处于"冲突—和解—再次冲突"的恶性循环之中，暴力冲突无法解决问题往往促使利比亚政治精英达成政治协议，但政治和解无法解决国家治理问题，带来新的政治停滞和分裂，进而又导致新的暴力升级。[①]

2022 年，利比亚政治和解进程再度逆转。根据 2020 年的利比亚政治进程安排，利比亚应在 2021 年底举行总统和议会大选，但由于种种原因，选举没有如期举行。在利比亚东部与西部地区势力结构性矛盾的影响下，2022 年 2 月，利比亚东部的众议院议长萨利赫以民族团结政府总理德拜巴任期结束为由，任命前内政部长巴沙加为民族团结政府新总理，再次引发利比亚的政治危机。随后，巴沙加一直试图进入首都的黎波里取代德拜巴，双方的支持力量多次爆发武装冲突。2022 年 8 月下旬，双方支持者在首都的黎波里发生武装冲突，造成 32 人死亡、159 人受伤。截至 2023 年 3 月，利比亚东

---

① Ahmed Alsharkasi, "From Factionalism to Foreign Interference: Libya's Conflict Remains Frozen", USIP, November 3, 2022, https://www.usip.org/publications/2022/11/factionalism-foreign-interference-libyas-conflict-remains-frozen, accessed March 10, 2023.

部、西部两个"政府"虽然矛盾激烈,但整体上遵守 2020 年达成的停火协议。

随着利比亚局势再度紧张,国际社会积极推动新的利比亚政治和解进程。2023 年 2 月 27 日,联合国利比亚问题特别代表及联合国利比亚支助团团长阿卜杜拉耶·巴蒂利宣布,联合国将推动利比亚在 2023 年举行全国总统和议会大选。他计划建立一个高级别的利比亚问题指导小组,负责推动制定与选举时间表相关的法律框架和路线图。该小组成员将涵盖利比亚问题的主要相关行为体,包括政治机构代表、重要政治人物、部落领袖、社会组织代表、安全力量代表、妇女和青年代表。① 此举旨在将分裂的国家统一在单一行政当局之下,但必将面临多重内外阻力。利比亚能否打破"冲突—和解—再次冲突"的恶性循环仍然有待观察。

(二)叙利亚:政治和解进程进展缓慢

2022 年,叙利亚地面战场形势变化不大。叙利亚整体上可分为五大区块。一是巴沙尔政府控制的地区。在俄罗斯、伊朗和亲政府民兵支持下,政府控制着叙利亚 2/3 的领土。二是叙利亚库尔德人及其阿拉伯盟友组成的东北叙利亚行政当局,在美国的支持下,他们控制着叙利亚东北部的库尔德人聚居地区,宣称与政府和反对派都不结盟。三是叙利亚反对派控制的西北部地区,在土耳其的支持下,2017 年组建的叙利亚拯救政府统治当地,那里盘踞着大量极端主义组织。四是土耳其及其代理人控制的叙利亚北部地区,土耳其建立了地方委员会,由与这些地区邻近的土耳其省级政府监督并提供一些基本服务。五是由"自由叙利亚军"控制的叙利亚南部与约旦接壤的坦夫地区,那里有大约 100 人的美国驻军。② 此外,以色列和美国不时在叙利亚发动空袭。

---

① Cynthia Happi, "Resolving Libya's Legitimacy Crisis: 2023 Elections as a Pathway for Peace and Democratisation?", Joint Brief No. 26, 2023, pp. 4-5.

② Carla E. Humud, *Armed Conflict in Syria: Overview and U. S. Response*, Washington D. C.: CRS, 2022, pp. 3-4.

巴沙尔政府的国际合法性逐渐恢复，但叙利亚全国政治和解进程进展缓慢。2022年，巴沙尔访问阿联酋，这是2011年以来巴沙尔访问的第一个阿拉伯国家。巴林恢复与叙利亚外交关系，阿尔及利亚外长访问叙利亚。2023年5月，巴沙尔应邀参加阿盟峰会，意味着叙利亚成功重返阿盟。然而，叙利亚国内政治和解进程步履维艰。2022年3月和5月，叙利亚宪法委员会日内瓦会议分别举行第七轮和第八轮会议，但政府、反对派和社会力量并未达成实质性共识。此后，叙利亚宪法委员会没有再次举行会议，叙利亚政治和解进程陷入停滞。

2022年以来，叙利亚非传统安全问题依然突出。一是人道主义形势严峻。2022年，1460万名叙利亚人需要人道主义援助，54%的叙利亚人面临粮食安全问题。叙利亚镑持续贬值，电力和燃料极其短缺，霍乱和其他传染性疾病传播广泛。2023年2月，叙利亚北部发生大地震，进一步恶化了本已严重的人道主义危机。二是恐怖主义威胁上升。2022年，在叙利亚东北部，"伊斯兰国"组织发动了262次袭击，造成313名军事人员死亡。2022年1月，该组织袭击哈塞克监狱，造成140多名叙利亚民主军士兵死亡。[①] 2023年2月17日，该组织在霍姆斯省苏赫奈市发动恐袭，造成至少53人死亡。

（三）也门：整体休战的达成和维持

2015年以来，也门爆发大规模战争。由于涉及多个国内外冲突行为体以及不同行为体之间错综复杂的竞合关系，也门战争至少沿着三个断裂线进行。[②] 一是胡塞武装与沙特、阿联酋之间的直接冲突，其实质是安全之争。2015年3月，沙特拉拢阿联酋等国组建国际联军，对胡塞武装发动"果断风暴"军事行动，通过空袭、封锁和扶植地面代理人等方式打击胡塞武装。胡塞武装则通过不断增强的无人机和导弹技术，频繁攻击沙特与阿联

---

① Alicia Medina, "Syria's 2022 and the Outlook for 2023", Syria Direct, December 15, 2022, https：//syriadirect.org/syrias-2022-and-the-outlook-for-2023/, accessed March 10, 2023.

② 朱泉钢：《也门多重武装力量的崛起及其治理困境》，《阿拉伯世界研究》2019年第4期，第36~53页。

酋国内的军用和民用设施，试图迫使两国退出也门战争。二是胡塞运动与国内反胡塞联盟之间的冲突，其实质是国家合法性之争。2014 年，胡塞武装攻占也门首都萨那，国际社会承认的哈迪政府主要成员逃往亚丁。随后，在沙特和阿联酋的武装支持下，以哈迪政府为代表，形成了多股政治力量组成的反胡塞联盟，与胡塞武装展开激战，最终双方围绕着塔伊兹、舍卜沃、马里卜等地形成战略僵持态势。三是也门国内反胡塞联盟内部的冲突，其实质是派系利益争夺。随着也门战争的演进，反胡塞联盟内部形成了哈迪政府、萨拉菲武装、伊斯拉党、萨利赫家族、南方过渡委员会、部落力量等较强大的政治势力。他们虽共同反对胡塞武装，但彼此矛盾尖锐，不时发生冲突。随着哈迪政府在也门国内的合法性不断下降以及地面战场形势的变化，2022 年 4 月，在沙特的运筹之下，哈迪宣布辞职，将权力移交给新成立的也门总统领导委员会，该委员会中的 8 名成员就是上述政治势力的代表。

随着胡塞武装 2022 年初在马里卜省遭受军事惨败，其寻求和谈的意愿明显增强。此外，沙特基于内外考量，近年积极寻求退出也门战争。最终，2022 年 4 月 2 日，在联合国的主导下，胡塞武装与沙特领导的反胡塞联盟开始执行为期两个月的休战协定，双方的正式休战持续了半年之久。由于胡塞运动在 2022 年 9 月的谈判中提高了要求，正式休战协定在 2022 年 10 月失效。然而，由于双方仍有较强的维持休战的意愿，大规模军事冲突并未爆发，在阿曼调解下，沙特与胡塞武装开始接触并对话。2023 年 4 月，在中国成功促成沙特与伊朗实现和解后，沙特代表团访问萨那，与胡塞武装开展停火谈判，并取得一定的进展。但是，由于也门问题涉及多方利益，和平进程仍举步维艰，也门国内的全面和平仍不容乐观。

三　部分中东国家治理危机凸显

长期以来，中东地区的治理赤字、发展赤字和安全赤字彼此交织，影响着中东地区的政治稳定。2022 年，影响中东政治稳定的结构性因素依然严峻,其中,伊朗爆发大规模民众抗议。此外,乌克兰危机增大了部分财政状况欠佳的中东国家的经济压力,并导致其政治压力增大。

(一)伊朗爆发大规模民众抗议

2022年9月13日,伊朗因"头巾事件"爆发持续数月之久的大规模民众抗议。事件导火索是伊朗库尔德族女青年马赫沙·阿米尼在警察局不幸遇难,此事迅速引发大规模民众抗议,要求政权调查真相和尊重女性权利,随后很快发展成反体系的革命性运动。此次抗议表现出以下特点:波及范围广,持续时间长;青年是主力,全社会共同参与;外部干预明显,内外联动突出等。

此次抗议活动看似因为政府的社会政策和国家的族群矛盾,实则反映的是,在美国长期制裁和伊朗社会结构变化的形势下,伊朗国家治理能力不足,民众生活水平下降,民众对政府产生严重不满。首先,随着伊朗高速的工业化和城市化、人口年轻化和高学历化、女性自主意识不断增强等,民众对政府相对保守的社会政策容忍度不断下降。2021年,伊朗人口的年龄中位数为31.7岁,60%的人口年龄在30岁以下。此外,伊朗女性受教育程度显著提高,15~24岁的女性识字率高达98.81%。随着保守派在2020年议会大选中获得近80%的席位,以及保守派的莱希在2021年总统大选中获胜,保守派势力主导了伊朗政坛,控制了国家的军队、司法、立法和行政结构,伊朗民众对于相对保守的社会政策不满加剧。因此,"头巾事件"迅速发酵为支持女性权利和反对政府保守政策的运动。

其次,由于美国的制裁,伊朗过去十年的经济几乎没有增长,国家经济形势十分严峻,民众对不断下降的生活质量十分不满。在美国主导的国际制裁和伊朗内部结构性经济问题的双重影响下,伊朗经济压力很大。根据伊朗方面的评估,2012~2022年,由于美国等施加的制裁,伊朗损失了约4500亿美元的石油收入。此外,伊朗还存在诸多内部问题,主要包括过于依赖石油经济部门、经济运行的高行政成本、低效的市场机制、严重的腐败等。这些因素共同造成了伊朗严重的经济危机。2022年,伊朗经济增长率从2021

年的 4.9% 下降到 2.9%。大量资本逃离伊朗，仅 2022 年 3～6 月就有 100 亿美元的资本流出伊朗。物品短缺，物价飞涨，食品和饮料价格较前一年上涨约 60%。2023 年 1 月底，伊朗的通胀率接近 50%，伊朗里亚尔与美元的汇率为 447000∶1，全国失业率为 9.4%，青年失业率为 15%。[①] 在此背景下，"头巾事件"很快发展成全国性的不满和抗议。

再次，美国等伊朗敌对的国家利用社交媒体、网络攻击、舆论煽动等方式，怂恿伊朗青年与其他民众进行抗议和对抗政府，起到了推波助澜的作用。[②] 其中，美国政府对伊朗抗议民众提供重要的网络技术支持。2022 年 9 月 23 日，美国财政部授权美国公司扩大受美国制裁影响的普通伊朗人可以使用的互联网服务范围，允许美国科技公司向普通伊朗人提供社交媒体平台、视频会议软件和各种云技术通信工具，使伊朗抗议民众能够更好地进行动员和组织。2022 年 10 月，美国副国务卿温迪·舍曼向美国 20 家科技公司重申，美国为伊朗和其他受制裁国家提供信息自由流动的承诺。2023 年 1 月 11 日，美国财政部发布额外指导，规定何种通信工具和服务被允许提供给普通伊朗人。

面对严重的政治危机，伊朗政府强调，尊重民众合法抗议的权利，但是坚决打击骚乱活动和外部干预活动。2023 年初，民众抗议的烈度和频率明显下降，但政府的政治压力依然很大。

（二）部分中东国家因乌克兰危机外溢效应面临巨大经济压力

乌克兰危机导致全球粮食和能源价格大幅上涨，美欧大幅加息推高全球融资成本，这对中东地区经济影响显著。俄罗斯和乌克兰是全世界重要的粮食出口国，两国合计占全球小麦和玉米出口的 14% 以上，俄罗斯和乌克兰分别是全球小麦第一大和第四大出口国。埃及、摩洛哥、黎巴嫩、叙利亚、

---

① "Iran in 2023: Pivotal Year Ahead", USIP, January 4, 2023, https://iranprimer.usip.org/blog/2023/jan/04/iran-2023-pivotal-year-ahead, accessed March 15, 2023.

② "Iran to File Lawsuit against US for Meddling in Iranian Unrest", Islamic Republic News Agency, October 22, 2022, https://en.irna.ir/news/84919607/Iran-to-file-lawsuit-against-US-for-meddling-in-Iranian-unrest, accessed March 17, 2023.

也门等中东国家严重依赖俄罗斯和乌克兰粮食进口，乌克兰危机增大了它们的粮食安全压力和财政压力。此外，乌克兰危机推高了能源等全球大宗商品价格，不少中东国家需要消耗更多外汇用于进口。因此，中东非产油国经济压力加剧，埃及、约旦、苏丹、突尼斯、巴勒斯坦等非产油国面临高通胀、高债务、高失业等问题，政治压力明显增大。

以埃及为例，乌克兰危机使埃及经济状况雪上加霜。一是埃及镑持续贬值，民众财富缩水严重。2016~2022 年，埃及镑经历了三次大幅贬值，2016年 11 月埃及镑贬值 57%，2022 年 3 月和 10 月埃及镑分别贬值 15%和 57%，这是因为美元大量外逃和国际货币基金组织要求埃及采用浮动汇率。二是通胀问题严重，物价飞涨。2022 年 12 月，埃及官方通胀率将近 22%，比 2021年同期高出 15 个百分点。2023 年，埃及通胀问题越来越严重，1 月底通胀率为 31.2%，2 月底通胀率飙升至 40.3%。与此同时，埃及物价飞涨，2023年 1 月底，基本商品价格比上月飙升了近 40%。三是收支失衡问题加剧，政府债务压力陡增。2014 年塞西总统上台后，埃及外债增长了 2 倍多，达到1600 亿美元。2023 年，埃及财政预算的 45%要用于偿付外债，极大地压缩了政府的公共支出能力。①

随着埃及经济状况的恶化，民众对政府不满程度明显上升。根据华盛顿近东政策研究所的民调，2022 年底，埃及人对政府的不满情绪明显上升，超过 2/3 的受访者表示，政府"在满足民众对可接受的生活水平的需求方面做得太少"，而 2022 年 8 月只有约 47%的人认为政府做得太少。尽管经济形势不断恶化，但几乎一半的受访者表示拒绝进行大规模抗议。② 这也与阿

---

① David Schenker, "Is Egypt Headed toward Collapse?", The National Interest, May 5, 2023, https://nationalinterest.org/print/feature/egypt-headed-toward-collapse-206453, accessed May 10, 2023.

② Mohamed Abdelaziz, "New Egyptian Opinion Poll: Continued Dissatisfaction with Government Performance, Almost Half Reject Mass Protests, and Mixed Views on Foreign Relations", Washington Institute for Near East Policy, December 21, 2022, https://www.washingtoninstitute.org/policy-analysis/new-egyptian-opinion-poll-continued-dissatisfaction-government-performance-almost, accessed March 18, 2023.

拉伯晴雨表 2022 年 7 月发布的调查结果相一致，与民主相比，埃及等阿拉伯国家的民众更加关注经济、稳定和政府能力等问题。[①] 埃及在 2011 年和 2013 年发生了两次大规模民众抗议，埃及的发展和治理问题非但没有得到解决，反而导致大量资本外逃，民众生活水平进一步下降。因此，大多数埃及民众并不愿意轻易参与街头抗议活动。然而，如果埃及经济状况持续恶化，不排除埃及再次爆发大规模民众抗议的可能。

四 前景展望

总体看来，中东国家的政治发展将呈现三个趋势。第一，强政府治理或将成为中东的主导方式。从历史发展看，当代中东国家的政治发展并不是线性的，而是钟摆式的。近年，中东国家发展的"钟摆"向强政府模式摆动的迹象愈加明显。中东地区的精英和民众逐渐意识到，弱政府往往伴随着不安全和不发展的问题，国家发展的出路或许在于增强国家能力、重塑政府权威、推动经济发展。与此同时，美国等西方国家承认，西式民主在中东地区确实"水土不服"，并且带来了严重的地区失序问题，并不符合西方的利益。因此，西方国家在中东推动西式民主的热情相较之前明显下降。再加上地区"和解潮"，国家推动中长期发展规划的需要，支持中东国家强政府模式的因素明显增加。

第二，战乱国家实现全面和平仍任重道远。2022 年以来，利比亚、叙利亚和也门三个战乱国家出现了走向和平的积极迹象。利比亚在经历小规模暴力冲突后，联合国推动的政治谈判进程加速；叙利亚重返阿盟，其国际合法性明显增强；随着沙特和胡塞武装和解加速，也门实现并维持了整体休战。然而，三国的全面和平仍有很长的路要走。由于东部与西部地区的结构性矛盾，利比亚的总统和议会大选能否顺利举行，以及各方能否尊重选举结

---

① Michael Robbins, "Democracy in the Middle East & North Africa", Arab Barometer, July 2022, https：//www.arabbarometer.org/wp-content/uploads/ABVII_Governance_Report-EN-1.pdf, accessed March 18, 2023.

果仍不得而知。由于外部力量在叙利亚的长期存在和对叙利亚反对派的支持，叙利亚政府恢复主权完整仍面临诸多挑战。如果胡塞武装与反胡塞联盟无法尽快谈判并达成国家过渡协议，沙特退出也门或许会带来新一轮的大规模暴力冲突。

第三，部分中东国家的政治压力和社会压力将增大。引发阿拉伯剧变的深层次社会、经济和政治治理问题依然存在，在不少国家甚至愈演愈烈。主要表现在：人口膨胀、中产阶级日益受到挤压、不平等问题严重；私有部门活力不足、经济增长乏力、失业率居高不下；国家治理能力和治理体系现代化水平不高，政府权威供给能力不足等。随着乌克兰危机的影响不断加重，部分财政状况欠佳的中东国家，主要包括苏丹、巴勒斯坦、伊拉克、黎巴嫩、约旦、埃及、阿尔及利亚、伊朗等，面临愈加严重的经济压力，与之伴随的政治压力也将有所上升。虽然大多数中东民众意识到西式民主与无序抗议不能解决国家的发展和治理问题，但民众长期对政府治理不满，势必影响国家的政治稳定。

总体来看，中东国家走出政治发展困境的出路在于形成政治发展基本共识，平衡政治参与和政治稳定，提高国家治理能力和治理体系的现代化水平。

Y.3
2022年中东经济形势及前景展望

姜英梅*

摘　要： 2022年，全球经济经历一系列动荡，面临严峻挑战。乌克兰危机引发能源和粮食等大宗商品价格飙升，导致全球能源危机和粮食不安全问题。美联储加息引发全球加息潮，全球金融环境不断收紧，新兴市场和发展中经济体资本外流，全球通胀处于几十年里的最高水平，新冠疫情持续不退。受益于高油价，尽管面临严峻挑战，但中东地区经济仍强势反弹，石油出口国尤其是海合会国家经济增长推动整个地区经济继续复苏。然而，由于中东地区经济对外依赖度高，乌克兰危机对中东地区部分国家造成一定影响，导致其通胀高企、资本外流、粮食不安全问题加剧。展望2023年，全球经济陷入衰退，中东经济将继续放缓。同时，由于资源禀赋差异，石油出口国和石油进口国面临不同的增长前景。

关键词： 中东　经济形势　能源价格　粮食安全　通货膨胀

2022年，尽管中东地区遭遇了一系列全球冲击，但经济增长上扬，实际GDP增长率达到5.3%，反映了强劲的国内需求和石油收入的反弹。然而，2023年全球经济形势相当脆弱，下行风险占据主导地位，受此影响，中东地区经济增长预计放缓至3.1%，2024年小幅回升至3.4%。由于乌克

---

* 姜英梅，中国社会科学院西亚非洲研究所副研究员，主要研究中东经济发展和金融问题。

兰危机刺激了全球食品和能源价格，中东地区通货膨胀率飙升至 14.8%，总体通胀率在 2022 年最后几个月有所下降，但核心通胀率仍居高不下。①

一 2022年中东经济强势反弹

2022 年，全球经济经历一系列动荡，面临严峻挑战。全球通胀处于几十年里的最高水平，美联储激进加息，多数地区的金融环境收紧，乌克兰危机，新冠疫情持续不退，这些都对经济发展造成严重影响。全球经济增长率预计从 2021 年的 6.2% 下降至 2022 年的 3.4%。如果不包括全球金融危机和新冠疫情最严重阶段，那么这将是 2001 年以来最为疲弱的增长表现。全球通胀率预计从 2021 年的 4.7% 上升到 2022 年的 8.7%。② 全球超过 1/3 的经济体经济增长出现萎缩，而美国、欧盟和中国这三个较大的经济体经济增长显著放缓，全球经济衰退的隐忧加深。乌克兰危机对全球经济稳定造成严重影响。除了对两国的生命和生计的直接破坏之外，乌克兰危机还导致欧洲发生了重大能源危机，国际原油价格从 2021 年的 69.4 美元/桶大幅上升至 2022 年的 96.4 美元/桶，同比增长 38.9%。③ 这场冲突推升了世界市场的粮食价格，尽管黑海谷物倡议签署之后粮食价格有所回落，但仍大大高于 2021 年的平均水平。粮食和化肥价格的上涨给低收入国家、脆弱和受冲突影响的国家以及其他国家的弱势群体带来严重的粮食安全挑战。

在疫情反复、通货膨胀、乌克兰危机、地缘政治危机和供应链不安全加剧全球经济不确定性的一年中，国际油价持续上升推动中东地区连续第二年实现了经济增长，2022 年经济增长率达到 5.3%。④ 该地区各国改善营商环境，并对新技术和项目进行了投资。在不断恶化的全球环境中，中东经济体

---

① IMF, *World Economic Outlook*, April 2023, p. 39.
② IMF, *World Economic Outlook*, April 2023, p. 3.
③ IMF, *World Economic Outlook*, April 2023, p. 9.
④ IMF, *World Economic Outlook*, April 2023, p. 39.

同样受到冲击，石油进口国以及低收入国家受到重创，其中许多国家面临市场融资渠道受限，石油出口国则因能源价格居高不下得以缓冲。

（一）中东经济仍保持强劲复苏

2022年，中东应对疫情取得较大进展，经济活动逐渐恢复。沙特、阿联酋、埃及等国的采购经理人指数不断上升，工业生产继续扩大；酒店入住率上升和国际航班抵达量增加表明中东旅游业也保持复苏势头；就业人数继续从疫情的损失中恢复，但失业率仍处于高位，尤其是青年和妇女失业率（分别为32%和22%）。乌克兰危机在中东地区的不利影响比预期要小，在全球经济逆风日益加剧之时，中东地区经济活动仍具有弹性，2022年保持较强复苏势头，财政出现盈余，政府债务和政府外债占GDP比重均有所下降（见表1）。然而，由于乌克兰危机导致全球大宗商品价格上涨，引发全球高通胀，加之美联储加息带来的本币贬值，中东国家通胀率仍居高不下，发展中经济体和中等收入国家获得外部市场融资的机会受到严重限制。

表1 中东地区经济指标

经济指标	2000~2019年	2020年	2021年	2022年	2023年
实际GDP增长率(%)	4.2	-3.1	4.3	5.3	3.1
名义GDP(亿美元)	22717	27023	31954	38883	37415
通货膨胀率(%)	7.1	10.9	13.9	14.8	14.8
广义货币增长率(%)	14.8	12.7	12.0	14.5	21.7
财政余额占GDP比重(%)	1.6	-8.4	-2.0	2.5	-1.0
政府债务占GDP比重(%)	37.5	58.6	53.8	44.3	44.1
经常账户余额(亿美元)	1408	-895	1358	3482	1692
国际储备(亿美元)	8510	9734	10241	10713	10864
政府外债占GDP比重(%)	32.1	64.5	56.7	47.4	48.0

资料来源：IMF, *Regional Economic Outlook：Middle East and Central Asia*, May 2023, Statistical Appendix, pp. 5-26。

受海湾阿拉伯国家合作委员会（GCC）国家经济提振的拉动，中东石油出口国和石油进口国的增长水平都高于全球增长水平，推动中东地区

2022年实际GDP增长率从2021年的4.3%增长至5.3%，经常账户余额占GDP比重从4.2%增长至9.0%，财政余额近年来首次出现盈余。2022年，中东大多数国家的通胀水平有所上升，年平均通货膨胀率与上年持平，为14.8%，但增速大大低于世界大多数地区不断飙升的通胀水平。① 尽管如此，那些与俄乌两国有着紧密联系（主要是粮食、化肥进口）的国家前景仍受到较大影响，食品价格仍然是整体通胀的主要驱动力，并向其他商品类别蔓延，需要防范风险并推进改革。中东国家面临的更为紧迫的政策挑战是通过恢复物价稳定、提供有针对性的支持保护弱势群体以及确保粮食安全来应对生活成本危机，同时还需要保持债务可持续性和金融稳定。② 受益于石油出口收入增加，中东地区国际储备从2021年的10241亿美元增长到2022年的10713亿美元，政府债务占GDP比重持续下降，从2021年的53.8%下降到2022年的44.3%，外债水平也从56.7%下降至47.4%。③ 石油出口国有机会通过建立缓冲和推进其经济多元化来最大限度地利用增长的石油收入，以更好地抵御未来可能出现的新冲击。石油进口国应调整政策组合，许多国家财政空间有限，亟须加快结构性改革，以促进经济增长，同时使经济更具弹性、可持续性以及更多元化。

世界银行2023年4月的《中东经济更新》报告显示，2022年中东地区经济增长率高达5.8%，这是该地区10年来的最高增长率，因为石油出口国从石油与天然气价格上涨和产量上升中获得巨额利润。这一反弹也反映出服务业正在从疫情造成的低迷中复苏。然而，这种增长在地区内并不均衡，石油出口国和石油进口国的经济增长率分别为6.1%和4.9%，海合会国家经济增速为7.3%，发展中石油出口国经济增速为3.9%。④ 当前，中东国家仍

① IMF, *Regional Economic Outlook*：*Middle East and Central Asia*, May 2023, pp. 2-5.
② "Mounting Challenges, Decisive Times", IMF, https：//www.imf.org/en/Publications/REO/MECA/Issues/2022/10/13/regional-economic-outlook-mcd-october-2022, accessed November 16, 2022.
③ IMF, *Regional Economic Outlook*：*Middle East and Central Asia*, May 2023, Statistical Appendix, pp. 19, 25.
④ The World Bank, *MENA Economic Update*, April 2023, p. 9.

在努力克服新冠疫情的持久影响，面临着乌克兰危机带来的石油和食品价格上涨、全球利率上升以及美国、中国和欧元区经济放缓等新的冲击。中东许多国家的贫困率和失业率很高，劳动生产率低，经济脆弱性加剧，政治和社会环境脆弱。

（二）高油价推动石油出口国①经济大幅增长

2022年2月乌克兰危机爆发后，贸易和产出的中断推高了大宗商品成本，加剧了世界各地的生活成本危机，并使油价在当年大部分时间里保持在每桶100美元以上，国际货币基金组织估计2022年国际平均油价上涨38.9%，达到每桶96.4美元（见图1）。中东石油出口国的石油生产和出口迅速扩张，高油价与强劲的非石油GDP增长部分抵消了高食品价格和全球利率上升的负面影响，其经济增长率达到5.7%，经常账户余额和财政余额占GDP比重分别为13.0%和4.6%，通货膨胀率为13.5%。② 2022～2026年，由于石油和天然气价格上涨以及出口增加（中东石油出口国石油出口量上涨至217万桶/日），石油出口国的累计暴利约为1万亿美元。海合会国家拥有较高的储蓄率，而发展中石油出口国（阿尔及利亚、伊拉克等国）的公共储蓄率大幅下降，反映出其持续的财政顺周期政策——财政支出依然很高。③ 沙特阿拉伯、科威特、阿联酋和伊拉克经济以10年来的最快速度增长。疫情限制的放宽以及碳氢化合物市场的积极发展推动了海合会经济在2021年和2022年的强劲复苏。强劲的经济复苏和供应链瓶颈使海合会的通货膨胀率从2021年的2.2%上升到2022年的平均3.3%。在碳氢化合物价格上涨的支持下，2022年海合会实现强劲的双顺差，财政收支盈余将达到GDP的6.0%，这是2014年以来的首次盈余，而外部收支盈余达到GDP的15.2%。伊朗由于长期遭受美国制裁，再加上乌克兰危机带来的冲击，2022

---

① 包括海湾阿拉伯国家合作委员会六国、阿尔及利亚、伊朗、伊拉克、利比亚。

② IMF, *Regional Economic Outlook*: *Middle East and Central Asia*, May 2023, Statistical Appendix, p. 23.

③ IMF, *Regional Economic Outlook*: *Middle East and Central Asia*, October 2022, p. 8.

年通胀高企、本币贬值、社会抗议以及能源供应短缺，这些导致伊朗经济衰退。伊拉克得益于石油产量大幅增加，政局相对稳定，GDP 增长率高达 8.1%。利比亚因为国内冲突，经济负增长（-12.8%），也门 GDP 增长率仅为 1.5%。

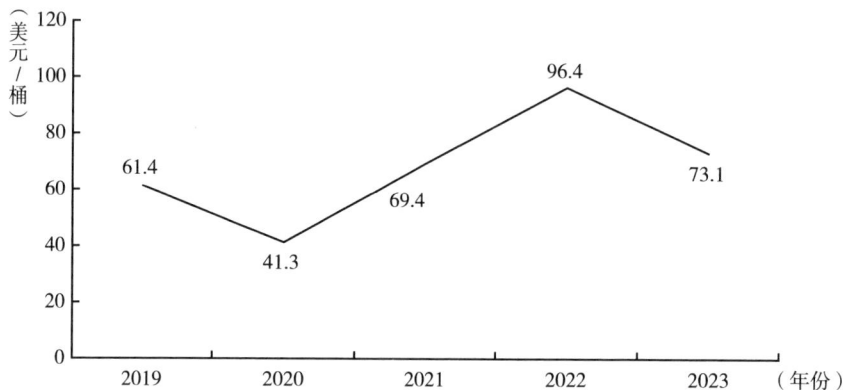

图1　国际平均油价

资料来源：IMF, *World Economic Outlook*, April 2023, p.10。

（三）能源问题、食品通胀、全球利率上升加重了石油进口国的负担

通胀水平上升、石油和粮食等大宗商品价格上涨以及融资条件收紧给中东地区石油进口国的经济增长带来压力。欧洲经济增长放缓给中东石油进口国带来特定风险，因为它们更依赖于与欧元区的贸易，尤其是接近欧洲的北非石油进口国，包括突尼斯、摩洛哥和埃及。一些石油进口国的经济增长明显放缓，本就不低的通货膨胀率进一步上升，本国货币大幅贬值，食品和能源价格居高不下。石油进口国面临着更高进口费用的压力和风险，特别是食品和能源价格大幅提高，以及紧缩的财政空间，因为这些国家为减轻涨价带给民众的负担，在价格补贴上支出很大。石油进口国中新兴市场和中等收入国家①经济增长率为 5.1%，经常账户余额和财政赤字占 GDP 比重分别为 5.1% 和 5.6%，通货膨胀率为 11.2%，反映出这些经济体侨汇流入强劲和旅

---

① 包括埃及、约旦、黎巴嫩、摩洛哥、叙利亚、突尼斯和巴勒斯坦。

游业复苏。低收入国家①经济增长率仅为-0.6%，经常账户赤字和财政赤字占 GDP 比重分别为 8.8%和 1.7%，通胀率比 2021 年下降一半，但仍高达 83.2%。低收入国家经常账户和财政状况恶化，进口更多地集中于基本食品和能源。受强势美元影响，中东石油进口国的汇率和国际储备面临巨大压力。埃及等国的有效汇率大幅贬值，一些国家的国际储备面临下行压力。新兴市场和发展中经济体国际储备从 2021 年的 1173 亿美元下降至 2022 年的 1007 亿美元，低收入国家国际储备则从 70 亿美元下降至 58 亿美元。中东国家政府债务占 GDP 比重有所下降，低于 60%的国际警戒线标准。但石油进口国政府债务占 GDP 比重高达 90.5%，尤其是苏丹、黎巴嫩、巴林、埃及和约旦等国的这一比重十分高。2022 年 12 月底埃及外债从 2021 年底的 1455 亿美元增加到 1629 亿美元。2022 年，除阿尔及利亚（1.5%）、伊朗（3.1%）、巴勒斯坦（11%），大多数中东国家外债占 GDP 比重超过 20%的国际警戒线标准，黎巴嫩、巴林、苏丹和卡塔尔的外债水平最高。②

表2　中东国家经济指标

单位:%

国家和地区	实际 GDP 增长率			通货膨胀率			经常账户余额占 GDP 比重		
	2021 年	2022 年	2023 年	2021 年	2022 年	2023 年	2021 年	2022 年	2023 年
中东	4.3	5.3	3.1	13.9	14.8	14.8	4.2	9.0	4.5
石油出口国	4.5	5.7	3.1	11.4	13.5	12.0	4.6	13.0	6.9
阿尔及利亚	3.5	2.9	2.6	7.2	9.3	8.1	-2.8	7.2	0.8
巴林	2.2	4.2	3.0	-0.6	3.6	2.2	6.7	9.1	5.2
伊朗	4.7	2.5	2.0	40.1	49.0	42.5	0.7	4.7	1.8
伊拉克	7.7	8.1	3.7	6.0	5.0	6.6	7.8	11.6	4.4
科威特	1.3	8.2	0.9	3.4	3.9	3.3	16.3	28.5	19.7
利比亚	28.3	-12.8	17.5	2.8	4.5	3.4	18.1	2.7	12.0
阿曼	3.0	4.3	1.7	1.5	2.8	1.9	-6.1	3.2	2.1
卡塔尔	1.6	4.2	2.4	2.3	5.0	3.0	14.7	26.0	19.2
沙特阿拉伯	3.2	8.7	3.1	3.1	2.5	2.8	5.3	13.8	6.2

① 包括吉布提、毛里塔尼亚、索马里、苏丹和也门。
② IMF, *Regional Economic Outlook*: *Middle East and Central Asia*, May 2023, pp. 10-25.

续表

国家和地区	实际GDP增长率			通货膨胀率			经常账户余额占GDP比重		
	2021年	2022年	2023年	2021年	2022年	2023年	2021年	2022年	2023年
阿联酋	3.8	7.4	3.5	0.2	4.8	3.4	11.4	11.7	7.1
也门	-1.0	1.5	-0.5	45.7	29.1	16.8	-5.1	-9.6	-18.7
石油进口国	3.2	4.4	3.2	21	18.0	22.0	-5.1	-5.5	-4.9
埃及	3.3	6.6	3.7	4.5	8.5	21.6	-4.4	-3.5	-2.8
约旦	2.2	2.7	2.7	1.3	4.2	3.8	-8.8	-7.4	-6.0
黎巴嫩	-7.0	-2.6	-0.5	154.8	171.2	165.0	-12.5	-20.6	-14.0
摩洛哥	7.9	1.1	3.0	1.4	6.6	4.6	-2.3	-4.3	-3.7
突尼斯	3.3	2.5	1.3	5.7	8.3	10.9	-6.1	-8.5	-7.1
巴勒斯坦	7.1	4.0	3.5	1.2	3.7	3.2	-8.2	-12.4	-11.8
叙利亚	-2.9	-3.5	-5.5	118.8	70.1	60.0	-2.8	-2.6	-3.2
吉布提	4.8	2.5	4.0	1.2	5.5	3.2	-0.7	-5.0	-3.8
苏丹	0.5	-2.5	1.2	359.1	138.8	71.6	-7.4	-6.2	-7.2
以色列	8.6	6.4	2.9	1.5	4.4	4.3	4.2	3.7	3.5
土耳其	11.4	5.6	2.7	19.6	72.3	50.6	-1.7	-5.4	-4.0

资料来源：IMF, *Regional Economic Outlook*：*Middle East and Central Asia*，May 2023, pp.6-25；叙利亚和黎巴嫩数据来自 The World Bank, *MENA Economic Update*，April 2023, pp.20-45。

二　乌克兰危机对中东经济的主要影响

自2021年以来，由于新冠疫情管控措施放松后需求激增和供应方面的限制，国际大宗商品（主要为粮食和燃料）价格大幅上涨。2022年2月乌克兰危机爆发后，燃料、粮食和化肥等价格飙升，加大了国际市场的价格压力，为中东石油出口国带来巨额石油收入的同时，也加大了地区国家财政压力。大宗商品价格上涨发生于全球背景下，新兴市场的金融紧缩状况更加明显。中东大多数国家的民众面临生活成本大幅上涨的压力，脆弱群体的生活成本压力更为沉重。高企的通胀压力促使各国央行快速收紧货币政策，同时，美元对其他大多数货币大幅升值。中东国家尤其是石油进口国面临全球金融环境紧缩、本国货币贬值、资本外流和财政空间有限的挑战，财政赤字持续扩大。

（一）粮价上涨与粮食安全

由于农业发展落后、人口数量大，中东需要大量进口粮食，对外依赖度高于世界其他地区，2021年食品进口额占商品进口总额的比重达到11%（高于世界8%的平均水平），中东低收入国家的这一比重更高，达到19%。许多国家（包括也门、巴勒斯坦、吉布提、伊朗、利比亚、约旦和叙利亚）的食品进口额比重达到20%以上。[①] 世界前二十大粮食进口国中的中东国家包括埃及、阿尔及利亚、沙特、土耳其、摩洛哥、阿联酋（根据年份不同排名有所变化）。

世界银行2023年4月的《中东经济更新》报告聚焦"中东与北非价格上涨和粮食不安全的长期影响"。报告指出，中东地区的通货膨胀率在2022年急剧上升，尤其是在经历货币贬值的国家。16个国家中有8个国家的食品价格通胀率达到两位数或更高，这对较贫困家庭的影响最大，因为他们在食品上的花费更多。世界银行中东和北非地区副行长法里德·贝尔哈吉（Ferid Belhaj）指出："食品价格上涨正在对贫困家庭造成毁灭性影响。食品不安全的长期影响将影响几代人，遗憾的是还限制了许多年轻人的前景。"2022年3~12月，中东和北非地区16个经济体的平均食品通胀率为29%，这高于同期中东和北非地区整体通胀率（19.4%），而2021年10月至2022年2月整体平均通胀率为14.8%。在报告涵盖的4个中东和北非子组（发展中石油进口国、发展中石油出口国、冲突国家和海合会）中，通货膨胀是2023年中东粮食不安全的重要影响因素。报告估计，中东和北非发展中国家的近1/5人口2023年可能面临粮食不安全，而将近800万名5岁以下的儿童将挨饿。食品价格上涨即便是暂时的，也可能给儿童成长造成长期、不可逆转的损害。2022年3~6月的食品价格上涨可能使中东和北非发展中国家儿童发育迟缓风险增加17%~24%，这意味着200000~285000名新生儿面临发育迟缓的风险。更广泛地说，研究表明，营养不良会导致儿童学习成绩不

---

① "Food Imports（%of merchandise imports）-MENA", The World Bank, https：//data. worldbank. org/indicator/TM. VAL. FOOD. ZS. UN？view=chart&locations=ZQ, accessed May 6, 2023.

佳、未来收入降低和健康状况不佳。解决严重粮食不安全问题的预计融资每年达数十亿美元，但报告明确指出，仅靠资金是不够的。该报告提出了能够在粮食不安全升级为全面危机之前缓解粮食不安全的政策工具，其中包括可以立即采用的有针对性的现金和实物转移支付。母亲在怀孕期间和儿童成长早期都发挥着至关重要的作用，她们将从改善的育儿假、儿童保育和医疗服务中受益，这对孩子的成长很重要。需要改进与更新有关儿童健康和营养状况的数据，以及更好地获取行政信息，这将有助于确定优先事项并更容易地接触到弱势群体。报告总结说，使粮食系统更具弹性并强化供应链至关重要，尤其是在面对气候变化影响和未来市场冲击的情况下。①

（二）美联储加息与金融紧缩

乌克兰危机导致全球通胀加剧。为应对居高不下的通胀水平，美联储在2022年累计7次加息，将基准利率提高至4.25%~4.5%，为15年来的最高水平。美联储的连续加息在整个经济领域产生了影响，美元强势上涨，大量资本回流美国，全球货币和金融紧缩状况加剧。中东地区多数国家被迫跟随美联储实施加息政策，本币兑美元汇率大幅度贬值，除了近年来汇率波动剧烈的伊朗、黎巴嫩、土耳其和叙利亚，埃及镑的币值也连续下跌，从2022年初的1美元兑换15埃及镑贬值到1美元兑24埃及镑，贬值幅度达57.6%。在通胀率达到数十年以来高点且乌克兰危机对欧洲和全球能源市场持续产生溢出效应的背景下，金融风险已经上升。在市场流动性欠佳的情况下，金融环境若突然无序收紧，可能会与本已存在的脆弱性相互作用。在新兴市场，利率上升、经济基本面疲软和大量资金外流已经推升了借债成本，对前沿经济体而言情况更为严峻。② 2022年3月，外国投资者退出政府证券

---

① "Growth Slows for Most MENA Economies Amid Double Digit Food Inflation", The World Bank, April 6, 2023, https：//www. worldbank. org/en/news/press-release/2023/04/06/growth-slows-for-most-mena-economies-amid-double-digit-food-inflation, accessed April 6, 2023.

② 《全球金融稳定风险在一系列连锁冲击中已经上升》，国际货币基金组织网站，https：// www. imf. org/zh/Publications/GFSR/Issues/2022/10/11/global - financial - stability - report - october-2022，最后访问日期：2022年12月6日。

投资组合，埃及发生了外汇短缺危机，埃及中央银行决定多次降低埃及镑兑外币的价格，并于 2022 年 10 月宣布采用灵活的汇率机制。随着埃及镑持续贬值，埃及通货膨胀率跃升至 5 年多来的最高水平，埃及各城市的年通货膨胀率在 2023 年 1 月攀升到 25.8%。为遏制通货膨胀和美元外流，埃及央行在 2022 年共加息 8 次，存款利率和隔夜拆借利率分别达到 16.25% 和 17.25%。2022 年 12 月，埃及与国际货币基金组织签署了 30 亿美元的贷款协议。埃及政府还通过出售国有资产、私有化等方式吸引外国资本。

与全球其他新兴市场和新兴经济体相比，中东地区新兴市场和发展中经济体尤其是经济基本面较弱的经济体金融状况急剧恶化。埃及、突尼斯的货币主权债券利差大幅扩大，反映出投资者对它们的经济对外依赖度高、财政状况不佳以及战争外溢的担忧。约旦和摩洛哥的主权债券利差增长较为温和。相比之下，海合会国家的主权债券利差则保持稳定。2022 年沙特和阿联酋等海合会国家引领该地区 IPO 市场强劲增长。中东新兴市场对外部融资需求依赖性高，融资缺口占国际储备总额的比重从 2021 年的 109% 大幅攀升至 2022 年的 242%，并有可能在 2023 年下降至 163%。① 本币走弱和美元融资利差扩大了外部借贷成本，导致中东地区主权债券发行量大幅下降，流入该地区的投资组合也面临压力。由于乌克兰危机和美联储加息，中东地区大量资本外流。埃及、突尼斯和毛里塔尼亚等国提高了利率，以应对不断上升的通货膨胀率和汇率压力。海合会国家发行的主权债券减少则反映出高油价导致融资需求下降。由于实行钉住美元的汇率制度，海合会国家和约旦央行紧随美联储实行加息政策，汇率波动很小。海合会国家强劲的石油收入和非石油增长继续支持其对外侨汇流出。海合会对本地区的侨汇流出可以部分填补侨汇流入国的外部融资缺口。例如，乌克兰危机暴露出并加剧了埃及的财政困境，海合会国家多次向埃及提供帮助，沙特、阿联酋和卡塔尔在埃及央行存款，并承诺进行重大的新投资。

---

① IMF, *Regional Economic Outlook: Middle East and Central Asia*, October 2022, p. 8.

三 中东经济前景展望

2023 年，全球经济逐步复苏，供应链扰动正在缓解，冲突导致的能源和粮食市场混乱正在消退。与此同时，大多数国家的央行同步大幅收紧货币政策的成效将逐渐显现，通胀将逐渐恢复到目标水平。国际货币基金组织在 2023 年 4 月的《世界经济展望》中预测，2023 年全球经济增速将在 2.8% 的水平上触底回升，比 1 月的预测值低 0.1 个百分点。全球通胀率将从 2022 年的 8.7% 降至 2023 年的 7.0% 和 2024 年的 4.9%，但下降速度比最初的预期要慢。世界银行 2023 年 4 月的《中东经济更新》报告指出，两位数的食品通胀率增加了贫困家庭的压力，导致大多数中东经济体增长放缓。中东地区 GDP 增长率将从 2022 年的 5.8% 放缓至 2023 年的 3.0%。2023 年石油出口国增长将放缓，但高收入国家与该地区其他国家之间仍存在较大差距。中东地区实际人均 GDP 增长率将从 2022 年的 4.4% 放缓至 2023 年的 1.6%。[①]

（一）2023年全球经济持续复苏，但前景并不乐观

2023 年初，世界经济一度出现实现"软着陆"——通胀下行、增长企稳的初步迹象。但在通胀率居高不下、金融部门动荡的环境下，这些迹象已经消退。随着各国央行实施加息政策以及粮食和能源价格下跌，通胀率已有所下降，但潜在的价格压力呈现出黏性，且一些经济体的劳动力市场吃紧。快速加息的副作用日益明显，银行业的脆弱性已成为各方关注的焦点，人们对风险在更广泛金融部门（包括非银行金融机构）蔓延的担忧也有所加剧。政策制定者已经采取了有力措施来稳定银行体系。正如《全球金融稳定报告》深入讨论的，金融环境正随着市场情绪的变化波动。与此同时，影响 2022 年世界经济的其他主要因素仍将持续，但强度将有所变化。债务水平

---

① The World Bank, *MENA Economic Update*, April 2023, pp. 32-39.

依然高企，这限制了财政政策制定者应对新挑战的能力。大宗商品价格在乌克兰危机发生后一度大幅上涨，此后虽有所回落，但这场战争仍在继续，地缘政治局势依然严峻。2022 年，受到新冠疫情重创的经济体逐步复苏，供应链扰动得以缓解。尽管粮食和能源价格下降以及供应链运行改善给经济提供了支持，但随着金融部门动荡带来更多不确定性，金融风险明显偏向下行，经济"硬着陆"的可能性急剧上升。金融部门的压力可能会放大且可能出现传染效应，这将导致实体经济增长因融资环境急剧恶化而走弱，并迫使央行重新考虑其政策路径。在借款成本上升和经济增长放缓的背景下，局部的主权债务压力可能蔓延，成为更加系统性的问题。如果乌克兰危机加剧，有可能导致粮食和能源价格进一步飙升，从而推高通胀水平。核心通胀可能比预期更加持久，需要进一步收紧货币政策加以应对。全球若分裂成若干地缘政治集团，有可能造成巨大的产出损失，包括外国直接投资受到影响造成的损失。政策制定者面前的道路十分狭窄：它们既要改善经济前景，又要尽可能减少风险。各国央行需要坚持实施对抗通胀的紧缩政策立场，同时也需要做好准备，根据形势变化调整并运用其全部政策工具，并维持金融稳定。国际货币基金组织 2023 年 4 月《世界经济展望》报告指出，全球经济增速将从 2022 年的 3.4% 下降到 2023 年的 2.8%，经济放缓主要集中在发达经济体，尤其是欧元区和英国。相比之下，许多新兴市场和发展中经济体的经济增长正在加快（见表 3）。

表 3　世界各地区 GDP 增长率

国家和地区	实际值（%）	估计值（%）	预测值（%）	与 2023 年 1 月预测值比较（百分点）
	2021 年	2022 年	2023 年	2023 年
世界	6.2	3.4	2.8	−0.1
发达经济体	5.4	2.7	1.3	0.1
美国	5.9	2.1	1.6	0.2
欧元区	5.3	3.5	0.8	0.1

续表

国家和地区	实际值 （%）	估计值 （%）	预测值 （%）	与 2023 年 1 月 预测值比较（百分点）
	2021 年	2022 年	2023 年	2023 年
新兴市场和发展中经济体	6.7	4.0	3.9	-0.1
亚洲	7.4	4.4	5.3	0.0
中国	8.4	3.0	5.2	0.0
欧洲	6.9	0.8	1.2	-0.3
俄罗斯	4.7	-2.1	0.7	0.4
拉丁美洲	7.0	4.0	1.6	-0.2
巴西	5.0	2.9	0.9	-0.3
撒哈拉以南非洲	4.7	3.9	3.6	-0.2
南非	4.9	2.0	0.1	-1.1
中东	4.3	5.3	3.1	-0.1
沙特阿拉伯	3.2	8.7	3.1	0.5

资料来源：IMF, *World Economic Outlook*, April 2023, p. 9。

（二）中东地区经济增速放缓

根据国际货币基金组织 2023 年 5 月的《中东和中亚地区经济展望》报告，2023 年，中东地区经济将放缓至 3.1%，2024 年将回升至 3.4%，这反映出恢复宏观经济稳定的紧缩政策、欧佩克+石油减产协议、国际石油价格下降以及 2023 年初以来全球金融状况恶化的影响。

石油出口国方面，预计其 2023 年的增长率将下降至 3.1%，2024 年将大致保持这一速度。大多数国家经济增长的主要驱动力将从石油转向非碳氢化合物。2023 年 3 月，欧佩克+宣布的减产政策有可能导致石油出口国的经济增长率降低，但由于较高的油价将在很大程度上抵消低增长率的影响，其财政和经常账户状况仍将保持良好。预计 2023 年石油出口国的非石油 GDP 将以健康的速度增长（约 3.7%），与 2022 年增速基本持平。[①] 沙特阿拉伯、

[①] IMF, *Regional Economic Outlook: Middle East and Central Asia*, May 2023, Statistical Appendix, p. 6.

阿联酋和科威特等海合会国家的零售业、旅游业等服务业的增长势头仍将持续，银行流动性充裕，国内改革势头持续，私人投资迅速增加，部分抵消了主要贸易伙伴经济放缓的影响。

由于货币紧缩，维护宏观经济稳定的财政政策抑制国内需求，2023年中东石油进口国的经济增长也将放缓至3.2%。较高的石油价格可能会增加中东石油进口国的财政和外部压力，并增加其通货膨胀压力。由于较高的债务水平，公共融资和外部融资需求总额较大，石油进口国的财政脆弱性和外部脆弱性仍将增强。新兴市场和中等收入国家的经济增长预计放缓至3.4%。[①] 由于融资紧张、汇率贬值、高通胀水平侵蚀家庭购买力以及外部需求增长疲软，埃及经济将大幅放缓至3.7%。摩洛哥经济增长速度将加快，主要是因为遭遇2022年严重干旱后农业产量反弹，非农业部门的增长预计仍将疲软。约旦和突尼斯的经济活动仍将低迷，反映出其主要贸易伙伴经济增长疲软、乌克兰危机造成的经济后果的外溢效应、更紧缩的国内外金融条件以及限制性的财政政策。

低收入国家面临日益恶化的脆弱性。2023年低收入国家的经济增长率仅为1.3%。然而，低收入国家的增长前景喜忧参半，一些国家的经济活动是由特定国家的特殊因素驱动的，例如吉布提的债务困境、采掘业的发展以及毛里塔尼亚的紧缩宏观政策。对于正在与脆弱性做斗争的低收入国家来说，其前景主要是宏观经济不稳定、旷日持久的冲突（也门）、干旱（索马里）、政治危机和缺乏资金（苏丹）。更广泛地说，贸易条件冲击、持续干旱和生活成本危机加剧了脆弱的低收入国家的粮食不安全，并使更多人陷入贫困。根据联合国的综合粮食安全阶段分类，估计2022年也门一半以上的人口（约1900万人）和索马里1/3的人口（约合600万人）经历了严重的粮食不安全。[②]

---

① IMF, *Regional Economic Outlook: Middle East and Central Asia*, May 2023, Statistical Appendix, p. 6.

② IMF, *Regional Economic Outlook: Middle East and Central Asia*, May 2023, Statistical Appendix, p. 7.

2023 年 3 月，国际货币基金组织指出，由于俄罗斯和乌克兰这两个世界上最大的小麦生产国和出口国陷入冲突，全球农产品市场受到冲击，粮食价格居高不下，全球近 10 亿人口面临严重的粮食不安全问题。由于乌克兰危机仍将持续，全球粮食危机也可能持续。联合国粮农组织发布的信息显示，2023 年 2 月全球食品价格指数为 129.8，环比下降 0.6%，与 2022 年 3 月的历史高点相比回落 18.7%，连续 11 个月下跌，虽仍高于近年来的平均水平，但已回落到乌克兰危机爆发前的水平。其中，植物油以及乳制品和谷物价格有所下降，而糖和肉类价格与 2022 年初相比变化不大。①

2023 年发达经济体的金融风险对中东地区银行的溢出效应有限，反映出该地区对美国硅谷银行没有直接敞口，对瑞士信贷的敞口也有限。展望 2023 年，中东经济面临较大下行风险，乌克兰危机和地缘经济的分裂是不确定性的主要来源，乌克兰危机升级可能导致大宗商品市场出现较大波动，加剧地区通胀压力，并放大社会动荡的风险；发达经济体金融部门的进一步不稳定可能导致信贷条件变得更加不利，抑制全球增长，加剧中东地区金融市场波动；全球金融状况长期趋紧可能促使投资者重新评估中东地区债务可持续性问题，将最脆弱的经济体推到债务危机的边缘。因此，合理的政策平衡对中东各国至关重要。首先，货币政策应侧重于恢复价格稳定，许多国家的通货膨胀率仍在上升，发达经济体进一步提高政策利率可能导致其本币贬值压力加大。其次，财政政策应保持债务可持续性，建立缓冲，同时提供有针对性的临时支持，以保护最弱势的群体。再次，应加快结构性改革，以支持潜在增长，增强弹性、包容性，强化社会安全网。石油出口国应谨慎管理石油收入，避免扩大经常性支出，提高预算透明度，并强化中期财政框架。石油进口国财政巩固应继续以减少债务为基础，辅以收入调动和支出控制政策，同时加强社会保护。低收入国家以及脆弱国家和冲突国家，由于缺乏保护弱势群体的财政空间，需要国际社会的支持和全球合作。

① 《全球粮食危机可能持续》，中国智库网，2023 年 4 月 12 日，https：//www.chinathinktanks.org.cn/content/detail?id=o9lt1n47，最后访问日期：2023 年 4 月 12 日。

2022~2023年中东安全形势与展望

唐志超　李子昕*

摘　要： 2022年以来，中东局势发展总体呈缓和态势，地区国家间关系加速改善，地区大多数热点和难点问题有所降温、冲突降级。中国成功调解沙特与伊朗的矛盾加速了中东"和解潮"，对中东和平与稳定产生重要而积极的影响，有利于地区新安全观的塑造和地区新安全架构的构建。缓和是地区主要国家在内外诸多因素下做出的战略决策，因此未来一段时间中东仍将保持缓和态势。与此同时，中东结构性安全困境依然没有发生根本变化，该地区依然面临多样化安全与稳定挑战，巴以问题依然尖锐，苏丹爆发严重内部冲突，伊核问题深陷僵局，美国在地区推行大国战略竞争恶化地区安全环境。

关键词： 中东　安全形势　沙特-伊朗关系

一　中东地区出现"和解潮"

2022年，中东地区延续了上一年的缓和态势，呈现出冲突降级、国家间和解、阵营化对抗减弱、地缘政治矛盾缓和、地区合作增强等特点，地区地缘政治紧张态势有所缓解，区域内国家间关系持续改善。不过，地区内一些矛盾和问题依然尖锐突出，地区安全联盟体系加速重组。

---

* 唐志超，中国社会科学院西亚非洲研究所中东发展与治理研究中心主任、中国社会科学院大学国际政治经济学院教授，主要研究领域包括中东政治、中东国际关系、库尔德问题等；李子昕，中国国际问题研究院发展中国家研究所助理研究员，主要从事中东国际关系研究。

（一）地区主要冲突和热点问题呈现降温降级态势，地区紧张动荡局势持续缓和

一年来，叙利亚、也门、利比亚三场地区冲突均有所降温，基本未爆发重大战事。叙利亚僵局得以继续维持。叙利亚政府、美国支持的库尔德地区、土耳其支持的反对派控制区三方基本维持和平，未爆发重大武装冲突。虽然以色列、土耳其不时对叙利亚采取空袭行动，但未导致冲突出现重大升级。2022 年 6 月和 12 月，土耳其两次威胁发动地面军事行动，但面对美俄反对，最终放弃。叙利亚冲突主要局限于库尔德地区。

也门停火取得积极进展。在联合国斡旋下，也门冲突各方达成停火协议，于 2022 年 4 月 2 日生效。其后停火协议多次延长，也门出现战争爆发 8 年来的难得平静。也门政府首次将胡塞武装称呼为"安萨尔·安拉"①，实际上是对该组织的含蓄承认。同时，也门政府进行重大重组。4 月 7 日，哈迪总统宣布辞职，成立由 8 人组成的总统领导委员会，为尽快就长期停火启动和谈，达成最终政治解决方案创造了重要条件。在阿曼调解下，沙特与胡塞武装开始接触对话。2023 年 4 月，在中国成功促成沙特与伊朗实现和解后，沙特代表团访问萨那，与胡塞武装进行停火谈判，并取得重要进展。

利比亚冲突显著降级。一年来虽然东部国民代表大会与民族团结政府之间依然矛盾尖锐，不时爆发冲突，但 2020 年 10 月的停火协议基本得到遵守。当前，利比亚处于"后内战阶段"，主要特点是以政治冲突为主，以武装冲突为辅。2022 年 2 月，东部国民代表大会选举产生新政府，但民族团结政府总理德拜巴拒绝移交权力。原定于 2022 年 6 月举行的总统选举被推迟到 2022 年底，后又被延期到 2023 年举行。2022 年 8 月，双方在的黎波里发生严重武装冲突，但很快平息。

此外，一年来由伊朗问题引发的地区矛盾与冲突也明显降级。伊朗核问

---

① 胡塞武装官方名称为"安萨尔·安拉"（Ansar Allah），意为"真主支持者"。因该组织前领导人和主要成员来自胡塞部族（Houthi），外界简称其为"胡塞武装"。

题谈判年内在维也纳举行多轮。在欧盟和卡塔尔斡旋下，2022年6月美伊在多哈举行了间接谈判。虽然谈判陷入僵局，但各方均未关闭谈判大门。虽然美国持续加大对伊朗施压力度，但美伊间对抗有所降温，未爆发严重军事冲突，海湾地区整体安全形势出现好转。

（二）地区主要大国间关系显著改善

土耳其与阿联酋、沙特、以色列的关系全面恢复，与埃及、叙利亚关系出现积极进展。土耳其改善对外关系既是地区互动的结果，也与土耳其内政有紧密关系。2022年2月，土耳其总统埃尔多安出访阿联酋，这是近10年来土耳其总统首次访阿。4月，埃尔多安5年来首次访问沙特，因2018年"卡舒吉事件"受损的两国关系得以修复，"开启两国关系新时代大门"①。同时，土耳其决定将卡舒吉案移交沙方。6月，沙特王储穆罕默德访土。中断多年的土耳其与以色列关系全面恢复，实现了国家领导人会晤和恢复互派大使。2022年3月，以色列总统赫尔佐格访问土耳其，这是自2008年以来以色列领导人首次访土。5月，土耳其外长访以。6月，以色列外长访土。8月，两国宣布恢复外交关系，年内实现了互派大使。9月，埃尔多安与以色列总理拉皮德在纽约举行会晤。10月，以色列国防部长10年多来首次访土。2023年2月，以色列外长再次访土。土耳其外长表示土以关系已经进入"新阶段"。土耳其与埃及关系也有所改善。塞西总统上台后，土耳其多次公开批评塞西政府，导致两国断交。自2021年，两国开始进行高级别接触。2022年11月卡塔尔世界杯期间，埃尔多安与塞西总统实现会晤，双方同意启动和解进程。土耳其政府对其境内的埃及穆斯林兄弟会成员采取了限制活动措施，双方在利比亚的对抗也有所降级。2023年3~4月，土埃外长实现互访。双方一致同意尽快恢复两国大使级外交关系，并推动两国元首会晤。此外，在俄罗斯斡旋下，土耳其与叙利亚关系出现松动迹象。2023年1

---

① "Erdogan Visits Saudi Arabia to Start New Era in Ties", TRT, April 28, 2022, https://www.trtworld. com/turkey/erdogan-visits-saudi-arabia-to-start-new-era-in-ties-56718, accessed December 10, 2022.

月，埃尔多安总统表示可以与叙利亚总统举行会晤。2023 年 4 月，俄罗斯、土耳其、伊朗和叙利亚四国举行国防部长会议，这是土叙 10 年来最高级别的会谈。5 月，俄罗斯又主持了四国外长会议。土叙外长同意制定改善两国关系"路线图"。叙利亚外长费萨尔·梅克达德表示，"尽管过去几年出现了种种负面情况"，但叙土"有共同的目标和利益"。①

伊朗与阿拉伯国家关系大幅改善。2016 年，因沙特处死什叶派教士事件，伊朗与沙特、阿联酋和巴林三国断交。在伊拉克、阿曼的积极斡旋下，伊朗与沙特自 2021 年 4 月开始走向对话。2022 年 4 月，双方代表在巴格达举行了第 5 轮对话。2023 年 3 月，在中方斡旋下，沙伊在北京举行对话并达成复交协议。4 月 6 日，沙伊双方签署联合声明，两国宣布即日起恢复外交关系。双方之间各项合作也将恢复。两国领导人还相互发出了访问邀请。此外，2022 年 8 月，阿联酋同伊朗恢复大使级外交关系。2023 年 3 月，伊朗最高国家安全委员会秘书沙姆哈尼出访阿联酋，并与阿联酋总统会见。2023 年 4 月，伊朗代表团访问巴林，双方表示将尽快恢复外交关系。2022 年 12 月，伊朗和埃及两国外长在约旦举行的伊拉克问题会议上会晤，双方同意进行谈判。2023 年 5 月，伊朗议会国家安全委员会成员马利基宣布，伊埃正在伊拉克举行谈判，很快将恢复关系，重开使馆。②

海合会继续和解势头，重新恢复一体化合作。2021 年《欧拉宣言》签署后，卡塔尔与大多数海合会国家恢复正常关系。2022 年卡塔尔世界杯举行期间，阿联酋总统和沙特王储齐赴卡塔尔出席世界杯开幕式，增强海合会团结。2023 年 4 月，卡塔尔与巴林宣布正式恢复外交关系；5 月，两国恢复民航航班。海合会功能和机制初步恢复。

---

① "Syria and Turkey Plan to Rebuild Ties after Moscow Meeting", MENA, May 11, 2023, https：//www.thenationalnews.com/mena/syria/2023/05/11/syria－and－turkey－plan－to－rebuild－ties－after－moscow-meeting/, accessed May 12, 2023.

② 1979 年伊斯兰革命后，因埃及政府支持巴列维政权，伊朗新政府宣布与埃及断交。"Iran, Egypt to Restore Diplomatic Ties, Reopen Embassies Soon", May 5, 2023, https：//en.mehrnews.com/news/200765/Iran－Egypt－to－restore－diplomatic－ties－reopen－embassies－soon, accessed May 13, 2023.

以色列与阿拉伯建交国继续保持关系改善势头，高层往来频繁。2022年，虽然巴以冲突持续升级，但以色列与阿拉伯建交国关系并未受到严重影响，相互间依然不断扩大经济、科技、军事和安全合作。2022年1月和12月，以色列总统先后对阿联酋、巴林进行历史上首次访问。6月，以色列新总理贝内特访问阿联酋。2022年9月，以色列与巴林启动自贸协定谈判。2023年3月，以色列与阿联酋完成自贸协定谈判，4月1日两国《全面经济伙伴关系协议》正式生效。据悉，以色列向阿联酋和巴林提供了雷达防空系统。旨在推动以色列与阿拉伯建交国开展合作的"内盖夫论坛"正式成立。2022年3月，以色列首次作为东道主邀请美国和4个阿拉伯国家举行外长级会晤，六方决定成立"内盖夫论坛"。6月27日，6国高级外交官在巴林首都麦纳麦举行了该论坛的指导委员会成立大会。9月，以色列内阁批准成立"内盖夫论坛"区域合作机制，以推动以色列与阿拉伯国家合作。论坛下设食品和水安全、能源、旅游、卫生、教育、地区安全6个多边工作组。以色列与阿拉伯非建交国关系也有所进展。在美国推动下，以色列向埃及-沙特红海岛屿归还协议开绿灯，沙特则向以色列民航开放领空。拜登政府私下持续努力推动沙特与以色列实现关系正常化。2022年10月，以色列与黎巴嫩经过两年漫长谈判达成了具有历史意义的海上边界协议。

叙利亚与阿拉伯国家关系持续改善，重返阿拉伯大家庭。2011年叙利亚发生动荡后，沙特、阿联酋、卡塔尔、科威特、巴林等国与叙利亚断交，并将叙利亚从阿拉伯国家联盟中开除。近年来，越来越多的阿拉伯国家开始恢复与叙利亚的关系。阿联酋率先与叙利亚复交。2021年11月，阿联酋外交与国际合作部部长访叙，是叙利亚危机爆发后访叙的最高级别阿联酋官员。2022年3月，叙利亚总统巴沙尔出访阿联酋，这是2011年以来他首次出访阿拉伯国家。2023年2~3月，巴沙尔总统对阿曼和阿联酋进行了工作访问。3月伊沙和解后叙利亚加速回归阿拉伯大家庭。3月23日，沙特和叙利亚宣布重新开放大使馆，实现关系正常化。4月，沙特外交大臣12年来首次访叙，两国恢复领事服务和民航航班。4月12日，突尼斯与叙利亚复交。5月1日，约旦、沙特、伊拉克、埃及和叙利亚5国外长在约旦举行会晤，强调将解决叙利亚危机列为优先事项。5月7日，阿拉伯国家联盟外长级特别会议上决定，同意恢复叙利亚的成员国资格。2023年5月19日，沙特不顾美西方反对，邀请叙利亚总统巴沙尔出席在吉达举行的阿盟峰会，标志叙利亚正式重返阿拉伯世界大家庭。

（三）地区安全依然存在诸多挑战，中东安全困境仍难以解决

地区主要冲突和热点问题虽然有所降温，但主要矛盾并未消除，冲突风险依然存在。围绕巴以问题、伊朗问题的地区对抗依然十分尖锐，苏丹爆发严重内部冲突，伊朗、黎巴嫩、伊拉克和以色列等国政局动荡，恐怖主义威胁持续存在。

1.2022年，巴以冲突持续不断，暴力恐怖事件不断发生。2023年，由于以色列政治严重右翼化，巴以双方在耶路撒冷、加沙地带和约旦河西岸的冲突持续升级。伊朗核问题谈判未能取得突破，伊朗与美国、以色列的对抗继续，并不时爆发严重安全冲突。以色列持续对伊朗本土以及伊朗在伊拉克、叙利亚的目标实施军事打击。2022年4月，以色列袭击伊朗纳坦兹核设施，造成严重破坏。2022年11月，一艘以色列油轮在阿曼湾遭无人机袭击。美国持续对伊朗实施严厉制裁，美军打击在叙利亚和伊拉克的什叶派民兵，美伊海军多次发生海上摩擦。

2. 苏丹爆发内部冲突。自前总统巴希尔下台后，苏丹内部危机持续酝酿。2023年4月15日，苏丹武装部队和快速支援部队爆发严重军事冲突。截至5月底，冲突已造成近千人死亡，百万人流离失所。苏丹存在爆发长期内战且冲突严重外溢至周边地区的重大风险。

3. 黎巴嫩、伊拉克、突尼斯、伊朗和以色列等国政局动荡不宁。伊拉克各政治派别围绕新政府组建爆发严重冲突，土耳其和伊朗两国多次对伊拉克北部库尔德地区发动袭击。2022年9月，伊朗因"头巾事件"爆发大规模抗议活动。

4. 恐怖主义威胁依然严峻。一方面，西亚北非地区的恐怖主义活跃度、恐怖袭击次数以及恐怖袭击造成死亡人数呈现下降趋势。另一方面，盘踞于

叙利亚、伊拉克、也门和索马里的"伊斯兰国"、"基地"组织依然活跃，有借乱卷土重来之势。2022 年 10~11 月，伊朗、土耳其接连遭受严重恐怖袭击。11 月 13 日，伊斯坦布尔发生大规模恐怖袭击事件，造成至少 6 人死亡、81 人受伤。土耳其随即在全国范围内开展反恐行动，并对活跃在伊拉克和叙利亚的库尔德武装发动军事打击行动。2023 年 3 月发布的《全球恐怖主义指数》显示，"伊斯兰国"依然是全球最致命的恐怖组织。2022 年西亚北非地区发生恐怖袭击 695 次，恐怖袭击造成 791 人死亡。① 除了叙利亚和伊拉克外，"伊斯兰国"在利比亚和埃及也很活跃。2022 年，西亚北非地区 42%的恐怖袭击为"伊斯兰国"所为。此外，阿拉伯半岛"基地"组织、其他伊斯兰"圣战"组织、什叶派民兵等也构成了一定威胁。②

5. 乌克兰危机外溢至中东，引发地区粮食危机和能源危机，物价飞涨，加深中东非产油国本已严峻的经济社会危机，对伊拉克、土耳其、黎巴嫩、突尼斯等国的政治和社会稳定构成重要挑战。

二 沙特与伊朗和解助推中东和平

传统上，中东地区围绕与美西方关系、民族、宗教和意识形态等问题形成不同对立阵营。其中主要三大对立阵营是反西方与新亲西方阵营、以色列与阿拉伯-伊斯兰阵营、什叶派伊朗与逊尼派阿拉伯阵营。2010 年阿拉伯剧变之后，在传统阵营外，中东逐步出现新的五大阵营：以沙特为首的阿拉伯逊尼派阵线，以伊朗为首的"什叶派轴心"（叙利亚、伊拉克什叶派政治力量、也门胡塞武装、黎巴嫩真主党），以美国、以色列、沙特为首的反伊朗阵营，以土耳其、卡塔尔为轴心的保守伊斯兰阵营（又称"亲穆斯林兄弟会阵营"），以沙特、阿联酋、埃及为首的温和伊斯兰阵

---

① IEP，"Global Terrorism Index 2023"，https：//www.visionofhumanity.org/wp-content/uploads/2023/03/GTI-2023-web-170423.pdf，p. 3.

② IEP，"Global Terrorism Index 2023"，https：//www.visionofhumanity.org/wp-content/uploads/2023/03/GTI-2023-web-170423.pdf，pp. 51-52.

营。在上述几对矛盾和对抗阵营中，伊朗与沙特冲突是核心矛盾之一。沙特与伊朗是一对宿敌，彼此关系错综复杂，历史渊源深厚。其矛盾不仅明显带有民族、教派冲突的色彩，还有着浓重的地缘政治竞争特征。事实上，进入21世纪以来，沙特与伊朗矛盾的核心是地缘政治竞争，对伊斯兰世界、海湾和中东的地区领导权之争，双方为此还组建了对抗性地区联盟。过去10年来，双方围绕伊拉克、巴勒斯坦、黎巴嫩、叙利亚、也门、巴林等地区热点问题持续激烈对抗，冲突不断，大打代理人战争，对中东地区和平与稳定构成严重威胁。2023年3月6~10日，在中国政府积极斡旋下，伊朗与沙特在北京举行对话，并成功地达成了恢复外交关系、重启合作的重要协议。

沙伊和解既是沙特与伊朗双方在多年冲突后主动采取的重大战略性行动，也表明中国政府秉持公平正义，积极劝和促谈的中东外交政策受到了地区国家的普遍欢迎，彰显中国在中东安全事务上日益发挥更大影响力。沙特与伊朗和解是中东地区发展进程中的关键性事件，其意义超越了沙伊双边关系，对地区和平稳定、地区发展、地区合作、中东战略格局调整也都产生了重要影响。

第一，沙伊和解助推地区局势走向缓和，极大地改善中东安全环境，促进中东地区实现稳定。沙特和伊朗作为地区主要大国，其外交与安全政策的重大调整具有区域性和全球性影响。沙伊和解不仅将使两国冰冻关系解封，还意味着两国结束地缘政治对抗，围绕两国的地区热点问题和地区冲突也将随之降温。沙伊和解将带来四个方面的变化。一是沙伊结束对对方国内反对派的支持，有助于沙特和伊朗的国内安全稳定。长期以来，沙伊相互指责对方支持各自反政府势力。二是有助于地区热点问题的解决，尤其是实现也门、叙利亚、黎巴嫩、伊拉克和巴林的和平与稳定。沙伊和解后，也门胡塞武装、伊拉克、黎巴嫩真主党等均积极回应，支持对话与和解。2023年4月8日，沙特代表团访问萨那，与胡塞武装启动新一轮谈判。也门政府也发表声明，欢迎沙特代表团同胡塞武装举行和谈。联合国也门问题特使格伦德贝里表示，他对目前也门和平进程出现的"积极和建设性氛围"感到鼓舞，呼吁也门交战各方采取更主动措施，尽快结束该国多年的战争。① 三是助推地区"和解潮"。沙伊和解不仅促使与伊朗、沙特直接相关方的关系改善，比如伊朗与巴林、埃及的和解，沙特与叙利亚政府、也门胡塞武装的和解，还激励地区其他国家的和解，比如土耳其与叙利亚、埃及的和解，土耳其和阿联酋等国在利比亚对抗的缓和。四是有助于促进海湾地区安全，尤其是波斯湾航道安全。

第二，沙伊关系改善有利于地区安全观念的转变，地区阵营化、对抗化、冲突化局面得到极大化解，对构建新安全秩序有积极影响。沙伊和解象征着双方放弃零和博弈的旧安全理念，转向平等、对话、合作安全、集体安全的新安全观，为未来构建中东安全新架构奠定了基础。

第三，沙伊和解凸显地区国家战略自主性不断提升，在地区安全事务上主导性增强，美国主导的地区安全秩序面临严重冲击。冷战结束后，中东进入"美国治下的和平"，美国在中东安全事务中处于绝对主导地位。随着美国从中东战略收缩，美国不仅削弱了对盟友的安全承诺，而且对控制中东事务越来越力不从心。地区国家对美国不信任持续加深，日益怀疑美国能否履行对盟友的安全承诺。阿联酋总统在与美国总统拜登会晤时当面向其表达"对美国逃脱安全战略盟友义务的不满"。② 为此，地区国家不断加强战略自主，在涉及自身重大利益的问题上趋向于独立做出决定，在安全事务上提升自身防卫能力，减少对美国依赖。在中东"和解潮"中，无论是叙利亚重返阿拉伯世界，还是沙特与伊朗复交，美国几乎难以施加有效影响，显示出美国的中东霸权持续衰落。在美国推行大国战略竞争的新背景下，中东国家显示出更强的战略自主性，不愿"选边站队"。沙特、阿联酋和土耳其等国在乌克兰危机上坚持中立立场，不愿加入对俄制裁。在能源问题上，沙特、

---

① 《联合国特使表示与也门胡塞武装领导人进行了"积极的接触"》，新华网，2023年5月4日，http：//www. news. cn/world/2023-05-04/c_1129587382. htm，最后访问日期：2023年5月5日。

② "Influential Middle East Leader Woos Russia and China, Testing U. S. Ties", *The Wall Street Journal*, May 16, 2023.

阿联酋等中东能源生产国坚持捍卫自身利益，抗拒美国施加的压力，坚持不减产压价。在伊朗问题上，沙特、阿联酋等国决心与美国对伊政策剥离，以和解取代与伊朗对抗政策。《华尔街日报》称，美国政府已经警告阿联酋，称阿联酋与中国、俄罗斯日益密切的军事、情报合作将损害与美国关系。但阿联酋强调自主外交，其对外关系"不为大国竞争所定义"。①

第四，沙伊和解推动地区安全格局深入调整，各方围绕地区安全秩序博弈加剧。沙伊和解对地区格局具有重要影响，并推动新安全格局的塑造，其中不仅涉及行为主体的身份、作用的变化，还涉及安全格局的延伸和扩展。《亚洲时报》称沙伊和解开启了"海湾的后美国时代"，沙特正执行一条决定性非结盟外交路线。② 诺顿认为，沙伊和解协议是"地缘政治游戏改变者"，对美国经济霸权和支撑美国经济霸权的石油美元是一个重大打击。③ 应将沙伊和解置于更大的国际和地区框架下看待。当前中东安全秩序正处于动荡变革期，在中东剧变、美国战略收缩、域内外大国地缘竞争加剧等背景下，美国主导的旧中东安全秩序面临崩溃。域内外大国纷纷提出建立中东或海湾安全新架构，地区秩序之争日趋激烈。美国以中、俄、伊三国为主要遏制和防范对象，以红海、海湾为重点，加紧构建新的地区安全架构。主要措施包括：将以色列由美军欧洲司令部调整到美军中央司令部防区；将卡塔尔升级为"非北约主要盟友"；加强海上通道安全保护，针对红海、波斯湾组建多国海上特混舰队，建设无人机舰队；打造"中东防空联盟"（MEAD），推动以色列与海湾阿拉伯国家开展防空合作；加强与地区盟友伙伴的军事安全合作，重申对地区盟友伙伴的安全承诺，重启美国与海合会年度战略对话

---

① "Influential Middle East Leader Woos Russia and China, Testing U. S. Ties", *The Wall Street Journal*, May 16, 2023.

② Kristian Coates Ulrichsen, "Saudi Nod to China Opens Post-American Gulf Era", Asia Times, March 28, 2023, https：//asiatimes. com/2023/03/saudi-nod-to-china-opens-post-american-gulf-era/, accessed May 3, 2023.

③ Ben Norton, "Geopolitical Game Changer：China's Iran-Saudi Peace Deal Is Big Blow to Petrodollar and US Economic Hegemony", Geopolitical Economy, March 17, 2023, https：//geopoliticaleconomy. com/2023/03/17/china-iran-saudi-peace-petrodollar/, accessed May 13, 2023.

机制；组建小多边合作机制。在东线，打造由美国、以色列、印度和阿联酋四国组成的"中东版四方安全机制"（I2U2）；在中线，推动"内盖夫论坛"；在西线，推动"东地中海天然气论坛"建设。沙特是美国在海湾与中东地区的核心盟友，同时伊朗是美国在地区的主要对手。长期以来，美国的中东安全架构主要围绕联合沙特等海合会国家来应对伊朗威胁这一核心支柱进行一系列战略部署。沙伊和解使美国、以色列试图在中东打造反伊朗地区联盟战略遭遇重挫，美国重建中东安全新架构的努力受到严重冲击。随着美国在地区主导地位削弱，中俄在中东影响力上升，地区国家主导地区安全事务能力增强，地区阵营对抗体系和地区联盟体系得以重组，中东地区多极化加速。中东国家纷纷提出加入上海合作组织，对地区传统安全格局具有重大影响，对美国主导的旧安全体系构成严重冲击。2023年伊朗正式加入上海合作组织，沙特、阿联酋、卡塔尔、土耳其、巴林、科威特被接纳为上海合作组织的对话伙伴。这为中东国家在上海合作组织框架内开展政治、经济与安全合作提供了新的平台和框架。

三　趋势与展望

总体上，未来2~3年中东地区安全形势将好转，恐怖主义威胁持续下降，地区主要国家关系继续保持缓和势头。叙利亚、也门和利比亚三大地区热点问题将进一步降温。也门问题达成协议的可能性增大。土耳其与叙利亚、埃及关系将持续改善。不过，该地区依然存在不确定因素和不少风险因素，不容放松警惕。中东地区依然存在爆发大规模冲突的风险。未来一段时间，有几个问题值得密切观察。

（一）伊朗问题走向仍不明朗

伊朗问题包含多方面内容，涉及伊朗核问题、伊朗与美国和以色列的矛盾及冲突、伊朗国内政局等诸多方面。受乌克兰危机、美国中期选举结束且大选年开启、伊朗"头巾事件"引发的社会抗议、伊朗与俄罗斯战略关系发展、伊朗与沙特和解等因素的影响，伊朗重返伊核协议可能性虽不能彻底排除，但前景日益暗淡。若不能达成新协议，伊朗将加快核发展步伐，美伊、以伊之间对抗再度升级的可能性非常大。此外，伊朗国内还存在诸多脆弱因素，如何确保国内政局稳定，避免局势失控，对伊朗政府而言将是重大考验。

（二）土耳其大选及内政外交走向

2023 年 5 月 14 日，土耳其举行大国民议会和总统选举。此次选举被外界视为土耳其建国以来最重要的一次选举，不仅关系到埃尔多安以及正义与发展党在执政 20 年后能否继续执政，还关系到土耳其的未来方向。由于第一轮选举中埃尔多安等 3 位总统候选人均未获得超过半数选票，土耳其于 5 月 28 日举行第二轮总统选举。第一轮选举中，埃尔多安获得 49.24% 的选票，另两位反对派候选人分别获得 45.07% 和 5.28% 的选票。[1] 埃尔多安在第二轮中胜出，再次连任。埃尔多安在位 20 年，致力于打造"新土耳其"，使土耳其内政外交发生历史性重大变化与调整。在获得其最后一个总统任期后，埃尔多安将着力打造"土耳其世纪"[2]，"5·14"总统选举将成为土耳其的历史转折点。[3]

（三）巴以冲突持续升级风险增大

鉴于以色列政治日益右翼化，美国政府对巴以问题干预力度减弱，阿拉伯世界对以色列态度日益分化，巴以冲突已到了一个新的爆发临界点。2022

---

[1] "Turkey's Electoral Board Confirms 1st Round Election Results; Erdogan Meets 3rd Party Candidate", ABC News, May 19, 2023, https://abcnews.go.com/International/wireStory/turkeys-electoral-board-confirms-1st-round-election-results-99462723, accessed May 20, 2023.

[2] "We Will Build Century of Türkiye: Erdoğan", Hürriyet Daily News, May 7, 2023, https://www.hurriyetdailynews.com/we-will-build-century-of-turkiye-erdogan-182932, accessed May 15, 2023.

[3] "May 14 Polls a Turning Point for Türkiye, Region: Erdoğan", Hürriyet Daily News, March 26, 2023, https://www.hurriyetdailynews.com/may-14-polls-a-turning-point-for-turkiye-region-erdogan-181876, accessed May 15, 2023.

年巴以冲突频度、烈度显著变大，这一趋势在 2023 年延续。内塔尼亚胡重新上台并与极端右翼犹太政党结盟，各方预计其政府将针对巴勒斯坦推行更强硬政策，并可能采取并吞约旦河西岸部分领土、加速新建定居点等措施，引发巴以新一轮大规模流血冲突。

（四）苏丹问题成为地区新焦点，外溢风险增大

苏丹两派主要武装力量围绕军事和安全、情报机构改组涉及的权力和利益之争是冲突爆发的直接原因，背后则潜藏着苏丹尖锐复杂的政治与意识形态斗争以及日益激烈的地缘政治角逐等因素。苏丹军方与民兵武装（快速支援部队）势均力敌，背后各有支持势力，短期难分高下，双方爆发更大规模的长期冲突可能性很大，将对苏丹的政治、安全以及地缘政治产生重大影响。苏丹冲突不仅严重冲击苏丹政治过渡进程和国内安全稳定，也对地区安全、地缘政治关系产生一系列重要影响，主要体现在四个方面。一是苏丹政治过渡进程再度中断，国家对话与民族和解停顿，苏丹政治发展不确定性和复杂性变大；二是苏丹安全局势持续恶化，如内战爆发，苏丹未来"利比亚化"可能性增大，国家面临严重分裂的威胁，达尔富尔问题等地区问题可能再度浮现；三是苏丹冲突向周边地区外溢风险增大，导致东非之角的"巴尔干化"，不排除地区国家卷入的可能性；四是苏丹局势恶化可能引发新一波国际难民潮，导致爆发严重人道主义危机。

Y.5
2022～2023年中东国际关系形势及展望

王 凤*

摘　要：　2022年以来，在中美战略博弈加剧以及乌克兰危机爆发的背景下，中东国际关系在战略层面呈现出重大变化。首先，大国在中东地区的竞争继续呈现多极化态势。受全球战略调整影响，美国在中东地区加紧战略收缩，它在中东地区的主导地位进一步下降。乌克兰危机爆发后，俄罗斯努力在中东扩大"朋友圈"，以全力应对美国和西方的系统性制裁。与此同时，伴随"三环峰会"的成功召开，中国与阿拉伯国家间加强了战略互信与务实合作，中国在中东地区的影响力进一步提升。其次，地区大国进一步加强战略自主，积极开展多元外交。沙特阿拉伯、土耳其、伊朗等不仅没有在大国竞争中"选边站队"，而且以自身利益为主，积极推动独立自主、灵活平衡的多元外交，它们在地区事务以及全球事务中的影响力上升。再次，受上述两大类因素影响，地区缓和态势进一步加强。尤其是在中国支持与斡旋下，沙特阿拉伯与伊朗实现历史性和解。在沙伊和解带动下，伊朗开始修复与其他阿拉伯国家的关系。作为伊朗的盟友，叙利亚也开始修复与阿拉伯国家的关系，最终重返阿拉伯国家联盟。展望未来，在大国竞争多极化以及地区大国影响力不断上升的前提下，中东国际关系将进入重要重塑期。

关键词：　中东　战略自主　多元外交　地区国家关系

---

* 王凤，中国社会科学院西亚非洲研究所副研究员，国际关系研究室主任，主要从事中东国际关系、伊斯兰教、阿富汗和伊朗国别研究。

2022 年以来，在中美战略博弈加剧以及乌克兰危机爆发的大背景下，中东国际关系在战略层面呈现出新变化和新特点。首先，全球大国竞争在中东地区呈现多极化态势。为配合全球战略东移，美国在中东地区加紧战略收缩，它在中东地区的主导地位因此进一步下降，可以替代的中东新政策也尚未成型。为反制乌克兰危机爆发后美国及其西方盟友所施加的全球性、系统性制裁，俄罗斯积极在中东地区扩大"朋友圈"，并得到沙特阿拉伯、伊朗和土耳其等地区国家积极回应。与此同时，中国在中东地区的影响力进一步上升，标志性事件是中沙、中海、中阿"三环峰会"的成功召开。中国与阿拉伯国家战略伙伴关系全面提质升级，双方政治互信与务实合作进一步增强，中阿共建人类命运共同体有了新起点和新动力。此后，在中国斡旋下，沙特阿拉伯与伊朗实现了历史性和解。其次，中东地区大国进一步加强战略自主，积极开展多元外交。沙特阿拉伯、土耳其、伊朗等地区大国在中美战略博弈以及乌克兰危机背景下，不仅没有"选边站队"，而且以自身利益为主积极开展更加独立、自主、平衡和灵活的多元外交，进而扩大了它们在地区事务以及全球能源领域的影响力。再次，地区国家间关系呈现快速缓和态势。其中最关键的是沙特阿拉伯和伊朗这两个长期对抗的国家取得历史性和解。除此之外，在沙伊和解带动下，尤其在沙特阿拉伯等阿拉伯国家的全力推动下，叙利亚逐步修复了与阿拉伯国家间的关系，最终重返阿拉伯国家联盟。

一 大国竞争的多极化态势增强

大国因素尤其是美国因素仍然是影响中东国际关系发展的重要因素。2022 年以来，大国在中东的竞争进一步呈现多极化态势。

（一）美国的中东战略进一步收缩

2022 年是美国在中东地区战略进一步收缩的一年。美国已经放弃原有的中东战略，其核心是反恐与民主改造，但是迄今并未构建起新的替代性整体战略。这种战略调整及特点集中反映在 2022 年 10 月美国发布的《国家安全战略报告》当中。

首先，中东在美国全球战略中的地位进一步下降。过去 20 年，在中东反恐一直是美国全球战略的重中之重。而美国 2022 年《国家安全战略报告》指出，未来 10 年，美国国家安全的全球最优先目标是竞胜中国、约束俄罗斯，与中东相关的战略目标例如维护能源安全、核不扩散问题、恐怖主义问题等分别下降到第 3 位、第 6 位和第 7 位。① 同时，按照地区战略划分，对美国较为重要的依次是"印太战略"、欧洲盟友战略、"在西半球推进民主和共同繁荣"战略，中东地区战略退居第 4 位。②

其次，中东新政策将避免采取大战略。美国 2022 年《国家安全战略报告》指出，未来 10 年，美国在中东地区将不推进统一的"大战略"，而会采取切实有效的新政策框架来增进美国及其中东盟友和伙伴在该地区的利益。③ 美国中东新政策框架将主要围绕五类问题，依次是伊朗核问题以及伊朗问题、反恐、阿以问题和巴以问题、通过鼓励经济改革和政治改革释放中东国家发展潜能、提供人道主义援助等。

再次，将在中东限制使用武力。美国 2022 年《国家安全战略报告》指出，美国实施中东新政策框架的基石仍旧是采取可持续的、行之有效的军事方式，但是强调综合运用国家实力的其他手段来有效遏制域外大国在中东地区拓展军事影响力。报告指出，美国将不再使用军事手段来实施政权更迭，或对国家和社会进行改造，只有当美国国家安全利益需要保护之时，美国才

---

① The White House, "The National Security Strategy", The White House, October 12, 2022, pp. 23-35, https：//www. whitehouse. gov/wp-content/uploads/2022/10/Biden-Harris-Administrations-National-Security-Strategy-10. 2022. pdf, accessed April 13, 2023.

② The White House, "The National Security Strategy", The White House, October 12, 2022, pp. 35-42, https：//www. whitehouse. gov/wp-content/uploads/2022/10/Biden-Harris-Administrations-National-Security-Strategy-10. 2022. pdf, accessed April 13, 2023.

③ The White House, "The National Security Strategy", The White House, October 12, 2022, p. 41, https：//www. whitehouse. gov/wp - content/uploads/2022/10/Biden - Harris - Administrations - National-Security-Strategy-10. 2022. pdf, accessed April 13, 2023.

会动用武力。①

美国持续减少对中东地区的关注，不仅受到中美战略博弈、美国页岩油技术革命以及美国在中东地区反恐失败等重大因素的影响，2022 年 2 月爆发的乌克兰危机进一步加快了美国全球战略的东移，并促使美国及其领导的北约向欧洲以及北约东翼提供更多的军事和战略资源。乌克兰危机发生后，当年美国至少两次削减了在中东地区的反导系统数量，主要包括从海湾阿拉伯国家撤出了数量不等的"爱国者"反导系统以及"萨德"高空防御系统，目的就是让美国武装力量应对来自俄罗斯等的所谓"挑战"。

受上述战略调整影响，2022 年美国高层对中东地区的访问包括总统拜登于 2022 年 7 月对中东的访问，访问以短期目标为主，比如争取中东国家在乌克兰危机以及中美战略博弈中"选边站队"，同时想促使中东产油国增加油气产量，以抑制全球不断增长的通货膨胀并增加对欧洲的能源出口等。

（二）俄罗斯进一步扩大"朋友圈"

过去十余年，在美国中东战略收缩的背景下，俄罗斯稳步加强了在中东地区的军事、政治和经济存在，尤其通过与伊朗合作在巩固叙利亚巴沙尔政权上发挥了重大作用。2022 年乌克兰危机爆发后，特别是伴随美国及其西方盟友对俄罗斯实施史无前例的全球性和系统性制裁，俄罗斯在国际上积极拓展"朋友圈"，进一步加强与中东等非西方国家的关系，以全力应对美西方的制裁。

首先，俄罗斯与伊朗进一步靠近。2022 年 7 月 19 日，在美国总统拜登结束中东之行 3 日后，俄罗斯总统普京访问伊朗，与伊朗领导人哈梅内伊等会晤。次日，俄罗斯、伊朗、土耳其三国元首在德黑兰进行会晤。普京这次访问中东，取得了不少成果。7 月 19 日，俄伊两国能源企业签订总额约 400 亿美元的合同，俄罗斯将帮助伊朗开发海上天然气田，并与伊朗

---

① The White House, "The National Security Strategy", The White House, October 12, 2022, p. 42, https：//www. whitehouse. gov/wp－content/uploads/2022/10/Biden－Harris－Administrations－National－Security-Strategy-10. 2022. pdf, accessed April 13, 2023.

开展液化石油气、天然气输送管道等技术合作。当日，伊朗外汇市场启动了伊俄两国本币交易，两国经济金融合作向前推进了一步。此后，俄伊经济合作进一步拓展。2023 年 5 月 17 日，俄伊签署拉什特——阿斯塔拉铁路建设协议①，这条铁路是拟建的国际南北运输走廊和贸易通道的一部分，后者全长 7200 千米，可以从波罗的海经里海和波斯湾直抵印度洋，辐射多个欧亚国家。

其次，俄土政治经济合作进一步强化。尽管俄土存在矛盾甚至冲突，但没有妨碍两国加强能源、核电、相互投资等领域的合作。在 2022 年 7 月举行的峰会上，俄土两国元首讨论了关于联合国支持的一项恢复通过黑海出口乌克兰粮食的建议等。同年 8 月 5 日，俄土元首在索契再次会晤，商量解决双边合作中存在的具体问题。在元首外交的直接推动下，俄土经贸关系大幅度增强。截至 2022 年 9 月初，土耳其一些港口一直承担着对俄出口集装箱中转枢纽的作用；同年 1~7 月，超过 600 家俄资企业在土耳其开业，约为上年同期的 6 倍。②

再次，俄罗斯与阿拉伯国家进一步协调行动。2022 年，俄罗斯与海湾产油国在"欧佩克+"框架下的合作更加密切。一个显著标志是，尽管美国总统拜登在当年 7 月访问中东时希望海湾产油国增加石油产量并对俄罗斯原油实施禁运，但是沙特阿拉伯和阿联酋对此表示拒绝。

（三）中国和中东关系发展进入新时代

2022~2023 年，堪称中国中东关系发展史上的里程碑。继 2021 年 3 月中国与伊朗达成为期 25 年的全面合作协议，中国与阿拉伯国家战略伙伴关系在 2022 年全面提质升级。

---

① 《英媒：俄罗斯伊朗签署铁路修建协议打造国际南北运输走廊》，参考消息网，2023 年 5 月 18 日，https：//ckxxapp. ckxx. net/pages/2023/05/18/fa820809bd7c46218fc595f529d01619. html? shareAppId＝2b0cbbb1d563414393513f147f7e9799&praise＝1，最后访问日期：2023 年 6 月 1 日。

② 《俄罗斯与中国等新兴国家的贸易在扩大》，《日本经济新闻》中文网，2022 年 9 月 6 日，https：//cn. nikkei. com/politicsaeconomy/investtrade/49779 - 2022 - 09 - 06 - 09 - 47 - 27. html? start＝0，最后访问日期：2023 年 4 月 10 日。

2022 年 12 月 7~9 日，中国国家主席习近平出席首届中国-阿拉伯国家峰会、首届中国-海湾阿拉伯国家合作委员会峰会，并对沙特阿拉伯进行国事访问。"三环峰会"是中华人民共和国成立以来中国对阿拉伯世界规模最大、规格最高的一次多边外交行动，有 20 多位阿拉伯国家联盟（以下简称"阿盟"）成员国领导人以及阿盟秘书长、海合会秘书长等与会。"三环峰会"为中阿、中海和中沙未来关系发展擘画蓝图，为中阿命运共同体发展规划路径，为地区与世界和平稳定、繁荣发展注入了信心和动力。

"三环峰会"取得了重要成果。第一，中阿一致同意全力构建面向新时代的中阿命运共同体。2022 年 12 月 9 日举行的首届中国-阿拉伯国家峰会发表《首届中阿峰会利雅得宣言》，宣布中阿双方一致同意全力构建面向新时代的中阿命运共同体。《宣言》强调中阿双方将加强全面合作、共同发展、面向未来的战略伙伴关系，将加强全方位、多层次交往，合力应对共同发展挑战。《宣言》还在中阿共同遵循的国际关系原则、支持彼此核心利益以及一系列地区和全球问题上达成原则性共识。① 在这次中阿峰会上，习近平主席提出中阿务实合作"八大共同行动"倡议，未来 5 年中国与阿拉伯国家务实合作可在八大领域重点推进，分别是发展、粮食安全、卫生健康、绿色创新、能源安全、文明对话、青年成才、安全稳定。②

第二，中海发布《中华人民共和国和海湾阿拉伯国家合作委员会合作与发展峰会联合声明》以及《中华人民共和国和海湾阿拉伯国家合作委员会战略对话 2023 年至 2027 年行动计划》。这两份重要文件在 2022 年 12 月 9 日举行的首届中国-海湾阿拉伯国家合作委员会峰会上发布。《联合声明》指出，未来 3~5 年将推动中海战略伙伴关系进入新时代，继续开展各层级战略对话，相互支持以实现共同利益，深化双方在能源、贸易、投资、金

① 《首届中阿峰会利雅得宣言》，中华人民共和国外交部网站，2022 年 12 月 10 日，https：//www.mfa.gov.cn/web/zyxw/202212/t20221210_10988459.shtml，最后访问日期：2023 年 5 月 10 日。
② 《习近平在首届中国-阿拉伯国家峰会上提出中阿务实合作"八大共同行动"》，人民网，2022 年 12 月 10 日，http：//politics.people.com.cn/n1/2022/1210/c1024-32584392.html，最后访问日期：2023 年 4 月 10 日。

融、工业、高科技、航天、卫生等领域合作，加强文明对话和不同文化的交流互鉴。此外，中海双方还在反对恐怖主义，实现全球和平、安全、稳定和繁荣，阻止大规模杀伤性武器在海湾地区扩散，遵循睦邻友好和不干涉内政原则，强调地区国家参与的全面对话的重要性，支持一切和平努力等方面达成共识。① 在这次中海峰会上，习近平主席还提出了中海未来合作五大重点领域，分别是能源立体合作、金融投资合作、创新科技合作、航天太空合作以及语言文化合作等。②

第三，中沙于 2022 年 12 月 9 日签署《中华人民共和国和沙特阿拉伯王国联合声明》以及《中华人民共和国和沙特阿拉伯王国全面战略伙伴关系协议》。《联合声明》指出，中沙应在两国全面战略伙伴关系框架下，在各领域共同努力，坚定支持彼此核心利益，深化双方务实合作。务实合作领域广泛、全面，涵盖能源、共建"一带一路"、气候变化、贸易和投资、金融、水资源和农业、通信和信息技术、交通和物流服务、工业和采矿业等。此外，《联合声明》还指出，中沙两国将做出更大努力，维护国际和平与安全，特别要通过对话协商促进一系列地区热点问题的和平政治解决，如也门问题、伊朗问题、巴勒斯坦问题、叙利亚问题、伊拉克问题、阿富汗问题等。③

因此，"三环峰会"充分体现了中阿关系发展的高端性、全局性、多边性、务实性和前瞻性，极大地提升了中阿之间的政治互信和务实合作，有力地推动了中国与阿拉伯国家合作的广度和深度，为全力共建中阿人类命运共同体打造了新起点、新契机、新模式。除此之外，2022 年以来，中国在中

---

① 《中华人民共和国和海湾阿拉伯国家合作委员会合作与发展峰会联合声明》，中国政府网，2022 年 12 月 10 日，https：//www.gov.cn/xinwen/2022-12/10/content_5731195.htm，最后访问日期：2023 年 4 月 3 日。
② 《习近平在中国-海湾阿拉伯国家合作委员会峰会上的主旨讲话》，中国政府网，2022 年 12 月 10 日，https：//www.gov.cn//xinwen/2022-12/10/content_5731130.htm，最后访问日期：2023 年 4 月 3 日。
③ 《中华人民共和国和沙特阿拉伯王国联合声明》，中华人民共和国外交部网站，2022 年 12 月 9 日，https：//www.mfa.gov.cn/web/gjhdq_676201/gj_676203/yz_676205/1206_676860/1207_676872/202212/t20221209_10988250.shtml，最后访问日期：2023 年 4 月 3 日。

东地区事务影响力的上升还突出地表现于，在中国的支持与斡旋下，沙特阿拉伯与伊朗于 2023 年 3 月实现了历史性和解。

（四）上海合作组织吸引更多中东国家加入

2022 年 9 月 15～16 日，上海合作组织成员国元首理事会第 22 次会议在乌兹别克斯坦古城撒马尔罕举行，扩员成为这次峰会的一大亮点。在这次峰会上，签署了关于伊朗加入上海合作组织义务的备忘录，同时启动接收白俄罗斯为成员国的程序，并批准埃及、沙特、卡塔尔、巴林、阿联酋、科威特 6 个中东国家以及马尔代夫、缅甸 2 个国家为新的对话伙伴。2023 年 1 月 28 日，伊朗宪法监护委员会宣布，已批准此前议会通过的伊朗成为上海合作组织成员国法案。同年 3 月 29 日，沙特阿拉伯内阁批准了加入上海合作组织的决定，承认该国在上海合作组织的对话伙伴地位。5 月 6 日，阿联酋宣布，该国正式获得上海合作组织对话伙伴地位。7 月 4 日，伊朗作为新成员正式加入上海合作组织，上海合作组织正式成员国由此增至 9 个。

二 中东地区大国的战略自主与多元外交选择

在乌克兰危机以及中美战略博弈的大背景下，中东地区大国加强战略自主，不在大国竞争和冲突中"选边站队"，而是进一步以自身利益为主，实施更加独立、开放的多元化外交。

（一）沙特阿拉伯的独立自主与"欧佩克+"减产决定

如前所述，由沙特阿拉伯等海湾产油国主导的"欧佩克+"联盟拒绝了美国拜登总统于 2022 年 7 月访问中东期间提出的增加原油产量以抑制欧美不断攀升的通货膨胀的愿望。不仅如此，当年 10 月 5 日，"欧佩克+"投票决定自 11 月起每日减产 200 万桶原油。"欧佩克+"是由以沙特阿拉伯为首的 13 个石油输出国组织成员和 10 个非欧佩克产油国组成的松散联盟。这次减产是"欧佩克+"自 2020 年 5 月以来的最大幅度，其规模相当于全球日均石油需求的 2%，几乎是世界原油市场最初减产预期的 4 倍。这个决定遭到了美国及其西方盟友的严厉批评，美国白宫发言人称沙特阿拉伯与俄罗斯"站在了一起"，美国国会不少人士甚至要求拜登政府重新考虑与沙特阿拉伯的盟友关系。对于沙特阿拉伯而言，这种决定却是它加强战略自主的显著标志。

第一，美国加快从中东地区进行战略收缩，正在逐步动摇沙特阿拉伯与美国之间的传统盟友关系结构。美国曾长期依赖沙特阿拉伯等海湾产油国的石油供应，而 1990~1991 年海湾战争后美国开始为沙特阿拉伯等海湾产油国提供安全保障。但美国页岩油技术革命以及美国全球战略的东移，不仅使美国减轻了对中东石油进口的依赖，也使美国对于沙特阿拉伯等中东产油国的安全承诺打了折扣。比如，对于 2019 年沙特阿拉伯东部的石油设施遭受无人机打击，美国没有对可能的幕后主使采取军事报复行动。沙特阿拉伯等海湾产油国由此认识到，中东地缘形势正在发生深刻的变化，它们已经无法继续把政权安全和国家安全更多地寄托于美国。战略自主、缓和地区局势以及推进多元外交等实际上已经成为沙特阿拉伯等国内外政策的重要选择。

第二，沙特阿拉伯等海湾产油国越来越倾向于在平等互利、相互尊重的基础上发展外部关系。这主要是沙特阿拉伯与美国之间长期积累的矛盾带来的结果。沙特阿拉伯不满美国减少对沙特阿拉伯领导的也门战争的支持，不满美国试图恢复与伊朗的核协议，更不满美国干涉其内政，特别是不满美国因"卡舒吉事件"对沙特阿拉伯的抨击和施压。此外，美西方借乌克兰危机利用世界霸权对俄罗斯实施的制裁，包括对俄罗斯实施石油禁运和石油限价、冻结俄罗斯海外巨额资产等，也使沙特阿拉伯等海湾产油国如芒刺背，加深了它们对美西方的不信任，迫使它们追求更加开放多元的比较可靠和稳固的外部关系，进而为它们发展与俄罗斯和中国的关系提供了新契机。

第三，沙特阿拉伯推动"欧佩克+"减产也是出于自身经济利益考量。由沙特阿拉伯等国主导的"欧佩克+"成员认为，美国等国持续加息导致世界经济增长速度放缓，进而降低了世界石油需求，这些因素都将对它们国家的经济产生负面影响。因此为确保油价，它们只能减少供给。它们还认为，必须考虑自身的经济和贸易利益，而不是以西方的地缘政治需求为主。那种认为世界必须围绕西方利益与政治决策来运转的思维和观点，只能使非西方国家感到困惑和不解。① 不过，由于"欧佩克+"的石油产量几乎占到全球产量的2/5，因此该联盟的产能调整手段越来越具有威力，客观上不仅巩固了沙特阿拉伯与俄罗斯之间的团结，同时也表明美国对"欧佩克+"的影响力日渐衰弱，而"欧佩克+"可以掌握世界石油市场的主导权。

（二）土耳其的独立自主与平衡外交

乌克兰危机爆发后，尤其在美国及其西方盟友不断加大对俄罗斯的全球性制裁的背景下，土耳其没有"选边站队"，而是小心翼翼地在欧美和俄罗斯之间保持着平衡外交，同时借机扩大在地区事务和全球事务中的影响力。一方面，土耳其不赞同俄罗斯对乌克兰发动"特别军事行动"，同时还向乌克兰提供武器装备。另一方面，作为北约盟友，土耳其没有参与美国及其西方盟友对俄罗斯的制裁，甚至批评美西方借助乌克兰危机试图肢解并削弱俄罗斯的意图。此外，对于芬兰和瑞典因惧怕俄罗斯而要求加入北约的愿望，土耳其也表示异议，表现出不受美国和北约左右的自主行动。同时，土耳其利用北约全体一致的决策机制，迫使北约改变在土耳其侵犯人权等问题上的立场，以换取其同意芬兰和瑞典加入北约。

不仅如此，2022年以来，土耳其与俄罗斯还加强了政治联系和经济合作。2022年以来，土耳其的独立自主和灵活的平衡外交所取得的显著成果是，在俄罗斯被西方全方位制裁之际，成功帮助俄罗斯和乌克兰出口粮食等大宗商品，进而提升了总统埃尔多安的声望，扩大了土耳其地缘政治影响力。乌克兰危机爆发后，俄罗斯和乌克兰的粮食等农产品出口严重受阻，加剧了中东以及世界其他地区的粮食危机和经济危机。因此，如何解决俄乌粮食出口问题成为俄、土、伊三国于2022年7月举行的元首峰会讨论的一项

---

① 《西媒："欧佩克+"拒绝围绕西方利益运转》，新浪网，2022年10月8日，http://finance. sina. com. cn/tech/roll/2022-10-08/doc-imqmmthc0164359. shtml，最后访问日期：2023年4月19日。

重要内容。俄土经过多次讨论，加之联合国的参与和推动，土、俄、乌三国以及联合国于 2022 年 7 月 22 日在土耳其伊斯坦布尔达成多边协议，同意解除俄罗斯农产品出口限制并协助乌克兰粮食出口，规定乌克兰的谷物、食品、化肥等可以从乌克兰的敖德萨等 3 个港口经黑海出口到世界市场。新建立的联合协调中心设在伊斯坦布尔，负责协调航运以及船只检查工作，并防止武器走私，杜绝挑衅行为。因此，这份协议被称为"黑海运粮走廊协议"。协议达成后，土俄两国防长、农业部长等高层成员多次联系，落实并延长协议，同时协调行动。截至当年 11 月底，已有超过 500 艘运输船驶离乌克兰港口，运输了大约 1200 万吨的小麦、玉米和大麦等。① 此外，帮助俄罗斯和乌克兰出口粮食也有利于抑制土耳其国内的通货膨胀，使总统埃尔多安在 2023 年总统大选中获得更多的政治红利。

土耳其加强自主行动、实施多元平衡外交的动因主要在于：一方面，土耳其不满美国干涉其内政，加之美国在中东地区的战略收缩加速，同时作为不断发展的地区大国和 G20 成员，以及拥有优越的地理条件，土耳其在中东地区、其他周边地区甚至全球事务中获得了越来越大的发展空间；另一方面，土耳其整体实力仍然不够强大，在中东地区一些事务上仍然需要其他国家的支持。比如，在叙利亚北部地区问题上，土耳其需要与俄罗斯和伊朗磋商，才能获得更多的自由行动空间。中东剧变以来，叙利亚陷入巴沙尔政权与得到域内外势力支持的反政府之间的内战和冲突。得益于俄罗斯与伊朗的支持，巴沙尔政权免于被推翻的命运，但是叙利亚实际上陷入分裂状态。在叙利亚北部，土耳其控制着一些地区，并有意继续削弱当地的库尔德人武装，并把它们与土耳其境内的库尔德工人党视为同样的分离主义势力。不过，由于俄罗斯掌握着叙利亚西北部的制空权，同时由于伊朗也控制着叙利亚北部一些区域，因此土耳其需要与俄伊进行协调，以顺利开展军事打击行动。

---

① 《土耳其国防部：超 1200 万吨粮食已从乌克兰港口运出》，参考消息网，2022 年 11 月 29 日，https：//ckxxapp. ckxx. net/pages/2022/11/29/cfa013a1f92e40f2955f69fdbabd1ea6. html? share AppId = 2b0cbbb1d563414393513f147f7e9799&praise = 1，最后访问日期：2023 年 5 月 11 日。

（三）伊朗的独立自主与伊俄战略关系的加强

伊朗加强与俄罗斯和中国的战略关系，包括正式成为上海合作组织成员国，同时申请加入金砖国家等，主要受到以下因素影响。

从整体上看，在坚持独立自主的基础上，与世界上除以色列之外的所有国家发展关系，是伊朗的一项基本国策。1979年伊朗伊斯兰革命不仅深刻地改变了伊朗，也极大地改变了中东秩序和世界秩序。伊朗伊斯兰共和国奉行"不要东方，不要西方，只要伊斯兰"的独立自主和不结盟政策，这导致它与东西方阵营以及中东地区其他国家间的关系恶化。两伊战争以及冷战结束后，处于极度孤立状态的伊朗开始积极改善与中东国家以及世界的关系，缓和一度成为伊朗对外关系的一个基本特征。进入21世纪，由于伊核问题成为中东国家和世界大国关注的焦点，美国开始推动西方盟友以及联合国对伊朗实施经济、贸易、能源等全方位制裁，特朗普政府对伊朗进行"极限施压"并退出伊核问题全面框架协议等。与此同时，在美西方等域外大国和以色列的推动下，以伊朗为首的中东什叶派国家阵营与以沙特阿拉伯为主导的中东逊尼派国家间的地缘政治竞争进一步加剧。不仅如此，在美国推动下，以海湾国家为主的阿拉伯逊尼派国家也开始与以色列逐步实现关系正常化，这进一步恶化了伊朗的地区环境。持续恶化的国际环境和地区环境促使伊朗"向东看"，大力发展与非西方国家间的关系，其中主要包括俄罗斯、中国、印度等新兴经济体，以打破美西方的制裁，获取经济发展尤其是能源发展必不可少的市场、资金和技术。中东剧变后，伊朗与俄罗斯还在支持叙利亚巴沙尔政权上取得成功并建立了战略协作关系。伊朗与中国也于2021年签署了全面合作协议。在此背景下，伊朗与上海合作组织以及金砖国家等多边机制之间的合作也进一步增强。

乌克兰危机发生后，同样受到美西方制裁的伊朗与俄罗斯加强合作的动力进一步提高。除前述俄伊领导人会晤、俄土伊三国元首会晤外，2022年6月中下旬，俄罗斯外长拉夫罗夫访问了伊朗。俄伊两国总统还在土库曼斯坦进行会晤，并讨论了扩大两国在能源、金融、运输等经济领域合作事宜。对伊朗而言，长期受到美西方以伊核问题为抓手而实施的制裁是迫使伊朗"向东看"，进而发展与俄罗斯、中国、印度等非西方国家关系的主要动力。此外，近些年美国政府以所谓伊朗主导的"中东什叶派弧"破坏中东地区的稳定为由，极力在中东地区打造围堵伊朗的"中东版北约"包围圈，这进一步推动了伊朗与俄罗斯加强合作，包括开展可能的军事合作。拜登政府上台后，虽然着力推动和恢复被特朗普政府破坏的伊核协议谈判，但是伊核问题矛盾重重，僵局难以打破，也使伊朗不对美西方抱有过多的幻想。不仅如此，在地区问题上，比如在进一步巩固伊朗盟友叙利亚巴沙尔政权的问题上，伊朗需要俄罗斯的政治军事合作，同时也需要在巴沙尔政权与反对巴沙尔政权的库尔德人武装之间持平衡立场的土耳其的合作。2022 年 7 月俄、土、伊三国元首会晤后，三国发表了联合声明，强调支持叙利亚的主权、独立、统一和领土完整，表示三国将继续合作，打击一切形式的恐怖主义。再者，为发展本国经济，伊朗也需要俄罗斯的资金和技术支持。比如，伊朗石油资源丰富，已探明石油储量和天然气储量分别居世界第 4 位和第 2 位，但由于受到西方制裁，其资金和技术极度缺乏，石油产量和出口量远低于海湾其他产油国，2022 年日均产量和出口量分别仅有 258 万桶和 85 万桶。①

三　沙伊和解与地区关系的快速缓和

2022 年以来，受上述全球大国因素以及地区大国因素影响，中东地区关系呈现引人注目的新变化和新调整。其中关键的变化是，在中国的支持和斡旋下，沙特阿拉伯与伊朗这两个长期处于敌对状态的国家实现历史性和解。在沙伊和解带动下，伊朗逐步与其他阿拉伯国家和解并实现关系正常化。伊朗的盟友叙利亚也由此开始修复与沙特阿拉伯所主导的逊尼派阿拉伯国家的关系，最终得以重返阿拉伯国家联盟。

---

① 《伊朗国家概况》，中华人民共和国外交部网站，2022 年 5 月 3 日，https://www.mfa.gov.cn/web/gjhdq_676201/gj_676203/yz_676205/1206_677172/1206x0_677174/，最后访问日期：2023 年 5 月 17 日。

（一）沙特阿拉伯与伊朗的和解及复交

2023 年 3 月 6 日至 10 日，沙特国务大臣兼国家安全顾问穆萨伊德·本·穆罕默德·艾班和伊朗最高国家安全委员会秘书阿里·沙姆哈尼分别率两国代表团在北京举行会谈，并就恢复两国外交关系达成历史性协议。3 月 10 日，中、沙、伊发表联合声明，宣布沙伊双方同意恢复外交关系，在至多两个月内重开双方使馆和代表机构等。双方还同意激活两国于 2001 年 4 月 17 日签署的安全合作协议以及于 1998 年 5 月 27 日签署的经济、贸易、投资、技术、科学、文化、体育和青年领域总协议。[①] 3 月 10 日，中国中共中央政治局委员、中央外事工作委员会办公室主任王毅就沙伊复交发表谈话，强调沙伊北京对话取得重要成果，"这是对话的胜利、和平的胜利"。[②] 沙伊复交也得到了国际社会的广泛好评。在中国的斡旋下，沙伊通过政治对话实现关系正常化，不仅化解了两国之间的长期矛盾和敌对状态，而且有助于伊朗摆脱孤立局面，打开与所有逊尼派阿拉伯国家关系正常化的大门，同时有助于中东地区一系列相关问题以及矛盾冲突的解决与缓和，也为促进国际和平与安全树立了通过对话与磋商解决分歧和矛盾的典范。同时表明，中国以中国理念、中国智慧和中国方案在中东和平与安全中发挥着更加重要的建设性作用。

在沙伊和解带动下，特别是在沙特阿拉伯的双多边努力下，中东逊尼派阿拉伯国家以及受沙特阿拉伯影响的国家开始与伊朗频繁接触和开展良性互动。2023 年 3 月 10 日，马尔代夫宣布恢复与伊朗的外交关系。3 月 13 日，伊朗表示欢迎与巴林恢复关系。3 月 16 日，伊朗最高国家安全委员会秘书阿里·沙姆哈尼访问阿联酋，希望加强与阿联酋的政治、经济和安全关系。

---

① 《中华人民共和国、沙特阿拉伯王国、伊朗伊斯兰共和国三方联合声明》，中华人民共和国外交部网站，2023 年 3 月 10 日，https：//www.mfa.gov.cn/web/zyxw/202303/t20230310_11039137.shtml，最后访问日期：2023 年 5 月 9 日。

② 《王毅：沙伊北京对话是和平的胜利》，中国政府网，2023 年 3 月 11 日，https：//www.gov.cn/guowuyuan/2023-03/11/content_5745989.htm，最后访问日期：2023 年 5 月 9 日。

3月21日，伊朗经济和财政部部长表示，伊朗准备恢复与所有阿拉伯国家的经济联系。

（二）叙利亚与地区国家关系的修复

在沙伊和解带动下，尤其是在沙特阿拉伯的极力推动以及伊朗的全力配合下，叙利亚与地区国家间的关系开始修复。其中，主要是叙利亚与阿拉伯国家间关系的修复。2011年中东剧变以来，伊朗和沙特阿拉伯分别支持叙利亚冲突中的对立双方，即巴沙尔政权以及政府反对派。由于伊朗与俄罗斯的军事支持，巴沙尔政权得以生存并延续至今；而沙特阿拉伯与叙利亚政府断绝了往来，沙特阿拉伯主导的阿盟也于2011年暂停了叙利亚的成员资格。近年来，在美国中东战略持续收缩的背景下，中东地区出现了和解趋势。2023年2月，叙利亚和土耳其发生大地震，为原先抵制叙利亚巴沙尔政权的沙特阿拉伯等国恢复与叙利亚的接触提供了新契机，沙特阿拉伯等逊尼派阿拉伯国家以及中东其他国家纷纷向叙利亚提供人道主义援助。而沙伊和解加快了沙特阿拉伯等阿拉伯国家与叙利亚恢复关系的进程。

2023年3月23日，沙特阿拉伯外交部发表声明，沙特阿拉伯正在与叙利亚方面进行磋商，以恢复领事服务，这是中东剧变以及叙利亚冲突爆发以来沙特阿拉伯与叙利亚的首次对话。4月中旬，沙特阿拉伯外交大臣费萨尔在叙利亚冲突爆发后首访叙利亚，并与巴沙尔总统讨论了有关帮助叙利亚重返阿拉伯世界的全面政治和解方案。5月9日，沙特阿拉伯宣布，决定恢复其驻叙利亚外交使团的工作，并将推动阿拉伯世界采取联合行动。同日叙利亚也宣布，决定恢复驻沙特阿拉伯外交使团的工作。

中东剧变后的第二年，即2012年，突尼斯就与叙利亚断绝了外交关系。此后作为中东剧变的首发地，突尼斯一直对叙利亚巴沙尔政权持强烈批评立场。但近些年，伴随地区局势的缓和，突尼斯对叙利亚政府的立场开始松动。2021年7月，突尼斯释放出信号，愿意与叙利亚修复关系。2023年2月大地震发生后，突尼斯向叙利亚提供了人道主义援助。2023年4月12日，叙利亚和突尼斯正式宣布两国将重开各自的大使馆，互相派遣新使节。

4月17日至19日，叙利亚外长费萨尔·梅克达德访问突尼斯，以进一步促进双方关系的恢复。突尼斯总统和外长均表示，希望在一系列问题上加强双边合作。

作为阿盟的重要成员，埃及也恢复了与巴沙尔政权的接触。2023年4月1日，叙利亚外长自叙利亚冲突爆发十余年来首次访问埃及，双方同意加强合作。4月2日，埃及总统塞西访问沙特阿拉伯。塞西此行主要目的是寻求沙特阿拉伯等海湾国家的资金支持，以缓解埃及的经济压力。不过这次访问是在沙伊和解这样的地区关系发生重大调整之际进行的，因此也是沙埃采取积极行动以缓和与伊朗、叙利亚、卡塔尔以及土耳其关系的一个重要环节。

除阿拉伯国家外，土耳其也试图与叙利亚实现和解。如前所述，2011年叙利亚冲突爆发后，土耳其一直支持巴沙尔政权的武装反对派，并且控制了叙利亚北部一些区域。2022年7月，俄、土、伊元首会晤时，叙利亚问题是其中讨论的一项重要事宜。俄罗斯借助其对中东国家的影响力推动叙利亚重建与地区国家间的关系。2022年12月，在俄罗斯主持下，土叙两国国防部长举行叙利亚冲突爆发后的首次会晤。2023年4月3日至4日，俄、伊、土、叙四国外交官在莫斯科举行会谈，以推动叙利亚与土耳其实现和解。5月10日，俄、伊、叙、土四国外长举行会谈，继续协调并推动土叙改善关系。

（三）叙利亚重返阿盟

在沙伊和解推动下，在阿拉伯国家的相互协调下，阿拉伯国家日益形成共识，认为与叙利亚巴沙尔政权对话是必要的。

在此背景下，沙特阿拉伯、约旦等国迅速推动扩大这一共识。2023年4月14日至15日，以沙特阿拉伯为主导的海湾阿拉伯国家合作委员会6国以及埃及、伊拉克和约旦共9国高级外交官齐聚沙特阿拉伯，探讨政治解决叙利亚冲突以及叙利亚返回阿盟等问题。4月15日，沙特阿拉伯外交部发表声明，强调阿拉伯世界应当在结束叙利亚危机的努力中发挥领导作用，阿拉伯国家正在加强磋商，以确保这些努力取得成功；声明指出，阿拉伯国家还一致认可了解决叙利亚人道主义危机以及为叙利亚难民返回创造条件的重要性。① 5月1日，沙特阿拉伯、埃及、伊拉克、约旦等国外长以及叙利亚外长齐聚约旦，继续磋商叙利亚重返阿盟事宜，其间它们还讨论了一项由约旦提出的政治解决叙利亚冲突的计划。这是阿拉伯国家与叙利亚高层官员自2011年以来首次举行的多边会晤，会议充分讨论了一系列与叙利亚相关的问题，如叙利亚难民、失踪战俘、地区毒品走私、叙利亚境内伊朗什叶派民兵组织等。

在此基础上，叙利亚得以重返阿盟。2023年5月7日，阿盟举行特别会议，会后发表声明，决定立即恢复叙利亚的阿盟资格。会议还决定，沙特阿拉伯、约旦、伊拉克、黎巴嫩、埃及和阿盟秘书长等将组成一个部长级联络小组，与叙利亚政府开展对话，以达成解决叙利亚冲突的具体方案。阿盟秘书长艾哈迈德·阿布·盖特说，恢复叙利亚的成员资格并不意味着阿拉伯国家与叙利亚关系正常化，是否恢复与叙利亚关系将由每个国家自主决定。② 5月10日，叙利亚总统府宣布，叙利亚总统巴沙尔已收到出席第32届阿盟首脑理事会会议的邀请函。5月18日，叙利亚总统巴沙尔抵达沙特阿拉伯，这是2011年叙利亚冲突爆发后巴沙尔总统首访沙特阿拉伯。在与多位阿拉伯国家代表举行双边会晤后，次日巴沙尔总统出席了第32届阿盟首脑理事会会议。

叙利亚重返阿盟，受到阿拉伯国家和国际社会的热烈欢迎。中国国家主席习近平向第32届阿盟首脑理事会会议致贺信，盛赞阿盟与沙特阿拉伯在促进阿拉伯世界联合自强和团结协作，促进中东地区和平、稳定与发展中所

① 《针对叙利亚战争，阿拉伯各国外交官达成共识》，参考消息网，2023年4月15日，https：//ckxxapp. ckxx. net/pages/2023/04/15/7d91c3503b19472698717bd23a009ba0. html?shareAppId = 2b0cbbb1d563414393513f147f7e9799&praise = 1，最后访问日期：2023年6月1日。

② 《澳媒：叙利亚为何得以重返阿盟?》，参考消息网，2023年5月8日，https：//ckxxapp. ckxx. net/pages/2023/05/08/392cc40bd688434ea63c75ec82cd03d3. html?shareAppId = 2b0cbbb1d563414393513f147f7e9799&praise = 1，最后访问日期：2023年6月10日。

做的积极贡献。① 俄罗斯也对叙利亚重返阿盟表示欢迎，认为这将改善中东地区的氛围，有利于尽快克服叙利亚危机造成的后果。不过，美国及其西方盟友对此表示批评。2023 年 5 月 9 日，美国白宫宣布，总统拜登认为叙利亚政府的行动"继续对美国国家安全、外交政策和经济构成威胁"，因此决定对叙利亚采取的制裁措施在 2023 年 5 月 11 日到期后再延长 1 年。②

叙利亚重返阿盟具有划时代的里程碑意义。这首先标志着叙利亚巴沙尔政权的合法性得到阿拉伯国家的认可，叙利亚与地区国家实现关系正常化取得了重大进展，叙利亚冲突问题由此迎来政治解决的重大转机。其次，叙利亚重返阿盟还意味着阿拉伯世界加强了团结，阿拉伯国家间的其他一些问题也迎来缓和的新契机。比如，阿拉伯国家进一步修复了与卡塔尔之间于2017 年中断的关系。2021 年沙特阿拉伯和埃及率先与卡塔尔修复关系，并重新任命了双方大使。2023 年 4 月中旬，巴林、阿联酋又先后宣布恢复与卡塔尔的外交关系。再次，叙利亚重返阿盟也进一步化解了以沙特阿拉伯为首的逊尼派国家阵营与以伊朗为首的中东什叶派国家阵营之间的对抗关系，同时还为中东地区国家缓和其他矛盾提供了条件。

四　前景展望

展望未来，在大国竞争和地区大国影响力不断上升的背景下，中东国际关系将进入新的重塑期。

（一）大国在中东的竞争继续呈现多极化态势

首先，美国在中东的主导地位将持续下降。正如许多阿拉伯国家和中东

---

① 《习近平向第32届阿拉伯国家联盟首脑理事会会议致贺信》，中国政府网，2023 年 5 月 19 日，https://www.gov.cn/govweb/yaowen/liebiao/202305/content_6875180.htm，最后访问日期：2023 年 5 月 20 日。
② 《联合国促停战，美国却延长对叙制裁》，参考消息网，2023 年 5 月 10 日，https://ckxxapp.ckxx.net/pages/2023/05/10/a3ebdc41bb4a49b39076893c9ff38ee3.html?shareAppId = 2b0cbbb1d563414393513f147f7e9799&praise=1，最后访问日期：2023 年 6 月 10 日。

国家所认识到的，世界已经变了，不再是美国能够依靠单极霸权主宰中东的时代。美国在中东的战略收缩虽然主要受到其全球战略东移和乌克兰危机的影响，但同时也说明美国实力的相对下降，其对世界的支配力和影响力的下降。然而，美国的理念和行为仍然停留在20世纪90年代初期单极霸权的时代，因此它对中东以及世界其他国家的胁迫或制裁不仅产生不了实际成效，而且进一步疏远了它与中东许多国家的关系。其次，中国在中东的影响力进一步提升。伴随中国成为世界第二大经济体、全球130多个国家最大的贸易伙伴、阿拉伯国家最大的贸易伙伴和主要投资国，中国对中东地区和世界事务的影响力显著上升。与此同时，中国尊重中东国家的独立自主和领土完整，不干涉别国内政，尊重中东国家独立自主地选择发展道路，支持通过对话协商解决国家之间的分歧和矛盾，与中东所有国家都保持友好和平衡的关系，因此中国与中东国家之间的信任、友谊与务实合作将不断得到深化。再次，俄罗斯继续在中东地区保持传统的政治、经济和军事影响力。受同乌克兰的冲突影响，俄罗斯对中东事务的投入力度将有所下降，而对中东国家比如土耳其的依赖程度将有所上升。然而，俄罗斯与中东国家长期存在的政治互动、经济联系与军事合作，特别是在叙利亚冲突中俄罗斯与伊朗密切配合支持巴沙尔政权，仍然使它能够在阿拉伯世界和中东地区得到不少同情和支持，进而能够发挥一定的影响力。对于这种多极化竞争态势，美国显然感到不满和被动。2023年沙伊和解后，美国高层官员三访中东，希望稳定并恢复与沙特阿拉伯等海湾产油国的关系，制衡中俄在中东不断上升的影响力，继续推进沙特阿拉伯等阿拉伯国家与以色列的关系正常化。

（二）地区大国将发挥更加重要的作用

如上所述，在美国对于中东的主导地位日益下降以及大国争夺呈现多极化态势的背景下，中东地区大国比如沙特阿拉伯、土耳其、伊朗等国的战略自主日益增强。有的国家虽然是美国或北约的盟友，但是面对深刻变化的国际局势，它们将主要根据自身利益而不是美西方的利益决定对外关系的发展。由此在国际层面，它们展现出更加独立自主以及积极拓展多边关系的趋势，同时不会在大国竞争中"选边站队"。在地区层面，它们对于美西方的安全依赖有减弱之势，对美西方的不信任也在加深。它们还试图摆脱过去积累的一系列地区分歧和矛盾，缓和地区紧张关系，以保证国家的安全、繁荣与发展。此外，在国际交往中，它们还希望得到平等对待和尊重，而不是被干涉、被胁迫。同时由于这些大国具有较强的实力，比如沙特阿拉伯和土耳其都是G20成员，可以被视为全球"中等强国"，两国在地缘政治中也占据优势并具有地区影响力，因此，它们的政治意愿以及地区雄心可能在未来中东国际关系重塑中发挥更加重要的作用。

（三）地区问题和冲突迎来政治解决的新阶段

沙伊和解以及叙利亚重返阿盟极大地化解了中东地区长期存在的以沙特阿拉伯为主导的逊尼派国家阵营与以伊朗为首的什叶派国家阵营之间的对抗关系，有力地促进了阿拉伯国家间关系的恢复、团结和发展。在此基础上，进入21世纪以来尤其是2011年中东剧变所引发的地区矛盾、冲突和动荡趋于缓和，并可能迎来政治解决的新阶段。

比如，除叙利亚问题外，也门冲突开始"降温"。自2015年沙特阿拉伯率多国联军介入也门政府军与胡塞武装之间的冲突后，也门问题陡然升级，演化为沙特阿拉伯等支持的也门政府与伊朗等支持的胡塞武装之间的代理人战争，而且看不到解决问题的前景。沙伊和解则为地区国家通过政治谈判解决也门问题带来了希望。2023年3月20日，也门冲突双方在瑞士经过谈判后达成协议，决定释放887名被俘人员，其中胡塞武装释放了181人，也门政府释放了706人，此外双方还将进一步会晤。4月17日，沙特阿拉伯领导的军事联盟再度释放104名也门胡塞武装战俘，向伊朗及其支持的胡塞武装释放了更多的和解诚意。当日，胡塞武装和沙特阿拉伯还表示，它们已经恢复接触和谈判，并且取得进展。双方将恢复此前几年已经达成的停火协议，并就结束也门冲突开启全面且持续的政治解决进程。

利比亚冲突有所缓和。在沙伊和解带动下，埃及与土耳其之间在利比亚冲突以及叙利亚冲突问题上开始频繁互动。2023年2月土耳其和叙利亚大地震发生后，埃及外长萨迈赫·舒凯里以及土耳其外长查武什奥卢先后互访。4月13日，埃及外长萨迈赫·舒凯里再访土耳其。土耳其外长查武什奥卢表示，土埃两国将在利比亚问题上开展更加密切的合作，认为两国本质上没有重大分歧，只是在一些方法上存在不同看法。

（四）以色列与阿拉伯国家关系正常化进程将面临考验

沙伊和解以及该地区逊尼派国家阵营与什叶派国家阵营之间对抗关系的逐步化解，对以色列及其对外关系而言影响是复杂的，可能给以色列与沙特阿拉伯等阿拉伯国家间的关系正常化带来不确定性。近些年，在美国的推动下，以色列与包括阿联酋、巴林在内的多个阿拉伯国家实现了关系正常化。至2022年底，以色列与沙特阿拉伯的关系正常化也有一定进展。但沙伊和解对以色列可能是一个打击。沙伊和解使伊朗摆脱地区孤立状态的同时，也破坏了美国和以色列与阿拉伯国家建立地区联盟以对抗伊朗的努力，沙特阿拉伯等阿拉伯国家联合以色列抗衡伊朗的动力随之减弱。不过，不排除沙特阿拉伯在与伊朗和解的同时，也与以色列建立某种政治经济联系的可能性。以色列需要对中东地区和解趋势进行评估，以应对以阿关系可能出现的复杂局面。

国别报告
National Reports

Y.6

土耳其："碳中和"行动与可持续发展

魏 敏[*]

摘 要: 土耳其作为新兴经济体和发展中国家,同时也是制造业较为发达的国家。土耳其依据自身经济发展阶段和"富煤、缺气、少油"的资源禀赋特征,提出了"独立的能源,强大的土耳其"的战略口号,陆续颁布了一系列政策法规,渐进式推动可再生能源和清洁能源的发展,推进减排与"碳中和"目标的实现。在政府主导下,土耳其能源转型主要有两条路经:一是降低能源消耗和提高能源效率,即从耗能巨大的电力部门入手,推进能源领域的清洁低碳转型,进而降低煤炭资源在整体能源消费结构中的比重,推动能源清洁低碳高效利用;二是实现能源结构多样化,通过市场化机制,鼓励并扶持私营部门进入可再生能源和清洁能源领域,积极参与应对气候变化全球治理。作为全球能源重要的消费国、中转国和供应国,土耳其已经成为世界上增长最快的能源

* 魏敏,中国社会科学院西亚非洲研究所研究员,中国社会科学院大学教授、博士生导师,主要研究方向为中东经济与土耳其政治、经济和社会发展。

市场之一，土耳其"碳中和"行动与可持续发展问题值得关注。

关键词： 土耳其 气候变化 "碳中和"行动 可持续发展

土耳其位于能源丰富的中东和欧亚大陆之间，特殊的地理位置使其成为全球能源市场重要的行为体。作为全球能源重要的消费国、中转国和供应国，土耳其已经成为世界上增长最快的能源市场之一，土耳其的天然气和电力需求增长速度在全球范围内仅次于中国。伴随经济发展和人口增长，土耳其能源缺口日益扩大，应对气候变化，尤其是"碳中和"行动和可持续发展对其具有重要意义。随着经济的快速增长，1998~2012年，土耳其经历了900年一遇的严重干旱，2007年，首都安卡拉实施了长达10天的限水措施。干旱还导致土耳其农业产量同比下降近7%。[①] 土耳其政府2005年颁布了《可再生能源法》，能源市场监管机构于2005年发布了《可再生能源发展支持计划》，通过为可再生能源发电公司提供低廉的固定上网电价，支持和促进可再生能源的开发利用。2010年，土耳其政府发布了《国家应对气候变化战略（2010~2023年）》，内容包括减灾计划和水利工程建设项目，努力改善一些效率低下的灌溉和供水系统，提高水资源管理效率以应对全球气候变化、推动可持续发展。2015年，土耳其成为《巴黎协定》缔约国，但并未批准执行该协定。2017年4月修宪公投以后，土耳其政府提出了"独立的能源，强大的土耳其"的发展口号，并出台了《国家能源和矿业发展战略》，明确提出能源供应安全、能源本地化和打造世界能源贸易中心三大战略目标，并将能源开发利用本地化、减少进口依赖作为实施能源战略的首要任务，将能源和核技术发展作为确保国家能源安全的主要手段。土耳其计划2023年摆脱能源高度依赖外部市场的不利局面，全面提升土耳其在全球能

---

① "Energy Report: Energy Policy", EIU, https://viewpoint.eiu.com/analysis/article/732633456, accessed May 23, 2023.

源体系中的战略地位。2023 年 5 月,土耳其政府发布了新的《可再生能源支持计划》,将地热资源列入可再生能源行列,并延长政府补贴时间,对 2021 年 7 月 1 日至 2030 年 12 月 31 日建设投产的可再生能源发电设施实施新的上网电价补贴,进一步推动可再生能源的发展。

作为高度依赖煤炭资源的发展中国家,土耳其在经济发展和减少碳排放的压力下做出了重要政策抉择,即在满足经济发展的前提下,兼顾能源系统的现代化和低碳化,本地资源和可再生资源发电量达到总发电量的 2/3,实现能源转型。[①] 虽然土耳其拒绝承诺逐步淘汰煤炭或停止建设新的燃煤电厂,但是,从能源结构来看,土耳其已经实现了从长期高度依赖传统煤炭资源向天然气资源的第一次转型,煤炭消费量已于 2018 年达到峰值,并开启了从天然气向可再生能源领域的第二次转型。目前,土耳其可再生能源发电量和消费量呈现增长趋势,太阳能和风能的份额不断扩大。土耳其可再生能源主要由水电资源构成,2022 年底,水电装机容量达到约 32 吉瓦,略低于总装机容量的 1/3,这使土耳其成为世界上水电装机容量最大的国家之一。但是,要实现 2023 年可再生能源发电量达到 61 吉瓦时、占土耳其电力总需求的 65%的可持续发展目标[②],土耳其仍然需要付出不懈的努力。

一 土耳其经济发展的特点与问题

经历 2001 年金融危机后,土耳其经济进入了快速增长期。伴随经济的高速增长和人口的增加,能源需求增长愈加强劲,能源安全成为影响土耳其经济增长的重要因素。土耳其是全球能源需求增长最快的国家之一,碳排放量居全球第 20 位。为了确保能源安全,降低能源进口依赖、减少碳排放,实现经济社会的可持续发展成为土耳其的优先选项。

[①] 魏敏:《能源转型背景下的中国与中东能源合作》,《当代世界》2023 年第 2 期,第 23~28 页。

[②] "The Investment Office of the Presidency of the Republic of Türkiye", Invest in Turkey, https: // www. invest. gov. tr/en/library/publications/lists/investpublications/guide-to-investing-in-turkish-renewables-energy-sector. pdf, accessed May 4, 2023.

（一）土耳其经济发展的特点

进入 21 世纪，土耳其以其快速的经济增长与良好的社会和商业投资环境，成为二十国集团成员，也是新兴经济体和发展中国家的代表之一。按照联合国工业发展组织数据，在全球工业制造品中，土耳其能够生产和出口 394 种产品，是全球为数不多的工业制造品生产基地和重要的加工厂。良好的工业制造业成为土耳其经济增长和社会稳定的关键所在。

第一，资源禀赋特征决定了化石能源在土耳其的能源结构中扮演着重要的角色。煤炭资源是土耳其最重要的传统能源之一，国家电力的主要来源为能源消耗量大、碳排放高的燃煤发电，政府也曾提出通过鼓励私营部门投资，将国内煤炭发电装机容量提高到 23 吉瓦的目标。在应对气候变化进程中，2014 年以来，煤炭在土耳其能源结构中的份额逐渐下降。2018 年，土耳其共有 85 家燃煤电厂运营，发电装机容量约为 19 吉瓦。与此同时，土耳其大力发展清洁能源，2017 年开始建设阿库优核电站，天然气消费量也快速增长。

第二，在能源转型过程中，政府高度重视工业制造业发展，大力推动工程承包和工业制造业产能融合发展。土耳其深谙产业政策、制造业发展与经济增长对国家发展和进步的重要性。电力工业作为基础工业为经济的快速发展提供了重要的支撑和保障。土耳其政府在不断提高可再生能源和清洁能源在电力工业中的份额的同时，在大型可再生资源项目建设中要求投资方附加配套的工业制造业工厂的投资建设，提高工业制造业生产能力和技术水平，促进工业制造业发展。在《可再生能源支持计划》框架下，土耳其能源和自然资源部发布的招标项目中包括 500 兆瓦光伏发电项目，需要建造一座与之配套的太阳能组件工厂。以基础设施项目带动工业制造业发展，让短期项目成为长期生产经营工厂，成为土耳其实现能源转型的最大亮点。

第三，制定法律制度完善市场机制，促进可再生能源发展。自 2002 年以来，土耳其政府通过私有化和自由化计划将 78% 的发电资产与所有输电、配电资产转移到私营部门，为国家财政贡献了 230 亿美元的收入。发电、输电和配电资产领域的政府投资和私人投资约为 1000 亿美元。[①] 此外，为了形成良好的市场机制，土耳其 2015 年成立伊斯坦布尔能源交易所，负责管理与运营包括电力和天然气在内的能源市场。[②] 2016 年，土耳其政府颁布《可再生能源资源区法》（第 22923 号），引入可再生能源资源区发展模式，鼓励通过招投标方案进行大规模太阳能和风力发电项目建设。在《第 11 个五年计划（2019~2023 年）》中，土耳其政府提出 2023 年土耳其发电能力达到 110 吉瓦的发展目标，全面推进能源转型。[③]

（二）土耳其经济发展面临的问题

第一，经济增长与财政收支不平衡长期存在。由于能源严重依赖进口，土耳其经济增速和能源进口依赖表现出高度相关性。经济增长速度快，需要进口的油气和煤炭资源数量增加，政府财政支出扩大。土耳其的资源禀赋特征可以概括为"富煤、缺气、少油"。土耳其煤炭储藏量丰富，但煤炭储量多为燃值较低的褐煤，因此土耳其每年煤炭消费总量的 50% 依然需要进口，而石油消费总量的 89% 需要进口，天然气消费总量的 98% 需要进口。近 10 年来，土耳其每年平均进口能源支出达 550 亿美元，能源支出占其贸易赤字总额的 2/3 以上。[④] 这一巨额消费造成土耳其经常账户长期入超，政府财政承受巨大压力。至 2023 年，土耳其能源消费总量的 75% 依然依赖进口。[⑤] 能源进口依赖成为制约土耳其经济可持续发展的最大瓶颈。

---

① Presidency of the Republic of Türkiye (2022) Sectors, The Republic of Türkiye Investment Office, https：//www. invest. gov. tr/en/sectors/pages/default. aspx, accessed April 24, 2023.

② Energy Exchange Istanbul (EXIST) (2022), "About Us", EPİAŞ, https：//www. epias. com. tr/en/corporate/about-us/, accessed April 24, 2023.

③ Presidency of Strategy and Budget, "Presidency of the Republic of Türkiye (2019) 11th Development Plan 2019-2023", https：//www. sbb. gov. tr/wp-content/uploads/2022/07/On_Birinci_Kalkinma_Plani-2019-2023. pdf, accessed April 24, 2023.

④ Presidency of Strategy and Budget, "Presidency of the Republic of Türkiye (2019) 11th Development Plan 2019-2023", https：//www. sbb. gov. tr/wp-content/uploads/2022/07/On_Birinci_Kalkinma_Plani-2019-2023. pdf, accessed April 24, 2023.

⑤ "Türkiye Economic Snapshot", OECD, https：//www. oecd. org/economy/turkiye - economic - snapshot/, accessed April 24, 2023.

第二，在应对气候变化和可持续发展的背景下，土耳其面临降低能源消耗和提高能源效率的双重约束。土耳其的经济增长和人口增加引发了能源消耗的同步增长，2011~2021年，土耳其人口增长到8600万人，一次能源消耗年均增长率为3.5%，一次能源供应翻了一番。2021年一次能源消耗同比增长6.3%，远远高于平均增速。[1]土耳其输电损耗率为2.79%，提高能源效率也成为政府迫切需要解决的问题。电力基础设施的升级换代，尤其是大量燃煤电厂的现代化改造，降低输电和配电的损耗率已经成为土耳其应对气候变化、减少碳排放的重要内容。

第三，国际市场波动直接影响土耳其金融市场稳定。国际能源价格波动导致土耳其能源进口价格上涨，土耳其不得不应对国际能源价格上涨带来的输入性通胀。与此同时，美联储实施新一轮加息政策后，土耳其里拉继续走弱，2023年4月创下20.9里拉兑1美元的历史新低[2]，疲软的里拉推高了通货膨胀，也增加了能源进口和偿还外债的成本。土耳其经济的低增长、高贸易逆差、高负债和高失业率等宏观经济问题成为土耳其实现可持续发展目标过程中必须长期应对的问题。[3]

二　土耳其可持续发展战略的提出和主要举措

土耳其作为发展中国家，为了实现可持续发展目标，承受巨大的发展压力。土耳其重视气候变化问题，也是较早发布政府文件应对气候变化的国家之一。2010年土耳其发布了首个《国家应对气候变化战略（2010~2023年）》，随后又发布了《国家应对气候变化战略行动计划（2011~2023年）》和《国家能效文件（2012~2013年）》；2016年土耳其政府发布

---

① "Statistical Review of World Energy 2021", BP, https://www.bp.com/en/global/corporate/energy-economics/statistical-review-of-world-energy.html, accessed April 24, 2023.

② "Turkey Inflation Rate", May 2023 Data, June Forecast, https://tradingeconomics.com/turkey/inflation-cpi, accessed May 14, 2023.

③ 魏敏：《土耳其里拉危机的成因及其警示》，《学术前沿》2018年第19期，第38~45页。

《可再生能源资源区法》，推出新的可再生能源投资模式，土耳其可持续发展战略的实施开始驶入快车道。

（一）土耳其应对气候变化战略的提出

在应对气候变化过程中，土耳其充分认识到可再生能源存在不稳定、不可储存等技术问题，无法在短时间内完全代替化石能源，提出与其经济发展相适应的能源转型战略。土耳其认为，应对气候变化的目标首先是保障国家能源安全，同时将燃煤发电作为保障电力安全的稳定器。在此基础上，通过燃煤电站的升级改造来提高能源效率，增加对可再生能源和清洁能源投资以实现能源结构多样化，最终实现"碳中和"目标，成为土耳其"碳中和"行动的主要方向。

第一，2053年实现"碳中和"。经过长期努力，2021年10月，土耳其正式通过《巴黎协定》，成为最后一个批准该协定的G20国家。土耳其之所以延迟批准《巴黎协定》，主要因为此前联合国气候变化大会将土耳其归类为发达国家，土耳其必须实现较高的减排目标并为发展中国家实现减排提供帮助。经过沟通协商，土耳其被列入发展中国家。土耳其在2022年11月举行的《联合国气候变化框架公约》第27次缔约方会议（COP27）上宣布了修订后的减少碳排放的"国家自主贡献"目标，承诺到2030年将碳排放量从预计的11.75亿吨减少到9.29亿吨，减少21%，这比之前的正常业务水平（BAU）降低了41%，计划到2038年碳排放达峰，到2053年实现"碳中和"。[1]

第二，发布与经济发展相适应的切实可行的能源转型目标，构建能源多样化框架。基于自身经济发展阶段和资源禀赋特征，土耳其在短时间内无法解决持续的经济增长和人口增加带来的能源需求急剧增长的问题。土耳其通过《能源发展计划（2015~2019年）》、《国家可再生能源行动计划

---

[1] "Energy Report：Energy Policy", EIU, https：//viewpoint. eiu. com/analysis/article/732633456, accessed May 4, 2023.

（2019~2023 年）》和国家第 11 个五年计划，逐步推进能源本地化和进口能源多样化战略，保证国家能源供应安全和可持续发展目标的实现。

（二）土耳其应对气候变化战略的主要举措

土耳其《国家应对气候变化战略（2010~2023 年）》由高级规划委员会批准，并于 2010 年 5 月 3 日生效。土耳其成为较早将应对气候变化相关目标纳入发展政策的国家，开始提高能源效率，增加清洁能源和可再生能源的使用。土耳其政府同时强调，将根据自身国情，积极参与全球应对气候变化的努力，并为土耳其公民提供高质量的生活和低碳福利。

第一，将减缓和适应气候变化的政策与措施纳入国家发展规划，分阶段实施。根据《联合国气候变化框架公约》"共同但有区别的责任"原则及其特殊情况，土耳其的主要目标是参与为防止气候变化而进行的全球努力，同时实现可持续发展目标。按照"共同但有区别的责任"原则和土耳其国情，土耳其政府出台了《国家应对气候变化战略行动计划（2011~2023 年）》，还与联合国开发计划署合作，陆续发布了《土耳其的可持续发展投资路线图》、《土耳其生态系统投资合作影响力》和《生态可持续目标 CEO 动态》等系列研究报告，为可再生能源领域的投资决策提供有效的指导，大力推进环境可持续发展。

第二，渐进式实行能源结构多样化战略。遵照联合国气候变化大会设定的全球减排目标，土耳其积极参与同应对气候变化相关的在减缓、适应、技术转让和资金方面的制度设计及实施。从本地能源和进口能源两方面着手，一方面，从本地一次能源装机容量来看，2011~2021 年，土耳其可再生能源份额大幅增长。2021 年土耳其可再生能源在能源装机容量中的份额达到53%，已经高于化石燃料类能源在能源装机容量中的份额。在可再生能源领域，土耳其以水电见长，水电占土耳其能源产量的近 1/5。2019 年，土耳其水力发电量达到 89 太瓦时的峰值；2021 年，风力发电量达到 31 太瓦时以上，太阳能发电量近 20 千兆瓦时，生物能源发电量达到 1600 兆瓦时，比2008 年增长了 10 倍以上。土耳其的地热资源对能源生产的贡献相对较小，地热累计装机容量达到 1.6 吉瓦。[1] 另一方面，从进口能源构成来看，土耳其管道天然气的主要进口伙伴是俄罗斯，进口份额达到 45%，其次是伊朗和阿塞拜疆。[2] 截至 2021 年，阿尔及利亚和美国成为土耳其重要的液化天然气供应国，进口份额分别为 44% 和 32%。土耳其的其他液化天然气供应国包括尼日利亚、埃及、卡塔尔与特立尼达和多巴哥。[3]

第三，建立市场竞争机制，提高能源效率。土耳其的能源战略目标是成为世界能源贸易中心，而这需要改变其在全球能源市场上长期形成的能源消耗国和能源中转国的国家形象。重新构建全球石油与天然气供应链路线和能源结构多样化成为土耳其能源安全战略的重要内容，增加可再生能源在发电总量中的份额成为能源安全战略的关键一环。2016 年颁布的《可再生能源资源区法》阐述了能源政策范围内的各种政策工具，为可再生能源项目的国内与国际投资者提供平等竞争机会和价格补贴。土耳其通过制度改革和自由化，建立一个透明和有竞争力的能源市场，极大地促进了可再生能源领域的发展，同时也增强了在能源存储技术和可再生能源等战略领域的研发活动。土耳其的市场自由化政策和激励措施作用显著。首先，从 2015~2020 年流入土耳其的外商直接投资存量来看，能源部门吸引外资额占外资总量的 7.2%，位列第三，服务业和制造业分列第一和第二。其次，私营部门发展迅猛并逐步在电力行业占据主导地位。2011~2021 年，在电力行业总装机容量中，国有企业的份额逐渐减少，私营部门的份额从 54.2% 增长到 78.6%。按燃料类型划分，可再生能源的份额不断增加，2021 年，天然气在一次能源消耗中占 29%，其次是石油，占 28%。随着可再生能源份额的增加，土耳其石油部门近年来的炼油能力也有所提高，2011~2021 年的年均增长率达到 3.3%。2021 年底，土耳其日炼油能力达到 82.2 万桶，炼油厂总产量增

---

① "Statistical Review of World Energy 2021", BP, https://www.bp.com/en/global/corporate/energy-economics/statistical-review-of-world-energy.html, accessed May 4, 2023.

② "Turkish Natural Gas Market Report 2021", Energy Market Regulatory Authority, https://www.epdk.gov.tr/Detay/Icerik/3-0-94/yillik-sektor-raporu, accessed May 4, 2023.

③ "Statistical Review of World Energy 2021", BP, https://www.bp.com/en/global/corporate/energy-economics/statistical-review-of-world-energy.html, accessed May 4, 2023.

加了 8%，达到 3600 万吨；土耳其的炼油厂平均每天处理 69.1 万桶原油，达到峰值，与前一年相比高出 4.3%。[①] 土耳其的发电量也经历了与同期一次能源消耗量类似的上升趋势，2021 年底达到 333.3 太瓦时。通过吸引外国投资和私人投资，以能源转型促进国内生产能力提升的政策效果已经显现。

第四，基于透明度、利益攸关方参与和科学决策，促进气候变化应对和减排活动。《国家应对气候变化战略行动计划（2011~2023 年）》明确提出在能源、建筑、工业、交通运输、废弃物处理、农业、土地使用和林业七大领域应对气候变化的举措与减排目标。例如，在能源领域，国家政策以能源安全和能源市场改革为目标，对能源系统进行重组。土耳其强调已建成投产的火电机组的重要性，设置高效能、低排放的火电标准，发展更清洁、更高效的火电作为电力工业的重要构成。目前，土耳其的电力行业改革已吸引了不少私人投资参与其中，一些主要的能源供应商尝试利用绿色能源提高发电能力，这些企业不断改变其商业模式，投资可再生能源和汽车电气化，以减少碳排放。随着土耳其电网与欧洲电网的互联以及天然气管网的建设（将从里海区域传输天然气到土耳其和欧盟），区域的电力和天然气贸易架构将迎来整合。

第五，通过公共部门、私营部门、大学和非政府组织等各方的共同努力，提高公众意识，支持以气候友好型方式改变消费模式。土耳其逐步推进本国能源市场改革，通过重构油气上游市场结构，拉动本国油气生产上游投资。2013 年 6 月，土耳其开始实施新的《石油法》，为油气勘探和生产自由化铺路，打造一个更加透明的投资环境。与此同时，建立国家绿色建筑认证体系，在公共建筑中实施推广节能项目。邀请国内外专家和利益攸关方参与并启动国家氢战略的准备工作，提高电力市场发展所需的技术能力和市场基础设施的能力，采取措施提高能源效率、减少碳排放，力争 2023 年底将可再生能源发电比重从 32.5% 提高到 38.8%。

[①] "Oil Refinery throughput in Türkiye from 2005 to 2021", Statista, https：//www.statista.com/statistics/703229/refinery-throughputs-of-Türkiye/, accessed May 4, 2023.

三 土耳其可持续发展前景与挑战

进入 21 世纪，可持续发展理念与全球化、信息技术的发展一样，成为重塑世界经济增长版图的强劲力量。土耳其提出实现"碳达峰"和"碳中和"发展目标，将绿色低碳发展作为长期能源发展战略，绿色可持续发展诉求已经形成。

（一）土耳其可持续发展前景

第一，新冠疫情使全球供应链重塑加快，能源、电力等工业领域的基础作用凸显。疫情给全球供给和需求都带来了深层次影响，制约了生产方和供给方所必需的劳动力、资本等要素正常流动与原材料等基本投入。同时，疫情极大地影响和制约了人员与科技等要素流动，造成全球范围内总需求进一步收缩。疫情对国际范围内生产要素的阻碍也导致全球产业链、供应链和价值链遭受重大打击，土耳其经济发展面临巨大挑战。

第二，全球性通货膨胀与美元加息严重冲击新兴经济体和发展中国家的经济增长。土耳其为应对新冠疫情的影响采取了更宽松的货币政策和更积极的财政政策，未来几年，土耳其能源需求将持续增长。根据《土耳其2020~2040 年电力能源需求预测报告》，2040 年土耳其电力需求预计为545~636 太瓦时。这也意味着，未来 20 年土耳其电力需求年增长率为2.9%~3.7%，人均用电量将达到 5430~6336 千瓦时。在同一时期内，电力在土耳其最终能源需求中的份额预计将从 20% 增长至 27%，未来，土耳其必须面对能源需求增长的经济发展局面。[1]

第三，土耳其制定了到 2053 年实现净零碳排放的具体目标。在过去几十年中，太阳能和风力发电厂建设主要由小规模的企业承担，随着技术进

---

[1] C. Difiglio, B. Ş. Güray, E. Merdan, "Türkiye's Energy Outlook 2020", Sabancı University Istanbul International Center for Energy and Climate, https://yenader.org/wp-content/uploads/2020/10/Türkiye-energy-outlook-2020.pdf, accessed November 26, 2022.

步，可再生能源投资成本逐步降低，目前已经低于燃煤发电厂成本，预计大型跨国公司将进入行业领域并助推行业发展。土耳其应对气候变化方面的雄心已经得到国际社会认可。2021年，世界银行与土耳其签署谅解备忘录，为土耳其提供了31亿欧元的资金，帮助土耳其实现《巴黎协定》的目标，并支持其他领域的绿色投资。在此背景下，土耳其脱碳进程，尤其是电力行业能源转型将转向绿色能源解决方案，主要是建设风能和太阳能发电厂，绿色能源的增长亟待加强。

（二）土耳其可持续发展面临的挑战

首先，伴随经济增长，土耳其对燃料和电力的需求强劲复苏。乌克兰危机导致的欧洲电力短缺、电价上涨等问题更加凸显了电力工业对整个国家工业体系的基石作用。2021年，全球经济活动复苏，能源需求增加，从而带动能源市场复苏。尽管各国之间存在差异，但全球的一次能源和电力需求都出现了强劲的增长势头。制造业部门的能源需求以及住宅和服务部门的电力需求都出现了强劲的增长。

其次，长期来看，绿色、低碳成为能源电力工业的发展方向，全球新增电力装机容量多为风力发电、光伏发电、水电等可再生能源。然而，新冠疫情和乌克兰危机造成土耳其宏观经济出现高通胀率、高市场波动性和货币贬值并造成了市场的不确定性，给土耳其的经济活动带来了下行风险。[1] 因此，尽管土耳其宏观经济在2022年上半年持续增长7.5%[2]，但土耳其经济也显示出一些脆弱的迹象，地缘政治挑战、通货膨胀率高企和汇率波动直接影响土耳其未来能源投资与能源转型。

再次，能源政策法规可能会对土耳其的能源安全产生不利影响。在可再

---

[1] "Uluslararası Yatırım Pozisyonu", Central Bank of the Republic of Türkiye, https：//www.tcmb.gov.tr/wps/wcm/connect/TR/TCMB+TR/Main+Menu/Istatistikler/Odemeler+Dengesi+ve+Ilgili+Istatistikler/Uluslararasi+Yatirim+Pozisyonu/, accessed November 18, 2022.

[2] "Türkiye Economic Snapshot", OECD, https：//www.oecd.org/economy/turkiye-economic-snapshot/, accessed November 25, 2022.

生能源发展方面，近年来里拉价值的波动对可再生能源支持机制造成一定不利影响，给该机制带来不确定性。政府为了应对里拉贬值和全球能源价格上涨，不得不频繁更改补贴价格。价格调整造成投资的不安全性，投资者会疑惑土耳其会不会每次都调整其上网电价。例如，如果没有最新的更改，土耳其的上网电价将远低于平均电力市场价格。

最后，地缘政治影响国际大宗商品市场。乌克兰危机给土耳其的经济活动和能源部门带来持久影响。2022年2月爆发的乌克兰危机至今仍然影响着国际金融市场。俄罗斯、乌克兰都是全球十分重要的大宗商品供应商，两国之间的冲突对全球粮食、能源供给产生了极大的不利影响。化石燃料、粮食的供给短缺导致全球范围内尤其是欧洲、非洲等地区国家面临明显的生产成本上升压力。尽管土耳其在冲突期间采取了平衡的外交政策，但全球能源市场的失衡仍将长期影响其经济增长和可持续目标的实现。

Y.7
沙特阿拉伯：传统能源大国的
"碳中和"路径

刘　冬*

摘　要： 沙特阿拉伯经济高度依赖石油资源，原油是沙特阿拉伯最为重要的出口货物，石油部门也是沙特阿拉伯财政收入的主要来源。面对地理环境的脆弱性、电力部门发展的具体需求以及全球能源转型的外部压力，作为全球重要的石油生产国，沙特阿拉伯积极参与全球气候治理行动，提出 2060 年实现"碳中和"的减排目标。总体来看，沙特阿拉伯减排目标的实现主要依靠碳捕集、利用和封存，能源供给多元化，节能和能效提升三大技术路径，其中，碳捕集、利用和封存技术的应用以及天然气开发利用的前景最为明确。而沙特阿拉伯绿色能源、节能和能效提升目标的实现将受到国际油价波动的较大影响。

关键词： 沙特阿拉伯　石油资源　气候变化　碳中和

一　沙特阿拉伯经济发展形势与特点

沙特阿拉伯拥有十分丰富的石油资源，根据美国能源信息署（EIU）数据，2021 年末，沙特阿拉伯原油探明储量为 2586 亿桶，占到全球原油探明

---

* 刘冬，中国社会科学院西亚非洲研究所经济研究室副主任、副研究员，中国社会科学院海湾研究中心秘书长兼能源研究项目主任，主要研究方向为中东经济、能源经济。

储量的 15.2%。① 根据英国石油公司（BP）数据，2021 年，沙特阿拉伯原油产量为 1095.4 万桶/日，位列全球第二，占到全球原油总产量的 12.2%，同年，沙特阿拉伯出口原油 769.6 万桶/日，位列全球第三，占到全球原油出口总量的 11.5%。② 极为丰富的石油资源赋予沙特阿拉伯经济独特性，这就是沙特阿拉伯经济对石油部门有着极高的依赖性，石油价格变动也成为影响沙特阿拉伯经济发展和内外平衡的重要变量。

（一）沙特阿拉伯经济发展特点

沙特阿拉伯经济的重要特点是对石油资源有着极高的依赖性，主要表现在两个方面：石油是沙特阿拉伯最为重要的出口货物，石油收入也是沙特阿拉伯财政收入的主要来源。

首先，原油是沙特阿拉伯最为重要的出口货物。根据联合国贸易和发展会议数据，2016~2021 年，原油是沙特阿拉伯最为重要的出口货物，原油出口贸易额在沙特阿拉伯货物出口贸易额中所占比重为 60%~75%。2021 年，沙特阿拉伯原油出口贸易额为 1933.1 亿美元，占到货物出口贸易总额的 65.5%（见表 1）。

表 1　沙特阿拉伯原油出口贸易额及占比

单位：亿美元，%

项目	2016 年	2017 年	2018 年	2019 年	2020 年	2021 年
货物出口贸易额	1836.0	2218.4	2945.4	2518.0	1857.0	2950.0
原油出口贸易额	1284.9	1481.0	2068.6	1854.5	1131.4	1933.1
原油出口占比	70.0	66.8	70.2	73.6	60.9	65.5

资料来源：UNCTAD STAT, https：//unctadstat. unctad. org/wds/ReportFolders/reportFolders. aspx, accessed March 15, 2022。

① "Annual Crude and Lease Condensate Reserves", EIA, https：//www. eia. gov/international/data/world, accessed February 14, 2023.
② "Statistical Review of World Energy 2022", BP, https：//www. bp. com/en/global/corporate/energy-economics/statistical-review-of-world-energy. html, accessed March 21, 2023.

其次，石油收入是沙特阿拉伯财政收入的主要来源。在国家财政方面，沙特阿拉伯财政收入中，超过一半来自石油部门。根据沙特阿拉伯央行数据，2016~2021 年，石油收入在沙特阿拉伯财政收入中的占比为 50%~70%。2021 年，沙特阿拉伯石油收入为 5621.9 亿里亚尔，占财政收入总额的 58.2%（见表 2）。

表 2　沙特阿拉伯石油收入及占财政收入比重

单位：亿里亚尔，%

项目	2016 年	2017 年	2018 年	2019 年	2020 年	2021 年
石油收入	3337.0	4359.0	6112.4	5944.2	4130.5	5621.9
财政收入	5194.5	6915.1	9056.1	9268.5	7818.3	9654.9
石油收入占比	64.2	63.0	67.5	64.1	52.8	58.2

资料来源："Annual Government Revenues and Expenditures", Saudi Central Bank, https://www.sama.gov.sa/en-US/EconomicReports/Pages/report.aspx?cid=124, accessed March 15, 2023。

（二）2022年沙特阿拉伯经济形势

石油是沙特阿拉伯货物出口和财政收入的主要来源，自 20 世纪 80 年代以来，沙特阿拉伯实行钉住美元的固定汇率制度，并且与美联储同步调整利率，很难通过独立的货币政策影响经济。因此，国际油价变动成为影响沙特阿拉伯经济最为重要的外部变量。一般来说，国际油价的上涨会带来沙特阿拉伯经济增长率的上升以及财政收支的改善，反之，则会带来沙特阿拉伯经济增长率的下降以及财政收支的紧张。

近年来，国际油价最大幅度的调整发生在 2020 年，布伦特现货原油价格由 2019 年的 64.30 美元/桶降至 41.96 美元/桶，同比降幅高达 34.7%；受国际油价下滑影响，沙特阿拉伯经济增长率由 2019 年的 0.33% 降至 -4.14%，财政赤字率也由 4.39% 大幅上升至 11.15%。

2022 年，受乌克兰危机影响，布伦特现货原油价格同比上涨 42.4%，增长至 100.93 美元/桶。得益于国际油价的大幅上涨，国际货币基金组织预测，2022 年，沙特阿拉伯经济增长率将从上年的 3.24% 大幅上涨至 7.60%，其财政收支状况也将大幅改善，由赤字转为盈余（见表 3）。

表 3　国际油价与沙特阿拉伯主要经济指标

项目	2017 年	2018 年	2019 年	2020 年	2021 年	2022 年
布伦特油价(美元/桶)	54.13	71.34	64.30	41.96	70.86	100.93
GDP 增长率(%)	-0.74	2.51	0.33	-4.14	3.24	7.60
财政收支余额占 GDP 比重(%)	-9.23	-5.65	-4.39	-11.15	-2.35	5.49

注：布伦特油价为现货原油价格；2022 年 GDP 增长率、财政赤字率为预测值。

资料来源："Spot Prices", EIA, https：//www.eia.gov/dnav/pet/pet_pri_spt_s1_d.htm；"World Economic Outlook Database", IMF, https：//www.imf.org/en/Publications/WEO/weo-database/2022/October, accessed February 14, 2023。

二　沙特阿拉伯减排目标的提出与主要措施

作为全球重要的原油生产国和出口国，沙特阿拉伯却并不希望只是成为全球应对气候变化行动的旁观者，而是致力于成为积极的参与者和引领者。2015 年 11 月，沙特阿拉伯向联合国气候变化框架公约秘书处提交了首份"国家自主贡献"文件，该文件设定的减排目标是到 2030 年前，每年减排 1.3 亿吨二氧化碳当量的温室气体。[①] 2021 年 10 月，沙特阿拉伯对首份"国家自主贡献"文件进行更新，将减排目标提高了 1 倍多。更新后的文件提出，以 2019 年为基础，拟在 2030 年前，每年减排 2.78 亿吨二氧化碳当量的温室气体。[②] 2022 年，沙特阿拉伯提出拟于 2060 年实现净零排放，并将投资逾 1800 亿美元用于气候治理行动。[③]

[①] "The Intended Nationally Determined Contribution of the Kingdom of Saudi Arabia under the UNFCCC", UNESCWA, November 2015, https：//andp.unescwa.org/sites/default/files/2021-10/KSA-INDCs%20English%5B1%5D.pdf, accessed April 14, 2023.

[②] "Kingdom of Saudi Arabia /Updated First Nationally Determined Contribution", United Nations Climate Change, April 13, 2022, https：//unfccc.int/documents/461865, accessed April 14, 2023.

[③] 《海湾国家推动清洁能源建设》，《人民日报》2021 年 12 月 16 日，第 17 版。

（一）沙特阿拉伯参与气候治理行动的驱动力

沙特阿拉伯积极参与全球气候治理行动是内外因素共同作用的结果，其中，内因主要来自地理环境的脆弱性和电力部门发展的现实需求，而外因主要来自全球能源转型带来的外部压力。

1. 地理环境的脆弱性

沙特阿拉伯所处的西亚北非地区是全球最为炎热和干旱的地区之一，生态系统极为脆弱。由于自然条件十分恶劣，联合国政府间气候变化专门委员会（IPCC）曾预测，"中东地区将会是 21 世纪受气候变化影响最为严重的地区之一"。[1] 气温持续上升是气候变化给中东地区以及沙特阿拉伯带来的最为重要的影响。根据世界银行的数据，1970~2021 年，沙特阿拉伯平均气温由 25.21 摄氏度上升至 26.80 摄氏度，平均气温上升 1.59 摄氏度；同期，沙特阿拉伯最高平均气温由 32.44 摄氏度上升至 33.92 摄氏度，最高平均气温上升 1.48 摄氏度，沙特阿拉伯平均最低气温由 18.04 摄氏度上升至 19.73 摄氏度，最低平均气温上升 1.69 摄氏度。[2]

气候变化给中东地区以及沙特阿拉伯带来的另一个影响就是极端天气出现的频率大幅增加。一方面，20 世纪 70 年代以来，受全球气候变化影响，沙特阿拉伯所处的西亚北非地区降水量有所下降，地中海东岸黎凡特地区甚至发生了 900 年来最严重的旱灾。另一方面，包括沙特阿拉伯在内，很多中东国家近些年又频繁遭受洪水袭击。[3] 例如，2022 年 11 月 14 日，沙特阿拉伯第二大城市吉达降暴雨，暴雨持续了 6 个小时；据吉达地区阿卜杜勒-阿齐兹国王国际机场观测站统计，24 日降水量达 86.1 毫米，在该站近 33 年

[1] Rajendra K. Pachauri et al., "Climate Change 2014：Synthesis Report ：Contribution of Working Groups Ⅰ, Ⅱ and Ⅲ to the Fifth Assessment Report of the Intergovernmental Panel on Climate Change", IPCC, 2014, p. 151.

[2] "Climate Change Overview, Country Summary：Saudi Arabia", Climate Change Knowledge Portal for Development Practitioners and Policy Makers, https：//climateknowledgeportal.worldbank.org/country/saudi-arabia, accessed April 14, 2023.

[3] 马帅：《中东气候变化的安全风险与治理路径》，《中东研究》2022 年第 1 期，第 285~309 页。

降水量记录中居第 3 位。①

此外，与其他海合会国家相似，沙特阿拉伯还长期受到土地荒漠化与盐碱化、生物多样性丧失、水资源短缺、海平面上升等一系列环境问题的困扰。土地荒漠化与盐碱化导致的土壤退化令沙特阿拉伯本就脆弱的国内农业雪上加霜，粮食安全问题愈加严重。近海环境恶化，特别是红树林与珊瑚礁栖息地的恶化，对相关海洋动物种群产生负面影响，威胁沿岸国家渔业生产活动。陆地环境退化，危及畜牧业的可持续发展，并导致阿拉伯半岛陆地动物种群数量不断减少。地表水资源匮乏以及对不可再生的地下水资源的过度开采，令整个阿拉伯半岛地区水资源短缺更为严重。海平面上升危及地区国家的发展空间，略高于海平面的小型岛礁和填海造陆而成的低洼地带面临被海水吞噬的风险，而为保护城市、海滩修建的防波堤等基础设施也在不断升高的海平面冲击下出现隐患。②

2. 电力部门发展的现实需求

从全球初级能源供给的构成来看，煤炭、天然气和水能是占比较高的电力部门初级能源供给方式，2021 年，三者分别占到全球发电总量的 36.0%、22.9% 和 12.8%。然而，由于沙特阿拉伯缺少水能资源，煤炭资源也十分短缺，发电部门高度依赖石油和天然气，2021 年，沙特阿拉伯石油和天然气发电量分别为 139.9 太瓦时和 215.9 太瓦时，分别占到发电总量的 39.2% 和 60.2%。从电力部门初级能源的构成来看，沙特阿拉伯对石油发电的依赖程度过高，石油在总电力供给中的占比远高于 2.5% 的全球占比，沙特阿拉伯也是全球最大的石油发电国。

尽管 2022 年乌克兰危机引发的天然气价格暴涨大幅拉高了天然气发电成本，但总体来看，天然气和太阳能仍是电力部门具有成本竞争力的初级能源供给。根据美国咨询公司 Lazard 在 2018 年 11 月发布的报告，在不考虑联邦政府税收优惠的情况下，美国全生命周期平准化成本（LCOE）最低的电

---

① 《沙特阿拉伯第二大城市吉达降暴雨致洪灾》，《中国气象报》2022 年 12 月 1 日，第 3 版。
② 李子昕：《海合会国家气候治理行动与前景》，载王林聪主编《中东发展报告 No. 24（2021~2022）》，社会科学文献出版社，2022，第 287 页。

力来源分别是风力（29~56 美元/兆瓦时）、薄膜大型地面光伏（36~44 美元/兆瓦时）、晶硅大型地面光伏（40~46 美元/兆瓦时）、天然气联合循环（41~74 美元/兆瓦时）。[①] 该数据表明，在新冠疫情之前，在传统能源领域，天然气是发电能源中成本最低的能源品种，而在资源储量较好的地区，大型光伏发电设备也可将可再生能源成本压到传统能源的价格水平。全球天然气投资持续升温以及可再生能源技术不断突破，都意味着石油在发电部门的竞争力将会持续下降。

过于依靠石油发电也给沙特阿拉伯带来一定经济压力，2001~2015 年，沙特阿拉伯石油发电量由 69.4 太瓦时增至 183.7 太瓦时，增幅高达164.7%，同期，部分受电力部门发展影响，沙特阿拉伯石油消费量由 174.6万桶/日大幅增加至 390.1 万桶/日，增幅高达 123.4%。高成本的石油大量用于发电，不但导致大量资金浪费，也在很大程度上挤压了沙特阿拉伯原油出口规模以及沙特阿拉伯利用"剩余产能"影响国际油价的能力。而电力部门对石油资源的巨大消耗也为沙特阿拉伯提出了天然气发电和可再生能源发电的现实需求。

3. 全球能源转型的外部压力

能源是人类社会发展的重要物质基础，人类历史上，受技术创新和经济社会发展影响，能源供给模式也在发生持续变化，经历了薪柴时代、煤炭时代和油气时代等三次能源转型，当前，人类社会也处于由化石能源向绿色低碳的可再生能源转型的过渡阶段。[②]

面对气候变化给人类社会带来的共同挑战，"去碳化"已经成为全球能源发展重要共识。为控制温室气体排放、遏制全球气候变暖，1992 年联合国环境与发展大会通过了《联合国气候变化框架公约》。1997 年，《联合国

---

① Lazard, *Lazards Levelized Cost of Energy Analysis（Version 12.0）*, 2018, https：//www.lazard.com/media/450784/lazards-levelized-cost-of-energy-version-120-vfinal.pdf, accessed March 21, 2023.

② 邹才能等：《世界能源转型革命与绿色智慧能源体系内涵及路径》，《石油勘探与开发》2023 年第 3 期。

气候变化框架公约》的缔约方在日本京都通过了《京都议定书》，确定了减排温室气体的种类，并对主要发达国家的减排时间表和额度做出具体规定。不过，由于美国等工业化国家拒绝签署《京都议定书》，《联合国气候变化框架公约》的实施并未取得显著成效。直到 2007 年，联合国气候变化大会才最终通过名为"巴厘路线图"的决议，该协议的达成也意味着应对气候变化成为全球共识。

在 2007 年通过"巴厘路线图"之后，以太阳能、风能为代表的可再生能源取得快速发展，到 2021 年，可再生能源在全球初级能源消费中的占比上升至 6.7%，其中经合组织和欧盟国家占比分别高达 9.2% 和 13.2%。在发电领域，可再生能源的发展势头更为强劲，2021 年，可再生能源已经占到全球发电总量的 12.8%，经合组织和欧盟国家占比分别高达 17.0% 和 25.2%。[1] 可再生能源的快速发展在一定程度上对包括石油在内的化石能源形成替代效应，2007~2021 年，化石能源在全球初级能源消费中的占比由 88.1% 降至 82.3%，其中石油占比从 35.5% 降至 31.0%。[2]

历史上每一次能源转型都会带动一种能源的主体地位被另外一种能源替代。尽管拥有十分丰富的碳化氢资源，但面对全球能源转型的持续推进以及可再生能源的迅速发展，沙特阿拉伯也能够主动把握能源发展的革命性变化，积极参与全球气候治理行动。2015 年 12 月 12 日，《联合国气候变化框架公约》近 200 个缔约方在巴黎气候变化大会上达成《巴黎协定》，会议为 2020 年后全球应对气候变化行动做出了安排，根据《巴黎协定》相关要求，沙特阿拉伯向联合国气候变化框架公约秘书处提交了"国家自主贡献"，阐明本国的气候治理行动规划与实施路径。2022 年 11 月，在英国格拉斯哥举行的《联合国气候变化框架公约》第 26 次缔约方会议再次取得突破，大会就《巴黎协定》的具体实施和其他相关内容等达成了共识，近 200 个国家

---

[1] "Statistical Review of World Energy 2022", BP, https://www.bp.com/en/global/corporate/energy-economics/statistical-review-of-world-energy.html, accessed March 21, 2023.

[2] "Statistical Review of World Energy 2022", BP, https://www.bp.com/en/global/corporate/energy-economics/statistical-review-of-world-energy.html, accessed March 21, 2023.

签署了《格拉斯哥气候公约》。[①] 在这次会议前后，很多国家对外公布了"碳达峰""碳中和"的具体目标，沙特阿拉伯也提出了 2060 年实现"碳中和"的明确目标。

（二）沙特阿拉伯落实减排目标的具体举措

沙特阿拉伯参与气候治理的规划与举措主要体现在其向联合国气候变化框架公约秘书处提交的"国家自主贡献"文件中，主要涵盖以下内容[②]。

1. 提高能源效率。在减碳行动中，沙特阿拉伯高度重视提高能源效率的协同作用。沙特阿拉伯能源效率中心（Saudi Energy Efficiency Center）实施了一项能源效率提升计划，其目标是在工业、建筑和路上交通等三个领域（总计占能源需求的 90%）提升能源效率，逐步在上述三个部门实施更为严格的能效标准。

为改善和提高目标行业的能源效率，沙特阿拉伯"国家自主贡献"文件提出的具体措施有：提高家用电器和空调机组的效率；提高石油化工等关键战略行业的原料利用效率；提高运输车队的燃油经济性；逐步淘汰低效的二手轻型车辆；实施重型车辆空气动力学法规；提高发电、输配电热效率等。

此外，为激励政府建筑提升能源效率以及激励私营部门加大对能源效率提升领域的投资，沙特阿拉伯还成立了国家能源服务公司（Tarshid），该公司计划对所有公共资产和政府资产进行能源改造，包括 200 万盏路灯、11 万栋政府大楼、3.5 万所公立学校、10 万座清真寺、2500 家医院和诊所等。

2. 发展可再生能源。发展可再生能源、实现能源供给多元化是沙特阿拉伯落实减排目标的重要支柱。沙特阿拉伯"国家自主贡献"文件提出，

---

① 《格拉斯哥峰会后，实现"双碳"目标这四点需重点关注》，新华网，2021 年 12 月 21 日，http://www.news.cn/energy/20211221/53ff5314c1c7429e86f143c1f1063886/c.html，最后访问日期：2022 年 4 月 2 日。

② "Kingdom of Saudi Arabia /Updated First Nationally Determined Contribution", United Nations Climate Change, April 13, 2022, https://unfccc.int/documents/461865, accessed April 14, 2023.

2030 年前，将可再生能源在能源供给中的占比提高至 50% 左右。为促进可再生能源发展，沙特阿拉伯推出《国家可再生能源计划》，旨在通过实施一系列全面改革，改善法律法规和政策环境，刺激私营部门在可再生能源领域开展投资和研发活动，提高可再生能源部门的就业吸纳能力。《国家可再生能源计划》确立了提高能源资源的多样化程度、发展可再生能源供应链带动经济发展的具体路线图。在可再生能源的发展上，沙特阿拉伯高度重视产业链的培育以及研发、生产等领域的本土化。

在具体技术路线上，沙特阿拉伯除提出要利用太阳能光伏发电、太阳能光热发电、风能、地热能、垃圾发电等相对成熟的可再生能源技术外，还着眼于未来，提出绿色氢能发展计划，其目标是利用本国优越的太阳能和风能资源，成为全球绿氢生产的领导者。沙特阿拉伯拟定在其旗舰项目 NEOM 新城中建设世界上最大的绿氢生产设施——由太阳能和风能提供电力的装机容量为 4 吉瓦的制氢厂，该项目拟定于 2025 年投产，投产后，每天可生产 650 吨绿色氢气，每年可生产 120 万吨绿色氨。

3. 发展碳捕集、利用和封存（Carbon Capture Utilization & Storage）技术。碳捕集、利用和封存是指将二氧化碳从工业或相关排放源中分离出来，输送到封存地点，并长期与大气隔绝的过程。国际能源署（IEA）表示，碳捕集、利用和封存"是唯一一组既有助于直接减少关键部门的排放又有助于去除二氧化碳以平衡难以避免的排放的技术"，该技术也是实现净零排放目标的关键部分。碳捕集、利用和封存对于减少温室气体排放有着重要作用，将油气工业部门产生的二氧化碳注入成熟油气田，可实现维持甚至提高油气田产量的目标。在落实减排目标方面，沙特阿拉伯也十分重视碳捕集、利用和封存技术的运用，沙特阿拉伯在《国家循环碳经济计划》中提出应用二氧化碳驱油法提高油田采收率、建立全球最大的碳捕集和利用中心，以及利用碳捕集、利用和封存技术发展蓝氢产业等。

为推动碳捕集、利用和封存技术的应用，沙特阿拉伯拟将朱拜勒和延布转变为全球碳捕集、利用和封存中心。朱拜勒和延布是沙特阿拉伯石化、钢铁和其他重工业的基地，碳捕集和利用中心将利用两个城市制造业的集中度、接近交汇点和交通基础设施的特点，在减少、回收、利用温室气体方面实现规模经济。

除发展绿氢外，沙特阿拉伯还希望利用本国丰富的天然气资源、地下碳储存能力以及碳捕集、利用和封存技术，成为全球领先的蓝氢生产者。而沙特阿拉伯未来生产的蓝氢将主要用于国内工业部门，并将优先在航空、航运、石化和钢铁行业部门开展试点研究与应用。

4. 增加天然气使用。在化石能源中，天然气的碳排放水平较低，用天然气替代其他高排放的化石能源也是实现"碳达峰"的重要"过渡"路径。2022 年 2 月，欧盟委员会通过一项关于应对气候变化的分类条款补充授权法案，将满足特定条件的天然气归为可持续投资的"过渡"能源。① 在减排行动中，沙特阿拉伯也十分重视天然气的开发和利用。沙特阿拉伯在其2030 年愿景中提出，2023 年前，将国内天然气产量提高 1 倍。沙特阿拉伯"国家自主贡献"文件也提出通过在电力部门使用天然气来降低碳排放强度。

5. 甲烷排放管理。由于甲烷排放也会导致气候变暖，甲烷排放管理是全球气候治理行动的重要内容。在甲烷排放管理方面，沙特阿拉伯承诺，2030 年前，将甲烷排放量在 2020 年的基础上减少 30%。在减少甲烷排放方面，沙特阿拉伯采取的主要措施有石油和天然气行业的零燃除，回收甲烷并将其用于发电和石化生产。

6. 水资源管理。沙特阿拉伯水资源短缺，国内用水 70% 来自海水淡化，而海水淡化也消耗了大量能源，排放大量温室气体。为降低温室气体排放，在水资源领域，沙特阿拉伯采取了一系列措施。

应用反渗透（RO）技术。在海水淡化的技术选择上，反渗透技术相较传统的多级闪蒸（MSF）技术和多效蒸馏（MED）技术，能耗水平会降低30% 左右。为降低海水淡化部门的能源消耗和碳排放水平，沙特阿拉伯提出

---

① 《欧盟将特定核电和天然气归为可持续投资的"过渡"能源》，新华网，2022 年 2 月 3 日，http://www.news.cn/world/2022-02/03/c_1128326388.htm，最后访问日期：2023 年 4 月 12 日。

逐步应用能源效率更高的反渗透技术取代能耗更高的传统技术。

使用可再生能源。为降低海水淡化部门的碳排放水平，沙特阿拉伯提出将可再生能源作为海水淡化部门的初级能源供给。例如，沙特阿拉伯计划使用光伏、风力和绿氢作为能源供给，为 NEOM 新城生产饮用水。

除采用反渗透技术、使用可再生能源外，沙特阿拉伯还提出通过降低饮用水管网泄漏、加强废水回收利用、雨水收集、地表水径流储存、使用新型灌溉技术等手段降低水资源利用的能源消耗以及温室气体排放。

三 沙特阿拉伯减排目标落实的前景与挑战

2015 年 11 月沙特阿拉伯向联合国气候变化框架公约秘书处提交"国家自主贡献"文件以来，沙特阿拉伯在减少温室气体排放方面做出许多实质性努力，并取得许多重要成绩。2016~2021 年，沙特阿拉伯天然气发电量由 167.0 太瓦时增至 215.9 太瓦时，增幅为 29.3%；[1] 沙特阿拉伯可再生能源（不含水电）净发电量由 0.046 太瓦时增至 0.956 太瓦时，增长近 20 倍；[2] 同期，沙特阿拉伯能源领域二氧化碳排放量由 6.19 亿吨降至 5.75 亿吨，甲烷与工业部门温室气体排放量由 10494.7 万吨二氧化碳当量降至 9847.3 万吨二氧化碳当量，两者降幅分别为 7.1% 和 6.2%。[3] 总体来看，沙特阿拉伯参与全球气候治理行动，落实 2060 年"碳中和"减排目标主要依靠三大技术路径——发展碳捕集、利用和封存技术，能源供给多元化，以及节能和能效提升，而三大技术路线的发展前景与面临的挑战也有很大不同。

---

[1] "Statistical Review of World Energy 2022", BP, https：//www.bp.com/en/global/corporate/energy-economics/statistical-review-of-world-energy.html, accessed March 21, 2023.

[2] "Non-hydro Renewable Electricity Net Generation", U.S. Energy Information Administration, https：//www.eia.gov/international/data/world, accessed March 21, 2023.

[3] "Statistical Review of World Energy 2022", BP, https：//www.bp.com/en/global/corporate/energy-economics/statistical-review-of-world-energy.html, accessed March 21, 2023.

113

（一）碳捕集、利用和封存技术

从减排三大技术路线的未来发展来看，碳捕集、利用和封存技术在沙特阿拉伯的发展前景最为明确。这是因为沙特阿拉伯石油和天然气上下游产业均在油气田附近，地理位置毗邻有助于降低碳捕集、利用和封存的经济成本。而且，从全球范围来看，碳捕集、利用和封存技术的应用不但得到产油国的重视，埃克森美孚、英国石油、道达尔、埃尼等全球主要石油企业也将碳捕集、利用和封存技术作为实现公司"碳中和"目标的重要技术路线。在产油国和国际石油企业的共同参与下，未来碳捕集、利用和封存技术将会实现持续创新，技术应用成本将会持续降低，应用范围也将持续扩大，从而为沙特阿拉伯利用碳捕集、利用和封存技术实现减排目标创造更为有利的外部条件。

（二）能源供给多元化

在能源供给多元化方面，沙特阿拉伯提出大力发展天然气和可再生能源，以降低国内能源供给对石油的高度依赖。在天然气开发方面，沙特阿拉伯拥有丰富的天然气资源，截至 2021 年 1 月，沙特阿拉伯天然气储量为 333 万亿立方英尺，仅次于俄罗斯、伊朗、卡塔尔、美国和土库曼斯坦，是全球第六大天然气资源国。[①] 由于天然气被认为是全球实现"碳中和"的重要"过渡"能源，天然气对煤炭等其他化石能源的替代将为天然气勘探开发提供长期有利的价格环境，沙特阿拉伯天然气资源的开发和利用以及天然气对石油的替代也将持续推进。

而在太阳能、风能、氢能等可再生能源的发展方面，沙特阿拉伯将依赖于有利的国际油价环境。这是因为与其他发展中国家包括富裕的海合会邻国不同，沙特阿拉伯明确表示实施"国家自主贡献"计划将全部依赖其自有

---

① "Country Analysis Executive Summary：Saudi Arabia", EIA, December 2, 2021, https：//www. eia. gov/international/content/analysis/countries_long/Saudi_Arabia/saudi_arabia. pdf, accessed March 21, 2023.

资金，不寻求外部财政支持。① 从投资模式来看，沙特阿拉伯可再生能源的投资主要依靠国家财政以及国有能源企业的投资，私营部门还未成为投资主体。由于石油收入是沙特财政收入的主要来源，国际油价波动影响沙特阿拉伯财政资源的充裕程度，这将是未来影响沙特阿拉伯可再生能源投资的重要因素，一般来说，在高油价满足国家财政需求、政府发展资金充裕时，沙特阿拉伯可再生能源的投资和发展将加速，反之，如国际油价陷入持续低迷，政府财政资金紧张，可再生能源发展目标的达成或将受到资金短缺的掣肘。

（三）节能和能效提升

由于对能源、供水实施高补贴的制度，沙特阿拉伯是全球人均能源消费量最高的国家之一，2021 年，沙特阿拉伯人均初级能源消费量为 301.3 千兆焦耳，是经合组织国家的 1.79 倍，是全球平均水平的 3.99 倍。② 因此，降低国内能耗水平也是沙特阿拉伯落实减排承诺，实现"碳中和"目标的重要举措。

沙特阿拉伯"国家自主贡献"文件提出的节能和能效提升举措主要包括供电、供水以及基础设施的改善，使用高能效的设备和技术，实施更为严格的能耗标准等。而相关工作的推进与太阳能等可再生能源的发展相似，需要依靠大量政府财政投入。因此，国际油价的坚挺更有利于沙特阿拉伯节能设备的推广和节能技术的应用。

除依靠设备和技术投入，沙特阿拉伯也十分重视利用经济激励手段落实节能目标。例如，2018 年 1 月 1 日起，沙特阿拉伯大幅上调国内电价，其中，涨幅最大的是居民用电，最高由过去的每千瓦时 0.05 里亚尔提高到 0.18 里亚尔，涨幅高达 260%。此外，沙特阿拉伯还计划逐步上调国内成品

---

① 李子昕：《海合会国家气候治理行动与前景》，载王林聪主编《中东发展报告 No. 24（2021~2022）》，社会科学文献出版社，2022，第 291 页。

② "Statistical Review of World Energy 2022", BP, https：//www.bp.com/en/global/corporate/energy-economics/statistical-review-of-world-energy.html, accessed March 21, 2023.

油价格，并最迟于 2025 年与国际水平接轨。[①] 沙特阿拉伯借助经济手段落实节能目标不可避免地会推高国内物价水平，而由此可能引发民众不满以及带来潜在政治风险，也会成为相关政策推出的重要阻碍。在高油价市场环境下，政府财政资金充裕时，为避免改革引发社会问题，沙特阿拉伯推进水、电定价市场化的动力也会变弱。

[①] 《沙特将大幅上调电费并再提国内油价》，中华人民共和国商务部西亚非洲司网站，2017 年 12 月 20 日，http://xyf.mofcom.gov.cn/article/zb/201712/20171202687627.shtml，最后访问日期：2023 年 4 月 14 日。

Y.8
阿联酋：净零战略与可持续发展

姜英梅*

摘　要： 阿联酋是中东地区经济多元化最为成功的国家，也是最早提出"碳中和"目标的国家、环保表现最好的国家。在全球能源转型和气候变化大背景下，阿联酋将能源转型和节能减排、应对气候变化与可持续发展列入国家发展规划，努力实现经济可持续增长。2021年10月阿联酋宣布"碳中和"目标，启动阿联酋"2050年净零排放战略倡议"，设定了雄心勃勃的减排目标，还致力于提高自身对气候变化的适应能力。展望未来，阿联酋"碳中和"目标的实现与可持续发展前景广阔，但也面临一些挑战。

关键词： 阿联酋　碳中和　净零战略　可持续发展

　　阿联酋位于阿拉伯半岛东南端，地处海湾进入印度洋的海上交通要冲，油气资源丰富。高油价和多样化使阿联酋成为中东地区第二大经济体和世界上最富裕的国家之一，仅次于沙特阿拉伯（按市场汇率计算GDP）和卡塔尔（按人均GDP计算）。石油是阿联酋主要行业，其对GDP贡献领先于旅游业、商业服务业和物流业。与此同时，为减少对石油产业的依赖，降低石油价格波动对经济增长的影响，实现可持续发展，阿联酋致力于推行经济多元化政策，鼓励创新发展。作为欧佩克产油大国，阿联酋出台多项政策，大力发展绿色经济，并提出了"2050年净零排放战略倡议"，目标是到2050年实现"碳中和"。

---

* 姜英梅，中国社会科学院西亚非洲研究所副研究员，主要研究方向为中东经济发展和金融问题。

一 阿联酋经济发展形势与特点

阿联酋是中东地区经济多元化最为成功的国家，非石油 GDP 占比高达 70% 以上，已逐步发展为中东地区的金融、商贸、物流、会展、旅游中心和商品集散地。世界银行《2020 年全球营商环境报告》显示，阿联酋在全球 190 个经济体中排名第 16 位。根据英国品牌金融咨询公司（Brand Finance）2022 年 3 月发布的全球软实力指数，阿联酋保持中东地区领先地位，并跻身世界前 15 名。根据加拿大智库弗雷泽研究所（Fraser Institute）的研究，阿联酋在《全球经济自由度报告 2022》中的排名提升至第 49 位，上升了 18 位。阿联酋不断加快创新开放步伐，加快促进产业转型升级，促进就业本地化，扩大对外投资并购，提振外国投资者对阿联酋的发展信心。在世界知识产权组织（WIPO）发布的 2022 年全球创新指数中，阿联酋连续 7 年保持阿拉伯国家首位（全球排名第 31 位）。阿联酋在联合国贸易和发展会议"贸发会议技术与创新 2023"中的全球排名上升至第 37 位。在全球管理咨询公司科尔尼（Kearney）公布的 2023 年外国直接投资（FDI）信心指数中，阿联酋在中东和北非地区排名第 1 位，在全球排名第 3 位。① 根据 CS Global Partners 发布的《2023 年全球公民报告》，阿联酋经济机会排名在阿拉伯国家中居第 1 位（居全球第 20 位）。② 2022 年，阿联酋已连续 11 年成为阿拉伯青年最向往的国家。③

2020 年，新冠疫情给阿联酋经济和社会带来很大冲击。阿联酋政府积

---

① 《阿联酋 2023 年外国直接投资信心指数位居中东和北非地区第一》，中华人民共和国驻阿拉伯联合酋长国大使馆经济商务处网站，2023 年 4 月 10 日，http：//ae. mofcom. gov. cn/article/ddgk/jbqk/202304/20230403402592. shtml，最后访问日期：2023 年 4 月 16 日。
② 《阿联酋经济机会排名位列全球第 20 位》，中华人民共和国驻阿拉伯联合酋长国大使馆经济商务处网站，2023 年 5 月 5 日，http：//ae. mofcom. gov. cn/article/ddgk/jbqk/202305/20230503408004. shtml，最后访问日期：2023 年 5 月 16 日。
③ 《阿联酋连续 11 年成为阿拉伯青年最向往的国家》，中华人民共和国驻阿拉伯联合酋长国大使馆经济商务处网站，2022 年 9 月 27 日，http：//ae. mofcom. gov. cn/article/ddgk/jbqk/202209/20220903351780. shtml，最后访问日期：2023 年 4 月 8 日。

极主动采取应对措施，统筹疫情防控和经济社会发展任务，加大经济刺激力度。由于阿联酋的新冠疫苗接种率处于世界领先水平，再加上欧佩克+石油减产以及货币和财政刺激计划，虽然阿联酋经济在2020年收缩5%，但在2021年实现了强劲的经济复苏。2022年，乌克兰危机及相关制裁的经济后果引发国际油价飙升，对阿联酋经济及财政和外部平衡产生积极影响。与此同时，得益于迪拜2020年世博会相关活动以及新冠疫情管控措施的放松，阿联酋国内消费反弹，旅游业和非石油经济也逐渐恢复。国际油价上涨、石油出口量增加和非石油需求复苏的支持使阿联酋2022年经济增长高达7.4%，有利的商业环境和世界一流的基础设施进一步支持了其经济增长。但预计2023年阿联酋经济将放缓至3.5%，这主要是因为全球经济衰退、美联储持续加息引发全球金融环境收紧等。[①] 由于油价上涨，预计阿联酋财政和外部盈余将保持在较高水平，银行总体资本充足且流动性充足。世界银行预测阿联酋2023年的实际GDP将增长2.8%。在国内需求的强劲推动下，阿联酋非石油部门预计实现4.8%的强劲增长，特别是旅游、房地产、建筑、运输和制造部门。[②]

发展循环经济是提高资源利用效率、减少温室气体排放的重要路径。当前，通过发展循环经济，推动实现绿色增长与气候目标日益成为国际各方共识和努力方向。为促进绿色发展，阿联酋全面实施《2021~2031年循环经济政策》，作为其推动可持续经济发展的一部分，鼓励中小企业启用绿色发展工具和措施，建立可持续的消费模式和生产模式。2021年1月，阿联酋成立循环经济委员会，推动实施循环经济相关政策举措，优先发展基础设施建设、可持续交通、可持续制造、可持续食品生产和消费等。同年9月，阿联酋宣布启动"面向未来50年发展战略"，拨款50亿迪拉姆（1元人民币约合0.53迪拉姆）支持循环经济发展，通过使用人工智能、大数据和其他技术实现更清洁、绿色和可持续的工业生产，将是阿联酋发展循环经济的未

---

① IMF, *Regional Economic Outlook: Middle East and Central Asia*, May 2023, Statistical Appendix, pp. 19, 25.

② The World Bank, *MENA Economic Update*, April 2023, p. 9.

来目标和方向。2023 年 4 月 27 日，阿联酋经济部长兼循环经济委员会政策委员会主席阿卜杜拉·本·图格表示，阿联酋重视为循环经济开发一个完整的综合体系，并通过推出支持性的政策、倡议和战略，实现符合未来 50 年目标和阿联酋 2071 年百年愿景的可持续发展。

谢赫·穆罕默德·本·扎耶德·阿勒纳哈扬于 2022 年 5 月成为阿联酋总统，他将保持政策一致性，优先考虑基于技术的经济多元化，在国内通过高福利和进一步向投资者开放经济来促进政治稳定；在国际上继续实施外交多元化政策，在与美国保持战略关系的同时，与俄罗斯、中国及印度保持友好关系，从而在国际上建立更广泛的外交和商业网络。同时，经济多元化仍是阿联酋政府政策议程的关键驱动力，利用全球石油和天然气的高需求继续扩大碳氢化合物产能，并将其经济影响力作为外交政策的工具。阿联酋政府将利用高石油收入在基础设施项目和其他资本投资上投入巨资，以培养生产能力，促进日益以知识为基础的经济发展。在阿联酋"后疫情时代"国家发展战略下，医疗医药、农业食品、绿色经济、高新技术等成为新的经济增长点。

二　气候变化背景下阿联酋可持续发展与绿色发展议程

阿联酋积极探索可持续发展。近年来，随着城市化和人口增加，减排压力不断变大，阿联酋将能源转型和节能减排列入国家发展规划，努力实现经济可持续增长。为实现这一目标，阿联酋设立了可持续发展目标国家委员会来促进私营部门和公共部门之间可持续发展目标的协调，并将可持续发展目标融入国家议程，持续布局相关产业和项目。2019~2022 年，阿联酋气候变化和环境部、迪拜金融市场（DFM）、证券与商品管理局（SCA）等机构的环境、社会和公司治理（ESG）报告数量大幅增加。

（一）气候变化与可持续发展

中东地区是遭受气候变化影响最严重的地区之一，阿联酋也受到与该地区其他国家类似的气候变化影响。潜在影响包括天气模式变化、气温和海水温度升高、海平面上升以及极端天气事件增加。中东地区面临严峻的水资源挑战。在需求旺盛和人口不断增长的情况下，阿拉伯区域的水资源短缺已达到临界水平。根据世界银行的数据①，中东是世界上最干旱的地区，有证据表明，气候多变性及其对水资源供应的影响不断增加，再加上该地区现有的水资源短缺，水资源问题已转化为不良的生计和粮食不安全状况。阿联酋属于干旱沙漠气候，只有两个主要季节——冬季和夏季，几乎没有淡水资源。阿联酋处于高度干旱（平均降水量不到 100 毫米）和缺水的沿海环境，夏季温度和湿度较高（最热的日子气温达到 49℃ 以上，潮湿日子的湿度接近100%）。1921~2021 年，阿联酋平均气温上升了 1.71℃。一些关键发现表明，由于气候变化，未来整个阿拉伯半岛将变得更热、更潮湿。例如，在炎热潮湿的夏季，预计到 2060~2079 年，相对历史时期，阿联酋的平均气温将上升 2℃，平均湿度预计将增加约 10 个百分点，尤其是该国东北部情况将更严峻。阿联酋的年平均降水量也可能增加，尤其是在夏季，因此，气候变化将对阿联酋产生直接和间接的经济、环境和社会影响。预计的不利因素将影响其海洋和陆地生物多样性、农业生产力和水资源供应。海平面上升可能会影响阿联酋的关键基础设施，如海水淡化厂和发电站，以及面向波斯湾或阿曼湾的沿海地区的栖息地。2021 年阿联酋能源部主办了第五届阿拉伯水论坛，该论坛的重点是讨论阿拉伯水安全、促进和平与可持续发展，展示一些世界上最具创新性的技术。阿联酋严酷、干旱的环境使其特别容易受到气候影响。近年来，阿联酋采取果断行动缓解气候变化并提高适应能力，制定了长期的气候和能源政策。2017 年，阿联酋通过《2017~2050 年国家气候变化计划》，为温室气体排放管理、气候变化适应和私营部门驱动的创新经济多样化制定了框架。在此框架基础上，阿联酋启动了国家气候变化适应计划，该计划确定了部门风险，并制订了增强气候适应性的行动计

---

① The World Bank Group, *Middle East & North Africa Climate Roadmap 2021–2025*, January 2022, p. 10.

划。该计划旨在通过最大限度地减少风险和提高适应能力来提高阿联酋的气候适应性，特别是弱势群体如妇女、老年人、残疾人和将继承气候变化日益严重影响的年轻人。

（二）阿联酋绿色可持续发展主要规划

近年来，阿联酋政府一直致力于减少对石油资源的依赖，并通过提高其他部门在国内生产总值中的比重来实现经济多元化。同时阿联酋政府也鼓励提高私营部门在经济发展中的比重，并为本国国民提供新的工作机会。阿联酋经济发展的三大目标是实现经济长期稳定的发展、实现经济多元化、吸引外国和本地的直接投资。作为全球主要石油生产国和出口国，阿联酋是海湾国家中最早提出并实践绿色经济转型的国家之一。阿联酋主要经济社会发展规划包括：《阿联酋 2021 年远景规划》，该规划提出发展可持续、多元化经济，建立知识型、高效率的经济模式，将可持续发展列为国家未来发展核心，在推进国家经济转型的同时减少对环境的负面影响，保障人民健康；《阿布扎比 2030 年经济远景规划》，阿布扎比政府于 2008 年发布，规划分为商业环境、财政、金融等 7 个部分阐述了其经济发展政策；《迪拜 2040 年规划》，迪拜政府于 2021 年发布，旨在建设全球最佳城市；《阿联酋 2071 年百年计划》，提出到 2071 年也就是建国 100 周年，将阿联酋建成世界上最好的国家；《阿联酋 2117 年火星计划》，计划在 2117 年将人类送上火星，在火星上建设迷你定居示范城市；《阿联酋第四次工业革命战略》由阿联酋政府于 2017 年 9 月发布，旨在将阿联酋打造成第四次工业革命的全球中心，促进创新和发展未来技术，并提高其对阿联酋国民经济的贡献。

阿联酋认同联合国可持续发展会议（里约+20）有关"绿色经济"的定义，即经济、社会和环境三大支柱政策相平衡，实现可持续发展和消除贫困。阿联酋绿色经济事务最初由联邦环境和水资源部、总理办公室和外交部等三部门联合负责。此后未指定专门部门负责，但强调联邦政府与各酋长国之间、各部委之间、政府部门和私人企业之间分工合作、各司其职。2006年，阿联酋宣布在距阿布扎比市中心 17 千米的郊区建造环保城市马斯达尔城（Masdar），将其建成世界上第一座零碳排放、零废弃、零辐射的城市。2014年，迪拜举办首届联合国绿色经济行动伙伴关系圆桌会议。2016年4月，阿联酋成为中东首个《巴黎协定》缔约国。2017年3月，阿布扎比国民银行发行海湾国家首支绿色债券。2019年10月，世界绿色经济峰会在迪拜举行。2020年1月，阿布扎比能源局宣布新的绿色债券加速器计划，目标是将阿布扎比建设为阿联酋乃至中东和北非地区的绿色债券与伊斯兰绿色债券中心。理特咨询公司（Arthur D. Little）报告显示，阿联酋2022年绿色和可持续金融规模同比增长32%。①

阿联酋政府的目标是与阿联酋各部门的相关实体合作，确保可持续发展，同时保护环境，平衡经济和社会发展。阿联酋的国家发展议程《2021年愿景》（The UAE Vision 2021）指明了方向，可持续的环境和基础设施是已确定的6个国家优先事项之一，重点是改善空气质量、保护水资源和增加清洁能源的贡献。此外，阿联酋正在根据《2015~2030年绿色议程》实施绿色增长计划。该议程制定了41个涵盖环境、经济与社会议题在内的绿色关键指标，并于2015年成立绿色发展委员会对指标实施情况进行监督和协调。绿色议程明确了5个战略目标，涉及知识型经济、社会发展与生活质量、可持续环境与高价值自然资源、清洁能源与气候行动以及绿色生活和资源可持续利用；目标是到2030年温室气体排放量减少23.5%，清洁能源发电量达到14吉瓦，种植3000万棵红树植物。阿联酋政府高度重视可再生清洁能源开发。根据阿联酋的2050年能源规划，到2050年将实现能源结构多样化，其中清洁能源占50%（44%为可再生能源，6%为核能）、天然气占38%、清洁化石能源占12%；二氧化碳排放量将减少70%。预计总投资将达到6000亿迪拉姆（约合1637亿美元）。② 其他值得注意的国家一级环境战

---

① 《阿联酋2022年绿色和可持续金融规模量同比增长32%》，中华人民共和国驻阿拉伯联合酋长国大使馆经济商务处网站，2023年3月23日，http://ae. mofcom. gov. cn/article/jmxw/202303/20230303397851. shtml，最后访问日期：2023年3月21日。

② 商务部国际贸易经济合作研究院、中国驻阿联酋大使馆经济商务处、商务部对外投资和经济合作司：《对外投资合作国别（地区）指南：阿联酋（2021年版）》，中华人民共和国商务部网站，第43~44页，http://www.mofcom. gov. cn/dl/gbdqzn/upload/alianqiu. pdf。

略和行动计划包括《生物多样性战略和行动纲领》、《海洋和沿海可持续发展战略》以及《水资源保护战略和防治荒漠化战略》。阿联酋是许多区域与国际对话和环境公约的积极参与者及贡献者，包括《联合国气候变化框架公约》、《生物多样性公约》、《联合国防治荒漠化公约》和《濒危野生动植物种国际贸易公约》。

（三）环保与可持续发展

阿联酋政府越来越重视环境保护和可持续发展。阿联酋环保管理部门主要包括气候变化和环境部、阿布扎比环境署、环境及保护区管理局。阿联酋致力于通过颁布相关环境法律法规、开发保护区和促进依赖环境（如渔业和农业）等措施保护自然遗产。随着来自气候变化的压力增大，该国致力于加深对气候变化如何影响淡水等自然资源的可用性以及威胁物种及其栖息地的理解，同时鼓励利益相关者参与解决这些问题和化解风险。

过去30年，阿联酋已经在可持续发展方面取得了重大进展，成为地区最具环保意识的国家之一，出台了一系列有关环境保护的法律法规。例如，联邦法1983年第9号《狩猎法》是阿联酋最早一部环境保护领域的法律；1997年联邦政府出台《国家环保战略规划》，旨在保障国民经济可持续发展，避免工业化国家曾经遭遇的环境污染；2018年5月，阿联酋联邦议会通过了综合废弃物管理联邦法案。阿联酋自然生态环境一般，植被稀少，但对环境和生态保护要求较高，依法保护生态环境。阿联酋对工程项目从策划到执行过程中的环境保护均有要求。企业在阿联酋承包工程需要向所在酋长国的环境保护主管部门提交环境影响评估报告。根据美国耶鲁大学发布的2022年环境表现指数，阿联酋是中东地区环保表现最好的国家，在全球排在第39位，综合得分为52.40分，高于美国、新加坡等国家。①

阿联酋环境政策致力于提高生活质量，实现2030年可持续发展目标，促进

---

① 该指数对各国政府环保政策进行评估排名。排名全球前三的国家是丹麦、英国和芬兰，排名中东地区前三的国家是阿联酋、以色列和约旦。

多样性与经济繁荣，注重保护自然资源和生态系统及其服务的可持续性，支持长期经济增长，在国家各部门政策和计划中纳入环境保护与气候行动目标。

三 符合阿联酋国情的净零排放战略——"碳中和"目标

现代和技术先进的石油与天然气部门继续在阿联酋经济增长中发挥关键作用，该国正在稳步推行其经济多元化议程，重点是绿色发展和低碳发展。尽管全球经济面临较大不确定性，国际能源和金融市场动荡不安，新冠疫情引发全球经济衰退，阿联酋仍于 2021 年 10 月宣布"碳中和"目标，启动阿联酋"2050 年净零排放战略倡议"。阿联酋于 2015 年和 2020 年向联合国提交了两份应对气候变化"国家自主贡献"文件，2022 年阿联酋向联合国提交了第二版"国家自主贡献"，将 2030 年温室气体减排目标从原先设定的 23.5% 提高至 31%，到 2030 年实现年总碳排放量减少 2.08 亿吨，在一切照旧的情况下比 3.01 亿吨减少 9320 万吨，减排主要集中在电力、工业和运输等领域。阿联酋"国家自主贡献"中的目标与联合国可持续发展目标和《巴黎协定》保持一致，显示了阿联酋将在减少碳排放和将 21 世纪全球气温上升限制在 2℃ 方面做出积极贡献。气候和能源安全方面，阿联酋于 2017 年颁布《2050 年国家能源战略》，该战略的目标是到 2050 年将包括可再生能源和核能在内的清洁能源在装机容量组合中的份额提高到 50%，并在 2050 年前将最终能源需求减少 40%。[①] 这些目标以《2015～2030 年绿色议程》为基础，该议程的目标是促进公共部门和私营部门合作，将竞争与可持续经济的共同愿景转化为现实。目前，阿联酋拥有世界上最大的单站点太阳能发电厂（1.2 吉瓦），且太阳能电价为世界上最低。阿拉伯世界第一座民用核能发电厂（5.6 吉瓦）也位于阿联酋，该发电厂是阿联酋和阿拉伯世界最大的单一清洁电力来源，到 2025 年将生产阿联酋总电力需求的 25%，

---

① UAE Ministry of Climate Change & Environment, "A Bridge to Greater Climate Ambition: Updated Second Nationally Determined Contribution of the United Arab Emirates", 2022, pp 16–18.

实现零碳排放，以使阿联酋电力部门迅速脱碳。

阿联酋"2050年净零排放战略倡议"的制定是一项到2050年实现净零排放的国家战略举措。该战略涵盖整个阿联酋经济，重点关注五个领域，即电力和水，工业（包括石油和天然气），运输，建筑物，废弃物、农业、林业和土地利用。首先，将考虑阿联酋现有的公司和公布的目标，对每个行业的排放基线进行建模。其次，到2050年实现净零排放的途径将考虑技术经济措施，将对这些途径的成本效益和社会经济效益进行评估。相关分析将使用专门的建模工具和最新的可用数据，以确保得出稳健和一致的结果。此外，国家气候变化与环境委员会举办了针对具体部门的"国家气候雄心对话"（NDCA），相关行业和酋长国代表将通过定期的利益相关者参与程序参与该对话活动。该倡议将制定明确的技术和投资路线图，并每五年更新每个部门的减排目标，增强阿联酋在气候行动方面的雄心。根据该倡议，阿联酋将实施一整套推动举措，包括政策框架和投资要求。

（一）经济多元化与减缓气候变化举措

阿联酋在经济多元化和减缓气候变化方面的干预措施涵盖其经济各个部门，并着重关注具有更大经济意义和排放量最高的部门。这些措施往往也有助于减少污染物排放，从而改善空气质量和保障公众健康。

阿联酋气候行动的核心是能源转型，能源转型的目标是确保可持续、负担得起和可靠的能源供应，其中包括阿联酋电力部门的脱碳。由于严重依赖天然气发电，阿联酋建立了相对低碳的电力供应模式。随着清洁能源基础设施资产和服务的迅速增长，这种脱碳模式将继续下去，从而增强该国的能源供应安全，减少能源部门对环境的影响。基于2021年清洁能源在装机容量组合中的占比达到24%的目标，《2050年国家能源战略》为电力部门设定了一条长期路径。到2030年，清洁能源在装机容量组合中占30%，碳排放量限制在2.08亿吨；到2050年，清洁能源在装机容量组合中占50%。阿联酋正在分阶段开发光伏发电、光热发电、核能和清洁氢气。推动创新和采用低成本技术解决方案仍然是阿联酋电力生产的核心。

随着电力行业脱碳进展，对减排的最大贡献将来自发电部门（66.4%），其后依次是工业（16.6%），运输（9.7%），碳捕集、利用和封存（5.3%），以及废物利用（2.1%）。[1]

作为可靠、负担得起和低碳能源的负责任供应方，阿联酋的石油和天然气行业一直处于采用高效和气候友好的行业实践的前沿，以满足全球需求。2020 年，该国最大的石油和天然气生产商阿布扎比国家石油公司（ADNOC）宣布到 2030 年将温室气体排放强度降低 25% 的目标。提高资源利用效率，零常规燃烧，碳捕集、利用和封存，以及对清洁可再生能源的新投资，能够有效地支持阿布扎比国家石油公司的减排目标。阿联酋的穆尔班（Murban）原油碳含量不到全球工业平均碳含量的一半。随着世界向低碳能源体系转型，天然气正在发挥重要作用。"阿布扎比拥有丰富的未开发天然气资源，可以为阿联酋提供几十年的能源。"[2] 阿布扎比国家石油公司致力于提高其天然气地位，其目标是满足全球能源需求，取代高碳能源，同时实现减排目标。阿联酋加大努力降低温室气体排放强度，并加大对可再生能源和蓝氢的投资。

阿联酋的主要重工业产品包括铝、钢铁、水泥和化学品，每个行业都在推行相关的绿色产业举措。铝行业依赖天然气发电满足制造业需求，制定了涵盖电力生产、冶炼和铸造等一系列工业过程的降低温室气体排放强度目标。采用最先进的燃气轮机技术，提高工厂与相关设备的维护和运行效率，以促进该行业的减排。阿联酋于 2021 年启动的 3000 亿迪拉姆（约合 816.9 亿美元）行动战略将重点放在为未来的产业创造有利的环境，旨在发展该国的工业部门，到 2031 年将其对国内生产总值的贡献提高到 3000 亿迪拉姆。这些目标与承诺涉及促进可持续经济增长、部署清洁能源解决方案、推

---

[1] UAE Ministry of Climate Change & Environment, "A Bridge to Greater Climate Ambition: Updated Second Nationally Determined Contribution of the United Arab Emirates", 2022, pp 16-18.

[2] 《EIC：到 2030 年阿联酋将成为低碳氢的主要参与者》，中国石化新闻网，2022 年 11 月 29 日，http://www.sinopecnews.com.cn/xnews/content/2022-11/29/content_7053615.html，最后访问日期：2023 年 7 月 21 日。

动工业创新以及促进负责任的消费和生产。

2023 年 7 月，阿联酋内阁批准国家电动汽车政策，旨在通过加强联邦、地方以及私营部门的合作，建立全国电动汽车充电桩网络，满足电动汽车车主的充电需求并对该市场加以规范。该政策将通过绿色出行项目帮助交通运输部门减少 20% 的能源消耗，同时建立统一的电动汽车充电站数据库，提升道路质量，为保持阿联酋在全球道路指标排名中位居前列做出贡献。根据理特咨询公司发布的"全球电动出行准备指数 Gemrix 2022"，阿联酋在全球最适合电动汽车出行的市场中排名第 8 位。阿联酋的电动汽车市场发展仍处于早期阶段，预计在 2022~2028 年将以 30% 的年复合增长率发展。联合国工业发展组织和国际质量基础设施网公布的《2022 年可持续发展基础设施指标》排名中，阿联酋位居中东地区之首（全球排名第 11 位）。

阿联酋采取积极措施，通过监管、技术与消费者意识来加强废物管理和处理。阿联酋推出循环经济举措，将废物从环境负担转变为具有经济价值的资产。因此，2021 年 1 月，阿联酋推出 2031 年循环经济政策，成为中东地区第一个推出该政策的国家。该政策阐述了阿联酋将其经济从线性经济转变为循环经济的雄心。为了向循环经济转型，阿联酋确定了四个优先转型部门，包括制造业、基础设施、运输和食品。为了支持循环经济政策的通过和成功实施，阿联酋于 2021 年设立循环经济委员会。2022 年，循环经济委员会理事会批准了 22 项政策，以加快和巩固国家在循环经济议程方面的努力。

考虑到阿联酋淡水短缺以及对应用能源密集型海水淡化工艺生产水的依赖，水资源管理具有特别重要的政策意义。阿联酋遵循一种综合水管理方法，旨在谨慎用水，并将环境和社会风险降至最低。阿联酋制定了《阿联酋 2036 年水安全战略》，旨在确保可持续地获得水，并涵盖供水链的所有组成部分，即供应、需求和应急准备。该战略目标是到 2036 年将饮用水消耗量减少 20%，并将处理后的水的再利用率提高到 95%。阿联酋传统上依靠电力和水联合发电厂生产脱盐水。为了减少海水淡化对环境的影响，并应对季节性用水和用电需求的变化，阿联酋开发和扩大基于反渗透技术的独立供水项目，并扩大可再生能源在海水淡化中的份额。

（二）经济多元化与提高应对气候变化能力

除了努力减少碳排放外，阿联酋还致力于提高自身对气候变化的适应能力。根据《巴黎协定》第 7 条和"全球适应目标"，鉴于海湾地区易受气候变化影响，阿联酋采取果断行动提高其抵御能力。根据《2017～2050 年国家气候变化计划》设定的目标，阿联酋制订了国家气候变化适应计划。该计划旨在通过最大限度地减少风险和提高适应能力来提高阿联酋的气候适应性，特别是弱势群体如妇女、老年人、残疾人和将继承气候变化日益严重影响的年轻人。

虽然阿联酋的能源部门是最大的温室气体排放部门，但它本身也受到气候变化的严重影响。该行业的资产和活动面临来自供应和消费变化以及极端天气事件的威胁。鉴于其规模和可能性，一些造成高风险的影响包括温度超过设计标准时发电厂的能源效率损失，发电厂冷却水变暖导致的电力输出减少，以及电力设施恶化导致可靠性降低和维护成本增加，更高的温度将带来更高的冷却能量需求。此外，能源部门容易受到气候变化的直接影响，例如海平面上升和极端盐度事件对沿海电力基础设施的破坏。为了建立能源行业的韧性，阿联酋的能源监管机构和公用事业公司在其当前运营战略和未来战略中考虑气候相关影响。

阿联酋的基础设施，包括建筑、交通、供水、卫生和废物管理等设施，以及沿海和近海基础设施，是经济发展的重要推动者。阿联酋约 85% 的人口和 90% 以上的基础设施位于低洼的沿海地区。因此，气温上升与海水酸度和盐度的变化对沿海和近海基础设施造成的破坏对该国的政策和规划具有特殊的影响。其他关键影响包括但不限于基础设施维护成本增加、运输中断造成的商业机会损失以及建筑物和运输基础设施的可靠性降低。

阿联酋积极强化与关键环境卫生服务有关的法律法规及政策，涉及水和空气质量、食品系统和废物管理，以在应对气候变化的同时维护公众健康。2019 年 7 月，阿联酋卫生和预防部与世界卫生组织（WHO）合作，启动了《阿联酋 2019～2021 年气候变化与健康国家行动框架》，该框架制定了该国应对气候变化带来的公共卫生挑战的战略对策。此外，阿联酋在新冠疫情期间加强对传染病及其与气候和环境相关因素联系的监测。2022 年 9 月，阿联酋气候变化和环境部通过《2031 年国家空气质量议程》，以改善空气质量，创建安全健康的环境，并根据 2071 年百年计划提高生活质量。

为了应对气候变化给粮食生产带来的挑战，阿联酋采用可持续和可控的农业环境系统，减少粮食浪费，并使粮食进口来源多样化。该国于 2018 年启动《2051 年国家粮食安全战略》，旨在确保全年获得安全和充足的粮食，优先考虑可持续的农业和消费做法，从而促进复原力、生产力、水土保持，确保食物来源多样化，以及减少食物浪费。为此，阿联酋内阁设立阿联酋粮食安全委员会，并批准了一种有效的粮食安全治理模式，该委员会在确保《2051 年国家粮食安全战略》的实施方面发挥着重要作用，并提出了加强阿联酋粮食安全的法规和政策。阿联酋推广使用先进技术来促进农业科技部门发展，创新在气候智能农业和粮食系统中的作用日益突出。根据 GlobalData 报告，阿联酋粮食安全及应对供应链中断能力居于中东和北非地区首位。该报告综合考虑最新宏观经济、政治、社会、技术、环境和法律等方面的数据。①

四　阿联酋"碳中和"前景与挑战

随着全球人口增长，实现可持续发展变得越来越迫切，阿联酋希望积极实践可持续发展并搭建可持续发展对话的桥梁，为中东地区可再生能源的发展注入信心。2023 年 1 月，阿联酋宣布 2023 年是阿联酋"可持续发展年"，并举办了"可持续发展周"活动。3 月，阿联酋内阁会议批准在 2025 年举办国际自然保护联盟世界对话大会（UCN），表明阿联酋仍将是本地区可持

---

① 《阿联酋粮食安全排名中东非洲地区首位》，中华人民共和国驻阿拉伯联合酋长国大使馆经济商务处网站，2023 年 5 月 5 日，http：//ae. mofcom. gov. cn/article/ddgk/jbqk/202305/2023 0503408001. shtml，最后访问日期：2023 年 5 月 18 日。

续发展、自然保护的主要中心。作为《联合国气候变化框架公约》第 28 次缔约方会议（COP28）的举办地，阿联酋将向世界展示其致力于促进全球合作、寻求创新解决方案以应对能源、气候变化和其他与可持续发展相关的重要议题。根据渣打银行发布的《2022 年可持续银行服务报告》，阿联酋可持续投资增长潜力巨大，这主要得益于其财富增长。到 2030 年，阿联酋市场可持续投资规模将达到 3670 亿迪拉姆。[①] 2023 年阿联酋提交了《第二版国家自主贡献的第三次更新》，其目标是到 2030 年将温室气体排放量减少至 1.82 亿吨，与 2019 年基准年的水平相比减少 19%，与商业照常情景相比减排 40%。[②]

（一）"碳中和"及绿色可持续发展前景广阔

绿色可持续发展之所以受到阿联酋等海湾阿拉伯国家重视，根本原因在于当今全球能源转型大势不可阻挡，也是海湾阿拉伯国家谋求经济结构多元化的题中之义。对油气经济的严重依赖拖累海湾阿拉伯国家推动本土工业发展和技术创新的动力与决心。同时，单纯以化石能源出口为支柱的经济发展模式难以持久，终将被世界新能源革命和可持续发展浪潮所抛弃。绿色发展是海湾阿拉伯国家增强战略自主、提高国际竞争力的重要环节，也是海湾阿拉伯国家建构新型社会契约的关键一招。[③]

阿联酋一直致力于将联合国 2030 年可持续发展目标纳入其未来愿景，并实现其未来 50 年的雄心壮志。海湾阿拉伯国家在经济多元化方面取得了显著改善，并在新冠疫情发生后加快了经济转型。穆罕默德·本·拉希德政

① 《渣打银行：到 2030 年阿联酋可持续投资达 3670 亿迪拉姆》，中华人民共和国驻阿拉伯联合酋长国大使馆经济商务处网站，2022 年 10 月 27 日，http://ae.mofcom.gov.cn/article/ddgk/jbqk/202210/20221003362528.shtml，最后访问日期：2023 年 5 月 6 日。该报告重点探讨了环境、社会和治理优先领域投资机会。
② 《阿联酋加快提高可再生能源占比》，中国经济网，2023 年 7 月 7 日，http://www.ce.cn/xwzx/gnsz/gdxw/202307/07/t20230707_38620843.shtml，最后访问日期：2023 年 7 月 21 日。
③ 《海湾阿拉伯国家转战绿色发展》，国际合作中心网站，2022 年 12 月 29 日，https://www.icc.org.cn/publications/internationaloberservation/1202.html，最后访问日期：2023 年 2 月 18 日。

府学院 2023 年 2 月发布的全球经济多元化指数报告称，由于采取了发展非石油部门的政策措施，阿联酋和沙特阿拉伯在过去 20 年引领该地区多元化发展。① 2021 年 10 月，阿联酋政府宣布到 2050 年实现"碳中和"目标，成为中东和北非区域首个明确提出"碳中和"目标国家。此举表明了阿联酋向低碳化转型发展的决心和雄心。在阿联酋的引领和带动下，沙特阿拉伯、科威特、巴林、阿曼等海湾国家先后宣布"碳中和"目标，并积极推进低碳化转型。阿联酋将 2023 年定为"可持续发展年"，并承办 COP28，强调其作为问题解决者、创新能源和气候解决方案开发者的关键作用。阿联酋为应对气候变化挑战制订了明确的未来计划，采取了一系列积极行动，成功地把挑战转化为创新发展机会，确保在未来几十年内实现经济、社会发展与环境保护和可持续发展之间的平衡。阿联酋还寻求通过具有全球人道主义影响的倡议和计划，推动集体行动，以应对气候变化共同挑战。

阿联酋的气候参与受到跨领域的指导和支持，包括金融、技术创新以及公众意识和青年参与。《2015～2030 年绿色议程》为阿联酋成为低碳绿色经济的全球中心设定了一条可持续增长道路，并作为促进绿色产业发展、就业和绿色金融发展的总体框架。公共部门和私营部门实体的能力建设是阿联酋气候和绿色发展倡议的关键组成部分。

2023 年 7 月，阿联酋内阁批准了新的国家能源战略，战略更新主要目标为提高可再生能源比重、提高能源利用效率以及推动扩大清洁能源应用，以满足阿联酋经济需求和环境目标，坚定走绿色低碳可持续发展之路。在该战略框架下，阿联酋政府计划新增 545 亿美元投资，推动可再生能源领域发展，计划到 2030 年将可再生能源领域的发展贡献扩大至当前 3 倍，可再生能源装机容量比重提高至 30%。到 2050 年，将全国清洁能源供应比重从 25% 提高至 50%（其中 44% 为可再生能源，6% 为核能）。② 阿联酋内阁还批准了《国家氢能战略》，该战略主要目标是到 2030 年将阿联酋打造为全球

---

① 《中东产油国非石油经济表现活跃》，《人民日报》2023 年 5 月 12 日，第 15 版。
② 《阿联酋加快提高可再生能源占比》，中国经济网，2023 年 7 月 7 日，http：//www.ce.cn/xwzx/gnsz/gdxw/202307/07/t20230707_38620843.shtml，最后访问日期：2023 年 7 月 21 日。

最大的低碳氢能生产国和出口国之一，巩固和提升阿联酋全球氢能领导者的地位。阿联酋更新"氢能+"新能源战略，目标是在未来继续引领中东地区低碳能源转型，推动工业化和社会经济多元化转型，实现绿色可持续发展。

（二）"碳中和"及绿色可持续发展仍面临挑战

随着阿联酋推动低碳发展，提出 21 世纪中叶实现净零排放的战略目标，阿联酋将继续努力将自身建设为一个有竞争力和创新驱动的经济体。阿联酋气候倡议是根据其发展和经济多元化议程以及对实现 2030 年可持续发展目标和《巴黎协定》目标的承诺制定的，旨在到 2050 年实现净零排放。阿联酋作为一个正在发展和收入来源多样化的经济体，其"碳中和"目标的实现面临独特的机遇和挑战，面临雄心和公平的考量。值得注意的是，尽管新冠疫情对其社会经济产生了深远影响，但阿联酋仍致力于制定雄心勃勃的气候变化减缓和适应途径。此外，阿联酋的沙漠气候以高温和高湿度为特征，对减缓和适应气候变化形成了明显的限制。用于制冷的能源消耗仍然是温室气体排放的重要因素，而高温又使人难以忍受，该国坚决实施气候变化减缓和适应措施。阿联酋将继续探索根据气候科学和其全球雄心进一步提高减排目标的途径。

阿联酋的能源转型需要平稳过渡。世界需要更多的石油和天然气，新能源系统还没有准备好。在全球能源危机和应对气候变化的情况下，可持续能源需要多样化。阿联酋是世界石油出口量排名前五的国家，亚洲是阿联酋最大的出口地区，接收了阿联酋 90% 以上的石油；2022 年，欧佩克中只有阿联酋有增产石油的强烈意愿和能力。当前，全球能源危机已引发对新的石油和天然气资源的争夺。阿联酋等中东产油国在全球能源危机中利用丰富的石油资源换取了大量的经济资本，逐步扩大了油气资源出口，刺激它们将部分原本用于开发绿色项目的资金转为投资开采更多油气，这有可能使全球"碳达峰"和"碳中和"努力受挫，并加深海湾国家对油气收入的依赖，分散其对清洁能源经济的关注，干扰其能源转型的政策重心，削弱其能源转型的动力，加重其经济的外部性和食利性。阿联酋环境部长玛丽亚姆·阿尔姆海里（Mariam al Mheiri）指出，未来几年，石油和天然气仍将作为能源结构的一部分，这与应对气候变化并不冲突。阿联酋将继续作为可靠的能源提供者，并通过支持能源安全来推动全球经济增长。阿联酋应对气候变化的三大难题来自新能源、粮食和水源，气候目标需要务实和可持续，向清洁能源的过渡必须是现实主义的，需要石油和天然气来构建新能源系统。[①] 阿布扎比能源部主席阿尔·马拉（Al Marar）表示，全球能源转型会影响石油和天然气的需求以及价格，但实际上没有一种能源可以解决全球气候变化问题，未来几十年，世界仍将依赖化石能源来满足能源需求。阿联酋仍将努力在维持能源多样化与减少碳排放之间取得平衡。[②]

国际能源转型的漫长过程决定了阿联酋绿色发展并非易事，相应的政策惯性和产业路径依赖更会干扰国家绿色经济前景。同时，受现有技术能力和基础设施条件的制约，可再生能源在实际应用中仍面临不少挑战，尤其是面临较明显的技术限制。以氢产业为例，无论是制备方式、电网稳定性、运输还是自然条件，都面临不少限制。[③] 阿联酋"碳中和"战略旨在利用广泛的技术来支持其目标，这要求增加对技术开发和部署、监管改革以及各部门能力建设的投资。此外，清洁能源行业多为技术密集型产业，对技术人才要求较高。阿联酋等海湾国家就业人口与劳动力市场需求严重脱节，各国高等教育毕业生普遍呈现出明显的"重文轻理"现象，高端技术人才的培养跟不上绿色发展和能源转型的步伐，相关领域的关键技术仍需依赖进口，从而对"碳中和"目标的实现形成较大阻碍。阿联酋是碳排放大国，2020 年二氧化

---

① 《新能源、粮食、水源三大难题！阿联酋部长表示气候目标需要务实和可持续》，见道网，2022 年 7 月 21 日，https：//www.seetao.com/details/171410.html，最后访问日期：2023 年 2 月 18 日。

② 《绿氢经济走红阿联酋》，中国能源网，2022 年 2 月 9 日，http：//www.cnenergynews.cn/zhiku/2022/02/09/detail_ 20220209117147.html，最后访问日期：2023 年 2 月 18 日。

③ 《海湾阿拉伯国家转战绿色发展》，国际合作中心网站，2022 年 12 月 29 日，https：//www.icc.org.cn/publications/internationaloberservation/1202.html，最后访问日期：2023 年 2 月 18 日。

碳排放量为 20.3 吨/人。① 根据世界经济论坛《促进有效的能源转型 2023 年报告》，阿联酋能源转型指数（ETI）在 120 个国家和地区中排在第 63 位。在过去 10 年中，阿联酋的能源转型指数得分波动，主要原因来自转型准备程度不足，要在全球范围内减少阿联酋的高人均排放量，还有很多工作要做。但总体趋势表明阿联酋为能源转型创造了有利环境。阿联酋在监管和政治承诺方面表现强劲，这仍然是能源转型的关键推动因素。此外，尽管阿联酋可持续方面的进展放缓，但系统绩效方面的进展仍然强劲，未来阿联酋可以通过降低能源强度以及能源组合的碳强度来提高能源转型指数。

---

① "CO2 Emissions (metric tons per capita): United Arab Emirates", The World Bank Database, https://data.worldbank.org/indicator/EN.ATM.CO2E.PC? view = chart&locations = AE, accessed June 18, 2023.

Y.9
以色列：创新驱动"碳中和"
行动及实施前景

马一鸣　余国庆*

摘　要： 可持续发展问题作为 21 世纪全球治理的核心议题之一，早在其提出之时便吸引了以色列的注意。凭借出色的创新能力，以色列出于满足国民生产生活需求、改善本国国际环境和应对气候变化威胁的目的，积极地参与全球气候治理议题。以色列早在21 世纪初便将可持续发展作为国家发展的必然路径，在参与全球气候合作的过程中，以色列又基于本国需要在 2010 年和 2021 年两次制定减排规划，并设立了以"碳中和"为目的的时间表。以色列在节能减排、发展清洁能源、推广节水农业和保护生态环境四个方面积极实践，落实可持续发展战略。截至2021 年，以色列的"碳中和"行动取得了一定的成效，但也面临包括国民经济硬性需求阻碍减排进程、配套产业发展滞后和环境治理不足的问题，这些都为以色列下一阶段的可持续发展实践提出了新挑战。

关键词： 以色列　科技创新　碳中和　清洁能源　节水农业

以色列位于中东地区，地理和自然条件乏善可陈。建国以后，以色列凭

---

* 马一鸣，中国社会科学院大学西亚非洲研究系博士研究生，主要研究方向为中东国际关系、以色列问题等；余国庆，中国社会科学院西亚非洲研究所研究员，中国社会科学院大学国际政治经济学院教授，主要研究方向为中东国际问题、大国与中东关系等。

借出色的科技创新能力，通过积极参与国际合作、减少温室气体排放、发展清洁能源等行动来参与全球气候治理，建设了享誉世界的科技创新型国家。在应对气候变化、减少碳排放量、开发清洁能源、发展节水农业等方面，以色列取得了出色的成就。作为中东地区科技领先的发达国家，以色列一直紧跟国际主流议题，积极探索绿色发展路径，在推进可持续发展战略、实施"碳中和"行动的进程中已走在地区国家前列，但对于其所面临的问题和困难也需要采取更有效的后续行动。

一 以色列实施"碳中和"行动的背景

全球气候治理事关人类生存，作为气候治理核心议题的"碳中和"更是需要各国实现从政府到市场的统一协调、资源配置，特别是使与"碳中和"相关的节能减排、清洁能源走向市场，形成产业规模，而这一过程无疑需要强大的国民经济作为支撑。以色列是经合组织成员，拥有先进的工农业体系和较强的科技创新能力，这些构成了以色列实施"碳中和"行动的物质基础。

一方面，从经济条件来看，以色列有着实施"碳中和"行动的硬实力。以色列 2022 年的国内生产总值为 17598.3 亿新谢克尔（约合 4985.4 亿美元），相较 2021 年增长了 6.5%，对外货物贸易总额为 1728.1 亿美元，同比增长 17.3%。① 可以看出，以色列的宏观经济状况良好，国民经济已经从新冠疫情的冲击中恢复过来。从地区层面来看，以色列的经济总额在中东地区排名第 3 位，人均生产总值更是超过其绝大多数邻国。此外，以色列的通信技术、环保材料、可再生能源和生物医药等产业在世界产业体系中占有重要的一席之地。这些都使以色列在产业改革方面有着很强的地区竞争力，从而更早地掌握未来发展的主动权。

---

① 《2022 年以色列主要经济数据》，中华人民共和国驻以色列国大使馆经济商务处网站，2023 年 2 月 19 日，http：//il. mofcom. gov. cn/article/ztdy/202302/20230203391945. shtml，最后访问日期：2023 年 5 月 25 日。

另一方面，从科技创新条件来看，以色列科技基础赋予其进行节能减排产业改革的"软实力"。以色列有着科技创新的国家发展传统，从1969年以色列便开始在政府各部门中设立首席科学家办公室，为各部门的政策制定提供科技支撑，2016年以色列成立创新局总揽国家的产业发展规划和系统性科技研发工作。在民间层面，以色列拥有完善的企业孵化器系统和科创风投体系，以色列创新局还为新兴的独角兽公司提供了大量的研发补助。这些制度性的设计为以色列的"碳中和"进程创造了有利的科创环境，2022年以色列的科创指数全球排名为第16位，在亚洲经济体中排名为第6位。[①]在具体实践层面，以色列形成了以创新局、环境保护部、工贸部牵头，以环境研发实验室、北方食品科技孵化器、特拉维夫大学波特环境研究学院、本·古里安大学本·古里安国家太阳能中心、埃拉特·埃洛特公司等民间机构为行动主体的可持续发展技术研发体系。

尽管有着扎实的实施"碳中和"行动的物质条件，但是以色列作为一个体量较小、碳排放量仅占全球不到0.5%的国家，其对全球气候变化的影响微不足道，因此以色列参与全球气候治理议程有着一定的内生推动力。

首先，以色列在环境变化上有着现实的生存需求压力。以色列国土地域狭长，环境逼仄，全国60%的土地为沙漠或者戈壁，全国可耕种土地只占不到20%。同时，以色列又地处地中海沿岸，气候干旱，年降水量较少，西部沿海的年降水量可达400~800毫米，但是比尔谢巴及以南的地区年降水量基本难以达到200毫米。[②]这就使以色列不仅面临农业生产的用水压力，也不得不面对未来人口增长所带来的生存压力。因此，以色列参与全球气候治理并不只将其政策目光聚焦在节能减排乃至"碳中和"上，而是放眼整个国家的可持续发展问题，通过管控好农业生产、湿地保护和水资源开发之间的关系，从根本上建设一个可以长久生存的自然环境。

---

① Soumitra Dutta, Bruno Lanvin, Lorena Rivera León and Sacha Wunsch-Vincent, *Global Innovation Index 2022: What Is the Future of Innovation-Driven Growth?*, WIOP, 2022.

② 杨兴礼、陈俊华、岳云华：《论以色列农业的可持续发展态势》，《人文地理》2000年第3期，第53页。

其次，以色列实施"碳中和"行动的另一层目的是希望通过参与全球治理谋求国际影响力。作为中东地区多次冲突的涉事方，以色列的外交活动经常受到来自全世界伊斯兰国家的批评与掣肘。在这样的背景下，作为中东地区唯一的经合组织成员，以色列在国际舞台上往往难以受到如其他发达国家般的欢迎，以色列的国际影响力也常常受到限制。正因如此，作为全球治理的重要议题，气候问题一经提出，以色列便大力参与其中。以色列是《联合国气候变化框架公约》的首批签署国，在后来的《京都议定书》、《哥本哈根协定》和《巴黎协定》的协商签署过程中，以色列也表现活跃。在参与国际气候治理的过程中，以色列的积极作为不仅使其站在推动全球治理的国际道德高地上，还使其获得了国际支持和影响力。在2022年的《联合国气候变化框架公约》第27次缔约方会议（COP27）上，以吉迪恩·贝查尔为首的以色列使团成为与会的第二大代表团。[1] 以色列还努力将国际会议打造成宣传以色列抗旱农业技术和天基气象观测技术的平台。

最后，全球变暖从长期来看是威胁以色列国土安全的一大风险。根据负责为以色列制定减排议程的麦卡锡公司在2022年发布的报告，全球平均气温将在21世纪末上升4.4摄氏度，而以色列却以比世界平均水平更快的速度变暖，大约每10年上升0.5摄氏度，这表明以色列面临更为严重的气候风险。2022年9月，环境保护部首席科学家诺加·克朗菲尔德·肖尔（Nega Kronfeld-Shor）教授发表了她的评估，即到2050年海平面将上升1米，到2100年将上升2.5米。[2] 这将导致以色列部分沿海地带消失，并危及沿海地区的基础设施和安全设施，届时，海法、埃拉特、阿什杜德等城市都将受到海水侵蚀。正因如此，"碳中和"行动对以色列来说势在必行。

---

① "COP27 Climate Circus: Israel Is Not Doing Enough-Opinion", Jerusalem Post, November 26, 2022, https://www.jpost.com/opinion/article-723327, accessed May 23, 2023.

② David Chin, "The Climate Crisis and the Israeli Economy: Challenges alongside Opportunities", McKinsey & Company, November 2022, p. 9.

二 以色列可持续发展战略的内容

以色列的可持续发展战略起步较早，从早期的构想到法律制定，再到政策出台与落实，经历了一段较长的时间，时至今日已形成一个成系统的发展战略。

早在 2009 年，以色列环境保护部和耶路撒冷以色列研究所环境政策中心就联合制定了一项倡议，即《2030 年可持续发展展望》，从经济、社会、公共政策、规划、生态、能源和水资源等领域为政府提供了一整套宏观的可持续发展解决办法。

在减少污染方面，以色列多次修改法律。2012 年，以色列政府第 3 次修订了《环境保护法》。2013 年，以色列环境保护部出台了《减少空气污染行动计划》。该计划实际上是对 2008 年通过的《清洁空气法》的细化，具体内容包括：加大对机动车更新和报废的检测力度；加强对采石场等建材场所的监管；推行新能源公共交通工具的试点工作，鼓励民众使用公共交通工具出行等。

在减排目标上，以色列时任总统佩雷斯在 2009 年的《联合国气候变化框架公约》第 15 次缔约方会议上承诺将于 2020 年之前减少 20% 温室气体排放。在此基础上，以色列于 2010 年制定了《以色列温室气体排放计划》和与之配套的第 2508 号行政令，这一行动标志着以色列"碳中和"进程的开始。10 年之后，在《联合国气候变化框架公约》第 26 次缔约方会议前夕，以色列贝内特政府制定并出台了第二阶段的减排议程，即新的气候法案，这项统合了环境保护部、能源部、财政部、交通部、工贸部等以色列政府部门的法案提出了一个雄心勃勃的目标：以色列将在 2030 年前将碳排放量相较2015 年减少 27%，并在 2050 年前减少 85%，进而实现"碳中和"。[①] 具体

---

① "The Israeli Government Set to Approve an Unprecedented Decision Mandating That by the Year 2050 Israel Will Move to a Low Carbon Emissions Economy, While Dealing with the Climate Crisis That Threatens All of Humanity", Israeli Ministry of Environmental Protection, July 23, 2021, https：//www. gov. il/en/departments/news/government _ will _ approve _ historic _ decision _ by _ 2050_israel_will_move_low_carbon_economy, accessed May 23, 2023.

而言涉及以下目标。

其一，到 2030 年，与 2015 年的碳排放量（550 万吨）相比，因固体废物产生的碳排放量至少减少 47%。与 2018 年约为 450 万吨的城市垃圾倾倒量相比，到 2030 年城市垃圾倾倒量减少 71%。

其二，从 2030 年起，将重量不超过 3.5 吨并登记的新车的碳排放量限制为 2022 年的 5%。从 2026 年开始，将所有新购买的城市公交车替换为环保车。

其三，到 2030 年，与 2015 年测得的碳排放量（3760 万吨）相比，电力生产的碳排放量减少 30%。同时，到 2030 年，每生产 100 万新谢克尔的国内生产总值的能源强度降到每小时 122 兆瓦。

其四，到 2030 年，制造业温室气体排放量相较 2015 年的 1200 万吨至少减少 30%。

其五，该法案还提出了 2050 年的主要目标：交通部门的碳排放量减少 96%，电力部门的碳排放量减少 85%，城市垃圾部门的碳排放量减少 92%。

这一法案首次提出了以色列"碳中和"行动的议程表，为以色列的可持续发展战略确定了最终目标，也为下一阶段以色列的减排议程指明了方向。

三 以色列可持续发展战略的实践

从以色列首次提出减排议程的 2009 年到 2023 年，以色列采取了一系列包括立法、补贴和检查在内的政策手段来推进其可持续发展战略。综合来看，以色列的国家可持续发展政策基本涵盖了节能减排、发展清洁能源、推广节水农业和保护生态环境四个方面。

（一）节能减排

减少温室气体排放，首先是进行节能减排，这也是以色列政府相关安排的重点。

2010 年，以色列环境保护部制订了自愿性温室气体减排登记计划。该计划的目的在于促进温室气体排放主体的交流与合作，包括对各自温室气体排放的估算、量化与报告，以更好地帮助各个主体评估其减排潜力及能力。截至 2016 年底，自愿加入该计划的企业、机构占到以色列全国的 66%。①

2010 年，以色列能源部发布了《2010～2020 年国家能源效率提升计划》，该计划规范了能源利用的方式和过程，特别是对一次性能源的利用进行了重新界定，以提高能源利用效率。此外，该计划还建立了一个 2 亿新谢克尔的能源利用效率提升基金，加大对提升能源利用效率主体的资金支持。② 2011 年，以色列能源部制定了首个《能源使用条例》，该条例确立了电灯最低能耗标准，禁止销售、使用不符合能耗标准的电灯。

2011 年，以色列环境保护部及标准化局发布了绿色建筑技术标准，要求所有在建、即将新建或翻修的建筑必须符合以色列政府在能源、土地、水资源、建材、废弃物等 9 个方面提出的减排指标。根据绿色建筑技术标准，以色列的建筑能耗可降低 20%～30%。到 2018 年，以色列 60% 的新建建筑是按照绿色建筑技术标准建造的，以色列政府还要求自 2021 年起所有新建建筑都必须按照这一标准建造。③

在监管领域，以色列环境保护部还开发了国家监测、报告和核查（MRV）系统，以评估、报告和核查政府的相关减排措施。2019 年，环境保护部首次启动能源领域温室气体排放监管。此行动直指以色列重要的添马舰油田和利维坦油田，从此次监管开始，以色列要求其海上天然气钻井平台制订并实施甲烷减排计划。

事实上，得益于 2009 年以色列海上天然气田的开发，占据以色列二氧化碳排放主体的发电产业已经进行了深刻的改革，10 多年来，以色列逐渐淘汰煤炭发电并以天然气设备来填补空缺。虽然这一途径并不算在能源上的

---

① 许小婵：《中东国家应对气候变化法律与政策研究》，《世界农业》2017 年第 12 期，第 102 页。
② 许小婵：《中东国家应对气候变化法律与政策研究》，《世界农业》2017 年第 12 期，第 102 页。
③ "An Outlook Report on Israel's Green Agenda—With a Focus on the R&D Technologies", Innovation Centre Denmark, October 2021, p. 4.

革命，但能大大减少煤炭发电所带来的硫化物污染和一氧化碳排放问题。截至 2018 年，以色列发电和供热排放的 3400 万吨二氧化碳中，54%由煤炭造成，45%由天然气造成，1%由石油造成。[①]

为了更进一步推动节能减排，以色列还将于 2023~2028 年逐步实施碳税，碳税将适用于与煤炭、石油气和燃油相关的行业，预计将覆盖以色列 80%的温室气体排放，一旦实施必然直接影响以色列的温室气体排放量。[②]

（二）发展清洁能源

"碳中和"行动不仅要"节流"，还要"开源"，对于以色列这个制造业国家来说，仅仅减少温室气体排放是不够的，投资开发并推广使用清洁能源才是可持续发展的长久之计。

以色列的清洁能源研发早在 2006 年便开始布局。2006 年政府制定了《可持续能源研究计划》，旨在解决制约以色列经济发展的能源不安全问题。此后，2012~2018 年，以色列创新局通过埃拉特·埃洛特公司的可再生能源技术中心投资 9800 万新谢克尔用于可再生能源研发。[③] 2017 年 1 月，以色列政府跟进批准了 2.5 亿新谢克尔的预算，在 5 年内逐步投资给以色列的新能源研发机构，从而构成了国家科创计划的一部分，之后该倡议与《可持续能源研究计划》合并，构成了以色列创新局对新能源的专属补贴项目。[④]

根据以色列能源部的数据，截至 2021 年，以色列的能源供需格局中，清洁能源所占比重不到 10%，以色列政府急需改变这一情况。[⑤] 2022 年 5

① Sibel Raquel Ersoy, Julia Terrapon-Pfaff, Jozsef Kadar, "Sustainable Transformation of Israel's Energy System", Friedrich Ebert Stiftung, September 2021, p. 26.

② "An Outlook Report on Israel's Green Agenda—With a Focus on the R&D Technologies", Innovation Centre Denmark, October 2021, p. 3.

③ "An Outlook Report on Israel's Green Agenda—With a Focus on the R&D Technologies", Innovation Centre Denmark, October 2021, p. 5.

④ "An Outlook Report on Israel's Green Agenda—With a Focus on the R&D Technologies", Innovation Centre Denmark, October 2021, p. 8.

⑤ "Israel to Generate 30% Its Energy Need from Renewable Sources by 2030", Solar Quarter, June 1, 2022, https://solarquarter.com/2022/06/01/israel-to-generate-30-its-energy-need-from-renewable-sources-by-2030/, accessed May 23, 2023.

月，贝内特政府的气候法案在以色列部长级立法委员会和议会一读中获得批准。贝内特政府在新修订的减排议程中不仅重新强调了 2050 年的"碳中和"目标，还对未来清洁能源的布局进行了安排。该法案吸纳了环境保护部于同年 2 月提出的能源改革路线图，即到 2030 年将以色列能源供需格局中的 40% 替换为可再生能源，并彻底取消燃煤发电。为实现新目标，以色列必须实施 18~23 吉瓦的太阳能项目以及安装 5.5 吉瓦的太阳能储能装置。能源改革路线图还提出要建立一个监管机制，用于管理能容纳 100 兆瓦分散式可再生能源和 50 兆瓦存储式电能的虚拟发电厂（VPP）。[①]

事实上，在 2021 年之前，以色列的太阳能项目已经取得了一些成果，并在国际上处于领先地位。截至 2021 年，以色列家用热水供应的 90% 采用太阳能热水器，由此每年累计节省 3% 的化石能源。[②] 在太阳能的产业化布局方面，以色列的太阳能光伏技术可以使光电转化效率达到 14%~22%，这使其更能得到市场的青睐。以色列目前最大的光伏电站是位于内盖夫沙漠的 Zeelim 太阳能园，其总装机容量可达 120 兆瓦，该项目于 2019 年投入建设，是 Belectric 与当地公司 Solel Boneh 的合资企业。此外，在以色列的阿沙利姆，以色列政府规划了 4 个太阳能项目，分别是 Beersheba、Yeruham、SdeBoker 和 Mitzpe Ramon，它们的装机容量合计可达 300 兆瓦，目标是建成"以色列太阳能谷"。[③]

除了太阳能光伏发电，以色列的水力发电虽然起步晚，但是潜力巨大。以色列能源部已将 800 兆瓦的抽水蓄能容量分配给国家部署。以色列缺乏水力发电，直到 2020 年 7 月，北部的 300 兆瓦吉尔博阿抽水蓄能电站才开始运行。此外，还有两个抽水蓄能电站项目在建，分别是以色列东北部装机容量为 344 兆瓦的 Kokhav Hayarden 项目和北部一个装机容量为 156

① "Israel's New Roadmap Targets 40% of Renewable Power Generation by 2030", Enerdata, February 17, 2022, https：//www. enerdata. net/publications/daily－energy－news/israels－new－roadmap－targets－40-renewable-power-generation-2030. html, accessed May 23, 2023.

② 王新刚：《以色列国家能源战略的特点》，《人文杂志》2010 年第 4 期，第 145 页。

③ Sibel Raquel Ersoy, Julia Terrapon－Pfaff, Jozsef Kadar, "Sustainable Transformation of Israel's Energy System", Friedrich Ebert Stiftung, September 2021, p. 20.

兆瓦的抽水蓄能电站设施。① 相比太阳能发电，水力发电有着易储存、发电量大的特点，特别是以色列北部的提比利亚湖水流量稳定，能够为未来以色列的供电格局提供稳定的保障。

经过数年的发展，以色列的清洁能源技术实现了长足的进步，许多新能源设备也开始在以色列落地。沼气发酵发电池在约旦河谷的犹太人定居点陆续投放，以色列首个交通用加氢站于 2023 年 5 月投入使用。在国际市场上，以色列的太阳能技术也得到青睐，包括 Enlight 公司、HomeBiogas 沼气能源公司、布伦米勒能源（Brenmiller Energy）、生态波浪发电（Eco Wave Power）等新能源公司在 2022 年的 COP27 上大放异彩，欧盟以及埃及、布隆迪和阿联酋等国陆续引进以色列的清洁能源技术，以色列的清洁能源初步形成市场规模。

（三）推广节水农业

节水农业是以色列先进科技的代名词，也是以色列自建国时期便长期投资的产业项目。经过近 70 年的发展，以色列的节水农业技术已经呈现体系化发展态势，并依靠因地制宜的理念，有效地支撑起以色列可持续发展的农业生产格局。

以色列全国仅有约 45 万公顷的农田，但是农产品生产不仅满足了自身需求，还有大量农产品出口，其花卉、水果特产大量流入欧洲市场，每年创汇 6 亿~7 亿美元，这些都离不开以色列对土地资源和水资源的合理配置。②

以色列政府在 1959 年就制定通过了《水资源法》，规定了水资源的所有权、开采权和管理权，并随着经济发展不断进行修订和完善。③ 为了适应本土干旱缺水的环境，以色列于 1985 年全面铺开了节水型农业模式，大面

---

① Sujata Ashwarya, "Israel's Renewable Energy Strategy: A Review of Its Stated Goals, Current Status, and Future Prospects", *Perceptions: Journal of International Affairs*, Vol. 26, January 8, 2022, p. 331.
② 刘北辰：《沙漠中的绿色——令人瞩目的以色列高科技农业》，《北京农业》2007 年第 10 期，第 49 页。
③ 朱兆一、李沛、段云鹏：《碳中和目标下以色列绿色经济发展的实践经验及其对中国的启示》，《国际贸易》2022 年第 2 期，第 16 页。

积使用滴灌、喷灌、压力灌溉和废水灌溉的方式取代了资源浪费严重的漫灌型农业模式。同时，以色列农业生产者还在滴管中混入肥料，实现水肥一体化，使农作物得到合理的水肥供给。"滴灌技术"被誉为以色列革命性农业技术，给世界农业带来了巨大影响。例如，以色列耐特菲姆（NETAFIM）公司应用滴灌技术使墨西哥玉米单产提高了27%，用水量却减少了66%。[①]

除了在农业生产中减少水资源的浪费，以色列还采取温室农业的方式，克服干旱的气候环境影响，稳定农业生产。以色列约有温室3000公顷，农户平均温室面积约0.3公顷。以色列的温室种类多样，主要为无土栽培，包括水培营养膜技术、沙培、岩棉栽培等。[②] 与此同时，以色列还在农业生产中大力推广机械化和自动化，并以此为基础研发了针对土豆、葡萄等农副产品的自动化摘取设备，从而大大减少了农业生产中的人力成本。以色列政府还大力资助农业生产技术的更新换代，国家补贴农民购买和实施新技术成本的40%，农业生产者还能够获得优化农业生产资源配置的技术辅导。据统计，得益于农业生产成本的下降，一个以色列农民的农业产出能够供给115个人的生活所需，而这一数值在美国是75，在乌克兰是15。可以说，以色列已经实现了绿色农业。[③]

时至今日，以色列仍然没有停止对低碳、节约、绿色的农业生产模式的支持，2017年政府研发预算的6%即约4.5亿新谢克尔用于农业研发[④]，在2021~2022年的国家预算中，政府更是投入了20多亿新谢克尔[⑤]，以促进农业部门提高创新能力和生产力，使农业和光伏设施的一体化建设成为可能。

---

① "Netafim Goals and Meeting Global Challenges", Israeli Agriculture International Portal, October 2014, https：//israelagri.com/netafim-goals-and-meeting-global-challenges/, accessed May 23, 2023.

② 韩小婷：《以色列现代农业科技创新领域及创新经验》,《农业工程技术》2022年第20期，第4页。

③ Nadiia Reznik et al., "Tasks of Sustainable Development of Israeli Agriculture: Its Achievements and Opportunities of Cooperation for Ukraine", *Economics*, *Finance and Management Review*, Vol. 12, 2022, p. 10.

④ "An Outlook Report on Israel's Green Agenda—With a Focus on the R&D Technologies", Innovation Centre Denmark, October 2021, p. 4.

⑤ "An Outlook Report on Israel's Green Agenda—With a Focus on the R&D Technologies", Innovation Centre Denmark, October 2021, p. 8.

（四）保护生态环境

自然界是固碳的最主要路径，而蕴含着大量藻类、绿色植被和野生动物的湿地更是被称为"地球之肾"，在人类减缓气候变化的进程中发挥着不可或缺的作用。以色列开始实施现代农业和现代工业后，大量湿地被占用，据统计，20世纪50年代以来，以色列90%的湿地被占用，残存的湿地也因污水排放而受到严重破坏。在胡拉排水工程结束后的36年里，胡拉谷地共有119种动物消失，其中有36种动物从以色列境内完全消失，许多淡水植物灭绝。[①] 可以说，水污染、空气污染和生物多样性退化的问题也在以色列发展的过程中随势而起。

因此，以色列政府近年来也开始将生态环境的保护纳入国家的可持续发展战略。以色列将《生物多样性公约》以及《濒危野生动植物种国际贸易公约》纳入了国家战略发展规划，将其作为制定农业政策的重点考虑因素。以色列自然保护协会和犹太民族基金会等组织有着大量的社会活动经验，其中以色列自然保护协会致力于提高群众的环保意识，犹太民族基金会则积极参与植树造林活动。政府层面，为了保护农业物种遗传资源的多样性，以色列政府先后制定了《可持续农业发展计划》与《国家生物多样性战略行动计划》，并把境内25%的土地预留出来用于生物多样性保护，寻求实现农业发展与生物多样性保护之间的平衡。[②]

四　以色列可持续发展战略的成果与前景

无论是从以色列实施节水农业算起，还是从2009年以色列首次提出控碳的政策目标算起，以色列的可持续发展战略都是成功的，它结合了以色列

---

① 杨彪：《以色列农业的可持续发展：问题、应对与走向》，《农业考古》2021年第6期，第245页。

② 杨彪：《以色列农业的可持续发展：问题、应对与走向》，《农业考古》2021年第6期，第248页。

工农业生产和国家生态环境的特殊性，走出了一条富有以色列国家特色的绿色发展道路。

截至 2022 年，根据联合国可持续发展报告的评估，以色列的可持续发展指数得分为 73.5 分，在全世界主权国家中排名第 49 位，特别是在气候行动领域，以色列的各项评分较 2021 年都有一定上涨。[①] 根据 2022 年环境表现指数报告的分析，以色列的自然环境指数为 48.2，在登记的 180 个国家和地区中排名第 57 位。[②] 可以看出，在这两个评价指标中，以色列的表现并不差。

除此之外，根据数据网站"Our World in Data"的数据，观察以色列 2011~2021 年的温室气体排放数据，可以看出，以色列的温室气体排放总量自 2012 年达到峰值后便不再上涨并趋于稳定，自 2018 年呈现出逐年缓慢下降的趋势。在人均温室气体排放量方面，以色列的人均温室气体排放量自 2012 年呈现出下降的趋势（见表 1）。因此可以认为以色列的"碳中和"行动进程取得了不错的成果，有力地配合了《巴黎协定》的全球减排进程。

表 1　2011~2021 年以色列温室气体排放总量与人均温室气体排放量

单位：吨

年份	温室气体排放总量	人均温室气体排放量
2011	79877900	10.707852
2012	85596280	11.274389
2013	75730136	9.801128
2014	73298860	9.320991
2015	76831330	9.594589
2016	77013730	9.439096
2017	74856440	9.008801
2018	76838370	9.086323

① "Israel Indicators", Sustainable Development Report, https：//dashboards. sdgindex. org/profiles/israel/indicators, accessed May 23, 2023.

② "2022 EPI Results：Israel", Environmental Performance Index, https：//epi. yale. edu/epi-results/2022/component/epi, accessed May 23, 2023.

年份	温室气体排放总量	人均温室气体排放量
2019	74945016	8.706516
2020	71945710	8.215338
2021	71876180	8.075923

资料来源：笔者根据 Our World in Data 网站公布的数据整理制作，参见"Greenhouse Gas Emissions by Country：Israel"，Our World in Data，https：//ourworldindata.org/greenhouse - gas - emissions，accessed May 25, 2023。

尽管以色列的可持续发展战略在近 10 年取得了不错的成绩，但是结合以色列的发展规划以及当前的气候变化议题，不难看出，以色列的可持续发展进程仍然存在较大的阻力。

第一，"碳中和"进程和国民经济需求相冲突。经济发展和全球贸易的需要是影响以色列环境的最重要因素，以色列凭借高级装备制造业跻身西方国际市场顶端，使其不可能摆脱对工业品出口的经济需求，根据 2021 年的数据，以色列的外贸占国内生产总值的比重甚至达到了 61%。但同时，节能减排甚至"碳中和"势必在短期内要求以色列工业企业降低产能，压缩收益，进而会使相关的企业产品在国际上丧失竞争力。从以色列工商界的反应就可见一斑，截至 2021 年，以色列最大的 50 家企业中只有 2 家制订并公开了减排计划，[①] 而贝内特政府提出的"激进"的"碳中和"时间表在长达两年的时间内始终不能获得议会通过并正式立法，这也使以色列成为经合组织缔约国中唯一没能实现气候立法的国家。这些都反映出以色列"碳中和"行动在短期内所面临的压力是巨大的。

第二，以色列清洁能源发展失衡。能源革新是一个成系统的工程，不仅要求国家对新能源进行扶持，还要求国家在新能源问世前便制定相关法律法规、构建新型能源的消费市场、完善新能源运输储存的基础设施体系。不过，以色列的清洁能源革新似乎只将国家资源聚焦于光伏产业的研发，而对

---

① David Chin，"The Climate Crisis and the Israeli Economy：Challenges alongside Opportunities"，McKinsey & Company，November 2022，p. 4.

风能、水能等替代性能源投入不足。此外，以色列在新能源的储能设备上存在严重的短板，又没有成熟的碳捕集技术，以色列的周边国家与其电力系统又相互隔绝。最终的结果是以色列的发电体系往往生产了过剩的电能，以色列的科创企业研发了先进的技术，却面临着新能源供大于求的结果，这不仅打击了科创企业的创业信心，又造成了能源的浪费。

第三，以色列环境保护工作有待加强。自气候变化议题成为国际主要议题以来，以色列将更多的精力投入产业发展，而在一定程度上忽视了环境保护的重要性。事实上，无论在联合国可持续发展指数上，还是在环境表现指数上，以色列的表现都不算十分优秀。截至 2019 年，以色列的森林覆盖率只有 6.4%[1]，仅凭这一数值就可以看出近年以色列政府并未向该领域进行过多投资，那么以色列的可持续发展进程自然地会受到来自自然环境的掣肘。

2023 年 5 月，以色列环境保护部向政府提交了一份关于减少温室气体排放进程的短期报告。报告显示，以色列当前的"碳中和"进程已经偏离了预定轨道。报告证明，以当前的能源革新速度，至 2030 年，以色列的碳排放只能相较 2015 年下降 12%，而清洁能源的比重只能达到 19%，这两个数据都远低于以色列在《联合国气候变化框架公约》中承诺的减排 27%，以及时任总理贝内特向经合组织成员所承诺的清洁能源比重增加至 30%。[2]两周后，这份报告被提交给联合国气候变化框架公约秘书处进行审查。为此，以色列环境保护部气候减缓司高级经理吉尔·普罗克特（Gil Proaktor）不得不承认，"这是一个非常严重的问题，因为直到 2030 年都不会有人注意到以色列或任何国家是否无法实现它们的政策目标"，其结果就是在漫长的政策周期中，政策的落实被不断地延误甚至搁置。面对议会内部围绕气候法

---

[1] 《时不我待——2030 年前将全球森林面积提高 3% 刻不容缓》，联合国新闻网站，2019 年 5 月，https：//news. un. org/zh/story/2019/05/1034032，最后访问日期：2023 年 5 月 25 日。

[2] "Israel Is Currently off Course to Reach Its 2030 GHG Emissions Targets", Enerdata, May 4, 2019, https：//www. enerdata. net/publications/daily - energy - news/israel - currently - course - reach-its-2030-ghg-emissions-targets. html, accessed May 23, 2023.

案的争辩，普罗克特悲观地认为："如果没有气候法，（减排数值的）与预期的差距将会扩大，应对气候变化也无法得到更多的重视。"①

总之，以色列环境保护部于 2023 年 5 月发布的关于减少温室气体排放进程的短期报告验证了以色列"碳中和"进程面临巨大的阻力。在未来，以色列要想彻底实施可持续发展战略并最终实现"碳中和"，还有许多工作有待落实。

---

① "UNFCCC Delegation in Israel, Evaluating Country's Climate Data", Jerusalem Post, May 16, 2023, https：//www.jpost.com/environment-and-climate-change/article-743233, accessed May 23, 2023.

Y.10
伊朗：气候变化问题
与可持续发展前景

摘 要： 伊朗是全球主要的温室气体排放国，在新冠疫情蔓延、美国和西
方制裁、全球经济不景气的情况下，伊朗的能耗依然保持稳定增
长趋势。当前伊朗面临严峻的气候变化和可持续发展挑战，水资
源短缺、空气污染、荒漠化等危机与经济困顿、国际制裁相互叠
加，导致伊朗缺乏应对气候变化、落实可持续发展的能力，且短
期内这一现状难以改观。未来伊朗的可持续发展之路"危大于
机"，任务艰巨而急迫。

关键词： 伊朗 气候变化 可持续发展

2014年，伊朗首次进入全球十大温室气体排放国之列。2015年，伊朗
成为第七大二氧化碳排放国。2019年，伊朗成为全球第八大温室气体排放
国（不包括欧盟）。在新冠疫情蔓延、美国和西方制裁、全球经济不景气的
情况下，伊朗的能源消耗依然保持稳定增长趋势。2021年，伊朗的能耗达
到12.19艾焦，居全球第10位。全球和地区气候变化与本国不断增长的能
源消费使伊朗面对越来越严峻的可持续发展挑战。

---

* 魏亮，中国社会科学院西亚非洲研究所助理研究员，中东发展与治理研究中心秘书长，中国
社会科学院海湾研究中心伊朗研究项目主任，主要研究方向为大国与中东关系、伊朗和伊拉
克问题。

一 伊朗经济发展形势与特点

1979 年后，伊朗遵从伊斯兰经济的基本原则，成功构建了新的经济体制和较为完整的产业结构，拥有一定的科技研发能力，取得了不小的成绩。但是，伊朗始终缺乏具有国际竞争力的产品、人才和技术，未能改变以石油为核心的地租经济模式，贫富差距大、失业率高、经济结构单一等始终是摆在政府面前的艰巨挑战。

1979 年伊斯兰革命胜利后，伊朗没收巴列维王朝统治集团的私有财产，对国内的交通运输、电信、公用事业和工矿企业等实施国有化，还将私营银行、保险公司等收归国有，最终形成以国有经济为主导、以合作经济和私营经济为辅的经济体制。此外，伊朗经济中还有一种独特的存在——以宗教为背景的基金会，例如霍梅尼基金会、受压迫者基金会、伊玛目里萨圣陵基金会、伊玛目执行命令总部、三月十五基金会等政府外的经济组织。它们均由精神领袖领导，2016 年的总资产占伊朗经济总量的 30%。①

1989 年 6 月 3 日，伊朗精神领袖霍梅尼去世，后霍梅尼时期的历届政府均强调将工作重心放在经济建设上。继任的精神领袖阿里·哈梅内伊也高度重视经济发展，一再强调要实现制造业的繁荣，并开创"先进的伊朗伊斯兰模式"。20 世纪 90 年代及之后，拉夫桑贾尼与哈塔米两位总统在任期间，伊朗启动有限的自由化经济改革，并将其列入第 1 个和第 3 个"五年发展计划"，内容包括私有化、对外开放、放松外汇管制和对外贸易、完善相关政治和法律短板、设立自由贸易区等。2013 年 8 月，鲁哈尼总统上台执政并实现连任（2013~2017 年，2017~2021 年连任），新政府将振兴工业、繁荣经济和增加就业作为重要经济目标，重点支持出口导向型的投资，努力发展非石油经济。2015 年伊核协议签署后，鲁哈尼政府希望将本国丰富的

---

① Kenneth Katzman, "Iran's State-Linked Conglomerates", CRS Insight, 2016, https://fas.org/sgp/crs/mideast/IN10597.pdf, accessed May 18, 2023.

人力资源、自然资源和相对完备的工业体系与发达国家的资金、技术相结合，进而增加出口和实现技术进步。

鲁哈尼政府第一届任期后半期与第二届任期初期，伊朗经济形势出现较为明显的改善。2018 年，美国特朗普政府退出伊核协议，对伊朗实施"极限施压"，单边制裁的范围不断扩大。2019 年末发生的新冠疫情给伊朗经济与社会带来巨大压力。全球经济低迷、能源市场萎缩和能源价格下跌、国内经济开工不足等经济冲击，医疗资源不足、药品紧张、防疫政策与民众习俗相抵触等彼此叠加，伊朗经济面临 1979 年以来最严峻的挑战。

第一，通货膨胀率持续在高位徘徊。伊朗中央银行统计数据显示，2018 年、2019 年和 2020 年通货膨胀率分别为 31.2%、41.2% 和超过 44%。[①] 伊朗通货膨胀率在 2020 年曾短暂小幅回落，此后持续高起，2022 年高达 49%（见表 1）。连续 5 年以上的高通胀带来严重的经济困境，民众购买力持续下降，"菜篮子"和"米袋子"成为民众关心的核心议题。

表 1 2020~2023 年伊朗实际 GDP 增长率和通货膨胀率

单位：%

项目	2020 年	2021 年	2022 年	2023 年
通货膨胀率	36.4	40.1	49	42.5
实际 GDP 增长率	3.3	4.7	2.5	2

资料来源："Islamic State of Iran: Country Data", IMF, April 2023, https://www.imf.org/en/Countries/IRN。

第二，石油生产和出口再度严重受挫，石油美元汇回困难。2017 年伊朗石油产量接近 500 万桶/天，2018 年为 350 万桶/天，到 2019 年 12 月，伊朗的石油产量下降至 200 万桶/天，出口仅为 30 万桶/天，出口量比美国制

[①] "Worst Government Statistics", Tasnim News Agency, April 24, 2021, https://www.tasnim news.com/fa/news/1400/01/20/2481578/，转引自陆瑾《伊朗：在美国制裁下艰难抗疫及政治、经济形势变化》，载王林聪主编《中东发展报告 No. 23（2020~2021）》，社会科学文献出版社，2021，第 104 页。

裁前减少了 90%。2022 年 3 月，伊朗石油生产恢复到 380 万桶/天，恢复到
制裁前的平均水平。① 至 2022 年初，伊朗在海外银行被冻结的资产超过
1000 亿美元，其中包括在两家韩国银行的约 70 亿美元资产。② 海外石油美
元多年来无法汇回，甚至不能用于购买医药、医疗器械等人道主义物资。

第三，经济增长虽由负转正，但经济社会困境依然存在。受美国制裁和
新冠疫情的双重冲击，伊朗经济在 2018 年和 2019 年出现负增长，经济增长
率分别为 -6.03% 和 -6.78%，仅次于 2012 年的经济萎缩（-7.44%）。③
2020 年后，伊朗经济出现温和的增长，与全球经济整体态势保持一致。经
济增长由负转正并未改变伊朗经济社会的困境。2023 年 2 月 12~16 日，德
黑兰证券交易所伊朗方面主要指数继续保持下跌态势。2 月 23 日，伊朗里
亚尔兑美元跌破 50 万大关，汇率为 526500：1；2 月 26 日，伊朗里亚尔兑
美元汇率跌破 60 万大关，汇率为 601500：1。④ 伊朗历 1401 年第 11 个月
（2023 年 1 月 22 日至 2 月 22 日）通货膨胀率为 53.4%，其中城市通货膨胀
率为 46.9%、农村通货膨胀率为 51.7%。⑤

第四，莱希总统上台后推动改革，但未能扭转经济困局。莱希总统上台
后加大基础设施建设力度，积极加入上海合作组织、金砖国家等地区国际组

① "Iran's Oil Output Capacity Returns to Pre-Sanctions Levels", MEHR News Agency, March 25,
2022, https://en.mehrnews.com/news/185102/Iran-s-oil-output-capacity-returns-to-pre-
sanctions-levels, accessed May 20, 2023.

② "South Korea Pays Iran's U.N. Dues", The Iran Primer, United States Institute of Peace, January
24, 2022, https://iranprimer.usip.org/blog/2022/jan/24/iran-regains-un-voting-rights,
accessed May 19, 2023.

③ 《伊朗历年 GDP 年度增长率》，快易理财网，https://www.kylc.com/stats/global/yearly_
per_country/g_gdp_growth/irn.html，最后访问日期：2023 年 5 月 15 日。

④ "Iran's Currency Dips to All-Time Low, Basic Prices Skyrocket", Al-Monitor, February 23,
2023, https://www.al-monitor.com/originals/2023/02/irans-currency-dips-all-time-low-
basic-prices-skyrocket#ixzz82o8tOAil; "Iranian Currency Plunges to New Lows Amid Unrest,
International Isolation", Alarabiya News, February 26, 2023, https://english.alarabiya.net/
News/middle-east/2023/02/26/Iranian-currency-plunges-to-new-lows-amid-unrest-
international-isolation-, accessed April 11, 2023.

⑤ "Inflation Rate Rises 1.4%", Tehran News, February 22, 2023, https://www.tehrantimes.com/
news/482196/Inflation-rate-rises-1-4, accessed May 2, 2023.

织，加强与周边邻国的经济外交，探寻绕过制裁扩大外贸和金融出口的方式。2022年，伊朗实施汇率和补贴制度改革。2023年，伊朗又建立货币和黄金兑换中心，减少出国外汇额度。伊朗持续加大南帕尔斯和北帕尔斯天然气田开发力度，2022年南帕尔斯天然气田产量超过10亿立方米/天。2020~2021年，伊朗共出售价值12.7亿美元的天然气，2021~2022年天然气出口额达到46亿美元。① 伊朗还推动与伊拉克、阿塞拜疆等国的跨境铁路建设，与俄罗斯、印度等国重启南北运输走廊项目。在美国和西方制裁力度加大与范围不断扩大的情况下，伊朗选择与俄罗斯、中亚国家以及其他友好国家加强金融合作，力图以物物贸易、本币交易等形式减轻制裁的影响。

二 伊朗可持续发展战略的提出与主要内容

伊朗是当今世界尤其是发展中国家中较早关注和启动环境保护事业的国家。环境保护的思想与伊斯兰教法相契合，因而伊朗伊斯兰共和国建立后这一思想得到认可和保留。进入21世纪，伊朗积极参与全球气候变化与可持续发展的各种会议和各项议程，取得了一定的成果。

（一）气候变化对伊朗经济和社会的影响

伊朗的环境挑战已经到了危机的临界点。综合来看，当前伊朗可持续发展面临的环境危机主要表现在四个方面，即水资源危机、土地危机、空气污染和生物多样性危机。气候变化引发的环境危机是复合型危机，不同的危机表现类型相互影响和制约。例如，降水不足导致地表水和地下水被大规模抽取，加快了自然水体的萎缩，进而带来更为严重的荒漠化与城市沉降问题；伊朗为实现粮食自给自足而扩大小麦生产，加剧了小麦主产区的土壤退化和水资源短缺。

---

① "Iran Fully Receives Oil Money：Owji", MEHR News Agency, March 20, 2022, https：//en.mehrnews.com/news/185009/Iran-fully-receives-oil-money-Owji, accessed June 1, 2023.

第一，受降水减少和气温升高的影响，伊朗出现水资源危机。伊朗位于中纬度地带的干旱和半干旱地区，30%的土地面积位于中央高原，年降水量较低（50~250 毫米），年平均潜在蒸发量达 4000 毫米。[①] 伊朗的年平均降水量仅为 252 毫米，不到世界年平均降水量（830 毫米）的 1/3，而且降水的时空分布很不均匀。具体来看，波斯湾北岸及阿拉伯海沿海平原属热带干旱气候，年降水量由东到西为 130~350 毫米；中央和东部的盆地属大陆性亚热带草原和沙漠气候，年降水量在 200 毫米以下；北部里海平原地区属亚热带气候，年降水量由东到西为 680~1700 毫米。

水资源危机主要威胁城市用水和农业用水，也表现为湖泊、河流、湿地等大面积缩小。近年来，全球气候变化导致伊朗的降水量明显下降。"根据伊朗气象组织的数据，国内温室气体排放量在过去 10 年中增加了 3%，自 1750 年以来，平均气温上升了 1.8 摄氏度，远高于全球平均水平 1.1 摄氏度。"[②] 伊朗果农称幼年时家中打井不到 10 米就可以取水，现在打井的深度已经达到 150 米。20 世纪中期，伊朗最大的湖泊乌鲁米耶湖湖区面积约为 5000 平方千米，2011 年湖区面积仅为 2366 平方千米，2013 年湖区面积缩小到 700 平方千米。到 2017 年，经过联合国环保计划和伊朗政府多年努力，湖区面积才恢复到 2300 平方千米。在长期干旱和上游河流筑坝的共同影响下，伊朗西南部的全国第二大湖泊巴赫特湖已经完全干涸。[③]

第二，伊朗的土壤环境恶化主要表现在土壤退化、水土流失、森林草地面积缩小、荒漠化和城市沉降等方面。2018 年伊朗农业用地（可耕地占

① Mansour Ghorbani, *The Economic Geology of Iran: Mineral Deposits and Natural Resources*, Dordrecht: Springer, 2013, pp. 45-65.

② "Iran Unveils Strategic Plan to Combat Climate Change", Financial Tribune Daily and Contributors, May 17, 2017, https://financialtribune.com/articles/environment/64656/iran-unveils-strategic-plan-to-combat-climate-change, accessed May 12, 2023.

③ David Michel, "Iran's Environment Greater Threat than Foreign Foes", The Iran Primer, United States Institute of Peace, October 28, 2013, https://iranprimer.usip.org/blog/2013/oct/28/iran%e2%80%99s-environment-greater-threat-foreign-foes, accessed May 13, 2023.

10.8%，永久耕地占1.2%，牧场占18.1%）占全国土地面积的30.1%，森林面积占全国土地面积的6.8%，其他为城市、荒漠、水体等。① 依据联合国粮农组织2020年数据，伊朗的农业用地面积为4701.3万公顷，其中可耕地面积为1564.5万公顷，永久耕地面积为189.1万公顷，牧场面积为2947.7万公顷。②

总体来说，伊朗的地理环境不佳，多数地区不适合人类居住与生产，可耕地、森林、草场等面积不大。2011年，伊朗成为世界上土壤流失最严重的国家。伊朗每年土壤流失量达到每英亩15吨，是世界平均水平的5倍。根据伊朗统计中心的数据，1900年伊朗的森林覆盖面积约为1900万公顷，但到2012年减少到1440万公顷。到2015年，伊朗的森林总面积减少到1070万公顷，自1900年以来损失了约44%。③ 土壤退化和森林退化的结果是荒漠化加剧。伊朗全国超过70%的国土存在进一步荒漠化的可能。伊朗沙漠事务管理局将全国31个省份中的17个省定性为"荒漠化地区"，荒漠化问题威胁到全国70%以上人口的生活。另外，"伊朗有100万公顷的土地受到下沉的影响，主要原因是地下水的无限开采"。④

第三，空气污染以及固体废弃物污染严重影响伊朗社会生活的正常运作和民众的健康。伊朗是世界上温室气体排放量较高的国家之一，二氧化碳排放量更是居于世界前列。1990~2000年，伊朗的二氧化碳排放总量增长40%，2008年的二氧化碳排放总量居世界第8位，占全世界二氧化碳排放总量的1.79%；2021年，伊朗二氧化碳排放总量为892.7百万吨，占全球

① "The World Factbook：Iran"，CIA，https：//www.cia.gov/the-world-factbook/countries/iran/#geography，accessed May 20, 2023.

② "Iran：Land"，FAOSTAT，https：//www.fao.org/faostat/en/#country/102，accessed May 20, 2023.

③ David Laylin，"Environmental and Wildlife Degradation in Iran"，Atlantic Council，South Asia Center，June 26, 2018，p.7，https：//www.atlanticcouncil.org/in-depth-research-reports/issue-brief/environmental-and-wildlife-degradation-in-iran/，accessed April 28, 2023.

④ "Excessive Water Extraction Sinks Land，Threatens Historic Esfahan"，Trackpersia，October 12, 2021，https：//www.trackpersia.com/excessive-water-extraction-sinks-land-threatens-historic-esfahan/，accessed April 28, 2023.

二氧化碳排放总量的 2.3%，居世界第 6 位。[①]

伊朗城市空气污染的可吸入颗粒大多来自汽车尾气和能源消耗。德黑兰、伊斯法罕、阿瓦士、赞詹、卡拉季、马什哈德、大不里士、乌鲁米耶、阿拉克、加兹温和库姆等 11 个城市的空气污染日益严重。全国每年约有 4 万人因吸入空气中小于 2.5 微米颗粒物死亡。[②] 根据 2013 年世界卫生组织的指数，世界十大污染最严重的城市中有 4 个在伊朗；2014 年，伊朗每天约有 270 人死于白血病、心脏病、呼吸系统疾病以及其他与污染有关的疾病。[③] 2022 年 12 月，包括首都德黑兰在内的伊朗大城市的严重空气污染持续了一个多星期，德黑兰市的所有中小学校和大学关闭，转为线上教学。[④] 随着国内经济发展、城市规模扩大、城市人口快速增长，伊朗生产生活中产生和排放的固体废弃物（垃圾）数量的增长也很快。

第四，生物多样性危机是伊朗可持续发展面临的重要挑战之一，长远威胁伊朗的人境关系。2008 年世界银行公布的伊朗生物多样性指数为 7.3（指标 0~100，从低到高表示生态系统生物多样性丰富程度，0 为完全不具有生物多样性）。根据伊朗环境署 2010 年数据，伊朗国内已发现的植物种类约 8000 种，哺乳类 194 种，鸟类 512 种，爬行类 203 种，两栖类 22 种，鱼类 1080 种。2013 年伊朗环境署称，国内有 74 种动物被国际自然保护组织列为濒危动物，其中 15 种处于严重濒危状态。

---

① "Statistical Review of World Energy 2022", BP, p. 12, https：//www.bp.com/content/dam/bp/business-sites/en/global/corporate/pdfs/energy-economics/statistical-review/bp-stats-review-2022-full-report.pdf, accessed May 19, 2023.

② Mansoureh Galestan, "Iran's Air Pollution Crisis", National Council of Resistance of Iran, January 4, 2021, https：//www.ncr-iran.org/en/news/irans-air-pollution-crisis/, accessed May 13, 2023.

③ "Iran's Government Steps up Efforts to Tackle Pollution", The Guardian, March 10, 2014, https：//www.theguardian.com/world/iran-blog/2014/mar/10/irans-government-steps-up-efforts-to-tackle-pollution, accessed May 15, 2023.

④ "Air Pollution in Tehran Enters Second Week", MEHR News Agency, December 17, 2022, https：//en.mehrnews.com/news/195045/Air-pollution-in-Tehran-enters-second-week, accessed May 7, 2023.

（二）伊朗可持续发展战略的提出和主要内容

伊朗的环境保护与可持续发展概念的出台、落实和演变大致经历了三个阶段。第一个阶段为巴列维王朝时期，是环境保护思想落实的起步阶段；第二个阶段是 1979~1992 年，伊朗伊斯兰共和国继承了巴列维王朝时期的环境保护思想和组织机构；第三个阶段是 1992 年至今，主要表现为伊朗逐渐接受可持续发展的概念并制定相关战略，加入相关国际组织，并积极参与相关立法和实践活动。

伊朗环境保护运动的创始人是伊斯坎德尔·菲鲁兹（Eskandar Firouz），他也是世界环境保护运动的早期发起人之一。他在伊朗创建了当时世界上最早的国家公园网络，还参与策划《拉姆萨尔公约》（保护湿地条约），并推动伊朗于 1971 年签署该条约。1974 年，伊朗通过了《环境保护和促进法》，以推动国家环境战略规划的制定与执行、环境监控与保护、人员培训，并提供技术和资金等。同年，伊朗环境署成立。20 世纪 70 年代，伊朗的环保工作侧重于在全国各地建立国家公园和野生动物保护区。

伊朗伊斯兰共和国继承巴列维王朝的环保理念。伊朗宪法第 50 条规定："在伊朗伊斯兰共和国，保护环境被视为一项公共义务，当代和后代应在其中享受超然的社会生活。因此，禁止对环境造成污染或不可补救破坏的经济活动和任何其他活动。"① 伊朗议会中设有最高环境委员会，主要职能是审核并批准与环境保护和管理相关的法律法规草案及议案，并对政府部门的环境管理活动提出意见和建议。该委员会下设立了伊朗环境保护组织和伊朗国家可持续发展委员会两个机构。政府中保留巴列维王朝时期的环境署，下设人类环境局、海洋环境局、自然环境与生物多样性局、教育与计划局、行政与议会事务管理局，这些机构也在各省设立了分支机构。自 20 世纪 80 年代后期开始，环境保护的思想随着环境和气候变化、人类科学研究的深入进一

---

① *Constitution of the Islamic Republic of Iran 1979*, WIPO, p. 14, https://www.wipo.int/wipolex/en/text/332330, accessed May 14, 2023.

步拓展，人类开始强调生态、经济和社会三者的可持续协调发展。20 世纪
80~90 年代，受两伊战争、国际孤立、美国制裁等因素的影响，环境保护
在伊朗的政治、经济与社会议程中排位靠后，因此伊朗未能很好地实现从环
境保护向可持续发展的转型。

1992 年，伊朗在里约热内卢签署《联合国气候变化框架公约》
（UNFCCC），1996 年议会批准了该公约。伊朗出台了一系列具体的政策和
管理措施，并于 1993 年出台《国家环境可持续发展战略》，首次提出国家
在可持续发展和环境保护方面的总体目标。进入 21 世纪，伊朗先后于 2003
年 5 月、2010 年 12 月和 2017 年 12 月三次向联合国气候变化框架公约秘书
处提交国家信息通报①，充分显示伊朗始终关注和重视气候变化与可持续发
展问题。这三份通报的内容均包括伊朗国情、温室气体清单、温室气体减缓
政策、脆弱性和适应能力评估、应对气候变化的国家拟议战略五个部分，详
细阐述伊朗的环境、经济和社会变迁，气候变化的具体影响和应对政策。

2005 年，伊朗批准《京都议定书》。2015 年，伊朗向联合国气候变化
框架公约秘书处提交"国家自主贡献"，承诺到 2030 年在"一切照旧"② 的
基础上减排 4%。在国际社会的帮助下，包括资金支持和清洁技术转让，伊
朗可以将其温室气体排放量在正常水平的基础上减少 12%。③ 同年，鲁哈尼
政府签署了《巴黎协定》，并于 2016 年提交议会审议。推动可持续发展不
仅得到鲁哈尼政府的重视，也得到精神领袖哈梅内伊的认可。哈梅内伊呼吁
扩大绿色经济，强调低碳产业与推广绿色和使用非化石燃料的公共交通方

---

① "Islamic Republic of Iran, Initial National Communication to UNFCCC", UNFCCC, March 2003,
https：//unfccc. int/resource/docs/natc/iranc1. pdf；"Iran Second National Communication to
UNFCCC ", UNFCCC, December 2010, https：//newsroom. unfccc. int/sites/default/files/
resource/SNC_Iran. pdf；"Islamic Republic of Iran, Third National Communication to UNFCCC",
UNFCCC, December 2017, https：//unfccc. int/sites/default/files/resource/Third%20National%
20communication%20IRAN. pdf, accessed April 19, 2023.

② 伊朗"国家自主贡献"所依据的"一切照旧"情形包括，能源部门的温室气体排放量每年增
长 4.7%，从 2010 年的大约 7 亿吨二氧化碳当量增长到 2030 年的 17 亿吨二氧化碳当量以上。

③ Islamic Republic of Iran, Department of Environment, "Intended Nationally Determined Contribution",
UNFCCC, November 19, 2015, p. 4, https：//www4. unfccc. int/sites/submissions/INDC/Publi
shed%20Documents/Iran/1/INDC%20Iran%20Final%20Text. pdf, accessed May 6, 2023.

式，同时他指出能源部门需要进行重大政策改革，因为伊朗 90% 以上的温室气体排放来自能源部门。

2017 年 5 月，伊朗公布《国家气候变化战略计划》。该计划包括农业、卫生、气候变化减缓、粮食安全保障、水资源有效利用和地下水储备补充等方面的措施。伊朗承诺，到 2030 年，在"一切照旧"的情况下，其碳排放量将减少 4%。伊朗表示，如果获得足够的资金援助，它可以进一步减少 8% 的二氧化碳排放量。伊朗官方估计，在没有国际援助的情况下伊朗需要 175 亿美元的投资来确保履行其无条件的承诺。为了实现减少 12% 碳排放的有条件承诺，伊朗将需要 525 亿美元的投资。2017 年鲁哈尼总统连任后，他将气候变化描述为"21 世纪最重大的挑战之一"。环境署下设的国家气候变化办公室负责管理气候变化减缓和适应工作，该办公室由总统直接监督。此外，在国际气候变化大会和相关国际组织的会议上，伊朗始终坚持第三世界立场，强调责任与义务相互平衡，反对西方国家推卸责任的说辞，批评西方国家多年在气候变化、节能减排和环境保护方面"口惠而实不至"的虚假承诺。2020 年，时任伊朗环境署副部长卡维·马达尼指出："由于发达国家对全球变暖负有历史责任，发达国家必须带头减缓气候变化，向发展中国家提供资金和技术，而不是把负担转嫁给这些国家……发展中国家应该采取负责任的气候行动，但不能以牺牲经济和社会发展为代价。"①

三　气候变化背景下伊朗实现可持续发展面临的挑战和前景

在全球气候变化的背景下，伊朗实现可持续发展面临国内外诸多挑战，压力和阻力巨大，前景不甚乐观。总的来看，水资源危机和空气污染是伊朗当前面临的最严峻挑战，尤其前者还涉及跨国水资源纷争。美国制裁和国际

---

① Josh Gabbatiss, "The Carbon Brief Profile: Iran", Carbon Brief, February 20, 2020, https://www.carbonbrief.org/the-carbon-brief-profile-iran/, accessed May 27, 2023.

孤立是伊朗落实可持续发展关键的外部制约因素，几乎切断伊朗与世界的经济、科技联系和合作。当前伊朗政府的工作重点是应对困顿的经济形势、维持社会稳定，并在地区和全球层面与美国展开博弈，所以落实可持续发展战略尚未成为政府的主要工作内容。

（一）影响伊朗实现可持续发展的国内因素

第一，水资源和可利用土地资源的不足是伊朗实现可持续发展的主要自然禀赋限制。世界资源研究所公布的一份报告指出，截至 2019 年，有 17 个国家面临"极高"的水资源压力，伊朗排名第 4 位。[①]

伊朗平均每年从其领土上的降水中获得 4050 亿立方米的水，其中 2820 亿立方米通过蒸发和蒸散排出，890 亿立方米成为地表水流，340 亿立方米直接进入地下水库。伊朗还从跨境地表水中获得 90 亿立方米的水，地表水加起来达到 980 亿立方米。[②] 由于地表水的不足，伊朗对地下水的抽取日益增加，《自然科学》发表的伊朗水危机报告指出，2002～2015 年，伊朗从地下蓄水层开采的水量超过 740 亿立方米，这是史无前例的，地下蓄水层的水量需要数千年的紧急行动才能恢复。[③] 水资源短缺不仅影响农业生产和国民日常生活，还危及社会稳定。2017 年 2 月和 2018 年夏季，在水资源向来较为充沛的胡齐斯坦省，民众因水供给不足和断电举行游行示威，影响深远。与水资源相似，虽然伊朗土地面积广阔，但受城市化、干旱、水资源不足等因素的影响，多年来可利用土地资源如农田、草场和森林面积不断缩减，单位土地承载压力日益加大。

---

① Mindy Wright, "Most Water-stressed Countries in the World for 2019", Ceoworld Magazine, https：//ceoworld. biz/2019/08/08/most-water-stressed-countries-in-the-world-for-2019. , accessed May 9, 2023.

② "Islamic Republic of Iran, Third National Communication to UNFCCC", UNFCCC, December 2017, p. 122, https：//unfccc. int/sites/default/files/resource/Third% 20National% 20com munication% 20IRAN. pdf, accessed May 22, 2023.

③ "Dam Reservoirs Shrink by 5%", Tehran Times, June 6, 2022, https：//www. tehrantimes. com/news/473329/Dam-reservoirs-shrink-by-5, accessed June 2, 2023.

第二，生存和发展压力下的人境竞争是伊朗实现可持续发展的主要挑战。人境竞争主要表现为伊朗人口增加和城市化给国内粮食安全、用水需求带来不断增长的压力，也表现为能源消费加剧空气污染和危害民众健康安全。人口高速增长和快速推进的城市化是 20 世纪后半期以来伊朗经济社会发展的重要表现。1965 年伊朗人口数为 2502 万，1979 年人口数为 3746 万，2009 年人口数为 7354 万，2018 年人口数为 8302 万。1956 年伊朗城市化比例为 31.4%，1976 年为 47%，1996 年为 61%，2016 年为 74%。[1] 至 2023 年，伊朗人口数达到 8759 万，城市化比例为 77.3%。[2]

20 世纪 90 年代以来，伊朗高度重视粮食安全问题。近年来，伊朗粮食自给率整体不断提高，已基本实现自给。2017 年，伊朗谷物总产量达到 2098.09 万吨。[3] 2018 年，伊朗国内生产可以满足约 82% 的粮食需求。[4] 根据联合国粮农组织的数据，2022 年伊朗小麦总产量达到 1300 万吨，高于 2021 年的 1010 万吨，伊朗成为全球第十三大粮食生产国。[5] 2020 年，伊朗的农业用水、城市用水和工业用水总量分别为 860 亿立方米、62 亿立方米和 11 亿立方米，占比分别为 92%、6.7% 和 1.3%。[6] 自 20 世纪 70 年代以来，伊朗农民抽取乌鲁米耶湖和周边河流灌溉农田，一度导致该湖失去 90% 以上的地表水。伊朗小麦主产区卡尔喀河盆地为增加小麦产量，不断扩大种植面积，大量抽取地下水，导致盆地地下水水位下降，30 年内湿地面

① 张铁伟、魏亮编著《列国志：伊朗》，社会科学文献出版社，2020，第 242~248 页。
② "The World Factbook：Iran"，CIA，https：//www.cia.gov/the-world-factbook/countries/iran/#geography，accessed May 28, 2023.
③ "FAOSTAST：Iran（Islamic Republic of）"，FAO，April 6, 2019，http：//www.fao.org/faostat/en/#country/102，accessed May 22, 2023.
④ "Iran 82% Self-Sufficient in Producing Foodstuff"，Tehran Times，February 12, 2019，http：//www.tehrantimes.con/news/432876/Iran-82-self-sufficient-in-producing-foodstuff，accessed May 19, 2023.
⑤ "Iran's Wheat Production Rises 28% in 2022：FAO"，Tehran Times，March 5, 2023，https：//www.tehrantimes.com/news/482601/Iran-s-wheat-production-rises-28-in-2022-FAO，accessed May 16, 2023.
⑥ "The World Factbook：Iran"，CIA，https：//www.cia.gov/the-world-factbook/countries/iran/#geography，accessed April 29, 2023.

积缩减 50%。[1]

伊朗是世界空气污染最严重的国家之一。1990~2015 年，伊朗二氧化碳排放量增加了 2 倍多。2015 年，伊朗排放了 6.34 亿吨二氧化碳，占世界人为二氧化碳排放总量的 1.8%。[2] 伊朗的空气污染问题以德黑兰最为典型，21 世纪初该市每年产生约 150 万吨污染物，全市近 200 万辆汽车中有 50 多万辆车龄超过 20 年，较少使用过滤汽车尾气的催化转化器。2014 年德黑兰市的汽车总量增加到 420 万辆。低质量含铅汽油的广泛使用更是加剧了该城市的空气污染。重度污染的空气环境不仅造成停课、停市，还危害民众健康，造成哮喘、心脏病和皮肤病等疾病常年高发。

第三，伊朗与可持续发展相关的环境或治理法律法规体系尚未建成，还存在法律落实不到位、民众认识度低等操作层面的难题。首先，伊朗初步建立环境保护和可持续发展的法律法规体系，但仍不完善。经过多年的努力，伊朗先后颁行各种相关法律 20 多部，最早的立法是 1942 年颁行的《森林法》。此后的立法涉及水污染治理、水资源保护、土地综合治理、空气污染治理、生物资源保护等诸多领域。环境立法的缺失是伊朗环境保护和治理方面产生不可挽回损失的主要原因。[3] 尽管制定并颁行了法律法规，环境署在各省设立了下属部门，但受政治文化、执法权限、专业人才队伍、科研和技术水平等因素影响，环境保护与可持续发展的成果相对有限。其次，政府对环境保护和可持续发展的重视度与投入较低。伊朗虽然积极参加每年的全球气候变化大会，但落实气候变化与可持续发展的力度不足。例如，虽然伊朗在第 3 个（2000~2004 年）和第 4 个（2005~2009 年）"五年发展计划"中提

① Sara Marjanizadeh, Charlotte de Fraiture and Willibald Loiskandl, "Food and Water Scenarios for the Karkheh River Basin, Iran", *Water International*, Vol. 35, No. 4, July 2010, pp. 410-411.

② "Implementing the Paris Agreement New Challenges in View of the COP 23 Climate Change Conference", European Parliament, October 2017, p. 69, https://www.europarl.europa.eu/RegData/etudes/STUD/2017/607353/IPOL_STU(2017)607353_EN.pdf, accessed May 2, 2023.

③ "What is Environmental Law and Environmental Law in Iran", Vanda Law Firm, December 11, 2019, https://vandalawfirm.com/en/what-is-environmental-and-environmental-law-in-iran/, accessed May 10, 2023.

及环境保护问题和目标，但这一战略并未落实。2017 年公布的《国家气候变化战略计划》未被列入第 6 个（2017~2021 年）"五年发展计划"，只是作为其附录存在，另外该计划也未能获得政府的批准。最后，治理能力弱、管理不善、开发滞后、浪费等制约伊朗可持续发展的实现。政府补贴使伊朗的能源需求迅速增加，汽油和天然气的超低价格鼓励了大中城市的能源消费。2018 年，伊朗的石油补贴为 266 亿美元，天然气补贴为 260 亿美元，而沙特的这两项补贴分别为 258 亿美元和 62 亿美元。大规模建设水坝未能缓解流域用水和发电问题，反而加速环境恶化。2016 年伊朗有 50 座水电站因蓄水不足而停产或产能减少，水力发电量占比降至 5% 以下。[1] 沿线坎儿井系统因无水而荒废。大型项目的环境测评报告缺少立法支持，或受限于中央或地方政府发展需求，或屈从于部门和集团利益，加之专业机构和科研人员不足，环境测评报告无法发挥其应有的效能。伊朗非化石能源消费和生产规模低，产能潜力长期未得到有效开发。2021 年伊朗核电消费 0.03 艾焦，占能源消费的 0.1%；水电消费 0.14 艾焦，占能源消费的 0.3%；可再生能源消费 0.02 艾焦，生产电力 1.8 兆瓦，其中风电 1.1 兆瓦，太阳能 0.7 兆瓦，占总发电量的 2.6%。[2] 根据伊朗第三次提交给联合国气候变化框架公约秘书处的国家信息通报，天然气燃烧产生的温室气体占其温室气体排放总量的 19%，与整个交通部门的排放量相同。[3] 另外，伊朗还存在非常严重的水浪费和粮食浪费现象。

（二）美国和西方制裁是伊朗实现可持续发展的主要外部障碍

经济制裁是影响伊朗环境保护和可持续发展战略落实的核心外在因素。

---

[1] Eric Wheeler, Michael Desai, "Iran's Renewable Energy Potential", Middle East Institute, January 26, 2016, https：//www. mei. edu/publications/irans-renewable-energy-potential, accessed April 27, 2023.

[2] "Statistical Review of World Energy 2022", BP, pp. 41-45, https：//www. bp. com/content/ dam/bp/business-sites/en/global/corporate/pdfs/energy-economics/statistical-review/bp-stats-review-2022-full-report. pdf, accessed May 21, 2023.

[3] Josh Gabbatiss, "The Carbon Brief Profile：Iran", Carbon Brief, February 20, 2020, https：// www. carbonbrief. org/the-carbon-brief-profile-iran/, accessed May 15, 2023.

自 1979 年伊朗伊斯兰革命后，伊朗长期面对来自美国的单边制裁或来自国际社会的阶段性多边制裁，伊朗经济始终处于非正常状态，损失巨大。

2002 年伊核危机爆发后，美国对伊朗制裁加重。2012 年，因伊核谈判无果，联合国对伊朗施加多边制裁，欧盟禁止伊朗出口石油，世界银行也停止了与伊朗的所有石油相关交易。2012~2016 年，伊朗损失了超过 1600 亿美元的石油收入。2018 年，特朗普政府退出伊核协议后，美国重启依据协议中止的对伊制裁，且制裁力度和规模不断扩大。美国利用自身的金融霸权，逼迫欧洲、日本、韩国、印度等传统买家停止购买伊朗石油，并将伊朗排除出"环球同业银行金融电讯协会"（简称"SWIFT"），导致伊朗出现石油出口难、油款汇回难等难题，还有大量在外外汇资产被冻结。制裁的加重使伊朗出现严重的经济萎缩、财政赤字、通货膨胀和货币贬值。

制裁给伊朗落实可持续发展带来巨大障碍。德国环境署在一份关于伊朗"国家自主贡献"执行情况的报告中指出，制裁是伊朗实现减排的四大障碍之一，其他三个障碍分别是机构能力、获得节能技术和资本的可用性。[①] 伊朗在其"国家自主贡献"文件中反复提到"不公正的制裁"，并表示伊朗方面的任何气候行动都取决于取消制裁。"这一计划，包括无条件和有条件地参与减少温室气体排放以及与适应有关的领域，整体而言，取决于取消经济、技术和金融限制，特别是结束过去几十年对伊朗施加的不公正制裁，以及未来不施加限制或制裁。"[②] 制裁的影响直接表现在其对伊朗国家经济的损害严重削弱伊朗落实可持续发展的能力，同时波及技术合作与资本可用性两个因素。伊朗的经济孤立使其更难获得实现可再生能源目标所需的项目融资和技术转让。伊朗可再生能源组织官员穆斯塔法·赖比称，在实现可再生

---

① María Yetano Roche, Cordelia Paetz, Carmen Dienst, "Islamic Republic of Iran Country Report: Implementation of Nationally Determined Contributions", Umweltbundesamt, November 2018, p. 39, https://www.umweltbundesamt.de/sites/default/files/medien/1410/publikationen/2018-11-30_climate-change_29-2018_country-report-iran.pdf, accessed May 3, 2023.

② Islamic Republic of Iran, Department of Environment, "Intended Nationally Determined Contribution", UNFCCC, November 19, 2015, p. 3, https://www4.unfccc.int/sites/submissions/INDC/Published%20Documents/Iran/1/INDC%20Iran%20Final%20Text.pdf, accessed May 7, 2023.

能源目标的问题上，伊朗需要 100 亿美元的外国投资。但在制裁背景下，2015 年以后国际组织、外国政府、跨国公司、私人企业和非政府组织都不敢投资伊朗。美国的制裁还妨碍了伊朗获得全球环境基金分配给它的资金。

四　伊朗实现可持续发展的前景

伊朗认识到气候变化是一个严重的威胁，并愿意推动与之相关的各种改革。从国内的角度看，联合国针对伊朗的国别发展援助框架明确指出了伊朗发展的 4 个优先事项——环境问题、社会适应能力、公共卫生管理、减灾和灾害管控。该框架指出，由于气候干燥、城市化加速和经济发展导致伊朗对石油与天然气生产的高度依赖，伊朗正面临极其严峻的环境挑战。[①] 因此，伊朗必须采取坚决措施，着力保护关键的环境资产，才可能实现国家的可持续发展。

从国际的角度看，伊朗一向在国际社会中支持气候行动，积极参与气候治理与环境保护合作。伊朗现已加入 23 个相关公约及协定，内容涉及水、空气、土地、生物多样性等方面。多年来，伊朗与联合国开发计划署、联合国环境规划署、联合国粮农组织等进行长期的合作，涉及减灾、粮食渔业生产、气候监测、水管理等方面。在针对伊朗的合作计划中，环境治理目标包括自然资源的可持续利用、维持生物多样性、改善城市空气质量、减少水域污染、提升治理能力和公众意识等诸多方面。在双边和多边领域，伊朗与包括美国在内的诸多国家开展官方与民间环保合作，签署一系列备忘录和合作协议，内容涉及沙漠治理、有机食品、可降解塑料、水资源治理和保护、湿地治理和稀有物种保护、空气污染防治等。

伊朗应对气候变化和落实可持续发展面临来自内外的巨大压力。一方面，伊朗在气候治理和可持续发展方面面临日益严重的压力，而且是"摆

---

① United Nations System in Iran, Islamic Republic of Iran, "United Nations Development Assistance Framework (2017 - 2021)", UNICEF, June 1, 2020, pp. 2 - 4, https://www.unicef.org/about/execboard/files/Iran_UNDAF_2017-2021.pdf, accessed May 11, 2023.

在桌面上"的危机。伊朗在 2006 年全球环境绩效指数报告（EPI）中的排名为第 40 位，在 2012 年全球环境绩效指数报告的 134 个国家和地区中排名第 114 位。2014 年，伊朗的平均能源消耗量是其他国家的 5 倍。[1] 2021 年，估计有 4.1 万名伊朗人因干旱、沙尘暴、洪水等自然灾害和土地退化而流离失所，仅沙尘暴一项就导致多达 2300 人流离失所。[2]

另一方面，伊朗无法脱离国际社会独立实现可持续发展，但制裁导致它孤立于全球资本市场、金融市场，国际技术合作基本停止。伊朗在 2015 年"国家自主贡献"报告中明确提出，由于经济、金融和技术部门受到不公正的制裁，伊朗不仅没有实现在第 5 个"五年发展计划"中将能源强度降低 30% 的目标，而且近年来能源强度有所提高。[3] 伊朗是一个发展中国家，在减排方面需要国际支持。面对国内经济困境和严苛的制裁，当前伊朗既没有能力也没有精力去落实可持续发展战略。

2023 年上半年，海湾地区的沙特、伊拉克、阿联酋等国相继提出规模宏大的植树造林计划。2023 年 4 月，伊朗农业和圣战部也提出一项计划，要在 4 年内种植 10 亿棵树苗，借此强调其对环境保护、防治荒漠化和土壤退化的重视。植树计划的提出反映出伊朗在应对气候变化和可持续发展问题上与海湾阿拉伯国家面临相同的困境，也证明各方的应对政策基本同频同步。总的来看，未来伊朗在应对气候变化和落实可持续发展战略的道路上"危大于机"，任务既艰巨又急迫。

---

[1] Dalga Khatinoglu, Saeed Isayev, "Environmental Protection Organization Iran Ranks First in World for Wasting Water Sources", Trend News Agency, Januray 9, 2014, https：//en. trend. az/iran/2228473. html, accessed May 26, 2023.

[2] Banafsheh Keynoush, "Iran's Growing Climate Migration Crisis", Middle East Institute, January 30, 2023, https：//mei. edu/publications/irans-growing-climate-migration-crisis, accessed April 17, 2023.

[3] Islamic Republic of Iran, Department of Environment, "Intended Nationally Determined Contribution", UNFCCC, November 19, 2015, p. 5, https：//www4. unfccc. int/sites/submissions/INDC/Published%20Documents/Iran/1/INDC%20Iran%20Final%20Text. pdf, accessed May 25, 2023.

Y.11

埃及：绿色转型的新进展及挑战

李子昕*

摘　要： 埃及的自然地理条件决定了其较易受到气候变化的不利影响。
　　　　　为此，埃及提出了一系列应对气候变化的国家议程及绿色发展
　　　　　计划，对各领域绿色转型均提出了可量化目标，并取得了一定
　　　　　的发展成就。2022年埃及承办《联合国气候变化框架公约》第
　　　　　27次缔约方会议，这成为埃及坚定采取气候行动和推动可持续
　　　　　发展的重要契机，埃及力图借此塑造其在中东和非洲的气候行
　　　　　动领军地位。但近年来全球公共卫生挑战与日趋严峻的域内外
　　　　　地缘政治危机叠加共振，埃及经济发展与民生改善进程遭遇挫
　　　　　折，在一定程度上累及其绿色经济发展与环境保护努力。此外，
　　　　　推动绿色转型需要巨量资金支持，埃及政府财政能力及国内资
　　　　　本恐难独立支撑，国际融资顺利与否将直接影响未来埃及绿色
　　　　　发展前景。

关键词： 埃及　气候变化　可持续发展　绿色转型

作为一个自然地理条件极易受到气候变化影响的国家，埃及长期以来十
分重视应对气候变化挑战、推动可持续发展，近30年来推出了不少绿色转
型的倡议与规划。进入21世纪第二个十年后，埃及应对气候变化的相关行
动显著加速，发布了《可持续发展战略：埃及2030年愿景》、"国家自主贡

---

* 李子昕，中国国际问题研究院发展中国家研究所助理研究员，主要从事中东国际关系研究。

献"、《埃及国家气候变化战略 2050》等一系列文件，为埃及未来的绿色发展路径指明方向。

一　埃及气候行动议程实施情况

2022 年对埃及气候行动议程实施、可持续发展及绿色转型而言是至关重要的一年。埃及在沙姆沙伊赫承办了《联合国气候变化框架公约》第 27 次缔约方会议（COP27）。会议不仅在全球气候行动问题上达成了一系列共识与成果，也成为中东国家在国际舞台展示其应对气候变化挑战坚定决心的重要契机。

埃及对本次缔约方会议极为重视，在会议之前便发布了对 COP27 的目标期待与愿景。综合埃及官方在会议前的各种表态，其主要目标涉及四大方面。一是持续减排。为实现将全球气温升高控制在 2 摄氏度以内的目标，各方必须立即采取更有力的行动，COP27 是各国履行承诺、检视《巴黎协定》履约情况的重要契机，各国要切实履行其提交的"国家自主贡献"中列明的减排计划。二是加强适应行动。《联合国气候变化框架公约》第 26 次缔约方会议（COP26）的重要成果之一就是达成了全球适应目标（The Global Goal on Adaptation）。COP27 须在此基础上进一步强化各方在该领域的共同努力，展现更强的政治意愿，力争在增强复原力及支持脆弱社区应对气候挑战方面取得更大进展。三是气候融资。埃及在 COP27 期间大力推动气候融资相关项目落地实施。埃及认为，充足及可预见的气候融资是实现《巴黎协定》各项目标的关键，为此需要提高资金的流动性与透明度，满足发展中国家特别是最不发达国家、岛屿发展中国家的迫切需求。发达国家每年承诺给予发展中国家的 1000 亿美元应对气候变化的资金支持至关重要，这不仅有助于实现具体目标，而且将在发展中国家与发达国家间构筑信任。四是增进合作，通过协作的方式达成共同目标，确保构建更具弹性、更可持续的气候变化应对模式。为此，埃及将努力确保所有利益攸关方都能充分、平等地参与 COP27 相关讨论，尤其对于那些来自受到气候变化严重影响的弱势社区和非洲国家的代表，埃及将给予特别关注。从最终的会议成果看，埃及大部分的预期目标得以实现。

通过 COP27，埃及不仅为全球气候变化应对做出了卓越贡献，其自身也取得了丰硕的成果和获得了较高的赞誉。COP27 期间，埃及发起包括"沙姆沙伊赫甲烷减排路线图""东地中海天然气论坛区域脱碳倡议"在内的多项倡议，签署了总金额超过 150 亿美元的水、食品、能源领域的绿色发展项目，并推出了第一个非洲自愿碳证书发行和交易市场。通过自愿碳证书发行和交易市场机制，埃及环境保护、工业产业、金融监管等部门将协力发挥作用，以市场模式激活社会各领域资源，通过构筑新的产业链、价值链、供应链引导公私经济实体切实减少碳排放。埃及政府表示，该机制的运行将遵循国际通行标准，确保实现最高水平的透明度。埃及总理马德布利表示，该机制的运行标志着埃及关于碳中和与可持续发展议程的相关战略从承诺阶段进入执行阶段，并将有力推动埃及成为非洲乃至国际绿色能源及碳交易中心，彰显埃及实现碳中和目标的决心与能力。①

作为第一个承办《联合国气候变化框架公约》缔约方会议的中东阿拉伯国家，埃及希望将自身塑造为地区绿色发展的先行者和引领者。由埃及和沙特共同主持的第二届"绿色中东"倡议峰会在 COP27 期间举行。"绿色中东"倡议支持中东国家开展区域性合作，减少区域内碳排放 6.7 亿吨。该倡议还计划种植 500 亿棵树，修复 2 亿公顷退化土地。在大会期间，埃及还与阿联酋签署了新能源合作协议，将在埃及建设装机容量为 10 吉瓦的全球最大陆上风电厂。②

COP27 在一定程度上成为埃及加快绿色发展的重要契机和标志性事件。COP27 闭幕后，埃及继续加大对绿色发展领域的投入。2022 年底，埃及主

① 《埃及启动第一非洲自愿碳证书发行和流通市场》，埃及国家信息服务中心中文网，2022 年 11 月 10 日，https://sis.gov.eg/Story/134151/埃及启动第一非洲自愿碳证书发行和流通市场?lang=zh-cn，最后访问日期：2023 年 5 月 15 日。
② 《全球应对气变合作迎来"中东时间"》，中国石油新闻中心网站，2022 年 11 月 22 日，http://news.cnpc.com.cn/system/2022/11/22/030085758.shtml，最后访问日期：2023 年 5 月 15 日。

权基金（TSFE）与 9 个投资方签署了多个可再生能源合作协议，总金额达 830 亿美元。埃及经济发展与规划部部长兼埃及主权基金主席赛义德表示，埃及推出了一系列海水淡化领域的投资项目，并收到多个国家发出的 300 份合作意向书。埃及主权基金致力于动员私营部门投资埃及可再生能源、绿色氢能、绿色氨和海水淡化等领域。为此，埃及主权基金将资本从 2000 亿埃镑增加到 4000 亿埃镑，并计划几年内达到 1 万亿埃镑，以此撬动更多的私人资本和市场主体，共同投身于绿色发展进程，并将埃及建成国际绿色能源中心。①

二　埃及可持续发展战略的提出与主要内容

（一）气候变化对埃及国家发展的负面影响

从地理条件看，埃及非常容易受到气候变化的影响。根据联合国政府间气候变化专门委员会（IPCC）数据，尼罗河三角洲被认为是至 2050 年直接受到气候变化影响的 3 个极端脆弱地区之一。② 据预测，至 2100 年全球海平面可能上升 1 米，届时尼罗河三角洲大部分地区、埃及北部沿海地区、西奈半岛等区域将处于危险之中。同时，气候变暖、海平面上升还将带来海水倒灌、土地盐碱化、洪水、海岸侵蚀等一系列自然灾害。即便是中短期预测，至 2030 年，埃及尼罗河三角洲地区的粮食产量也将损失约 30%，或将引发潜在的粮食危机。

由于气候变化，埃及的社会经济活动也受到负面影响。埃及总人口的 25% 从事第一产业农业生产活动，而高温、缺水等自然条件恶化令农民生计

---

① 《埃及主权基金签署总额 830 亿美元的可再生能源投资协议》，中国对外承包工程商会网站，2022 年 11 月 28 日，https：//www.chinca.org/cica/info/22112810152211，最后访问日期：2023 年 5 月 15 日。

② *Coastal Systems and Low-Lying Areas*，Intergovernmental Panel on Climate Change，February 2018，https：//www.ipcc.ch/site/assets/uploads/2018/02/ar4-wg2-chapter6-1.pdf，accessed May 15, 2023.

大受影响。沿海地区的各类次生灾害及极端天气事件对城市经济、民生保障
也产生不利影响。埃及经济在很大程度上依赖旅游业，而无论是考古遗址还
是海滩都会受到天气的影响。仅首都开罗的空气污染成本就超过了该国
GDP 的 1%，而电力部门、交通和制造业的碳排放增加也给其医疗系统带来
巨大的成本。[1] 过去三年，新冠疫情进一步加剧了环境问题各方面的负面
效应，政府财政收入减少也使埃及应对此类次生灾害的能力受到限制。

（二）碳中和及可持续发展战略的主要内容

埃及的自然地理与社会条件对气候变化具有高度脆弱性，适应气候变化
的不利影响是埃及政府迫切需要解决的问题。[2] 1994 年，埃及批准了《联合
国气候变化框架公约》，成为全球第一批以"共同但有区别的责任"原则应对
气候变化威胁的国家之一。阿拉伯剧变后，埃及政府显著加快了应对气候变
化的相关部署。2011 年，埃及编制了首份《适应气候变化和减少灾害风险国
家战略》。2015 年 11 月，埃及提交了《国家自主贡献预期》（Intended
Nationally Determined Contribution）。2016 年 4 月埃及签署了《巴黎协定》，埃
及议会于 2017 年 6 月予以核准，而此前提交的《国家自主贡献预期》文件正
式成为埃及的首份"国家自主贡献"文件。2017 年，埃及发布《2030 年国家
减少灾害风险战略》（National Strategy for Disaster Risk Reduction 2030）。2018
年，《可持续发展战略：埃及 2030 年愿景》与《低排放发展战略》（Low
Emission Development Strategy）相继发布，进一步明确未来减排措施及目标。
2011 年 12 月，埃及政府与联合国开发计划署联合发布《国家适应气候变化及
减少灾害风险战略》（National Strategy for Adaptation to Climate Change and
Disaster Risk Reduction）。

在上述一系列研究、方案及部署的基础上，2022 年 5 月埃及政府发布

---

[1] 戴青丽：《埃及应通过碳定价实现绿色发展》，保尔森基金会官网，2021 年 3 月 30 日，
https://paulsoninstitute.org.cn/green-finance/green-scene/埃及应通过碳定价实现绿色发展/，
最后访问日期：2023 年 5 月 15 日。

[2] Ministry of Environment, *Egypt National Climate Change Strategy 2050*, Cairo, 2022, p. 7.

了《埃及国家气候变化战略2050》。根据该文件阐释，埃及国家气候变化战略的愿景是：有效解决气候变化影响，以提高埃及民众生活质量，实现社会的可持续发展和经济的可持续增长；保护自然资源和生态系统，提升埃及在应对气候变化领域的国际领导地位。埃及政府明确表示，埃及国家气候变化战略的实施需要社会各界的参与，包括非政府组织和民间社会，而不仅仅是政府机构。

以《埃及国家气候变化战略2050》为依据，2022年6月，埃及政府对此前提交的首版"国家自主贡献"文件进行更新，对2015～2030年埃及应对气候变化的具体政策、做法及量化指标进行详细说明。

以下围绕对埃及可持续发展与应对气候变化努力产生主要影响的两份文件《可持续发展战略：埃及2030年愿景》及《埃及国家气候变化战略2050》进行重点梳理与分析。

1.《可持续发展战略：埃及2030年愿景》

《可持续发展战略：埃及2030年愿景》（以下简称《埃及2030年愿景》）由塞西总统于2016年2月公布并启动，该愿景旨在到2030年实现一系列主要国家目标，这些目标与联合国可持续发展目标（United Nations Sustainable Development Goals，SDGs）和非洲2063年可持续发展战略（The Sustainable Development Strategy for Africa 2063）相一致。

《埃及2030年愿景》希望建立一个有竞争力、平衡和多样化的经济体系，以知识创新为驱动力，以社会正义、诚信和参与为基础，以平衡和多样化的生态协作为特征，实现经济社会的可持续发展，以拓展增量的方式创造更多机会，在提高未来埃及经济竞争力的同时，改善民众的生活质量。① 该愿景的核心内容是三大维度和十大支柱。一是经济维度，包括经济发展、能源、知识创新和科学研究、透明和高效的政府机构4个支柱；二是社会维度，包括社会正义、卫生健康、教育和培训、文化4个支柱；三是环境维

---

① Official Website of the Egypt's Vision 2030, http://sdsegypt2030.com/? lang = en, accessed May 15, 2023.

度，包括环境和城市发展2个支柱。此外，还有外交政策、国家安全和国内政策3个支柱，它们共同塑造了《埃及2030年愿景》的综合框架。[①] 通过实施该愿景，埃及希望实现八大主要目标：提高民众的生活质量与水平；增进社会正义与公民参与；发展具有竞争力的多元化经济；鼓励创新与科学研究；发展综合和可持续的环境系统；增强国家治理能力；确保区域和平与国家安全；塑造埃及在地区与国际事务上的领先地位。[②]

除了社会经济发展目标，作为埃及绿色发展的重要指导性文件，《埃及2030年愿景》也就环境保护与发展绿色经济提出了一系列具体要求。例如，在能源领域，愿景提出以科技进步为基础，通过发展绿色经济及绿色能源产业，至2030年力争将温室气体排放量相较2016年减少15%；发电能源来源构成实现大幅优化，力争将石油及天然气占比从91%大幅缩减至27%，太阳能及风能占比从1%提升至30%（太阳能16%、风能14%），同时发展民用核能发电，使其在发电能源来源中的占比达到9%。[③]《埃及2030年愿景》有关环境的相关指标具体见表1。

表1　《可持续发展战略：埃及2030年愿景》中环境改善相关指标计划

监测类别	2016年数值	2020年目标值	2030年目标值
总耗水量的比重	107%	100%	80%
人均淡水资源（可再生）	650立方米/年	750立方米/年	950立方米/年
由细小灰尘造成的空气污染减少量或比重	157微克/立方米	−15%	−50%
城市固体废物收集及妥善管理比重	收集20%，收集效率60%	收集40%，收集效率80%	收集80%，收集效率90%
安全处置危险废物的比重（处理、回收、最终存储）	7%	30%	100%

① 朱泉钢：《埃及〈2030愿景〉及前景：不平衡的执行》，载王林聪主编《中东发展报告No.24（2021~2022）》，社会科学文献出版社，2022，第180页。
② 《关于埃及2030愿景的8个要点》，七日网，2020年6月6日，https://www.youm7.com/story/2020/6/16/8/4828534 ـكل ـما ـتريد ـمعرفته ـعن ـرؤية ـمصر ـفى- 2030，最后访问日期：2023年5月15日。
③ Ministry of Planning and Economic Development of Egypt, *Sustainable Development Strategy*: *Egypt's Vision 2030*, 2016, p. 18.

续表

监测类别	2016 年数值	2020 年目标值	2030 年目标值
生物多样性和环境综合指标子指标： ①自然保护区的面积占土地及水道总面积比重；②海洋和沿海自然保护区面积占海洋和沿海总面积	①11.1% ②4.3%	①17% ②10%	①17% ②10%
非传统水资源占水资源使用总量的比重	20%	30%	40%
污水处理率	50%	60%	80%
非法进入尼罗河的工业污水占工业污水总量的比重	21%	16%	0%
排入尼罗河污水的处理率	50%	70%	100%
经批准及有效管理的自然保护区数量	13 个	15~20 个	30 个
对已批准公约的履约进展	—	100%	100%

资料来源：根据《可持续发展战略：埃及 2030 年愿景》制作，参见 Ministry of Planning and Economic Development of Egypt, *Sustainable Development Strategy*: *Egypt's Vision* 2030, 2016。

2.《埃及国家气候变化战略2050》

《埃及国家气候变化战略 2050》作为埃及应对气候变化挑战的总纲，对埃及社会中长期绿色转型有着重要指导及约束意义。《埃及国家气候变化战略 2050》中列明五大目标、22 个小项目，每个目标又包括了一系列标准子项，力求使该战略更具可操作性、可追溯性、可量化性。该战略的五大目标及相关实施路径要求具体如下。

目标一：各经济部门实现可持续增长和低排放。通过提高可再生能源和替代能源在能源组合中的比重，实现能源转型。能源领域的温室气体排放是埃及温室气体排放的最主要来源，约占总体排放量的 64.5%，主要来自石油及天然气等化石能源。当前，埃及已调整用于发电的化石燃料中不同燃料的比重，例如使用温室气体排放较少的替代品，当前天然气在发电中的使用率已达 94.1%。未来，埃及还将着重加大对风能、太阳能、水能等绿色能源的利用，计划在 2035 年将绿色能源在能源组合中的比重提升至 42%。除此之外，埃及还将通过最大限度地提高能源利用效率、减少能源消耗量、采用可持续的消费和生产模式、发展废物回收与管理系统等方式，减少各类社会活动的温室气体排放量。

目标二：增强对气候变化的适应能力和复原能力。新冠疫情让埃及政府对应对突发性环境与公共卫生危机有了更高的警觉与紧迫感。埃及政府加快改善公共卫生服务，提高卫生部门应对气候变化引起的公共卫生危机与疾病的能力，做好疫苗接种与预防感染的公共服务，建立有效的预警系统和健康提示，对老、弱、孕、妇、幼群体予以特别保护。埃及政府将加大对重点基础设施、文物古迹、生态系统的保护，增强适应力；减少对自然资源的无谓消耗，提高资源使用效率；通过植树造林，提高生态系统自身应对气候变化的能力，减少温室气体排放，保护生物的多样性。此外，埃及政府还将因应气候变化及地理环境现实，兴建新的基础设施并提供相应的公共服务，为民众实现体面生活、改善民生水平提供保障。同时，埃及政府将加快建立相关防灾、减灾体系，善用数字技术建立早期预警系统，积极向民众普及应对气候变化潜在风险的方法和知识。

目标三：加强气候变化行动治理。埃及政府将界定不同利益攸关者在应对气候变化方面的角色和责任，以期形成一个应对气候变化的有机体，各部门可及时获取必要的数据与支持，对相关应对气候变化工作的监督和追溯也更方便。同时，埃及政府将持续推动体制改革，确保程序正义及依法执政，鼓励并保障私营部门参与应对气候变化的各项努力。

目标四：加强气候融资基础设施建设。埃及政府将制订一个全面的国家融资战略计划，在确保与国际通行融资准则接轨的基础上，通过增加银行绿色信贷来提高私营部门与公共部门在应对气候变化领域的项目融资能力，特别是保障小微企业的融资权益。埃及政府将创新融资机制，例如发行绿色债券，吸引希望致力于可持续发展项目的投资者。通过绿色债券项目，可为诸如可再生能源、能源效率、废弃物管理、清洁运输、适应气候变化，以及其他与环境、社会和治理有关的重要项目提供资金。发行绿色债券的尝试在中东和非洲地区是开先河之举，有助于帮助埃及塑造应对气候变化的地区领导者地位。

目标五：加强科学研究、技术转让和知识产权管理。加强相关领域科学研究是更好地应对气候变化的重要基础，为此埃及政府将建立一个应对气候变化课题的专门国家实体，以协调跨学科研究工作。埃及政府将优先保障与气候变化相关的研究项目，增加其获得资助的机会，鼓励构建跨学科研究团队，提高研究成果的综合效益，注重科研成果在社会各部门间的共享。

三 埃及可持续发展的前景与挑战[①]

（一）埃及可持续发展取得的主要成果

在一系列碳中和与绿色转型规划的指引下，当前埃及的可持续发展已取得了一定成绩，具体体现在 9 个方面。

1. 能源政策改革。埃及政府启动了一项全面的能源政策改革方案，包括取消能源补贴以及全面改革电力和石油与天然气部门。该方案于 2014 年 7 月启动，为期 10 年，计划在 2024～2025 财年完成。在该方案实施之前，2012～2013 财年，埃及能源补贴占政府财政支出的 22%，占国内生产总值的 6%。改革方案实施仅 3 年，能源补贴即下降了一半；到 2019～2020 财年，能源补贴占国内生产总值比重仅为 0.3%。

2. 发展可再生能源。埃及政府通过发布《可再生能源法》和其他规章制度等多种政策性措施，鼓励社会各界对可再生能源领域的投资。到 2019～2020 财年，埃及风力和太阳能发电厂总装机容量达 3016 兆瓦，是改革实施初期的 887 兆瓦的 3.4 倍。

3. 提高电力部门能源效率。埃及政府在供应端和需求端均采取了一系列措施来提高电力部门的能源利用效率，并加快电站维护、设备升级和迭代更换计划。配合增加可再生能源使用，埃及近年来发电能源利用效率快速提高。

---

① 本部分内容根据《埃及首版更新国家自主贡献》文件梳理总结，参见 Ministry of Environment, "Egypt's First Updated Nationally Determined Contributions", UNFCCC, June 8, 2022, https://unfccc.int/sites/default/files/NDC/2022-07/Egypt%20Updated%20NDC.pdf, accessed May 15, 2023。

4. 提高石油部门能源利用效率和推广低碳燃料。自2016年起，埃及的石油部门开始普遍采取零成本或低成本方式提高能源利用效率。作为传统石油消耗的重要领域，汽车燃油消耗成为埃及减排改革的重点。为支持推广使用天然气等低碳燃料汽车，埃及大力普及天然气加气站，加气站数量在一年半时间内增加2倍。

5. 提高需求侧能源利用效率。具体而言包括提高照明和建筑电气的能效标准、提高工业能效水平、提高工业设备能效标准、提高工业制造过程中绿色能源的使用比重、强化污染减排相关措施等。

6. 发展低碳交通。埃及大力推动公共交通建设，例如加速扩展开罗的地铁网络，引入"优质服务公交"概念，引导民众更多地使用公共交通，推动社会向低碳大众交通模式转型。在这一过程中，埃及政府希望更多私营部门参与进来，从而减轻政府财政压力。

7. 固体废物管理。近年来埃及颁布了一系列加强固体废物管理、回收、利用的法律法规，包括《废物管理法》及其执行条例、关于废物能源转化的总理令以及关于水泥行业强制替换部分燃料的部长令等，推动埃及固体废物循环利用的总体发展。

8. 发展绿色金融。2020年9月，埃及财政部推出了西亚北非地区的首个绿色主权债券，并成功在伦敦证券交易所上市，吸引外国投资者支持埃及的绿色转型。埃及的绿色发展项目中，16%为可再生能源项目，19%为清洁交通项目，26%为可持续水资源利用项目，39%为减少和控制污染项目。埃及经济发展与规划部发布环境可持续标准指南，促使绿色投资占总投资的比重从2019~2020财年的15%上升至2020~2021财年的30%，并预计在2024~2025财年达到50%。

9. 气候适应行动。依靠政府财政及国际资金，埃及已推动实施数个气候适应项目，包括可持续农业投资与民生项目（2014~2023年）、南部地区弹性粮食安全系统（2013~2028年）、城市地区参与性发展项目（2010~2018年）、沿海地区气候变化综合管理项目（2009~2017年）以及尼罗河三角洲及北部沿海地区气候变化适应项目（2018~2024年）。

（二）埃及绿色发展的前景与路径

埃及践行可持续发展战略的努力为未来埃及继续走可持续发展道路奠定了重要基础，其中最重要的是政府与民众形成了绿色发展共识，而这种共识将巩固埃及政府持续推动环境友好政策、实现碳中和目标的政治意愿。目前，埃及对经济社会各领域的绿色发展路径均已有所规划，具体有 7 个方面。

1. 发电、输电与配电领域。最大限度地利用当地资源生产能源，实现能源供应的多样化，降低能源消费强度，实现电力部门的低碳化转变。减少发电过程中的煤炭使用量，关停、升级低效火力发电厂，力争在 2030 年实现可再生能源在发电环节的使用占比达到 40%，并在 2035 年提高到 42%。利用数字技术、智能计量等技术手段建设智能电网，扩大区域间电网的互联互通。此外，埃及还将改进和升级输电及配电网络，建设更多特高压变电站、控制中心和智能电网，提高电力效率，减少碳排放。

2. 石油和天然气领域。实施石油与天然气行业的综合转型，促进产业现代化，包括全产业链环节采用节能和低碳技术。在回收和利用石油采炼过程的伴生气体领域，埃及已有 17 个正在运行的项目和 36 个筹建项目，拟于 2030 年前全面投产。伴生气体处理后将用于生产液化石油气、天然气和凝析油，减少燃烧产生的温室气体排放。

3. 交通运输领域。作为埃及温室气体排放主要环节，公路运输对未来埃及减排成功与否有着至关重要的作用。未来，埃及将加大力度扩展地铁、轻轨、有轨电车、快速公交等多种形式的大载量公共交通系统，促进道路运输从私人交通向公共交通转变。同时，埃及将建设更多高等级公路，改善道路基础设施，提高各城市间的通达性，以达到减少通勤时间和燃料消耗的目的。此外，埃及还将尝试飞机、客运巴士等公共交通工具使用生物燃料或其他清洁燃料，以减少温室气体排放。

4. 工业领域。未来，埃及将着力在工业领域降低能源消耗强度，使用可再生能源和可替代燃料等，改进低碳工艺，实现工业部门的去碳化。资源密集型产业能源消耗占工业总能源消耗的68.47%，中小企业占比为11%，是工业领域的能源消耗大户，未来将提高上述部门的电力效率和热能效率。此外，埃及还将推广生态工业园概念，通过提高资源使用效率，改善企业的经济、环境和社会表现，并给予绿色产业公司特殊政策优惠，倡导实现工业的包容与可持续发展。

5. 建筑业与城市建设。城市发展将在可持续发展理念的指引下进行，采取低碳标准与低碳建筑方案。埃及政府将推广家电产品的能效标识体系，淘汰非节能产品，提高消费者的内生节能意识。同时，未来城市规划将注重扩大绿地面积及增强城市运行的可持续性，例如用处理水进行市政绿化灌溉、扩大城市人均绿地面积、安装节能灯或太阳能路灯及广告设施等。

6. 旅游业。旅游业是埃及的支柱产业之一，埃及将推动旅游设施普遍使用可再生能源，以及更换照明、供暖、通风、空调、水泵等硬件系统，推进旅游产业的低碳化发展。

7. 废物利用及综合管理。未来埃及将减少废物填埋，到2025年实现只有20%的废物被填埋处理；强化回收、利用的循环经济方式。鼓励私营资本投资废物管理及利用的基础设施，建立更多废物转运站；发展生物燃料，通过废物热解、封闭焚烧等方式进行发电，实现循环利用。

（三）埃及可持续发展的挑战

《埃及2030年愿景》提出后，埃及政府在环境保护方面投入了大量资源并辅以政策及法律支撑，然而埃及环境保护压力依旧沉重。埃及的环境仍面临空气、水、土壤污染问题带来的负面影响。人口和经济的快速增长导致大量垃圾产生，加剧了环境保护与资源消耗的压力。特别是近年来新冠疫情与全球性地缘政治危机叠加共振，埃及经济发展与民生改善进程遭遇挫折，累及其绿色经济发展及环境保护努力。当前，埃及面临的绿色转型挑战主要集中于3个方面。

1. 各领域绿色转型进展不均衡。在践行《埃及2030年愿景》的过程中，经济维度是埃及政府最为重视的，社会维度与环境维度尽管亦取得进展，但进步速度显著慢于经济维度。一方面，这同社会维度与环境维度的设计目标多为长周期、不易量化有关；另一方面，相较经济发展，社会与环境问题对民众感知而言并不紧迫，也不易对埃及政府的民意支持度产生立竿见影的影响，因而未受到足够的重视。

2. 减排成效不足，净零排放时间表难以确定。据"气候观察"（Climate Watch）组织统计，埃及近20年温室气体排放增幅几乎翻一番，减排压力巨大。然而，在2022年更新的埃及首版"国家自主贡献"中，埃及并未列出其国家整体减排目标以及实现净零排放的具体时间。目前最具改革雄心的表述仅为"探索在2050年实现净零排放的目标"。这显示埃及各界对减排仍存在认识分歧，且缺乏信心。

3. 巨大的财政缺口。据埃及政府估算，仅至2030年实现"国家自主贡献"初步目标所需的资金已高达2460亿美元。其中用于减排的资金为1960亿美元，用于适应气候变化挑战的资金约为500亿美元。当前，埃及已从政府部门及私营部门调用了大量的储备资金与投资。然而，仅通过政府自筹方式难以满足应对气候变化的全部资金需求，仍然需要国际社会给予优惠贷款及相当部分的捐赠。埃及政府指出，根据《巴黎协定》第9条，缔约方中的发达国家应向发展中国家提供支持。若后续气候融资不顺利，埃及的绿色发展进程恐面临更多不确定性。

Y.12
摩洛哥：应对气候变化与可持续发展

陈玉香*

摘　要： 摩洛哥地理位置独特，易受气候变化的影响，气候变化给摩洛哥
生态系统、经济发展和社会生活带来消极影响。摩洛哥是气候变
化应对和可持续发展的积极践行者，在制度上和战略上均采取了
多项与气候变化有关的适应战略和减缓战略。根据摩洛哥《国
家可持续发展目标执行情况自愿审查》报告，摩洛哥在环境保
护方面整体执行情况良好。展望未来，可持续发展理念、可再生
能源的开发与利用、中摩合作为摩洛哥可持续发展提供了广阔空
间，但摩洛哥也面临平衡经济增长与环境保护、有限财政对应对
气候变化的影响以及有限的资源对社会发展的影响等挑战。

关键词： 摩洛哥　气候变化　气候治理　可持续发展战略

一　摩洛哥经济发展形势与特点

（一）2022年摩洛哥经济形势

2022 年，外部受乌克兰危机影响，大宗商品价格上涨，内部遭遇严重
干旱，农业产量下滑，导致摩洛哥经济显著下滑。预计 2022 年摩洛哥经济

---

* 陈玉香，中国社会科学院大学国际政治经济学院西亚非洲系博士研究生，宁夏大学中国阿拉
伯国家研究院讲师，主要研究方向为中东政治。

增长 1.2%。① 干旱导致摩洛哥第一产业增加值收缩 15.3%。② 农业歉收也是 2022 年摩洛哥经济减速的重要原因。新兴产业成为摩洛哥提振经济的重要引擎。除发展传统工业外，摩洛哥政府还重点发展汽车产业和航空业。2022 年，摩洛哥新车市场销售规模为 16.1 万辆，同比下降 8%。摩洛哥汽车进口商协会表示，全球物流中断、乌克兰危机、通货膨胀、能源价格上涨等是销售量下降的外部因素，在经济危机导致需求下降的背景下，汽车变得越来越贵。③ 航空业也是摩洛哥政府重点发展产业。截至 2022 年 9 月末，摩洛哥航空业出口额达 161 亿迪拉姆，同比增长 53.3%，2019 年全年仅为 174 亿迪拉姆，预计到 2022 年底将首次突破 200 亿迪拉姆的门槛。④ 服务业方面，旅游业快速复苏，成为主要的经济贡献者。截至 2022 年底，旅游收入为 912.9 亿迪拉姆，比 2021 年增长 166.1%。在复苏的影响下，旅游收入超过了 2019 年的水平（787.4 亿迪拉姆），即增长 15.9%。⑤

内外部因素叠加导致摩洛哥食品和能源价格上涨，加大了通胀压力，摩洛哥通货膨胀达到了 30 年来最高水平。2022 年 12 月整体通胀率达到 8.3% 的峰值。⑥ 大宗商品价格上涨对摩洛哥贸易产生冲击，贸易赤字变大，迪拉姆贬值导致进口额激增。2022 年 1~11 月，摩洛哥进口总值同比增长 42.3%，达 6770 亿迪拉姆，相当于国内生产总值的 49%，其中近 50% 增长是能源和食品进口造成的；同期，商品出口额同比增长 33.1%，其中 2/3 为磷酸盐和化肥以及汽车。进口额激增扩大了商品贸易逆差，从第一季度的

---

① IMF, *Country Report：Morocco*, January 2023, p. 3.
② The World Bank, *Morocco Economic Update Responding to Supply Shocks*, Winter 2022/23, p. 1.
③ 《摩汽车行业在 2022 年艰难复苏》，中华人民共和国驻摩洛哥王国大使馆经济商务处网站，2023 年 2 月 16 日，http：//ma. mofcom. gov. cn/article/jmxw/202302/20230203391300. shtml，最后访问日期：2023 年 4 月 15 日。
④ 《摩航空业出口额预计到 2022 年底将创纪录》，中华人民共和国驻摩洛哥王国大使馆经济商务处网站，2022 年 12 月 30 日，http：//ma. mofcom. gov. cn/article/jmxw/202301/202301033 77344. shtml，最后访问日期：2023 年 4 月 15 日。
⑤ 《2022 年摩洛哥旅游收入增长 166%》，中华人民共和国驻摩洛哥王国大使馆经济商务处网站，2023 年 2 月 21 日，http：//ma. mofcom. gov. cn/article/jmxw/202302/20230203392447. shtml，最后访问日期：2023 年 4 月 15 日。
⑥ The World Bank, *Morocco Economic Update Responding to Supply Shocks*, Winter 2022/23, p. 4.

550 亿迪拉姆扩大到第三季度的 2050 亿迪拉姆，占 GDP 比重从 17% 上升至 20.3%。以迪拉姆计算，预算赤字下降了约 10%，2022 年末接近 GDP 的 5.1%，这使摩洛哥能够将公共债务增长控制在 GDP 的 70% 以下。2022 年 1~11 月，摩洛哥侨汇收入达 995 亿迪拉姆，占 GDP 的 7.2%。[1] 尽管国际环境不利，摩洛哥仍吸引了大量外国直接投资。2022 年摩洛哥吸引外国直接投资 209.7 亿迪拉姆，同比增长 8.3%。[2] 美国取代法国成为摩洛哥最大的外国直接投资来源。2022 年上半年，美国对摩洛哥投资达 63 亿迪拉姆，超过法国对摩洛哥的 56 亿迪拉姆投资。[3]

（二）摩洛经济发展的特点

第一，经济保持增长，具有一定韧性。2000~2019 年，摩洛哥平均经济增长率超 3%。2020 年，由于新冠疫情的影响，摩洛哥经济萎缩 6.3%，2021 年经济得以复苏，实现 7.9% 的增长；2022 年受内部因素影响，经济显著下滑，增长率为 1.2%。世界银行预计，2023 年摩洛哥经济增长率将达到 3.1%。

第二，经济发展更加多元。磷酸盐出口、旅游业、侨汇是摩洛哥三大经济支柱。摩洛哥产业结构近 40 年来一直较为稳定，摩洛哥高等规划署数据显示，第一、第二、第三产业占 GDP 比重基本分别维持在 15%、30% 和 55%。[4] 农业在摩洛哥国民经济发展中占有重要地位，但极易受气候变化影响。除发展纺织、旅游等传统产业，摩洛哥政府还重点扶持汽车、航空航天、清洁能源、信息和通信技术等新兴产业的发展，促进经济可持续发展。为推动摩洛哥经济可持续发展，政府针对不同领域与部门颁布了法律和制度

---

[1] The World Bank, *Morocco Economic Update Responding to Supply Shocks*, Winter 2022/23, p. 6.

[2] 《2022 年摩吸引国外直接投资规模约 209 亿迪拉姆》，中华人民共和国驻摩洛哥王国大使馆经济商务处网站，2023 年 2 月 21 日，http://ma.mofcom.gov.cn/article/c/2023020 3392450.shtml，最后访问日期：2023 年 4 月 15 日。

[3] 《美国取代法国成为摩洛哥最大外国投资者》，中华人民共和国驻摩洛哥王国大使馆经济商务处网站，2022 年 12 月 22 日，http://ma.mofcom.gov.cn/article/jmxw/202212/2022120 3375029.shtml，最后访问日期：2023 年 4 月 15 日。

[4] 张玉友、孙德刚主编《"一带一路"国别研究报告（摩洛哥卷）》，中国社会科学出版社，2020，第 92 页。

框架，制定了不同战略、计划、方案等。

第三，经济奉行自由化发展道路，对外开放程度高。自 20 世纪 80 年代初以来，摩洛哥实行经济改革和对外开放，推行企业私有化和贸易自由化，与欧盟、美国、土耳其等国家和组织签订了自由贸易协定，2019 年加入非洲大陆自贸区等，使摩洛哥经济进一步融入世界经济。

第四，加强基础设施建设，改善商业和投资环境，吸引外国投资。近年来，摩洛哥政府不断开展制度化、法治化改革，简化行政办事程序，降低关税保护，取消非关税等，扩大经济和贸易关系，使摩洛哥成为重要的投资目的地。

第五，经济发展对气候变化脆弱性高。作为气候热点国家，气候变化给摩洛哥经济发展带来很大负面影响。

二 摩洛哥可持续发展战略的提出和主要内容

（一）气候变化对摩洛哥发展的影响

摩洛哥气候多样，北部为地中海气候，中部属副热带山地气候，东部、南部为热带沙漠气候。因其所处地理位置，摩洛哥极易受气候变化影响。20 世纪 70 年代以来，摩洛哥每 10 年观测的温度都会上升 0.5℃，超过全球平均水平约 0.15℃。除非采取有力措施缓解这一趋势，否则预计到 2100 年，摩洛哥气温将上升 3~7℃。[1] 预计到 2100 年，摩洛哥平均降水量减少 10%~20%，撒哈拉地区降水减少 30%，干旱频度增加，海平面上升 18~29 厘米。[2] 气候变化导致降水减少、气温升高，干旱、洪水等气象灾害频发，水资源短缺，海平面上升，土地荒漠化加剧，生产力降低，严重影响摩洛哥自然生态系统、经济发展和社会生活。据欧洲投资银行发布的 2022 年气候调查，摩洛哥 86% 的受访者认为气候变化已对他们的日常生活造成影响，51%

---

[1] Dorte Verner and David Tréguer, *Climate Variability*, *Drought*, *and Drought Management in Morocco's Agricultural Sector*, Washington, D. C.: The World Bank Group, 2018, p. 3.

[2] USAID, *Climate Change Risk in Morocco*, December 2016, p. 2.

的受访者认为气候变化与环境破坏影响他们的收入和生计。[①] 气候变化对摩洛哥发展造成了诸多消极影响。

第一，气候变化带来的最大挑战是水安全问题。摩洛哥是世界上缺水最严重的国家之一，水资源短缺成为制约其发展和民众生活的重要因素。20 世纪 70 年代末以来，摩洛哥地表水流量一直在下降，从 1945～1978 年的年均 220 亿立方米下降到 1979～2018 年的年均 150 亿立方米，水流量不断下降以及人口增长、灌溉扩大和经济发展需求的增长，使摩洛哥水资源更为紧张，1960～2020 年，人均可再生水资源可利用量从每人每年 2560 立方米下降到 620 立方米，正迅速接近每人每年 500 立方米的重度缺水阈值。[②] 由此，地下水资源压力显著增加，将导致地下水资源被过度开采，造成地下水水位下降。2022 年 11 月，摩洛哥水库蓄水率为 23.7%，为 1995 年以来最低水平。[③] 此外，由于河岸受到侵蚀而加速大坝泥沙淤积，污染物浓度增加，水质可能下降。

第二，气候变化不仅影响自然生态系统，而且在一定程度上改变了生物多样性及生物栖息地环境。摩洛哥近几十年来气温上升速度快于全球平均水平。气候变暖造成降水量减少和蒸发率上升，土壤和森林进一步退化，土地荒漠化、盐渍化更加严重。冰川融化加剧，海平面上升，不仅会引起海洋环境和海洋生态系统发生变化，导致海洋灾害的发生频率变大，而且会影响海洋生物生存甚至影响海洋生态系统的结构和功能。气候变化带来的另一后果是物种减少甚至灭绝。气候变化影响物种群落结构、地理分布等，环境的改变导致部分物种因栖息地退化或丧失而从原分布区消失。一项研究结果表明，在当前气候变化背景下，北非阿拉伯地区约 17%的地方性哺乳动物可能在 2050 年前灭绝。[④]

---

① "EIB Climate Survey: 86% of Moroccan Respondents Say Climate Change is Already Affecting Their Everyday Life", European Investment Bank, December 20, 2022, https://www.eib.org/en/press/all/2022-560-86-of-moroccan-respondents-say-climate-change-is-already-affecting-their-everyday-life, accessed April 20, 2023.

② The World Bank Group, *Country Climate and Development Report* (*Morocco*), October 2022, p. 4.

③ The World Bank, *Morocco Economic Update Responding to Supply Shocks*, Winter 2022/23, p. 2.

④ Alaaeldin Soultan, Martin Wikelski, and Kamran Safi, "Risk of Biodiversity Collapse under Climate Change in the Afro-Arabian Region", *Scientific Reports*, Vol. 9, No. 955, 2019, p. 1.

第三，摩洛哥经济对气候变化有很高的脆弱性，极易受气候变化影响的产业有农业、渔业、林业和旅游业等。农业是摩洛哥经济、粮食安全和维持农民生计的关键部门，约占国内生产总值的 15%，提供约 30% 就业岗位，摩洛哥人口中 80% 为农村人口。① 降水减少、气温升高及持续干旱导致植物生长季节缩短、农作物歉收和产量下降。摩洛哥 87% 的作物仍为雨养作物，极易受降雨变异性影响。2022 年，摩洛哥经历了 30 多年来最严重干旱，降水量极低，造成谷物、柑橘和橄榄的产量分别下降了 67%、14% 和 21%，导致农业部门增加值收缩 15%，与上年同期相比，1~9 月 GDP 整体增长下降了 47.6%。② 此外，农作物产量与质量的变化会对农产品价格及依靠农作物发展的产业和企业产生消极影响，这反映出气候冲击对摩洛哥宏观经济波动有着重要影响。摩洛哥渔业繁荣，是重要的外汇来源，也是沿海和农村地区的重要生活来源。海运业占摩洛哥 GDP 的 2.3%，直接或间接雇用了 66 万多人。海运出口额占出口总额的 15%，占农业食品出口额的 59%。③ 而气候变化对海洋生态系统的破坏不仅会导致渔业生产力降低，而且会造成生计损失。森林生态系统在农村和山区社会经济发展中发挥着至关重要的作用。阿特拉斯雪松的零星腐烂、森林火灾等对摩洛哥社会经济和生态系统产生连带影响。旅游业被视为摩洛哥重要的经济发展支柱，但旅游业高度依赖外部环境，与当地人文景观、自然环境和历史文化密切相关，易受气候变化影响。气候决定了旅游景点的吸引力，而气候变化会引起自然景观变化、生物多样性下降，水资源短缺以及洪涝、气温升高、严重干旱等灾害会降低旅游吸引力，从而影响经济发展。

第四，气候变化对摩洛哥社会生活的影响。一方面，气候变化导致人口流动性增加。一是农村地区人口向城市流动。干旱发生率、严重程度和持续

① The World Bank Group, *Country Climate and Development Report (Morocco)*, October 2022, p. 16.

② The World Bank, *Morocco Economic Update Responding to Supply Shocks*, Winter 2022/23, p. 3.

③ The World Bank Group, *Climate Risk Country Profile: Morocco*, 2021, p. 24.

时间变长已成为农村人口脆弱性的关键驱动因素。[1] 由于缺乏适应变化或应对冲击的能力，农村人口沦为"气候难民"并向城市迁移，造成城市化现象严重，从而加剧城市资源紧张。此外，日益频繁的干旱和结构性缺水将造成农村就业机会继续减少。根据 Groundswell 2.0 报告预测，到 2050 年，多达 190 万摩洛哥人（占总人口的 5.4%）可能会从农村地区迁移出去。以雨养农业为主、水资源供应量大幅下降的农村地区将出现最多的移民外流，热点地区集中在马拉喀什周围，卡萨布兰卡、萨菲周围的西海岸和西南海岸，以及阿加迪尔以南至提兹尼特。[2] 二是海平面上升造成民众从沿海城市向其他地区迁移。摩洛哥 60% 的人口和大部分经济活动分布在沿海地区。到 2030 年，约 42% 的海岸线将面临被侵蚀和暴发洪水的高风险。[3] 另一方面，气候变化影响民众健康。一是因降雨减少，增加了农作物歉收、粮食不安全和营养不良风险；二是更多人面临疾病风险，特别是老人、儿童、慢性病患者等。根据世界卫生组织数据，2030~2050 年，气候变化将使摩洛哥每年因营养不良、疟疾、腹泻和热应激死亡的人数增加 25 万人，登革热病毒的媒介容量将从 0.29 增加到 2070 年的 0.33（参考值为 0.22）。到 2030 年，15 岁及以下儿童因气候变化导致的腹泻死亡人数将达到 10.5%。由于温室气体排放，1961~1990 年每 10 万人中估计有 5 人死亡，到 2080 年，老年人因高温死亡的比重将达到每 10 万人中的 50 人。[4]

（二）摩洛哥应对气候变化和可持续发展战略

意识到自身的脆弱性和采取行动的必要性，摩洛哥成为可持续发展与全球应对气候变化的积极支持者和践行者。为应对气候变化，实现可持续发展目标，摩洛哥不仅强化了相关法律和制度框架，而且制定了各部门战略框

---

[1] The World Bank Group, *Country Climate and Development Report* (*Morocco*), October 2022, p. 7.

[2] The World Bank Group, *Country Climate and Development Report* (*Morocco*), October 2022, p. 18.

[3] UNDP, *National Adaptation Plans in Focus: Lessons from Morocco*, 2017, p. 1.

[4] "Morocco: Nationally Determined Contribution to the UNFCCC", June 15, 2015, p. 19, https://www.climamed.eu/wp-content/uploads/files/Morocco-First-NDC-English.pdf, accessed April 20, 2023.

架，可持续发展也是摩洛哥国家战略规划中的重要内容。

1. 摩洛哥应对气候变化的相关法律政策

摩洛哥已颁布多项与气候变化相关的法律政策，为应对气候变化提供了制度支撑。例如，《宪法》（2011 年）第 31 条规定，可持续发展是所有公民的权利，所有公民都有权享有健康的环境；第 35 条规定，国家致力于实现人类发展和可持续发展，巩固社会正义，保护国家自然资源和子孙后代的权利；第 71 条规定，公民和政府应遵守有关环境管理、自然资源保护和可持续发展规定。《国家环境与可持续发展宪章第 99~12 号法律框架》（2014年）为《国家环境与可持续发展宪章》提供了法律依据，确立了《宪章》规定的原则、权利和义务。《摩洛哥气候变化政策》（2014 年）描绘了摩洛哥气候行动愿景。《国家可持续发展战略 2030》（2017 年）将负责任的环境管理与气候变化适应战略相结合，涵盖了摩洛哥可持续发展挑战，如应对气候变化、防治荒漠化和保护生物多样性。《2030 年国家气候计划》（2019年）旨在积极应对气候变化带来的挑战，确保向低碳经济转型的同时，提高摩洛哥韧性。《新发展模式》（2021 年）将包容性、绿色经济视为未来发展的重点产业，还特别关注气候变化。

2. 摩洛哥应对气候变化的战略

联合国环境规划署和世界气象组织建立的政府间气候变化专门委员会（IPCC）将适应气候变化定义为："适应当前或预期气候及其后果的过程。对人类系统来说，这意味着减轻或避免不利影响，利用有益影响。对自然系统来说，人类干预可以促进适应预期气候及其结果。"减缓气候变化是"人为干预，减少温室气体源或增加温室气体汇"。[①] 摩洛哥制定了气候适应战略和气候变化减缓战略。

为增强气候适应能力，摩洛哥在农业、水资源、渔业和水产养殖业、林业、卫生、住房以及脆弱环境和生态系统等方面制定了相应的适应战略（见表 1）。

---

① H.‒O. Pörtner et al., *Climate Change 2022: Impacts, Adaptation and Vulnerability. Contribution of Working Group II to the Sixth Assessment Report of the Intergovernmental Panel on Climate Change*, Cambridge: Cambridge University Press, 2022, p. 5.

表1 摩洛哥气候变化适应战略及 2030 年目标

部门	2030 年目标	战略、计划、方案
农业	• 将农业灌溉范围扩大到 6 万公顷； • 新增覆盖 35 万公顷农田的灌溉设备	• 绿色一代 2020~2030 年
水资源	• 城市卫生网络连接率达 90%，净化率达 80%； • 农村地区卫生网络连接率达 50%，净化率达 40%； • 城市废水再利用达 2.75 亿立方米，农村地区废水再利用达 1600 万立方米； • 沿海城镇污水再利用达 1.83 亿立方米； • 受气候变化影响的丹吉尔、乌伊达和梅克内斯地区水资源可持续管理	• 国家水利战略 • 干旱管理计划 • 水资源综合管理总体规划 • 国家防洪计划 • 国家液体卫生计划 • 国家农村卫生方案 • 国家废水再利用计划 •《水法 36/15》
渔业和水产养殖业	• 建立海岸观测网，配备 3 个海洋和气象浮标，将海岸环境和健康监测与预警系统扩大到 40 个观测区； • 继续实施旨在可持续开发渔业资源的管理措施； • 建立占专属经济区 10% 的海洋保护区； • 开发两个孵化场，用于 5 种沿海濒危物种的繁殖； • 在 5 个沿海地区实施水产养殖发展计划	• 哈利厄蒂斯计划
林业	• 可持续管理； • 增强脆弱地区（山区、沙漠和沿海）生态系统恢复力	• 2020~2030 年摩洛哥森林战略 • 木材能源战略 • 国家森林健康监测战略 • 城市和近郊森林战略 • 森林火灾防治总体规划 • 重新造林总体规划 • 防治荒漠化国家行动方案 • 国家流域发展计划 • 保护区总体规划 • 国家生物多样性战略和行动计划 • 保护地中海海洋和沿海生物多样性战略行动计划
环境敏感部门：海岸、山脉和绿洲	• 国家区域规划应考虑不同地区的特殊性； • 促进公共干预； • 明确发展和监督战略规划文件； • 优化资源利用，创造健康低碳环境	• 绿洲规划和发展国家战略 • 绿洲和阿尔干地区国家发展战略 • 农村和山区发展战略 • 海岸线综合管理国家战略

部门	2030 年目标	战略、计划、方案
住房、土地利用和城市规划	• 实施城市气候计划； • 建立生态社区，建设可持续城市； • 基于生态系统适应性，减轻城市热岛效应	• 区域土地利用规划方案 • 区域发展计划 • 社区发展计划 • 城市总体规划 • 地方住房和城市发展计划 • 国家土地利用规划方案 • 国家城市发展战略
健康	• 应对媒介传播疾病、心血管疾病、腹泻和呼吸道疾病； • 建立报警机制，增强系统能力； • 完善卫生基础设施和提高服务能力	• 国家卫生部门适应气候变化战略（制定中） • 2050 年健康计划 • 2017~2021 年卫生部门适应气候变化行动计划

资料来源："Morocco Updated National Determined Contribution", United Nations Climate Change, June 2021, pp. 23-27, https://unfccc.int/documents/497685。

针对节能减排，摩洛哥采取了多项气候变化减缓战略，总体目标是到 2030 年将温室气体排放量减少 45.5%，减缓战略主要涵盖能源、物流、废物处理、森林、农业等部门（见表2）。

表2　摩洛哥气候变化减缓战略

部门	战略、计划、方案	目标
能源	国家能源战略	• 到 2030 年,实现电力装机容量的 52% 来自可再生能源； • 到 2030 年实现节能 20%； • 到 2030 年将建筑、工业和运输的能源消耗减少 20%； • 到 2030 年,进口天然气联合循环增加 450 兆瓦容量； • 通过进口和再气化天然气管道为主要行业提供能源
物流	国家物流战略	• 降低物流成本,提高消费者和运营商竞争力； • 降低物流成本,其带来的附加值将加快 GDP 增长； • 促进可持续发展

续表

部门	战略、计划、方案	目标
废物处理	减少和回收废物国家战略	• 到 2030 年,减少受控垃圾填埋场废物处置,提高回收率,包括:20%的生活垃圾和类似垃圾(DMA)回收利用,DMA 有机物回收率达 20%;10%的垃圾用于焚烧发电;工业废物回收率达 25%;报废车辆回收率达 70%; • 创造可持续的绿色就业机会,建立更多垃圾填埋和回收中心,鼓励建立回收主体,扩大公私合作
	国家液体卫生和废水处理计划	• 2016 年、2020 年和 2030 年,城市卫生网络总体连接率分别达到 75%、80%和 100%; • 2016 年、2020 年和 2030 年污水处理量分别达到 50%、60%和 100%; • 2020 年废水处理以 50%的比重重新用于内陆城市
农业	绿色摩洛哥计划	• 实现农业部门现代化,使农业产值到 2020 年达到 1100 亿~1500 亿迪拉姆,出口价值达到 440 亿迪拉姆; • 在绿洲和山区等脆弱地区发展互助农业; • 将 200 万~300 万农村人口收入提高 2 倍; • 更有效地管理自然资源,特别是水资源(节省 20%~50%)
	绿色一代 2020~2030 年	• 巩固农业部门,继续实施种植计划,特别是橄榄树、椰枣树、果树、仙人掌等的种植; • 发展有机农业; • 在节水灌溉项目中使用太阳能水泵,促进可再生能源利用; • 保护生态系统,特别是牧场
森林	2020~2030 年摩洛哥森林战略	• 停止毁林有关计划,恢复 30 年来退化的森林,使森林部门更具竞争力和更现代化
交通	城市公共交通改善计划	• 为大城市地区提供使用可再生能源的高容量公共交通工具; • 制订出租车车队更新计划; • 设立 2 亿美元城市交通道路支持基金
制冷剂	批准《基加利修正案》	• 到 2024 年冻结氢氟碳化合物消费,2029 年开始第一阶段减排; • 尽早采取行动减少氢氟碳化合物使用,引入气候友好型解决方案,以冰箱和空调为重点
行政	政府示范计划	• 鼓励使用可再生能源和技术,在所有公共行政部门进行合理管理或提高能源效率; • 将生态汽车(混合动力或电动)份额提高 30%; • 促进行政部门对废物进行源头分类

资料来源:"Morocco Updated National Determined Contribution", United Nations Climate Change, June 2021, pp. 18-19, https://unfccc.int/documents/497685。

摩洛哥应对气候变化的措施取得了明显成效。在制度和体制建设方面，确定了监测和报告可持续发展执行情况模式；设立可持续发展署，强化综合环境保护和管理的体制框架；制定新法律，强化环境保护的法律框架。在民众参与方面，设立监察员办公室，促进公众和当局之间的互动，提高民众参与度。具体执行方面，对照联合国《2030 年可持续发展议程》17 个可持续发展目标中环境方面的目标，整体来看，摩洛哥表现较好，取得了一定成效。[①] 在水供给和环境卫生方面，摩洛哥各项指标都有所上升。2019 年城市饮用水全覆盖，农村地区饮用水供应率达 97% 以上。城市污水处理比重从 2006 年的 7% 上升到 2019 年的 55%。在负担得起和清洁能源方面，摩洛哥各项指标都有所上升。其中，用电人口比重从 2016 年的 97.8% 上升到 2018 年的 98.1%；2019 年，摩洛哥可再生能源装机容量达到 3700 兆瓦，占全国总装机容量的 34%；可再生电力产量占总电力产量比重从 2012 年的 9.7% 上升到 2019 年的 20%；可再生能源消费在全国能源消费中所占份额从 2016 年的 2.6% 上升到 2018 年的 3.3%。在可持续的消费和生产模式方面，摩洛哥的垃圾收集率从 2008 年的 44% 上升到 2019 年的 95%，垃圾填埋率从 2008 年的 11% 上升到 2019 年的 63%，垃圾回收率从 2015 年的 6% 上升到 2019 年的 10%。在应对气候变化方面，摩洛哥森林平均燃烧面积缩小，但自然灾害造成的受伤或死亡人数有所增加。在海洋资源可持续性方面，2018 年，摩洛哥海洋渔捞业产量约为 90 万吨，对 GDP 的贡献为 1.02%，对出口总额的贡献为 0.8%（不包括加工产品），但海洋保护区占海洋总面积的比重仍很低，2016 年评估为 0.0007%。在陆地资源可持续性方面，摩洛哥略有改善。根据联合国发布的《2022 年可持续发展目标报告》中的环境相关指标来看，在可持续的消费和生产模式与应对气候变化方面，摩洛哥已完成目标；在水供给和环境卫生方面，摩洛哥保持已有成就；在负担得起和清洁能源方面，摩洛哥有一定提升；在海洋和陆地资源可持续性方面，摩洛哥均有所停滞。[②]

---

① High Commissioner's Office for Planning, *2020 National Report: Voluntary National Review of SDG Implementation*, pp. 74-86, 122-142.

② Jeffrey D. Sachs et al., *Sustainable Development Report 2022*, Cambridge: Cambridge University Press, 2022, p. 318.

三 摩洛哥可持续发展前景与挑战

从《2022 年可持续发展目标报告》中各国政府对可持续发展目标的承诺和努力来看，摩洛哥属中等水平，从可持续发展目标总体表现来看，2022年摩洛哥在 163 个国家和地区中排第 83 位，得分为 69.0 分，高于中东地区平均值 66.7 分，在北非地区位列第三，排在阿尔及利亚（第 64 位，71.5分）和突尼斯（第 69 位，70.7 分）之后。[①] 相比 2021 年，摩洛哥可持续发展状况有所下降，排名从 2021 年第 69 位下降至 2022 年第 84 位，得分从2021 年 70.5 分降至 69.0 分。从具体可持续发展目标来看，摩洛哥在负责任的消费和生产模式与应对气候变化方面完成了目标，在其他目标方面挑战犹存，如零饥饿、良好的健康与福祉、性别平等、负担得起和清洁能源、体面工作和经济增长、陆地和海洋资源可持续性。[②] 展望未来，摩洛哥在可持续发展方面仍具有广阔发展前景，但也面临诸多挑战。

（一）摩洛哥推进可持续发展的前景

首先，可持续发展理念为摩洛哥发展指明了方向。穆罕默德六世国王和政府官员在多个场合承诺在应对气候变化、低碳、生物多样性、环境保护和人类发展等可持续发展方面进行改革，并在各领域制定了详细的法律法规、政策、计划等，为摩洛哥可持续发展、绿色包容发展提供了理念支撑。

其次，丰富的可再生能源的开发与利用成为摩洛哥应对气候变化、实现绿色低碳发展的重要举措。绿色低碳发展是经济、社会和环境可持续发展的

---

① Jeffrey D. Sachs et al. , *Sustainable Development Report 2022*, Cambridge：Cambridge University Press，2022，p. 318.

② Souad Anouar，" Report：Morocco's Sustainable Development Score Sees Double – Digit Drop "，Morocco World News，July 28，2022，https：// www. moroccoworldnews. com/2022/07/350501/report-moroccos - sustainable - development - score - sees - double - digit - drop，accessed April 20，2023.

重要表现。摩洛哥缺乏能源，90%以上能源依靠进口，为减少能源依赖，满足日益增长的能源需求，摩洛哥依靠丰富的太阳能和风能资源，推动可再生能源和清洁能源的开发与利用。据统计，摩洛哥全年日照时长约3000小时，努奥太阳能发电园区的建设为摩洛哥减少能源依赖提供了替代选项。目前摩洛哥太阳能、水能和风能的开发在非洲处于领先地位。此外，摩洛哥还加大绿色氢气开发。根据国际可再生能源机构报告，到2050年，澳大利亚、智利、摩洛哥、沙特和美国最有可能成为主要的清洁氢气生产国。[1] 根据可持续发展署的战略，摩洛哥将在2030年前抢占全球2%~4%的绿氢市场，成为绿氢出口国。[2]

再次，在乌克兰危机大背景下，可再生能源受到欧洲青睐，为摩洛哥提供了新机遇。欧盟于2019年推出"欧洲绿色协议"，提出到2050年在全球范围内率先实现碳中和。然而，乌克兰危机发生后，欧洲深陷能源危机。欧洲国家一方面出台措施节约能源，另一方面寄望在中东、非洲等地区寻找替代能源。在此背景下，一些欧洲国家纷纷加强同摩洛哥等北非国家合作。2021年10月，欧盟与摩洛哥签署谅解备忘录，建立"绿色能源伙伴关系"。根据这份谅解备忘录，双方将加强能源和应对气候变化方面的合作，通过对绿色技术、可再生能源生产、可持续交通和清洁能源生产领域的投入，促进产业低碳转型。2023年3月，欧盟委员会委员奥利维尔·瓦尔赫里访问摩洛哥，宣布欧盟将向摩洛哥追加提供6.2亿欧元资金，用于支持摩洛哥加快发展绿色能源、加强基础设施建设等。

最后，中摩两国在可持续发展领域有着巨大合作前景。在理念上，中摩在节能减排、能源可持续发展领域拥有类似理念。中国提出力争2030年前实现碳达峰、2060年前实现碳中和，摩洛哥提出到2050年实现碳中和目

① International Renewable Energy Agency, *Geopolitics of the Energy Transformation: The Hydrogen Factor*, 2022, p. 48.

② Aya Benazizi, "Morocco, A Success Story in Sustainable Development", Morocco World News, June 26, 2022, https://www.moroccoworldnews.com/2022/06/349926/morocco-a-success-story-in-sustainable-development, accessed April 20, 2023.

标。在行动上，中摩双方共同推进"一带一路"建设和全球发展倡议，有助于落实联合国可持续发展目标以及摩洛哥中长期发展规划。2022年1月5日，中摩两国政府签署《中华人民共和国政府与摩洛哥王国政府关于共同推进"一带一路"建设的合作规划》，摩洛哥成为北非地区首个与中国签署共建"一带一路"合作规划的国家。在技术上，中国无论在提升煤电效率技术方面，还是在可再生能源规模化方面都取得显著成效。在清洁能源领域，中国实现了跨越式发展，取得了清洁能源消费占比达25.5%、开发利用规模稳居世界第一、低风速风电技术位居世界前列、光伏产业技术快速迭代、为全球市场供应超过70%组件等一系列举世瞩目的成就，[1] 这些都为未来中摩在技术领域加强合作提供了广泛空间。

（二）摩洛哥可持续发展面临的挑战

首先，平衡经济发展与环境保护，摩洛哥既要做到节能减排，又要保持产业发展和经济增长。尽管摩洛哥在可再生能源领域进行了重要投资，但摩洛哥短期内仍将依赖能源进口；尽管摩洛哥可再生能源有所增加，但煤炭仍在生产中占主导地位。2020年，摩洛哥近68%的电力生产依靠煤炭，且煤炭主要依赖进口，可再生能源在整体电力生产中仅占19%。[2]

其次，有限的财政也是制约摩洛哥可持续发展的重要因素。应对气候变化和可持续发展，确保各项战略落地实施，都需要充足的资金保障，而新冠疫情冲击导致摩洛哥公共债务增加，同时，面对国内经济疲软，尤其是极端天气影响，政府不得不加大对民众的补贴力度，这将使摩洛哥有限的财政面临更大压力。摩洛哥政府只有通过加强与国际社会的合作，才可能使各项目标顺利实现，资金能否得到保障也具有不确定性。例如，一项关于摩洛哥脱碳的研究表明，摩洛哥若要实现脱碳目标，2020~2050年所需公共支出将高

① 龙静：《波兰的可持续发展进程及与中国的合作》，《欧亚经济》2022年第6期，第91页。
② "Morocco's Future Energy: The Path Forward", Italian Institute for International Political Studies, January 19, 2022, https://www.ispionline.it/en/publication/moroccos-future-energy-path-forward-32908, accessed April 22, 2023.

达 1980 亿美元。[1]

　　再次，有限的资源加剧摩洛哥社会不平等。水资源严重短缺，气候变化导致降雨减少、干旱、洪水等极端气象灾害频率增加，严重破坏了农业发展，这对摩洛哥粮食安全、可持续农业以及消除贫困、零饥饿等可持续发展目标的实现形成阻碍。同时，有限的资源可能加剧不平等，破坏社会可持续性，给摩洛哥社会发展与稳定带来挑战。

---

[1] "Morocco's Future Energy: The Path Forward", Italian Institute for International Political Studies, January 19, 2022, https://www.ispionline.it/en/publication/moroccos-future-energy-path-forward-32908, accessed April 22, 2023.

热 点 问 题

Hot Issues

Y.13
伊朗社会问题:"阿米尼事件"及其隐忧

陆瑾 肖锐昂*

摘 要: 佩戴头巾既是伊朗社会习俗,也是政治法律问题。2022年9月,伊朗"阿米尼事件"引发伊朗新一轮佩戴头巾问题,严重的社会撕裂和安全隐忧构成了伊朗国家治理十分棘手的挑战。其背后深层次原因在于民众对国家经济状况和持续高通胀的不满、国家与社会之间的对立加剧、"Z世代"的叛逆行为以及美国等外部势力的干涉等。为维护政权安全和缓解社会矛盾,伊朗采取理性、务实与温和的应对举措,积极回应人民的诉求并推动国家治理体系改革。

关键词: 伊朗 "阿米尼事件" 社会安全 社会治理

自1979年伊朗伊斯兰政权建立以来,佩戴头巾既是伊朗社会习俗,也

---

* 陆瑾,中国社会科学院西亚非洲研究所政治研究室副研究员,主要研究方向为伊朗内政外交和中伊关系;肖锐昂,中国社会科学院大学(研究生院)西亚非洲研究系硕士研究生。

是政治法律问题。伊斯兰革命胜利后，霍梅尼领导的新政府颁布了基于伊斯兰教法和传统文化的妇女"着装法"。尽管该法规一出台就遭到很多知识分子与女青年的反对和抵制，但妇女在公共场合佩戴头巾很快成为伊朗的社会行为准则和主流价值观，佩戴头巾不合规或不佩戴头巾被视作越轨行为。后霍梅尼时代，伊朗各届政府对于"着装法"的执行力度和界定"越轨行为"的标准不尽相同，但总体上不如从前严苛。从1997年哈塔米改革派政府放松对着装的要求开始，伊朗女性佩戴头巾的范式发生了显著的变化，个体的越轨行为增多。2005年保守派总统内贾德上台后，强调女性必须恪守伊斯兰的道德和服饰风俗，并在街头布置"指导巡逻队"（俗称"道德警察"）监管和纠正违规行为。2013年温和派总统鲁哈尼执政后重新放松对妇女着装的管束，但2018年初发生的集体"摘头巾事件"受到由保守派掌控的司法和安全部门的严厉打压。

2022年7月保守派总统莱希发表讲话要求全国严格执行"着装法"后，道德警察加强了街头巡逻。在此背景下，发生了库尔德女青年马赫沙·阿米尼随家人在德黑兰旅行期间因头巾佩戴"不适当"被逮捕，之后不幸身亡的事件。"阿米尼之死"引发了抗议浪潮和反对佩戴头巾行动，严重的社会撕裂和安全隐忧构成了伊朗国家治理十分棘手的挑战，并将对其未来的社会政治秩序演进和经济文化发展产生深远的影响。

一 "阿米尼事件"与危机延宕

"阿米尼事件"成为2022年引发伊朗新一轮社会抗议和群体性"越轨行为"的导火索。随着事态发展，伊朗社会撕裂和安全隐忧加深、境内外反对派活动激增，造成了深远影响。

2022年9月14日，22岁的马赫沙·阿米尼随家人在德黑兰旅行期间因头巾佩戴问题遭逮捕，在拘留期间被送医，3天后医院宣布阿米尼因突发性心脏衰竭去世。但伊朗社交媒体上广泛流传的照片和视频显示，阿米尼躺在医院重症监护室病床上，戴着呼吸机，眼睛周围有瘀伤、耳朵里渗出鲜血。西方媒体报道，随行的阿米尼兄弟在拘留中心外听到里面传来凄惨的尖叫声。阿米尼在拘留期间是否遭到道德警察的殴打、设置"道德警察"机制的法律依据及其模糊的执法边界成为社会舆论争议的焦点。

伊朗官方积极做出回应。9月18日，总统莱希下令司法机关调查。议长加利巴夫表示，要改革设立"道德警察"的做法。次日，德黑兰警方公开否认阿米尼在拘留期间曾遭殴打，同时发布了由安全摄像头拍摄的视频，显示阿米尼在同女警说话时突然抱头倒地，并很快被医护人员抬上救护车。伊朗法医组织发布的调查结果显示，阿米尼的死亡是脑缺氧导致的多器官衰竭，她曾经动过脑部手术。伊朗国家电视台采访了当年给阿米尼做手术的医生，并展示了相关的医疗文件以及阿米尼父亲为给女儿治病向工作单位提出辞去公职的信函，以佐证阿米尼死于并发症。

"阿米尼之死"引发以"女性、生命和自由"为口号的抗议与"摘头巾"运动，并很快从她的家乡库尔德地区蔓延至全国近50个城镇。在一些地区抗议示威演变成为骚乱，抗议者与安全人员激烈对抗。抗议人群来自不同民族、阶层和地域，他们围绕着文化生活方式问题聚集起来，并提出了更多的政治诉求。许多影视明星、著名运动员、媒体记者和知识精英参与了抗议活动或表示支持。越来越多的女性在公众场合不戴头巾。在卡塔尔与英格兰队的世界杯小组赛上，伊朗国家足球队员以集体拒唱国歌声援国内的抗议活动。

10月3日，伊朗最高领袖哈梅内伊首次就"阿米尼事件"公开发表讲话，强烈谴责美国与以色列等境外敌对势力策划和操控了本次抗议，严厉批评境外一些伊朗侨民为敌人提供了帮助，并表示"那些点燃动乱以破坏伊斯兰共和国的人应该受到起诉和严厉惩罚"。之后，伊朗军警和情报部门采取更加强硬的压制手段，混乱局势逐渐平息。

"阿米尼事件"发生后，美欧中断了与伊朗就恢复伊核协议履约进行谈判的进程，以"人权关切"为由将政策优先转向支持抗议者和对伊朗政权施压。2022年9月至2023年5月，拜登政府对伊朗施加了12轮新制裁，主要针对与压制抗议活动相关的伊朗高级官员,包括各地区的革命卫队和监狱领导人、网络部门相关成员、为执法部门采购军事装备的伊朗公司等,尤其是库尔德地区的官员。① 同期,欧盟也对被指认"侵犯人权"的伊朗官员和实体发起多轮制裁。② 2023 年 1 月 18 日,欧洲议会通过一份针对欧盟年度外交政策报告的修正案,呼吁欧盟及欧盟成员国把伊朗伊斯兰革命卫队列入恐怖组织名单。

二 "阿米尼事件"的外溢效应及其缘由

"阿米尼事件"引发大规模社会抗议并造成伊朗社会撕裂加剧是复杂的内外因素共同作用的结果。

第一,国家经济状况和持续高通胀问题是根本原因。一个国家的经济发展状况对社会成员的社会政治态度有着直接影响,经济问题是本轮抗议的根本原因。自 2011 年以来,伊朗经济增长经历了周期性的大幅度正负波动,平均经济增长率几乎为零。政府财政预算赤字膨胀、通货膨胀率居高不下和普遍失业与贫困人口增加,成为影响伊朗家庭生计和生活稳定的主要变量。2022 年,伊朗连续第 4 年通货膨胀率超过 40%,近 5 年房价涨幅高达 800%。莱希政府上台后,未能兑现降低通货膨胀率的大选承诺。据伊朗中央银行公布的数据,2022 年 3 月至 2023 年 3 月伊朗通货膨胀率达到 46.5%。由于退休金和工人

---

① "Treasury Sanctions Iranian Leaders Responsible for Internet Shutdown and Violent Crackdown on Peaceful Protests", U. S. Department of the Treasury, October 6, 2022, https: //home. treasury. gov/news/press – releases/jy0994;"Treasury Sanctions Iranian Officials and Entities Responsible for Ongoing Crackdown on Protests and Internet Censorship", U. S. Department of the Treasury, October 26, 2022, https: //home. treasury. gov/news/press-releases/jy1048;"Treasury Sanctions Iranian Regime Officials Tied to Continued Violence against Protestors", U. S. Department of the Treasury, December 21, 2022, https: //home. treasury. gov/news/press – releases/jy1177;"Treasury Sanctions Iranian Officials Connected to the Continued Protest Crackdown", U. S. Department of the Treasury, November 23, 2022, https: //home. treasury. gov/news/press-releases/jy1125, accessed May 24, 2023.

② 欧盟理事会先后于 2022 年 10 月 17 日、11 月 14 日、12 月 12 日,2023 年 1 月 23 日、2 月 20 日、3 月 20 日、4 月 24 日和 5 月 10 日通过对伊朗实施新的制裁的决议。

最低工资上涨幅度远低于平均通货膨胀率，因此工人、教师等行业集体抗议此起彼落，并伴随"头巾抗议"形成了新一轮抗议潮。

汇率是推高伊朗通货膨胀率的重要因素之一，几乎全面影响伊朗经济。在美国制裁严重制约伊朗对外贸易和外汇结算的背景下，伊朗汇率变化在很大程度上与民众对经济未来的预期、政府的经济外交政策以及滞留境外的外汇状况相关联，同时也反映了政府的治理能力。受政府经济改革政策、乌克兰危机、恢复伊核协议谈判、沙伊和解等因素的影响，伊朗自由市场汇率在2022年4月至2023年4月大幅上涨和短时间内剧烈震荡，从1美元兑换27.6万里亚尔升至51.7万里亚尔，在与沙特达成"北京协议"前夕高达近60万里亚尔。汇率攀升不仅带来新一轮的本币贬值和通货膨胀，而且导致伊朗企业家将大量资金用于购买外汇和对外投资。社会精英加速向海外移民。这些必将对国家发展和经济生产造成巨大损失。英国《经济学人》杂志就伊朗2023年经济形势访谈了50位伊朗经济学家，几乎所有人都做出伊朗经济将出现严重衰退的预测。

持续的经济萎缩和高通胀推升贫困率，使支持政府的社会面缩小。在伊朗，受贫困问题困扰的已不再限于无产者家庭，越来越多的中产家庭由于收入没有增加或失业而跌至贫困线之下。伊朗议会研究中心发布的题为《2010年代贫困状况与贫困人口特征》的研究报告指出，非贫困人口与贫困线之间的距离持续缩小。2011~2021年，伊朗的贫困人口从占人口总数的19.4%上升到34.4%。[①] 根据伊朗社会保障局提供的数据，2022年伊朗的贫困人口占总人口的30%，但非官方数据远高于这个数值。伊朗劳工部副部长说，我们每年创造100万个就业机会，并不能解决失业问题，目前有230万名失业者，其中40%是大学毕业生。[②] 在这场由贫困人口急剧增加导致的

---

① 《2010年代贫困状况与贫困人口特征》（波斯语），伊朗议会研究中心网站，2023年5月24日，https://rc.majlis.ir/fa/report/show/1775550，最后访问日期：2023年5月29日。

② 《我们有230万名失业者，本年度设定创造100万个就业机会》（波斯语），伊朗梅赫尔通讯社，2023年4月4日，https://www.mehrnews.com/news/5745012，最后访问日期：2023年5月25日。

社会危机中,初期表现为失业率和离婚率升高,中期则出现入室盗窃、街头斗殴、反社会行为增加,后期发展为持续的街头抗议活动。

第二,民众的不满情绪逐步积累。40多年来伊朗民众对政权的满意度一直在下降,对伊斯兰革命和国家"繁荣、自由和正义"的前景不再充满期待,根源在于当权者的不良表现和经济衰退。贫困、失业、歧视、不平等、腐败的官僚体系、日益扩大的贫富差距、缺乏透明度的政策和严重恶化的生态环境等严峻的现实问题,使民众对政府的信任受到伤害。普遍认为,国家发展受阻的主要原因来自政治经济中的结构性问题、政府政策内外不当和缺乏有效正确的经济管理。然而,每一届伊朗政府都强调外部因素干扰和前政府的政策失误。

伊朗社会和多数抗议者不相信当局提出的任何解决方案。伊朗社会学专家阿马努拉·加雷-穆加达姆(Amanullah Gharaei-Moghaddam)指出,在伊朗,政府与国民之间的垂直信任已被严重侵蚀,主要责任在于执政者。因为人们看到和经历了各种造成不信任的例子。例如,1990年的曼吉尔地震和2003年的巴姆地震发生时,筹集的帐篷和设备被大量盗用。因此,当霍伊(Khoy)地震发生时,人们更多地依靠名人筹集资金而不是政府机构。又如,老百姓把钱存入银行,但银行说倒闭就倒闭了。当人们总是听到谎言和虚假信息,也就不会再相信官方媒体。按照伊朗伊斯兰共和国广播电视台(IRIB)前负责人伊扎图拉·扎尔加尔(Ezzatullah Zarghami)的说法,"70%的伊朗人不看国内电视节目"。2022年5月,伊朗胡泽斯坦省阿巴丹市的一栋违规在建的10层商业大楼倒塌,造成数十人死亡,坊间传言商厦业主与政府高官的亲属有裙带关系。此外,人民之间的横向信任也受到侵蚀。①

伊朗的政党、工会和其他社会组织没有很强的存在感,缺乏这些中间元素导致抗议变得激进。近年来,伊朗改革派、温和派政治团体遭到严重排斥,统治集团保守派"一体化",多数选民不再相信能够通过选举实现自身

① 《为什么人们不信任当局——一位社会学家的回答》(波斯语),伊朗新闻在线网,2023年3月1日,https://www.khabaronline.ir/news/1737212,最后访问日期:2023年5月25日。

的利益诉求。2020 年议会选举的实际投票率未超过合格选民的半数；2021 年的伊朗总统选举只有 48.48% 的选民投票，远低于 2017 年的 73.33% 和 2013 年的 72.94%。政党之间、人民团体之间的不信任和彼此猜疑让政治氛围日趋紧张，社会团结和凝聚力逐渐变弱。

第三，"Z 世代"（1995~2010 年出生）的叛逆行为及对国家、个人前途的深度失望。宗教文化是伊朗伊斯兰共和国的主流社会政治文化，深刻嵌入伊斯兰革命后第一代和第二代人的日常生活，但第三代、第四代则与之渐行渐远。来自中产阶层的青少年是"头巾抗议"的主体，大学校园内的抗议活动持续不断，被捕者的年龄集中在 15~25 岁，凸显伊朗"Z 世代"与政权之间的紧张对立和强烈的抗争意识。Z 世代是伴随移动互联网发展和社会变迁加速成长起来的群体，他们高度依赖新媒体和社交媒体，对外部世界与周边国家的发展有更多的了解和认知，排斥官方推行的意识形态和价值观，反感现行教育体制并拒绝缺乏独立性的主流媒体。[1] "Z 世代"充满朝气、雄心和胆量，但与长辈、政府之间存在鸿沟。伊斯兰革命后的第三代、第四代与其父辈相比，更开放、更进取，也更加渴望平等和自由，他们勇于挑战以宗教和社会传统为基础的价值观，但当面对国际孤立、体制僵化、高压统治、社会鸿沟、经济困顿和就业艰难等各种现实问题时，他们又时常陷入迷茫和困顿，失去对未来抱有的美好愿景。德黑兰大学法律和政治学系主任易卜拉欣·莫塔吉（Ebrahim Motaghi）提到，"头巾抗议"中，在其学院 8 名被捕的学生中，有 7 人的父亲是两伊战争的伤残军人、化学武器受害者和伊斯兰革命卫队成员。形成这种状况的原因是伊朗在硬实力上取得了长足的发展，但在软实力和认识论的建构方面落后了。当今是信息和数据时代，即使美国在安全和军事方面已出现衰落，但其在媒体、话语和叙事方面仍在上升。[2]

---

① 《阿巴斯·阿卜迪对 2022 年 9 月骚乱的分析》，伊通社，2022 年 9 月 27 日，https：//www.irna.ir/news/84898271/，最后访问日期：2023 年 5 月 20 日。

② 《德黑兰大学政治学院院长：我系被捕的 8 名学生中 7 人的父亲是退伍伤残军人》（波斯语），伊朗新闻在线网，2023 年 5 月 4 日，https：//khabaronline.ir/xjYXn，最后访问日期：2023 年 5 月 5 日。

伊朗"Z世代"的女性有更强的追求自由、公平和反对性别歧视的主观意识。现今，90%以上的伊朗妇女识字，56%的学生是女性。受教育程度显著提高以及在社会各领域的作用突出使女性在生活中获得了更多的自主权，也更加自信，这与伊斯兰共和国男性主导的精英阶层以及他们希望让女性处于公共空间边缘（甚至把她们完全排除在外）的期望相悖。[①] 很多女性认为，强制佩戴头巾体现了男女不平等，女性在国家政策决策和国家治理领域没有获得与男性同等的参与权力。由于很多女性遭受过暴力执法，有过被道德警察羞辱、威胁、逮捕、拘留、鞭打和罚款的经历，而且她们是男人的姐妹、女儿或母亲，因此阿米尼的遭遇很容易在社会上产生共情。

第四，外部势力的干涉和推波助澜。伊朗指责近20个国家[②]参与煽动抗议活动。在"头巾抗议"爆发的第一周，拜登政府颁发许可证，放松对伊朗互联网服务的制裁，提供视频会议、电子游戏、社交媒体平台和虚拟专用网络服务，以对抗伊朗官方对互联网的限制和监控。德国驻伊朗使馆联系阿米尼家人，鼓励他们公开反对警方，并承诺为他们提供保护和授予德国国籍。美西方通过网络战、认知战以高科技手段强化伊朗民众对政权的悲观情绪，利用 Instagram 与 WhatsApp 等社交软件及 BBC、Iranintl、Radio Farda 和 VOA 等媒体的波斯语节目挑动、呼吁伊朗人民对抗及推翻政权。巴黎、伦敦、雅典、柏林、布鲁塞尔、伊斯坦布尔、马德里、纽约等全球上百个城市举行了声援伊朗国内抗议的示威活动，伊朗海外侨民包括知识精英、异见人士和流亡海外的反革命分子与国内抗议者形成了前所未有的联动。

---

① 〔美〕阿巴斯·阿玛纳特：《伊朗五百年》，冀开运、邢文海、李昕译，人民日报出版社，2022，第919~920页。
② 这些国家包括美国、英国、阿拉伯联合酋长国、沙特阿拉伯、法国、德国、加拿大、比利时、奥地利、阿尔巴尼亚、澳大利亚、冰岛、意大利、挪威、巴林、新西兰和以色列。参见《革命卫队负责人卡泽米表示：20个国家在2022年的抗议中"发挥作用"》（波斯语），法尔斯新闻社，2023年6月19日，http：//fna.ir/3d189j，最后访问日期：2023年6月30日。

三 从"阿米尼事件"到推进社会治理和改革

伊朗政府坚持认为"头巾抗议"是美西方国家对颠覆伊朗政权的又一次尝试，但承认国家内部治理存在诸多问题与弊端。为维护政权安全和缓解社会矛盾，伊朗当局采取了理性、务实与温和的应对举措，积极回应人民的诉求和推动治理体系改革。

第一，稳局势。避免社会在头巾问题上出现两极化，对越轨行为不做极端化处理，缩小打击面，缓和对立冲突。最高领袖哈梅内伊表示，头巾是伊斯兰教法中不可侵犯的必需品，伊朗妇女戴头巾无可置疑，但戴头巾不符合标准的女性不应被视为不信仰伊斯兰教或反革命的人。[1] 在哈梅内伊的批准下，部分被捕的抗议者被赦免。与"头巾抗议"相关的立案数逾2万，骚乱结束后约9万人得到赦免。[2] 处理头巾越轨行为的方式是社会分歧的焦点，道德警察的使命被画上了句号。总统莱希反对以政治安全问题角度处理"头巾抗议"，主张从社会文化角度解决问题，支持伊朗伊斯兰文化指导部通过广播、媒体、网络等工具引导青年人的思想和倡导伊斯兰生活方式。

第二，立新规。在宪法框架内，改变关于头巾和抗议的执法方式。戴头巾是伊朗伊斯兰革命、伊斯兰国家和国民身份的象征，是应该得到遵守的国家法规。民意调查显示，超过80%的伊朗人赞成戴头巾。2023年5月，莱希政府审核通过了由司法机关在2022年末拟定、经权力机关高层领导确认的"贞操和头巾新法案"，并提交给议会审理。根据该法案，将利用新技术与智能系统识别和提示不戴头巾的女性，并为各种类型的"头巾犯罪"设置了渐进式处罚和定罪的原则，以对违法者起到威慑作用。此外，莱希政府还审批了一项关于重新规范民众集会、游行内容及形式的法规，以确保民众

---

[1] 《不应指责未完整佩戴头巾的人没有宗教信仰，伊斯兰共和国关注妇女》（波斯语），伊通社，2023年1月4日，https://irna.ir/xjLqfB，最后访问日期：2023年6月4日。

[2] 《处理骚乱相关案件2万余起》（波斯语），伊通社，2023年6月26日，https://irna.ir/xjMN3v，最后访问日期：2023年6月30日。

享有通过集会、游行表达自身政治社会诉求的权利,淡化政府与抗议者之间
矛盾的色彩。① 上述两项新法规在社会层面引发广泛的争议,反对和批评之
声不绝于耳。在试行新规后,不戴头巾者数量增长得到一定程度的控制,但
远未达到理想的下降目标。

第三,拼经济。虽然伊朗政府强调佩戴头巾是重要问题,但发展经济是
其最优先事项。解决贫困、不平等、失业和各种歧视问题不仅是抗议群体也
是广大民众的诉求。最高领袖哈梅内伊指出,伊朗只有实现快速和持续的经
济增长,才能消除贫困,解决人民在生活成本和家庭福祉方面存在的问题,
提高伊朗在地区和世界经济中的地位,为年轻的专业人才和科学家创造就业
机会以及抓住当下人口年轻化的机会实现国家富裕。② 莱希政府积极落实哈
梅内伊提出的"抑制通胀,生产增加"年度口号,努力改善伊朗的国际贸
易和投资环境;与沙特实现和解,进一步推动中东地区"和解潮";加强与
国际原子能机构的合作,缓解与美欧在核问题上的对抗;申请加入金砖国
家,打通与能源产地、重要市场间的联系。

第四,话改革。伊朗议长加利巴夫提出,伊朗需要新的治理和国家转
型。他认为,当下伊斯兰革命和伊斯兰体系的主要危机在于治理,伊斯兰共
和国在政治制度框架内的治理体系改革已迫在眉睫。他强调,伊朗正处于国
内、地区和国际治理领域的历史转折点,世界秩序正在发生结构性变化,伊
朗身处这些变化的中心,如果不努力在世界秩序中找到正确的位置,将错失
大好机遇和遭遇重大威胁。新的治理意味着新工具、新方法和新途径,即禁
止政府干预市场,允许人民自己管理市场;改革贸易政策,积极尝试以新的
方式平衡伊朗在区域和国际上的贸易;打破行政系统中的官僚主义等。

---

① 《关于如何举行集会和游行的法案说了什么与细节》(波斯语),伊通社,2023 年 5 月 9 日,
https://irna.ir/xjMqd5,最后访问日期:2023 年 5 月 20 日。

② "Continuous Economic Growth the Key to Country's Improvement & Maintaining Its Position in the
World", Khamenei. ir, January 30, 2023, https://english. khamenei. ir/news/9473/Continuous-
economic-growth-the-key-to-country-s-improvement, accessed May 5, 2023.

Y.14
以色列选举与政策"右转"

余国庆*

摘　要： 内塔尼亚胡阵营在赢得2022年11月选举后，组建了包括多位极右翼和极端正统派宗教政党成员在内的以色列"史上最右政府"。这既是以色列政治社会长期右倾化的必然结果，也是内塔尼亚胡为了重新执政而做出的妥协。新政府上台后推进以限制最高法院权力为目的的司法改革，在有关约旦河西岸定居点与巴勒斯坦问题上采取更加强硬和激进的政策，并加紧遏制伊朗以维护国家安全。这些急剧"右转"的政策加剧了以色列政治和社会分裂，导致巴以局势进一步恶化，并影响以美关系、以欧关系以及阿以关系正常化进程。

关键词： 以色列　议会选举　右翼政党　对外政策

　　2022年11月1日，以色列举行第25届议会选举，内塔尼亚胡领导的利库德集团、宗教犹太复国主义者党、沙斯党和圣经犹太教联盟党阵营获得120个席位中的64席并成功组阁。12月29日，以色列第37届政府正式宣誓就职，内塔尼亚胡时隔一年多再度出任总理。本届政府中多位部长来自极右翼和宗教政党，因此又被称为以色列"史上最右政府"，标志着以色列政治意识形态和内政外交政策加速"右转"。

---

* 余国庆，中国社会科学院西亚非洲研究所研究员，中国社会科学院大学国际政治经济学院教授，主要研究方向为中东国际问题、大国与中东关系等。

一 以色列的右倾化与"最右政府"的产生

以色列存在犹太人与阿拉伯人、左翼与右翼、宗教与世俗、新移民与老移民四组尖锐矛盾和社会裂缝。[①] 近年来，受外部安全环境恶化等因素影响，以色列政治社会右倾化趋势加剧，并推动极右翼势力崛起。民调显示，左翼与右翼的矛盾在 2018~2020 年超越犹太人与阿拉伯人的矛盾成为以色列最严重的社会问题。[②]

（一）安全、犹太属性与以色列的右倾化

以色列政治社会右倾化始于 20 世纪 60 年代，1977 年中右翼的利库德集团赢得议会选举，终结了左翼工党自建国以来长期一党独大的局面，此后以色列政治进入左右翼竞争、交替执政的时期。但随着巴以冲突激化，以色列民众对右翼思想的认同和对右翼政党的支持呈现上升趋势。苏联解体后，大量来自前苏联地区的俄裔犹太人移民又加快了以色列社会的保守倾向。[③] 特别是 2000 年戴维营会谈失败和第二次巴勒斯坦"因提法达"后，以色列认为自己没有和平伙伴，不安全感的加深刺激以色列政治意识形态转到更为保守激进的方向。以色列右翼的主要诉求是加强国家安全和巩固对占领领土的控制，而 2009 年内塔尼亚胡就任总理后，以色列右翼又开始转向要求"将以色列法律扩展至约旦河西岸的犹太人定居点"，即推进西岸定居点的建设与"合法化"。

民众对安全问题的忧虑是以色列政治生态加速"右转"的主要推动力之一。近年来，加沙地带巴勒斯坦武装组织使用火箭弹袭击以色列的频率增

[①] 艾仁贵：《一个还是多个：认同极化与当代以色列的身份政治困境》，《西亚非洲》2020 年第 4 期，第 57~65 页。

[②] Tamar Hermann et al., *The Israeli Democracy Index 2020*, Israel Democracy Institute, p. 155.

[③] 张俊华：《以色列"向右转"的人口政治学考察》，《国际观察》2018 年第 3 期，第 128~141 页。

大、阿拉伯人针对犹太人的暴力袭击增多、敌视以色列的伊朗也通过介入叙利亚问题将其军事存在扩展至以色列周边,外部安全环境的急剧恶化导致以色列民众对自身安全和国家安全的关切上升。有研究指出,在哈马斯火箭弹射程范围内生活的以色列民众更倾向于支持右翼政党,如果火箭弹射程覆盖以色列全境,右翼政党的得票率将上升 2~6 个百分点,获得的议会席位也会相应增加 2~7 个。① 以色列民主研究所(Israel Democracy Institute)开展的民调显示,2020 年有 76%的以色列受访者认为国家有能力保障民众的安全,但在 2021 年和 2022 年这一比重分别下降至 56.5%和 38%;这一趋势在右翼犹太人群体中更为明显,从 2020 年的 84%大幅下降至 2022 年的 30%。② 对"生存危机"的恐惧使以色列民众更倾向于支持采取强硬安全政策的右翼政党,要求政府加大对加沙地带武装组织的打击力度和推进约旦河西岸定居点"合法化"。

对加强国家犹太属性的追求也是以色列右倾化的重要推动力。《基本法》中明确"民主"和"犹太"是以色列的两大国家属性,但阿拉伯人和非犹太移民的增多以及中左翼推进世俗化的尝试导致犹太人出现身份认同危机,担心国家的犹太属性在未来会遭到削弱。民调显示,43%的以色列犹太受访者认为国家的犹太属性优先于民主属性。③ 因此,以色列议会在 2018 年通过《犹太民族国家法案》,明确规定以色列是一个犹太国家,确立希伯来语作为唯一官方语言的地位,阿拉伯语降格为拥有特殊地位的常用语言,但在 2019 年被最高法院裁定为与既有法律体系冲突。阿拉伯人政治社会地位的提升也被视为对国家犹太属性的威胁,特别是 2021 年阿拉伯政党首次进入政府后,部分犹太人认为阿拉伯人参与政府决策是不可接受的。此外,对推进世俗化和构建开放包容多元社会的尝试,包括在"安息日"运营公

---

① Anna Getmansky and Thomas Zeitzoff, "Terrorism and Voting: The Effect of Rocket Threat on Voting in Israeli Elections", *American Political Science Review*, Vol. 108, No. 3, 2014, pp. 588-604.

② Tamar Hermann et al., *The Israeli Democracy Index 2022*, Israel Democracy Institute, p. 11.

③ Tamar Hermann et al., *The Israeli Democracy Index 2022*, Israel Democracy Institute, pp. 105-106.

共交通工具、废除首席拉比对犹太食品认证的垄断权力等，也被认为背离了犹太教文化传统、威胁到犹太人的身份认同。因此，以色列犹太选民增加了对极右翼和宗教政党的支持。

在安全忧虑和身份认同危机的双重驱动下，以色列民众对自身政治定位的右倾化趋势日益明显。2022 年民调显示，62%的以色列犹太受访者将自己归为右翼，相较 2019 年 4 月的 46%大幅增加 16 个百分点，而且在 18~24 岁青年群体中这一比重更是高达 73%；特别是在极端正统派犹太人群体中，74.5%的受访者认为自己属于右翼。[①] 目前极端正统派犹太人约占以色列总人口的 13%，且一直维持较高的生育率，平均每个家庭生育 6.8 个孩子，这意味着以色列右翼群体规模将持续扩大。2022 年 11 月选举前民调显示，19%的极端正统派犹太人称计划投票给极右翼宗教犹太复国主义者党。[②] 在此背景下，传统右翼、宗教政党和极右翼政党在议会的影响力不断上升，并促成了内塔尼亚胡在 2022 年 11 月选举中的强势回归与极右翼政党成员入阁。

（二）"四年五选"与"最右政府"的产生

自 2019 年 4 月以来，以色列在不到 4 年的时间里举行了 5 次议会选举，折射出该国严重的政治危机。以色列现行选举制度规定，政党的议会准入门槛是 3.25%的得票率，这导致议会内中小党林立，单一政党很难获得超过61 个席位而不得不与其他政党联合组阁。能够进入议会的政党至少拥有 4 个席位，这使一些小党往往成为组建联合政府的关键"造王者"，并借此机会要求获得政府部长职位、推行本党的政治理念。在 2019 年 4 月和 9 月的两次选举中，内塔尼亚胡领导的利库德集团和甘茨领导的蓝白党在获得组阁

---

① Tamar Hermann et al., *The Israeli Democracy Index 2022*, Israel Democracy Institute, pp. 11, 26.

② Meirav Arlosoroff, "Will Israel's Shifting Demographics Keep It Right-wing Forever?", Haaretz, November 2, 2022, https://www.haaretz.com/israel – news/2022 – 11 – 02/ty – article – magazine/. highlight/will-israels-shifting-demographics-keep-it-right-wing-forever/00000184-3807-d7e2-a59e-796f09b50000, accessed May 2, 2023.

权后都未能在规定期限内成功组阁。2020年3月选举后，利库德集团与蓝白党联合组阁，但仅维持了7个月就因预算案未能通过而提前解散议会。2021年3月再次举行的议会选举则成为内塔尼亚胡阵营和反内塔尼亚胡阵营之间的博弈，最终"拥有未来"党和蓝白党两个中间派政党，工党和梅雷茨党两个左翼政党，亚米那党、"以色列，我们的家园"党和新希望党三个右翼政党以及阿拉伯政党拉姆党成功组建联合政府，终结了内塔尼亚胡连续12年的执政生涯，但是政治光谱横跨左、中、右翼的八党联合政府也仅维持了一年。

内塔尼亚胡为了赢得2022年11月选举并重新担任总理，选择与极右翼政党和极端正统派宗教政党合作。一方面，内塔尼亚胡能够选择的盟友范围相当有限。利伯曼领导的"以色列，我们的家园"党、贝内特领导的亚米那党等世俗民族主义右翼和新右翼政党不同意与宗教政党组建联盟，也反对内塔尼亚胡继续出任总理。因此，除了圣经犹太教联盟党和沙斯党两个传统盟友外，内塔尼亚胡只能通过拉拢极右翼政党来实现选举目标。另一方面，极右翼政党的支持率持续走高。在2021年6月的选举中，极右翼宗教犹太复国主义者党就获得了6个席位。为了保证越过议会准入门槛，"犹太力量"党（Otzma Yehudit）、诺姆党和宗教犹太复国主义者党三个极右翼政党联合参选，选举前民调预测其有机会获得14~15个席位。

从选举结果来看，内塔尼亚胡领导的右翼阵营得票率从2021年的48.63%上升至49.6%，而拉皮德领导的中左翼阵营得票率则从2021年的41.5%下降至38.3%，这与支持右翼政党选民的投票率上升有一定的关系。此前频繁的选举导致选民的投票率偏低，但本次选举的投票率为70.6%，高于2021年的67.4%，阿什克隆、迪莫纳等多个传统支持右翼政党的城市中的投票人数都出现了增长。① 本次选举共有10个政党突破议会准入门槛。内塔尼亚胡领导的右翼政党和宗教政党阵营共获得64个席

---

① Ori Wertman and Meir Elran, "The Israeli Electorate from the Perspective of the 2022 Elections", The Institute for National Security Studies (INSS), December 1, 2022, https：//www. inss. org. il/wp-content/uploads/2022/12/No. -1664. pdf, accessed April 9, 2023.

位，多于选前民调预测的 61~62 个席位。其中，利库德集团获得 32 个席位，成为议会第一大党，宗教犹太复国主义者党获得 14 个席位，成为议会中的第三大派系，沙斯党和圣经犹太教联盟党分别获得 11 个和 7 个席位。在中左翼阵营，拉皮德领导的"拥有未来"党获得 24 个席位，甘茨领导的"国家统一"党获得 12 个席位，"以色列，我们的家园"党获得 6 个席位，工党获得 4 个席位。此外，阿拉伯政党拉姆党以及"和平与平等民主阵线"各获得 5 个议席。虽然右翼阵营在选举中大胜，但组阁谈判过程并非一帆风顺，阵营内部对关键部长职位展开激烈竞争。内塔尼亚胡在最后期限截止前半小时才宣布组阁成功，这表明阵营内部依然存在较大分歧。

从新政府的职位分配来看，极右翼和极端正统派宗教政党几乎完全占据了与巴以问题事务相关的关键部长职位。以极端犹太复国主义著称的"犹太力量"党领导人伊塔马尔·本-格维尔（Itamar Ben-Gavir）出任新成立的国家安全部部长，该党成员阿米查伊·埃利亚胡（Amichai Eliyahu）和伊扎克·瓦瑟拉夫（Yitzhak Wasserlauf）还分别出任文化遗产部部长与内盖夫和加利利发展部部长。而谋求国防部部长职位的宗教犹太复国主义者党领导人比撒列·斯莫特里赫（Bezalel Smotrich）最终出任财政部长，但他也从国防部接管了负责犹太人定居点事务的权力。圣经犹太教联盟党领导人伊扎克·戈尔德诺夫（Yitzhak Goldknopf）出任住房、建设部部长，负责约旦河西岸和东耶路撒冷地区定居点的建筑项目；该党的梅厄·波鲁什（Meir Porush）出任耶路撒冷事务部长。虽然极右翼政党早在 1984 年就进入以色列议会，但一直处于边缘位置，这是极右翼政客首次获得关键政府部长职位，并利用此机会要求内塔尼亚胡在司法改革、定居点等问题上推行更为激进的政策。

总体而言，出现一个由右翼与极右翼主导的政府既是以色列政治长期右倾化的必然结果，也是内塔尼亚胡为了再度出任总理而做出的拉拢和妥协。对安全的忧虑和对犹太属性的追求将促使庞大的右翼集团继续在以色列政治生活中发挥关键性作用。

二 "最右政府"的主要政策

内塔尼亚胡新政府在施政纲领中提出将扩大和建设约旦河西岸定居点，在以色列占领的约旦河西岸领土上赋予警察更大的武力使用权，恢复议会、政府与司法机构之间的适当平衡以及加强犹太人身份认同等施政原则。内塔尼亚胡就职后，新政府推出了司法改革、约旦河西岸定居点"合法化"等极具争议的政策。

（一）推进司法改革，限制最高法院权力

右翼长期指责左翼控制司法部门，来自新右翼"犹太家园"党的前司法部长阿耶莱特·沙凯德（Ayelet Shaked）早在 2015~2019 年任期内就曾尝试限制最高法院权力。2023 年 1 月，司法部长亚里夫·莱文（Yariv Levin）正式公布司法改革计划，主要涉及法官任免、最高法院对立法审查权、议会否决权、政府部门法律顾问人选和司法审查行政决策等五个方面。其一，将最高法院法官遴选委员会成员从 9 人增加至 11 人，由司法部长、2 名政府部长、3 名议会委员会主席、最高法院院长和 2 名法官以及司法部长指定的 2 名公共代表组成，这意味着政府可以轻松掌控遴选委员会的多数票并以此来决定最高法院法官的人选。其二，限制司法部门对议会通过法案的审查权力，禁止最高法院审查涉及 13 部基本法的修订案，而最高法院对其他法案的审查需要至少 80% 的法官裁定无效才可以推翻。其三，议会在达到 61 票简单多数的情况下可以恢复被最高法院否决的法案。其四，此前由总检察长指派的政府部门法律顾问将改为由部长决定人选，不再经公共程序任命，且法律顾问对行政决定和政策的法律意见不具备约束力。其五，禁止最高法院使用"合理性"（reasonability）标准来审查议会立法、政府决策和官员任命等。不难看出，司法改革的核心目标是限制最高法院的权力并增强政府对司法系统的控制。

新政府强势推进司法改革主要是为了减少最高法院对有关约旦河西岸定居点和免除极端正统派犹太人兵役等争议性法案的限制。根据利库德集团与

各政党的联合组阁协议，推进约旦河西岸定居点建设、保障和加强极端正统派犹太人利益是本届政府的两个施政重点。然而，此前最高法院曾 20 多次运用否决权，裁定议会通过的相关法案与既有法律体系相违背。比如，最高法院在 2020 年判决以色列议会于 2017 年通过的将约旦河西岸定居点"合法化"法案无效。最高法院也曾 3 次裁定豁免极端正统派犹太人兵役义务的法案无效，但本届政府计划通过一项法案将服兵役的豁免年龄从 26 岁降低至 21 岁或 23 岁，以达到免除极端正统派犹太人兵役的目标。因此，内塔尼亚胡政府希望通过限制司法部门权力来为之后通过相关法案做准备。

此外，政府还希望通过削弱司法部门和掌握法官人选来阻碍对内塔尼亚胡以及其他政府部长的调查。最初计划出任内政部长和卫生部长的沙斯党领导人阿里耶·德里在 2022 年 2 月因逃税被判处一年缓刑，以色列议会为此特地通过允许犯有税务罪的政治家担任内阁部长的法案，但随后就被最高法院判决"偏离合理性范围"，内塔尼亚胡只能在 2023 年 1 月将德里解职。更重要的是，对内塔尼亚胡的贪腐案调查仍在继续，而司法改革计划中包括禁止对现任总理提起刑事诉讼的内容。因此，有观点认为内塔尼亚胡执意推进司法改革是为了结束对自己的贪腐案调查、避免牢狱之灾。

司法改革计划提出后随即遭到以色列国内各界强烈反对，认为这将赋予政府不受限制的权力，担心在将来会导致巴以冲突加剧、极端正统派犹太人获得更多特权等。为此，支持和反对司法改革的团体在以色列主要城市举行了多次大规模示威抗议活动。迫于压力，内塔尼亚胡在 2023 年 3 月 27 日宣布将司法改革的立法程序推迟至议会夏季复会后，但也向执政联盟的盟友承诺一定会通过司法改革相关法案。

（二）在巴勒斯坦问题上采取更激进的政策

本届政府多位极右翼成员在过去与竞选期间都曾公开表达对巴勒斯坦和阿拉伯人的敌意。特别是国家安全部长本-格维尔作为西岸定居者，提出吞并西岸且不给予巴勒斯坦人投票权和其他公民权利、对射杀巴勒斯坦人的以色列士兵赋予法律豁免权等极端建议，他曾在 2009 年因煽动种族主义和支持恐怖主义而被定罪。为了与极右翼政党实现联合组阁，内塔尼亚胡在即将上任前签署同意吞并约旦河西岸领土的协议，新政府在施政纲领中也将约旦河西岸定居点"合法化"作为优先事项。

内塔尼亚胡政府强势推动约旦河西岸的犹太人定居点"合法化"，并继续推出新建和扩建定居点的计划。2023年2月，以色列政府宣布将约旦河西岸朱迪亚-撒马利亚区的9个定居点"合法化"，并公布了一项在西岸定居点新建7157套房屋的计划。2月26日巴以亚喀巴会谈后，以色列在联合声明中承诺接下来的4个月内停止讨论新建西岸定居点和在6个月内不再设立新哨所，但本-格维尔和斯莫特里赫公开反对，内塔尼亚胡随后也在社交媒体上表示不会停止约旦河西岸的建设计划。3月，以色列再次披露一项在西岸和东耶路撒冷定居点新建1029套住房的项目。以色列议会也通过决议，推翻2005年《脱离接触法》中的部分条款，允许犹太人定居者返回胡迈什、加尼姆、卡迪姆和萨努尔等4个已被拆除的西岸定居点，这被认为是以色列准备吞并约旦河西岸的前奏。

以上措施表明，内塔尼亚胡新政府在巴勒斯坦问题上的态度十分强硬，特别是为了满足极右翼盟友的要求而不断扩建西岸定居点，极右翼政府部长甚至企图改变耶路撒冷的现状。以色列新政府在巴勒斯坦问题上采取强硬的政策导致巴以局势再度升级，约旦河西岸和加沙地带安全形势恶化。不过，内塔尼亚胡在2023年4月重启此前的政策，宣布在斋月期间禁止包括犹太人在内的非穆斯林进入圣殿山，以减少犹太人与阿拉伯人在斋月和逾越节期间的摩擦以及暴力事件。

（三）加紧遏制伊朗以维护国家安全

内塔尼亚胡政府延续了此前对伊朗的强硬政策，在施政纲领中明确指出将继续遏制伊朗核计划和阻止伊朗获得核武器，并一再发出可能对伊朗核设施进行军事打击的威胁信号。2023年1月，美、以举行大规模的联合军演，部分演习项目被指与远程打击伊朗核设施所需的能力高度相关。1月28日，伊朗中部城市伊斯法罕一处军工厂遭到无人机袭击发生爆炸，被指是由以色列实施的。2月10日，一艘以色列油轮在阿拉伯海水域遇袭，以方指责伊朗实施袭击。以色列与伊朗相互对抗的烈度有所上升。内塔尼亚胡公开表示，以色列面临的安全问题95%来自伊朗，以方已经准备好与伊朗在多个前线作战。为了减轻来自伊朗的安全威胁，以色列还增加了对叙利亚境内伊朗军事目标的袭击。据统计，2023年1~4月，以色列国防军对叙利亚实施了至少9次空袭或导弹袭击，其中2月19日对叙利亚首都大马士革及周边地区的导弹袭击造成5人死亡、15人受伤。[①]

在加紧遏制伊朗及其代理人的同时，以色列继续落实《亚伯拉罕协议》，推进与阿拉伯国家的关系正常化进程，企图在地区孤立伊朗。2023年1月，以色列、美国、阿联酋、巴林、埃及和摩洛哥等6国官员出席在阿布扎比举行的"内盖夫论坛"第一次工作组会议，推进在粮食安全、清洁能源、教育等多领域合作。2月，以色列宣布与苏丹完成关系正常化协议的最终文本，并计划在2023年正式签署。苏丹内部冲突爆发后，以色列还提出在双方之间进行调解，以实现长期停火。以色列也在3月与阿联酋签署一项关税协议，标志着2022年达成的双边自贸协定正式生效。与此同时，以色列谋求在未解决巴勒斯坦问题的情况下实现与沙特的关系正常化，内塔尼亚胡在2023年4月公开表示希望与沙特实现关系正常化及和平，并称这将成为结束阿以冲突的"巨大飞跃"。

三　以色列政策"右转"的影响

内塔尼亚胡新政府在尚未正式就职时就已经引发以色列国内外的广泛担忧。极右翼的崛起和"最右政府"当政本身就是以色列社会长期分裂的结果，一系列极具争议的激进政策又反过来加剧以色列政治社会分裂、激化巴以冲突并影响以色列对外关系。

---

① "Israeli Attacks on Syria in the Past Year: Timeline", Al Jazeera, April 10, 2023, https://www.aljazeera.com/news/2023/4/10/israeli-attacks-on-syria-in-the-past-year-a-timeline, accessed May 10, 2023.

（一）以色列社会和政治分裂加剧

司法改革引发以色列社会动荡。由于中左翼将司法机构作为对抗极右翼崛起的最后防线，左翼团体在政府宣布司法改革计划后组织示威抗议活动，而且规模不断扩大，总工会还组织了全国大罢工。右翼团体也举行了多场游行活动支持司法改革，但也有右翼支持者担心强行推进司法改革会损害将来的选举利益。总统赫尔佐格称，极右翼政府与其反对者在司法改革上的冲突可能将以色列推向"内战"边缘。出于对司法改革的担忧，国际信用评级机构穆迪在2023年4月将以色列的主权信用评级前景从"积极"下调至"稳定"。

极端正统派与世俗派之间的对立将进一步激化。为了确保极端正统派和极右翼政党的支持，内塔尼亚胡政府寻求免除极端正统派犹太人兵役并提供更多津贴福利，比如通过预算案为极端正统派宗教学校提供多达37亿新谢克尔（约合10亿美元）的津贴。在以色列国内经济疲软的情况下，国家公共资金长期向低就业率和高生育率的极端正统派犹太人倾斜导致其他以色列民众强烈不满。有专家估计，如果政府不提高极端正统派男性的就业率，到2065年就需要将税率提高至16%才能维持政府服务而不增加赤字。①

执政联盟各党派代表不同群体利益，内部裂痕也日益公开化。在司法改革上，多位利库德集团议员要求暂缓司法改革，来自利库德集团的国防部长加兰特甚至因其以国家安全为由要求延缓司法改革的言论而遭解职，后在内塔尼亚胡宣布推迟司法改革后复职；而司法部长莱文和本-格维尔等极右翼部长都要求继续推进司法改革。而在巴勒斯坦问题上，本-格维尔称内塔尼亚胡的安全和外交决策是"不可接受"的，因此拒绝出席内阁会议以及议会全体会议；利库德集团也发表声明称，如果本-格维尔不满，可以选择退出执政联盟。在涉及极端正统派问题上，圣经犹太教联盟党领导人戈尔德诺

---

① Sharon Wrobel, "Cabinet Approves NIS 13.7b in State Funds to Meet Haredi Coalition Demands", The Times of Israel, May 14, 2023, https：//www.timesofisrael.com/cabinet-approves-nis-13-7b-in-state-funds-to-meet-haredi-coalition-demands/, accessed May 15, 2023.

夫公开威胁称，如果免除极端正统派社区成员服兵役的法案不能通过，现政府就会分崩离析。由此可见，内塔尼亚胡既需要极右翼和宗教政党来维持执政联盟，又力图减少极右翼对政府的裹挟。不过，本届以色列政府拥有64个议会席位，不太容易出现因议员退出执政联盟而成为"少数派政府"情况，近年来政府改组和选举频繁的危机有可能终结。

（二）对以色列对外关系产生消极影响

美国与以色列在司法改革、约旦河西岸定居点和巴以冲突等问题上存在较大分歧，导致双方关系出现一定程度的回落。内塔尼亚胡新政府就任后，美国总统国家安全事务助理沙利文、中情局局长伯恩斯和国务卿布林肯在一个月内密集访问以色列，旨在加强美以在地区事务上的协调，但美国认为以色列政府中的极右翼成员是极其不稳定的因素。以色列司法改革计划提出后，美国驻以大使奈德斯要求以色列政府对司法改革"踩刹车"，拜登在2023年3月也呼吁内塔尼亚胡政府放弃司法改革，并称在短期内不考虑邀请内塔尼亚胡访美。而以色列在2月宣布约旦河西岸定居点"合法化"后，美国支持了联合国安理会谴责以色列的声明，但否决了与之相关的一项决议。在内塔尼亚胡政府废除《脱离接触法》部分条款后，美国国务院副发言人称华盛顿对此"深感不安"，指出以色列这一决定极具挑衅性。3月，美国国务院又抨击斯莫特里赫"抹除胡瓦拉"的极端言论，并考虑抵制后者的访美计划。不过可以明确的是，美以关系并未受到根本性的损害，美国众议院议长麦卡锡4月访问以色列并在议会全体会议上的讲话中重申美以特殊关系。

以欧关系也因约旦河西岸定居点"合法化"、极右翼部长言论和巴以局势升级等问题而受损。在以色列公布新的约旦河西岸定居点房屋建设计划和废除《脱离接触法》部分条款后，欧盟和法国都对此表示谴责。由于以色列政府计划派本-格维尔出席2023年5月的欧洲日招待会并发表演讲，欧盟驻以代表团宣布取消活动，并发表声明称不愿为那些与欧盟"价值观"相悖的人提供平台。

内塔尼亚胡政府强推约旦河西岸定居点"合法化"的政策以及巴以冲突再度激化也引起阿拉伯世界的强烈不满,对维持《亚伯拉罕协议》成果和继续推进阿以关系正常化产生了一定的负面影响。阿拉伯国家强烈谴责本-格维尔进入圣殿山的行为,并批评以色列对约旦河西岸和加沙地带的袭击。约旦国王阿卜杜拉二世警告以色列不要试图改变耶路撒冷的地位,否则约旦将做出反应。2023年2月发生"胡瓦拉事件"后,阿联酋总统宣布将提供300万美元用于胡瓦拉城镇的重建。而在3月斯莫特里赫公开宣称"没有巴勒斯坦民族、不存在巴勒斯坦人"后,有报道称阿联酋要求其驻以大使穆罕默德·哈贾不要与以色列政府官员会面,甚至考虑减少驻以色列的外交代表人数和降低外交代表等级。

综上所述,尽管以色列政府组建了史上最右翼的政府,但其对以色列内政和外交政策带来的影响是复杂的。一方面,内塔尼亚胡在国内推动的司法体制改革饱受诟病;另一方面,以色列对外政策通过推动与一些阿拉伯国家实现关系正常化,不断将巴勒斯坦问题边缘化,但与阿拉伯国家改善关系的基础并不稳固,巴以问题与阿以关系暗流涌动,以色列面临的安全形势并未根本改善。以色列面临的重大挑战还有国内难以弥合的政治分裂和社会极化趋势,以及通货膨胀、经济增长乏力等问题。以色列已经走到一个十字路口,在建设一个开放包容的多元社会还是一个以犹太信仰和文化为核心的传统社会之间徘徊。内塔尼亚胡在寻求维持执政联盟稳定的同时,也在尽可能平衡极右翼盟友的激进要求。以色列的长期右倾化趋势看不到逆转的迹象,这种右倾化倾向给以色列政治、安全和外交等带来长期复杂和深刻的影响。

Y.15
休战背景下的也门问题及前景

朱泉钢*

摘　要： 自 2022 年 4 月，在联合国的斡旋下，也门主要冲突方实现了长达半年的正式休战，其主要原因是胡塞武装在马里卜省的军事失败和沙特退出也门战争的强烈意愿。正式休战虽然结束，但也门仍处于非正式休战的状态，并且沙特积极与胡塞运动直接谈判，试图达成全面和平协议。休战加快了胡塞运动与沙特的和解，但两大冲突阵营内部的分歧增大；休战整体上提高了也门的安全水平，但也门的非传统安全问题更加突出；休战改善了也门的人道主义状况，但也门的人道主义危机依然严峻。短期看，沙特与胡塞运动谈判的意愿强烈，也门休战仍将延续。然而，反胡塞联盟内部的深刻矛盾以及也门总统领导委员会与胡塞运动之间缺乏谈判意味着也门实现全面和平仍然任重道远。

关键词： 也门　休战　沙特　全面和平

2015 年，在沙特领导的国际联军的支持下，国际社会承认的也门政府与胡塞运动爆发战争，战争造成严重的人道主义危机和诸多安全问题。2022 年 4 月，联合国主导的也门休战达成，并得以维持。也门休战达成和维持的原因是什么？也门休战的影响主要有哪些？也门问题的走向和前景如何？这些是本文要回答的主要问题。

---

* 朱泉钢，中国中东学会副秘书长，中国社会科学院西亚非洲研究所中东发展与治理研究中心副主任，主要研究方向为中东政治、中东国际关系、军政关系问题等。

一 也门整体休战的达成和持续

2022 年 4 月 2 日，在内外因素的共同作用下，也门主要冲突方开始执行两个月的全国休战，这也是持续 7 年的也门战争首次实现全国性的休战。随后，休战协议两次延长，但未能在 10 月继续延期。然而，也门整体休战状态得以维持，但局部冲突并未停息。

（一）联合国主导的休战达成及其原因

2022 年 4 月 1 日，联合国也门问题特使汉森·格伦德贝里表示，也门冲突方同意从 2022 年 4 月 2 日 19 时起休战两个月。各方同意暂停在也门境内和跨越也门边界的所有进攻性的空中、地面和海上军事行动；同意燃料船进入胡塞运动控制的红海港口荷台达，以及商业航班往返胡塞运动控制的也门首都萨那国际机场与约旦的安曼机场和埃及的开罗机场；开放被胡塞武装封锁的塔伊兹和其他省份之间的公路。经双方同意，休战期满后可以延长。① 需要指出的是，休战（truce）只是停止战斗的非正式协议，它与停火（ceasefire）不同，后者不仅要停止敌对行动，而且要执行商定的监督与缓和机制。

也门战争爆发后，亲胡塞集团和反胡塞联盟之间的对抗构成了也门战争的最主要矛盾。此次休战的达成，主要是因为胡塞武装在马里卜省遭受重创，其谈判的意愿显著增强。当然，沙特的因素也不容忽视。作为也门战争的重要参与方，沙特近年积极谋划以合适的条件和在合适的时机体面退出也门战争。

第一，胡塞武装在马里卜省的军事失利迫使其寻求休战。2020 年下半

---

① "Note to Correspondents: Press Statement by the UN Special Envoy for Yemen Hans Grundberg on a Two-month Truce", United Nations, April 1, 2022, https://www.un.org/sg/en/content/sg/note-correspondents/2022-04-01/note-correspondents-press-statement-the-un-special-envoy-for-yemen-hans-grundberg-two-month-truce, accessed April 16, 2023.

年开始，胡塞武装积极寻求攻占马里卜省，这主要有两个原因。一是胡塞运动重视马里卜省的重要战略地理位置。马里卜省乃也门的四通之地，也是哈迪政府控制的最后一个北方省份。马里卜省距离首都萨那东北173千米，北邻焦夫省，南靠贝达省和舍卜沃省，东接哈德拉毛省。胡塞武装一旦控制马里卜省，不仅可以快速南下，进攻政府军腹地，而且可能很快占据与沙特接壤的哈德拉毛省，并将其发展为攻击沙特的一个新战略据点。二是胡塞运动看重马里卜省的经济潜力。马里卜省蕴含丰富的自然资源，提供全国石油和天然气需求的90%。此外，马里卜省还拥有一座10000桶/日的炼油厂、一座发电厂和一座该国为数不多的液化石油气装瓶厂。[1] 胡塞武装试图攻占马里卜省，以提升自身经济能力和战争能力。

2022年初，胡塞武装在马里卜省遭受惨痛的军事失败。起初，胡塞武装在马里卜省占据优势，但也付出了惨痛的代价。2021年11月，胡塞武装方面有消息称，马里卜战斗致使其在近5个月内损失了约1.5万名士兵，这极大地削弱了胡塞武装的战斗力。2021年11月，阿联酋将自己支持的"巨人旅"（Giants Brigades）从红海沿岸调往舍卜沃省，迅速击败当地的胡塞武装，随后将战斗扩展到马里卜省和贝达省，致使马里卜省长期僵持的战略平衡出现了有利于反胡塞联盟的转变。2022年1月下旬，胡塞武装已无力在马里卜省发动新的攻势。[2] 胡塞武装的军事失败迫使胡塞运动重整军备和改变政策，其寻求休战的意愿明显增强。

第二，沙特近年一直伺机寻求与胡塞运动实现停火。沙特是也门战争中最重要的外部力量之一，一直直接和间接参与冲突，并对也门局势具有举足轻重的影响。2019年以来，沙特不断寻求与胡塞运动接触和控制冲突升级，包括支持在胡塞运动的控制区分发人道主义物资，沙特官方媒体将胡塞运动

① Ammar Al－Ashwal, "The Wealth of Ma'rib Is Reshaping the Future of Yemen", Carnegie Endowment for International Peace, August 10, 2021, https：//carnegieendowment. org/sada/85133, accessed April 3, 2023.

② Gregory D. Johnsen, "The UAE's Three Strategic Interests in Yemen", Arab Gulf States Institute in Washington, February 24, 2022, https：//agsiw. org/the－uaes－three－strategic－interests－in－yemen/, accessed April 13, 2023.

从"胡塞民兵"改称"安萨尔·安拉"（Ansar Allah），沙特决策层私下不再将胡塞运动简单视为伊朗的代理人，而是将其视为与沙特有天然联系的也门机会主义政治团体。① 沙特政府多次表示希望退出也门战争，主要有三个原因：一是沙特逐渐承认胡塞运动在也门拥有最强大的军事力量，并且将长期作为也门重要的政治力量存在，依靠军事手段很难彻底解决胡塞运动的威胁问题，并且导致沙特不时遭受胡塞武装的无人机和导弹袭击，沙特面临的安全状况不断恶化；二是也门战争消耗沙特大量战略资源，据称沙特用于也门战场的资金每年高达 60 亿~70 亿美元；三是也门战争破坏沙特的国际形象，沙特盟友美国、英国等西方国家一直批评沙特应为也门严重的人道主义危机承担重要责任。

沙特并非准备无条件与胡塞运动实现和解，而是寻求体面退出也门战争。其核心诉求主要有两个：一是胡塞运动对沙特领土安全的承诺，包括停止导弹和无人机袭击，并将重型武器和远程武器从沙特与也门边境地区移出；二是希望胡塞运动弱化与沙特的长期对手伊朗之间的关系，停止从伊朗获取武器。然而，当胡塞武装在战场上占据优势的时候，它并不认真对待沙特的这两大要求。随着胡塞武装在马里卜省遭受军事惨败，其接受沙特休战要求的意愿明显增强。

2022 年 1~3 月，胡塞武装不时向沙特与阿联酋发动无人机和导弹袭击，这导致两国对胡塞武装发动更猛烈的空袭。可见，当联合国在 2022 年 4 月通过斡旋成功实现休战的时候，双方都在"受伤流血"，并且有着较强的休战意愿，都试图借休战获取更多战略利益。

（二）非正式休战的维持及沙特与胡塞运动的谈判

联合国主导的休战在 2022 年 6 月获得两个月的延长期，并在 8 月再次延长两个月。然而，关于胡塞武装解除对塔伊兹省通往外省公路封锁的谈

---

① "How Huthi-Saudi Negotiations Will Make or Break Yemen", Crisis Group Middle East Briefing, December 29, 2022, https：//www.crisisgroup.org/sites/default/files/2022－12/b089－huthi－saudi-negotiations.pdf, accessed April 17, 2023.

判进展甚微，并且胡塞武装还不时发动军事行动，试图控制塔伊兹与亚丁之间的最后一条公路。此外，当反胡塞联盟同意由沙特和也门政府支付胡塞运动控制区内的公务人员工资时，胡塞运动又提出工资支付范围还应包括军队和安全人员。最终，双方无法达成妥协，正式休战协议于 10 月 2 日失效。

尽管也门的正式休战结束，但非正式形式的休战得以维持，也门处在一种"没有休战的休战"状态。正式休战中止后，胡塞武装和反胡塞联盟都没有发动大规模的地面进攻。前线的低烈度冲突虽然持续存在，但是主要冲突方之间并没有发生重大战斗。原因主要有两个。一是胡塞武装在夺取马里卜省的战斗中损失惨重，暂时没有能力发动新的大规模军事行动。此外，休战状态对胡塞运动整体有利，他们在人口稠密的也门西北部地区坚守的时间越长，在当地的统治基础就会越稳固。二是沙特不仅自身从也门战场抽身的意愿强烈，不愿对胡塞运动轻启战事，而且以继续提供资金支持为条件，要求也门国内的反胡塞力量不得在未经沙特允许的情况下发动军事行动。[1] 最终，也门的整体休战状态得以维持。

2022 年 10 月之后，虽然联合国主导的也门休战结束了，但是沙特与胡塞运动之间的直接谈判变得愈加重要。沙特不仅想要延长休战，而且想要彻底结束也门战争。胡塞运动则在努力争取沙特签署满足其要求的详细书面文件，内容主要包括：反胡塞联盟彻底结束对萨那机场和荷台达港口的封锁，支付所有公务人员（包括军事和安全人员）的工资，以此换取胡塞运动同意延长休战；沙特从也门战争中撤出，停止支持也门总统领导委员会，并向胡塞运动支付战后重建费用，以此换取胡塞运动同意彻底结束战争。[2] 然而，沙特既不愿签署书面协议，又不可能完全满足胡塞运动的诉求。截至

---

[1] Ned Whalley et al., *Yemen Annual Review 2022*, Sana'a: The Sana'a Center for Strategic Studies, 2023, p. 14.

[2] "How Huthi-Saudi Negotiations Will Make or Break Yemen", Crisis Group Middle East Briefing, December 29, 2022, https://www.crisisgroup.org/sites/default/files/2022 - 12/b089 - huthi - saudi-negotiations.pdf, accessed April 17, 2023.

2023 年 3 月，沙特和胡塞运动由于立场差异过大，双方并未达成全面和平协议。

（三）整体休战下的局部冲突

也门实现休战以后，虽然胡塞武装与反胡塞联盟之间并未发生大规模地面冲突，但是双方在塔伊兹、拉赫季和荷台达等不同战线上的小规模冲突并未停息。以塔伊兹为例，2015 年以来，胡塞武装就一直封锁和袭击这个也门第三大城市，造成塔伊兹民众大规模流离失所和严重饥荒，并导致数千人死亡。胡塞武装在马里卜军事受挫后，明显加强了对塔伊兹的进攻，以图攻占塔伊兹，并以此为通道进入也门南部。2022 年 9 月 7 日，也门军方表示，自 4 月达成休战，胡塞武装在塔伊兹的多个地点发动袭击，造成 42 人死亡、185 人受伤。[①] 2023 年 3 月 25 日，胡塞武装使用一架携带炸药的无人机在塔伊兹袭击也门国防部长穆赫辛·戴里（Mohsen Al-Daeri）的车队，造成一名政府军士兵死亡、两人受伤。

胡塞运动与反胡塞联盟之间的军事冲突烈度虽然下降，但双方对于经济控制的争夺依然激烈，甚至爆发了经济战。胡塞武装提出的沙特和也门政府支付其军队和安全人员工资的要求没有得到满足，这不仅导致联合国主导的休战失效，而且加剧了胡塞武装控制地区的经济困难。为了报复和施压，在 2022 年 10 月和 11 月，胡塞武装加大了对政府控制下的石油设施和油轮的袭击，包括哈德拉毛省附近的油轮，以及多个参与也门石油出口的港口等。胡塞武装的袭击导致油轮无法安全停靠，妨碍了也门政府的油气出口，破坏了政府的最主要收入来源。也门政府表示，截至 2023 年 1 月，胡塞武装近期发动的袭击致使政府至少损失了 5 亿美元。[②] 可见，胡塞运动的经济战对也门经济破坏严重。

[①] "Yemeni Army: 42 Killed in Houthi Attacks in Taiz during Truce", Arab News, September 7, 2022, https://www.arabnews.com/node/2158346/middle-east, accessed April 17, 2023.

[②] Ned Whalley et al., *Yemen Annual Review 2022*, Sana'a: The Sana'a Center for Strategic Studies, 2023, p.17.

值得注意的是，冲突不仅发生在胡塞武装与反胡塞联盟之间，也发生在反胡塞联盟内部。2022 年 7 月，舍卜沃国防军暗杀隶属于伊斯拉党的特别安全部队指挥官阿布德·拉博·拉卡布（Abd Rabbo Laakab）未果，导致 8 月双方在舍卜沃展开激战。① 舍卜沃蕴藏着大量的石油和天然气，具有重要的战略价值。双方的激战主要在舍卜沃省首府阿塔格附近展开，当阿联酋支持的"巨人旅"介入冲突后，伊斯拉党附属的武装被驱逐到舍卜沃和马里卜的交界地带。

二 也门休战的持续及其影响

2022 年 4 月以来，也门局势发生巨大变化，呈现出整体休战、局部发生冲突的态势。这给也门的政治、安全和人道主义状况带来复杂影响。

（一）政治影响

随着也门实现整体休战，胡塞运动与沙特之间加快和解。一方面，胡塞武装向沙特发射无人机和导弹的袭击次数越来越少，双方之间的谈判持续进行。截至 2023 年 3 月底，沙特与胡塞运动仍在阿曼的斡旋下进行谈判，试图达成一个全面停火协议。据称，沙特的倡议是胡塞运动与也门政府进行一个三阶段的两年期谈判，前 6 个月是信任建设阶段，随后是 3 个月的准备最终谈判阶段，最后是进行最终地位谈判。然而，双方并未达成共识。② 另一方面，胡塞运动和反胡塞联盟之间的换俘进程加快，有助于增强胡塞运动与沙特之间的信任。《斯德哥尔摩协议》签署之后，胡塞武装与反胡塞联盟的换俘工作断断续续地展开。2023 年 4 月 14~16 日，双方新一轮换俘工作完

---

① "Tensions between Islah – and STC – Affiliated Forces in Shabwa Explode with Assassination Attempt", The Sana'a Center for Strategic Studies, August 12, 2022, https：//sanaacenter. org/ the-yemen-review/july-2022/18396, accessed April 17, 2023.

② "Saudi-Houthi Talks Move Forward", The Sana'a Center for Strategic Studies, April 14, 2023, https：//sanaacenter. org/the-yemen-review/march-2023/19999, accessed April 19, 2023.

成，本轮换俘人数高达 887 人，是 2020 年 10 月以来规模最大的一次换俘工作，这有助于双方的信任建设。

然而，也门战争主要交战方内部的政治分歧增大，这在也门政府内部表现得尤其明显。2022 年 4 月 7 日，即在休战达成不到一周后，也门总统哈迪宣布将国家最高权力移交给 8 人组成的总统领导委员会。该委员会的主席是萨利赫政府时期的也门内政部长拉沙德·阿里米（Rashad al-Alimi），他与沙特关系密切。其余 7 人包括南方过渡委员会主席埃达鲁斯·祖拜迪（Aidarous al-Zubaidi），哈迪总统办公室主任、伊斯拉党成员阿卜杜拉·阿里米（Abdullah al-Alimi），前总统萨利赫的侄子塔里克·萨利赫，哈德拉毛省省长和哈德拉毛精英部队的负责人法拉杰·巴赫萨尼（Faraj al-Bahsani），"巨人旅"指挥官阿布德·拉赫曼·阿布·扎拉（Abd al-Rahman Abu Zara），与伊斯拉党关系密切的马里卜省省长苏尔坦·阿拉达（Sultan al-Arada），与沙特关系密切的萨达地区部落代表奥斯曼·穆贾利（Othman Mujali）。此举一方面反映了沙特试图重新整合反胡塞联盟力量，提高国际社会承认的也门政府的合法性，为自身彻底退出也门战争做准备的战略考量；另一方面也表明国际社会承认的也门政府更加分裂，沙特只能根据具体的战场形势分配政治权力，而很难保证也门政府形式上的统一。总统领导委员会聚合了也门国内最强大的反胡塞力量，沙特试图借他们的联合向胡塞运动施压，即使谈判失败也可协调统一的反胡塞军事行动。然而，由于也门国内复杂的部落矛盾、地域矛盾、经济矛盾、政治矛盾，以及沙特和阿联酋之间的战略竞争，① 这些力量的战略利益和诉求差异极大，它们不仅在很多问题上很难协调行动，而且不时为了争夺利益大打出手。例如，2022 年 8 月，阿联酋支持的南方过渡委员会和"巨人旅"与伊斯拉党的附属武装在舍卜沃爆发暴力冲突。与此同时，休战导致胡塞武装的前线指挥官返回萨那，他们与文官在战利品分配上的矛盾加深。再加上北部经济状况不断恶化，资源

---

① 朱泉钢：《也门多重武装力量的崛起及其治理困境》，《阿拉伯世界研究》2019 年第 4 期，第 47 页。

竞争愈演愈烈，胡塞运动领导层内部的争吵加剧，还引发了部分胡塞运动控制地区的大规模民众抗议。①

（二）安全影响

随着也门整体休战的达成和维持，也门传统安全状况明显好转。休战以来，沙特和胡塞武装之间的"攻击—报复—反报复"循环被打破，也门国内的反胡塞武装力量也因沙特的限制而降低了与胡塞武装的大规模军事冲突烈度。最终，暴力冲突导致的也门人员伤亡大幅度下降。根据武装冲突地点和事件项目（ACLED）的数据，2015年1月到2022年3月，也门战争每月造成的死亡人数平均为1750人，而休战达成之后的2022年4~9月有组织的暴力冲突致死的人数降至平均每月200人。② 此外，随着传统安全形势缓解，长期面临石油泄漏风险的"FSO Safer"号应对工作在联合国的努力下进入了实质性解决阶段，有力阻止了环境灾难的发生。

长期以来，受传统安全观的影响③，人们对也门安全问题的关注主要集中在国家安全、军事安全和联盟安全等议题上。然而，也门的非传统安全问题日益严峻。休战使也门的军事安全状况明显改善，但由于也门战争导致国家治理能力、治理资源、治理体系进一步衰退，也门面临的非传统安全问题愈演愈烈。

第一，也门环境安全问题愈加凸显。也门的安全日益受到环境问题的威胁，包括水资源减少，气候变化，以及土壤、水和空气质量下降等。长期的战争加剧了也门环境问题，而环境问题又反过来加剧了暴力冲突。2022年夏天，也门民众遭受洪水威胁，大量农作物和房屋被毁，多人因洪灾死亡。

---

① "Saudi-Houthi Talks Move Forward", The Sana'a Center for Strategic Studies, April 14, 2023, https：//sanaacenter. org/the-yemen-review/march-2023/19999, accessed April 19, 2023.

② "Violence in Yemen during the UN-Mediated Truce：April-October 2022", ACLED, October 14, 2022, https：//acleddata. com/2022/10/14/violence - in - yemen - during - the - un - mediated - truce-april-october-2022/, accessed April 21, 2023.

③ Paul D. Williams and Matt McDonald, "An Introduction to Security Studies", in Paul D. Williams and Matt McDonald, eds. , *Security Studies：An Introduction*, New York：Routledge, 2018, pp. 3-5.

从萨那到荷台达，超过 50000 户家庭受到影响，暴雨导致屋顶倒塌，房屋被毁。那些收容也门国内流离失所者的营地也受到很大影响，因为他们居住的简陋临时避难所很容易被雨水破坏和冲走。[①] 洪水过后，大量的地雷被冲到道路、田野和村庄，对也门民众造成新的安全威胁。

第二，也门恐怖主义活动再度活跃。"基地"组织阿拉伯半岛分支是也门最有影响力的恐怖组织，2015 年至 2023 年初，该组织大体经历了 4 个发展阶段：扩张期（2015~2016 年）、与"伊斯兰国"分支斗争期（2017~2019 年）、贝达省防御期（2019~2022 年）、在南部重新活跃期（2022~2023 年）。数据显示，2022 年，"基地"组织阿拉伯半岛分支的活动数量是 2021 年的 2 倍，造成的死亡人数是 2021 年的 3 倍。[②] 其中，2022 年 9 月 6 日，该组织对阿比扬省的埃赫瓦尔区的一个检查站发动了恐怖袭击，导致至少 27 人死亡，这是自 2015 年 1 月以来该组织发动的最致命的行动。"基地"组织阿拉伯半岛分支活跃度提高与休战有直接关系，休战导致反胡塞联盟内部矛盾加深，南方过渡委员会在舍卜沃省和阿比扬省存在增强，并发动新一轮反恐行动，引起了"基地"组织阿拉伯半岛分支的报复。

（三）人道主义影响

休战为也门的平民救助和人道主义行动提供了一个关键的机会，无疑改善了也门的人道主义状况。第一，尽管胡塞武装与反胡塞联盟的暴力冲突并未完全停止，但是双方没有爆发大规模战斗，因而流离失所者数量没有大规模增加，并且也门的平民伤亡人数减少了 60%。此外，由于安全形势的整体好转，国际社会能够提供更多和更有效的人道主义援助。第二，萨那、安

---

① "Yemen: People Taking Stock of Lives and Livelihoods Lost after Weeks of Record Floods", ICRC, August 24, 2022, https://www.icrc.org/en/document/yemen-people-taking-stock-lives-and-livelihoods-lost-after-weeks-record-floods, accessed April 21, 2023.

② "Al-Qaeda in the Arabian Peninsula: Sustained Resurgence in Yemen or Signs of Further Decline?", ACLED, April 6, 2023, https://acleddata.com/2023/04/06/al-qaeda-in-the-arabian-peninsula-sustained-resurgence-in-yemen-or-signs-of-further-decline/, accessed April 22, 2023.

曼和开罗之间的商业航班恢复，数万名也门人能够获得紧急医疗服务，寻求更好的教育和商业机会，以及与亲人团聚。仅仅在 2022 年 4~7 月，就有 8000 多名也门人通过商业航班往返也门和约旦、埃及。[①] 第三，对荷台达港的食品、燃料等物资的进口封锁缓解使胡塞运动控制的地区能够获得大量食品和燃料，可以确保更多也门人稳定获得基本的食物、清洁水、电力、医疗服务和运输服务，提高他们的生活质量。

休战以来，也门的人道主义灾难虽有所缓解，但整体形势依然严峻。[②] 一是局部冲突仍然不时造成严重的人道主义灾难。也门的局部冲突仍不时出现，往往伴随严重的人道主义危机。例如，2022 年 11 月，在塔伊兹和拉赫季地区的暴力冲突升级，敌对双方相互炮击，导致数十名平民伤亡，流离失所的家庭在短短一周之内增加了 191%，这也是休战之后导致流离失所率最高的一次冲突。如果也门无法实现持久和平，未来任何军事冲突升级都很可能带来新的人道主义危机。二是也门的国际人道主义救助活动面临巨大的资金缺口。也门是世界上人道主义危机最严重的国家之一，但国际人道主义援助资金严重短缺。2022 年，人道主义应急计划（HRP）尝试募集 43 亿美元，以援助 1790 万人，但最终仅获得预期资金的 55.5%。2023 年，预计 2160 万名也门人需要人道主义援助或保护，人道主义应急计划试图募集 43.4 亿美元资金，预计仍将面临巨大的资金缺口。三是也门严重的官僚主义、狭隘利益和社会文化等因素妨碍人道主义援助活动。在也门，由于官僚主义以及特定群体谋求私利，人道主义活动往往面临诸多干预和阻碍，导致弱势群体不能及时和充分地接受人道主义援助。此外，在胡塞运动控制的地区，由于社会文化的原因，女性需要由男性监护人陪同开展社会活动，这阻碍了女性援助工作人员的自由流动以及援助人员与当地妇女和女孩的正常接触。

---

① "Explainer: With Yemen Truce Renewed, What Are the Prospects of Peace?", Reuters, August 2, 2022, https://www.reuters.com/world/middle-east/with-yemen-truce-renewed-what-are-prospects-peace-2022-08-02/, accessed April 22, 2023.

② Sierra Ballard and Jacob Kurtze, "The Humanitarian Influence of Yemen's Truce", Center for Strategic and International Studies, December 19, 2022, https://www.csis.org/analysis/humanitarian-influence-yemens-truce, accessed April 22, 2023.

三 发展趋势和前景展望

从短期来看，也门的未来在很大程度上取决于沙特与胡塞运动谈判的结果。整体上讲，双方谈判意愿强烈，也门整体休战应能维持。沙特为了发展国内经济、营造良好的外部安全环境以及减轻国际人道主义压力、提高国际形象，退出也门战争的意愿比较强烈。与此同时，胡塞运动经过马里卜惨败后，决心通过参与谈判而非军事手段实现战略目标。此外，2023 年 3 月，沙特与长期支持胡塞运动的伊朗在北京实现和解，为沙特与胡塞运动的谈判注入了新的外部动力。目前，沙特与胡塞运动谈判争论的焦点表面是胡塞运动控制地区的军事和安全人员的工资发放，以及重开胡塞武装封锁的塔伊兹公路，背后则是双方的高度不信任以及彼此战略承诺缺失。因此，沙特与胡塞运动虽很可能达成全面停火协议，但双方的信任建设仍然任重道远。

从中长期来看，沙特与胡塞武装之间的全面停火协议未必会自动带来也门全面和平的实现。总统领导委员会与胡塞运动之间的深厚矛盾以及反胡塞联盟内部的派系斗争仍是也门实现全面和平的巨大障碍。一方面，总统领导委员会与胡塞运动之间尚缺乏实质性的谈判。目前，也门休战状态的持续主要依赖于沙特与胡塞运动之间的谈判渠道，这虽然提高了谈判效率，但从长远看具有脆弱性。毕竟沙特与胡塞运动之间的协议主要是为了保证沙特退出也门战争之后的沙特利益和胡塞运动的利益，而非结束整个也门冲突的协议。沙特单方面向胡塞运动过多让步，注定使后者不会尊重也门国内的反胡塞联盟的利益。与此同时，大多数总统领导委员会成员也表达了对胡塞运动的高度恐惧和不信任。此外，沙特与胡塞运动谈判中提到胡塞运动应与总统领导委员会进行谈判，并开启也门政治过渡进程。届时，双方必然围绕政治权力安排、安全部门改革、经济利益分配等议题展开激烈博弈，甚至不排除重新兵戎相见的可能。因此，即使沙特与胡塞运动达成全面停火协议，胡塞运动与反胡塞联盟仍有可能爆发新的大规模内战。

另一方面，反胡塞联盟内部不同派系之间的对抗可能激化。在沙特的支持下，也门最重要的一些反胡塞力量出于共同对抗胡塞武装的考量，组建了总统领导委员会。然而，该委员会的运行更多的是 8 个不同实体的各自为政，缺乏有效的沟通和协调。也门国内的反胡塞联盟内部存在诸多矛盾：一是地域矛盾，也门南北差异巨大，南方和北方势力的诉求明显不同，如南方过渡委员会极力寻求也门南部的独立，这与其他反胡塞势力的利益相悖；二是宗教矛盾，也门战争导致曾经宽容的国家宗教氛围愈加敌对化，如带有萨拉菲主义色彩的"巨人旅"和与穆斯林兄弟会联系紧密的伊斯拉党对抗激烈；三是外部支持矛盾，沙特和阿联酋在反对胡塞运动方面虽有共识，但也存在诸多分歧，双方的矛盾反映在其支持的力量上面。在总统领导委员会中，阿联酋支持南方过渡委员会的祖拜迪、萨利赫家族的塔里克·萨利赫和"巨人旅"的阿布·扎拉，其他力量则主要受到沙特的支持。

综上可知，也门休战的达成和维持具有重要的积极意义，改善了也门的政治、安全和人道主义状况。沙特很有可能与胡塞运动达成全面停火协议，然而，也门全面和平的实现需要达成更加广泛的包容性协议，尤其是推动反胡塞联盟内部的更多协调，以及总统领导委员会与胡塞运动之间的政治谈判。

Y.16
土叙严重地震灾害对中东地区的影响

刘林智*

摘　要:　"2·6"地震灾害造成土耳其、叙利亚出现重大人员伤亡和财产损失,对两国的政治、经济、社会、安全态势产生了冲击。中东地区各主要国家在"2·6"地震发生后积极向土耳其、叙利亚提供援助,借此与两国的关系进一步改善,进一步推动地区"和解潮",为地区实现和平稳定注入了更为强大的动力。当前,世界正处于百年未有之大变局,人类社会的发展走到了十字路口。面对复杂的国际安全局势,国际社会唯有精诚合作、勠力同心,方能有效应对诸如"2·6"地震这样的重大安全挑战和其他全球性安全问题。

关键词:　土耳其　叙利亚　地震灾害　人道主义援助　安全形势

　　2023年2月6日凌晨4时,土耳其南部地区发生7.8级强烈地震,同日下午6时该地区再次发生7.6级地震,接连发生的两次强震导致土耳其南部加济安泰普省(Gaziantep)、卡赫拉曼马拉什省(Kahramanmaras)、迪亚巴克尔省(Diyarbakır)、奥斯曼尼耶省(Osmaniye)、哈塔伊省(Hatay)等11省受灾,并波及与之毗邻的叙利亚西北部伊德利卜省(Idlib)、阿勒颇省(Aleppo)、拉塔基亚省(Latakia)等地区。"2·6"地震灾害不仅造成土耳其、叙利亚出现重大人员伤亡和财产损失,也对两国的政治、经济、社会、

---

*　刘林智,中国社会科学院西亚非洲研究所助理研究员,主要从事中东地区军事和战略研究。

安全态势和中东地区安全形势产生了复合型影响，从而成为近年对地区局势造成广泛影响的重大安全事件。

一 "2·6"地震灾害造成严重损失

"2·6"地震是土耳其建立现代国家百年来所遭受的最严重自然灾害，同时也是中东地区近年最为严重的自然灾害，其对土耳其南部和叙利亚西北部的社会、经济、环境和人文遗产造成了全方位的影响。

（一）地震造成重大人员伤亡和财产损失

此次地震主要影响的土耳其南部和叙利亚西北部地区城镇化水平较高，人口和建筑物都较为密集，因此地震造成的破坏力更大。地震的严重破坏性首先表现为重大人员伤亡，2023 年 4 月土耳其内政部长苏莱曼·索伊卢（Suleyman Soylu）表示，"2·6"地震已致该国 50500 人遇难，此次地震成为土耳其共和国百年历史上死亡人数最多的灾害。据俄罗斯卫星通讯社 3 月 5 日发布的叙利亚地震情况，叙利亚境内因地震死亡的人数已超过 6700 人，另有超过 1.4 万人受伤。同时，地震还造成大量建筑倒塌和基础设施损坏，据统计，土耳其有超过 100 万栋建筑受损，其中 5.6 万栋建筑倒塌或严重受损；叙利亚西北部则有 1700 多栋建筑完全被毁，6380 余栋建筑部分被毁和受损。①

据世界银行 3 月 9 日发布的评估报告，"2·6"地震对土耳其造成的直接物质损失达 342 亿美元，相当于土耳其 2021 年 GDP 的 4%。地震对叙利亚造成的直接物质损失为 51 亿美元，损毁的资本存量现值约为其 GDP 的 10%。②

---

① 高伟、刘军等：《土耳其两次 7.8 级地震灾害应对及灾害特征分析》，《城市与减灾》2023 年第 2 期，第 9 页。

② 《世界银行：土耳其地震致土、叙两国直接损失超 390 亿美元》，界面新闻，2023 年 3 月 9 日，https://m. jiemian.com/article/9041071.html，最后访问日期：2023 年 4 月 20 日。

（二）灾后救援和灾民安置形势严峻

土耳其和叙利亚政府在地震发生后都以较快的速度开展救援，并积极进行灾民安置工作，但此次地震的救灾形势仍然极为严峻，主要原因来自五个方面。一是地震造成灾区大量建筑坍塌且许多高层建筑为粉碎性坍塌，救援面临极大困难。二是地震使交通运输线严重受损，土耳其和叙利亚灾区的公路、港口和空港都在地震中遭受严重破坏，救援力量难以在第一时间进入灾区。三是余震和次生灾害频发，2月6日地震发生后，土叙灾区不断发生余震，至2月20日，余震已超过6000次，其中1次余震达到6.7级，40次余震达到5~6级，频发的余震严重影响救援队伍搜救进程。同时，地震还造成了火灾、爆炸、大坝溃决等次生灾害，导致灾区安全形势更为严峻复杂。四是灾民安置压力大，据世界卫生组织2月14日发布的信息，"2·6"地震造成土叙两国约2600万人需要人道主义援助，大量灾民不仅需要临时住所，也需要食品、药品和其他生活物资，这些需求给两国政府带来巨大压力。五是灾区不利的天气因素对救灾工作和灾民安置造成严重负面影响。地震发生时，土耳其和叙利亚仍在冬季，严寒和暴风雪天气极大地阻碍了救援工作的开展，也使灾民的生活更为艰难。2022年3月中旬，土耳其尚勒乌尔法省（Sanlıurfa）和阿德亚曼省（Adıyaman）灾区又遭受强降雨和洪水侵袭，洪水和泥石流进一步破坏了灾区的道路等基础设施，并导致10余人死亡，两省暂居于帐篷的超过25万名灾民的生活条件也更趋恶劣。[①]

（三）地震造成次生环境问题

"2·6"地震导致土耳其、叙利亚灾区大批建筑物倒塌和损毁，由此产生的大量瓦砾问题对灾区生态环境造成不可忽视的影响。联合国开发计划署（UNDP）指出，此次震灾产生的瓦砾是1999年土耳其大地震的10倍，如

---

① "Turkey Floods Kill at Least 14 in Earthquake - Hit Zones", Al - Monitor, March 15, 2023, https://www.al-monitor.com/originals/2023/03/turkey-floods-kill-least-14-earthquake-hit-zones, accessed April 20, 2023.

将废墟堆积到 1 米高度，堆积面积相当于 100 平方千米，灾后清理工作将极其困难。① 由于瓦砾数量过大，土耳其救灾人员将大部分瓦砾存放在就近的临时垃圾场，也有部分人员将瓦砾倾倒在田园和河床，相关行为引起人们对地震瓦砾造成环境污染的担忧。

（四）地震对土叙历史文化遗产造成巨大破坏

土耳其东南部和叙利亚北部地区是早期人类文明诞生的重要区域之一，也是古代东西方文明交流的关键通道，拥有极其丰富的历史文化遗产。"2·6"地震不仅造成土叙两国重大人员伤亡和财产损失，对受灾区的众多文物古迹和文化遗产也造成了严重破坏。

土耳其此次受灾严重的加济安泰普省拥有众多文化遗产，其中最为知名的古迹加济安泰普古堡（Gaziantep Castle）在此次地震中受损严重。地震致使加济安泰普古堡东部、南部和东南部的堡垒倒塌，部分建筑完全被毁，古堡整体景观与地震前相比已发生巨大变化。哈塔伊省省会、千年古城安塔基亚（Antakya）同样遭受严重破坏，城内约 80% 的建筑在地震中被损毁，古城中哈比卜·纳贾尔清真寺（Habibi Neccar Mosque）等大量历史建筑被摧毁或严重受损。同时，一些重要古迹在此次强震后得以幸存，如位于尚勒乌尔法省的著名新石器时代古遗址哥贝克力石阵（Gobekli Tepe）。该遗址被认为建造于 1.2 万年前，是世界上最为古老的祭祀场所之一，此次地震对其没有造成明显破坏。②

在叙利亚方面，阿勒颇古城（Ancient City of Aleppo）是丝绸之路西端的中心城市，城内保存有古堡、宫殿、清真寺、市场等大量人文古迹，古城于 1986 年即被联合国教科文组织（UNESCO）列入《世界遗产名录》。此次

---

① 《外媒：土耳其灾后清理瓦砾或产生环境问题》，新华网，2023 年 3 月 3 日，http://www.news.cn/world/2023-03/03/c_1211734870.htm，最后访问日期：2023 年 4 月 20 日。

② "Prehistoric World Heritage Site Gobekli Tepe Survives Turkey Earthquakes", Al - Monitor, February 10, 2023, https://www.al - monitor.com/originals/2023/02/prehistoric - world - heritage - site-gobekli-tepe-survives-turkey-earthquakes, accessed May 5, 2023.

地震使多年来饱受战火摧残的阿勒颇古城受到进一步破坏，古城堡和城内其他古迹皆不同程度地受到破坏。由于叙利亚西北部仍处于战乱状态，因此要准确统计这一地区文物古迹所遭受的损失和对文物进行修复重建将更为困难。

二　震灾给土耳其社会发展带来的多重影响

近年，凭借灵活的外交手段和进取的对外战略，土耳其在中东地区安全格局中扮演着日益重要的角色，埃尔多安总统领导的正义与发展党政府受到土耳其民众的普遍支持。2023年对土耳其有着特别的意义，该国不仅迎来现代土耳其建国百年，本年的5月14日还举行了总统和议会大选，此次大选被认为是土耳其共和国百年历史中最为重要的选举之一。"2·6"地震的突然发生给土耳其的政局走向和社会局势带来更多变数，其不仅对土耳其的经济发展和社会稳定造成冲击，也给埃尔多安政府的施政带来一系列挑战，从而为5月大选和未来土耳其的政治发展道路带来更大不确定性。

（一）地震对土耳其经济造成强烈冲击

"2·6"地震对土耳其经济发展产生了多层面的影响。一是地震直接破坏了土耳其重要农业、工业区加济安泰普省等地区的大量建筑物和基础设施，大量工厂和企业停工，生产活动的停滞将给土耳其经济的稳定增长带来一定挑战。据土耳其统计局2023年4月发布的数据，土耳其2月工业总产值下降达8.2%，创下了2020年新冠疫情巅峰期后的最大衰退幅度，同时2月失业率也达到10%。① 二是地震导致南部地区基础设施、生产资料和人力资源遭受严重损失，这将大幅增加重建成本，投资重建所需进口的大量设备、材料也将在很大程度上恶化土耳其国际收支、外汇储备和货币汇

---

① "Turkey's Industries See Biggest Decline since 2020 in Quake Aftermath", Al-Monitor, April 11, 2023, https：//www. al - monitor. com/originals/2023/04/turkeys - industries - see - biggest - decline-2020-quake-aftermath, accessed May 14, 2023.

率。三是地震对土耳其支柱产业之一的旅游业造成严重冲击，交通瘫痪、旅游资源损失、旅游从业人员减少和安全环境的不确定性都将导致旅游者锐减，进而影响土耳其的服务业出口和国民收入。四是影响外国投资者对土耳其的投资信心，外国投资者如减少对土耳其的投资，土耳其外汇储备将进一步减少。

（二）土耳其粮食生产遭受严重影响

近年，在气候变化、新冠疫情、乌克兰危机等因素的影响下，世界粮食安全问题日益凸显，粮食安全问题已成为很多发展中国家最重要的安全议题。[①] 作为中东人口大国，粮食安全对土耳其的国家安全和社会发展同样有着极其重要的意义。土耳其南部地区是该国重要的农业区和粮食生产基地，"2·6"地震对受灾地区的农业活动和粮食生产造成了极其严重的影响。联合国粮农组织（FAO）2023年3月31日的报告指出，此次地震影响的11省都是土耳其的重要农业产区，受灾地区农业、畜牧业、渔业生产和农村基础设施都受到了严重破坏，预计地震将破坏土耳其20%的粮食生产。[②] 对土耳其来说，南部地区的粮食减产虽然不太可能造成全国性的粮食危机，但仍将对民生造成一定影响。

（三）民众对埃尔多安政府救灾表现的不满度上升

"2·6"地震发生后，埃尔多安政府立即投入大量救援力量赴灾区救灾，并派遣军队在灾区维持治安，打击趁乱劫掠等犯罪活动，但仍有很多民众对政府救灾表现感到不满，批评政府救灾不力的声音不断出现。部分灾区民众认为土耳其政府并未对地震灾害进行及时预警和充足准备，对政府的救灾表现提出严厉批评，土耳其国内已多次发生针对政府救灾不力的抗议活

---

① 肖洋：《非传统威胁下海湾国家安全局势研究》，时事出版社，2015，第1页。
② 《联合国粮农组织：土耳其超20%粮食生产因地震受损》，央视网，2023年3月31日，http：//news.cctv.com/2023/03/31/ARTI8sukOhRkCOEi9dsPAdub230331.shtml，最后访问日期：2023年4月20日。

动，这些都使埃尔多安政府承受的舆论压力有所增大。

此外，建筑质量问题也成为震后土耳其社会高度关注的重要议题。"2·6"地震造成包括公共建筑在内的大批建筑倒塌和损毁，相关问题引起土耳其公众的普遍重视和质疑。实际上早在1999年，土耳其就建立了关于建筑防震的检查制度，但在实际建造过程中，一些建筑商为降低成本使用质量低劣的建筑材料，土耳其政府对此类违法行为的监督也不到位，大量建筑使用的混凝土质量并未达到政府规定的最低标准。[①] 而在土耳其东南部广大乡村地区，由于成本低廉、取材方便，用土坯、石块建造的简单砖石结构建筑占据主流，此类建筑难以抵御强烈地震的冲击。值得注意的是，为了解决住房问题，土耳其政府自20世纪60年代以来一直定期进行"建筑特赦"，即对没有安全证书的建筑依法免除罚金，使非法建筑合法化。2018年5月，土耳其政府颁布名为"建筑和平"的分区特赦条例，要求在灾害风险的可控范围内，对无证建筑进行合法化登记，该条例在2018年6月24日大选前生效。此次特赦被认为使大量南部地区的违规建筑合法化，为"2·6"地震中的建筑严重损毁埋下了隐患。鉴于建筑质量问题在土耳其国内引起的广泛关注，埃尔多安政府采取了一系列措施进行应对。2023年2月12日，土耳其司法部长贝基尔·博茨达（Bekir Bozdag）表示，土耳其检察院在受地震影响的10个省份设立"地震犯罪调查局"，彻查地震引起的大量建筑倒塌问题。2月18日，博茨达宣布，已有245名对灾区劣质建筑负有直接责任的承包商和工程师被起诉，另有65名嫌疑人被羁押待审。

（四）埃尔多安的反对力量获得更多政治资本

2023年5月14日举行的土耳其总统和议会大选被认为将决定土耳其未来的国家发展方向，因此受到土耳其政坛各方力量的高度重视，埃尔多安阵营和反对派力量皆为此次选举进行了长期筹备。3月6日，土耳其6个反对

---

① 陆新征、覃思中、许镇：《土耳其7.8级地震对我国防震减灾工作的启示》，《城市与减灾》2023年第2期，第4~5页。

党组成的"国家联盟"（National Alliance）在经过争论后达成共识，推举共和人民党（CHP）党首凯末尔·克勒赤达罗卢（Kemal Kilicdaroglu）为联合候选人，与埃尔多安竞逐总统之位。克勒赤达罗卢长期担任土耳其第一大反对党共和人民党党首，曾任财政部收入总司处长、土耳其商业银行董事会成员，拥有丰富的政治经验和较高的政治声望，其主张在共识和协商的基础上推动土耳其回归议会制，并扭转埃尔多安在政治和经济领域的诸多政策。近年土耳其经济形势的恶化、高通胀率以及埃尔多安政府应对地震灾情的不力表现都成为克勒赤达罗卢攻击埃尔多安阵营的议题，其主张得到相当一部分不满埃尔多安施政路线的民众的支持。此外，此次地震影响最为严重的南部地区一直是支持埃尔多安的核心选区，加济安泰普省、阿德亚曼省等7省由正义与发展党控制，迪亚巴克尔省由政府任命的受托人领导，只有哈塔伊省和阿达纳省（Adana）两省由反对派政党控制。① 土耳其最高选举委员会在4月曾表示，地震灾区将有至少100万名选民无法参与大选投票，这将导致埃尔多安流失相当一部分选票。尽管面对反对党的攻势和一定社会舆论压力，埃尔多安仍在5月29日赢得总统选举，成功连任土耳其总统，这显示出"2·6"地震的冲击并未从根本上改变土耳其政坛的基本格局。

三 震灾加剧叙利亚西北部地区安全治理困境

2011年叙利亚内战爆发后，叙利亚西北部地区一直是政府军和反政府武装反复争夺、持续作战的重点区域，长期战乱导致这一地区社会失序，经济凋敝，民众生活十分困苦。"2·6"地震则使这一地区的社会状况和安全形势雪上加霜，地震不仅直接造成大量人员伤亡和建筑物、基础设施损毁，还导致叙利亚西北部地区广大民众的生活状态更趋恶化，人道主义灾难加剧给叙利亚局势和周边地区的整体稳定态势带来严峻挑战。

---

① "Earthquake, Refugees, Assad May Be Keys to Turkey's Election", Al‐Monitor, April 28, 2023, https：//www. al‐monitor. com/originals/2023/04/earthquake‐refugees‐assad‐may‐be‐keys‐turkeys‐election, accessed May 10, 2023.

（一）地震大幅加剧叙利亚西北部人道主义危机

由于长年战乱和西方制裁，叙利亚民众一直面对贫困、物资短缺和暴力威胁，据联合国统计，约 70% 的叙利亚人口在地震前即需要人道主义援助，"2·6"地震则大幅加剧了叙利亚西北部地区的人道主义危机。此次地震导致叙利亚西北部地区 900 多万人受到影响，造成严重人员伤亡，大量建筑坍塌和损毁，大批居民失去居所和工作，只能暂居于帐篷和临时避难所。居于临时避难所的灾民不仅面临食品、药品和生活用品的严重短缺，同时还受到严寒、传染病和暴力活动的威胁。叙利亚西北部地区人道主义危机的加剧无疑将给叙利亚局势的发展和周边地区的安全稳定带来挑战。

（二）难民问题进一步加剧

叙利亚内战爆发以后，叙利亚难民问题一直是影响中东乃至世界安全稳定的主要安全问题，"2·6"地震致使叙利亚西北部地区大批居民流离失所，失去了赖以生存的居住环境和谋生手段，导致叙利亚难民问题进一步恶化。2023 年 2 月 10 日，联合国难民署（UNHCR）称，预计 530 万名叙利亚人在震后流离失所，这将导致叙利亚难民大幅增加。[1] 2 月 13 日，土耳其外交部长梅乌吕特·查武什奥卢（Mevlut Cavusoglu）表示，当局不会允许新一轮叙利亚难民进入土耳其[2]，其言论在一定程度上反映出土耳其对叙利亚难民问题恶化的担忧。

同时，"2·6"地震后也发生了滞留在土耳其的叙利亚难民的"回流"现象。土耳其是叙利亚内战爆发后叙利亚难民的最大接收国，目前土耳其境

---

[1] "UNHCR：Over 5 Million May Need Shelter Support in Syria after Quake"，UNHCR，February 10，2023，https：//www. unhcr. org/news/unhcr-over-5-million-may-need-shelter-support-syria-after-quake，accessed April 25，2023.

[2] 《土耳其外长：不会允许新一波叙利亚难民涌入》，参考消息网，2023 年 2 月 14 日，https：//www. cankaoxiaoxi. com/#/detailsPage/%20/7c995e9906b847068c81a333af1a9289/1/2023-02-14%2014：19？childrenAlias=undefined，最后访问日期：2023 年 5 月 5 日。

内大约有 350 万名叙利亚难民，其中有超过 170 万名难民居住于受灾严重的南部 10 省。由于地震严重破坏了叙利亚难民在土耳其的生活环境，加上灾后土耳其社会针对叙利亚难民的敌视和暴力活动有所增加，[①] 部分叙难民迁回叙利亚。2 月 23 日，土耳其国防部长胡卢西·阿卡尔（Hulusi Akar）表示，"2·6"地震发生后，已有超过 30000 名叙利亚难民自愿从土耳其境内返回叙利亚，且人数仍在增加。[②] 然而，回国的叙利亚难民仍面临贫困、物资匮乏和暴力活动的威胁，其生存状态依旧不容乐观。

（三）阵营对立阻碍救援工作展开

"2·6"地震发生后，由于叙利亚西北部受灾地区由叙利亚政府军和反对派武装分别控制，阵营对立成为开展救灾工作的重要障碍。伊德利卜省是此次地震的重灾区，但该省相当一部分地区仍由"沙姆解放组织"（Hay'at Tahrir al-Sham）等反对派武装控制，其在灾后初期拒绝救灾物资从叙利亚政府控制区进入。因此，土耳其南部通往伊德利卜的过境口岸成为向反对派控制区运送救灾物资的主要通道，2023 年 2 月中旬前，土耳其边境的巴布哈瓦（Bab al-Hawa）过境点是唯一由联合国安理会授权的可用于运送救援物资的跨境通道。2 月 13 日，联合国官员与叙利亚总统巴沙尔·阿萨德（Bashar al-Assad）进行高级别会谈后，巴沙尔同意开通土叙边境巴布萨拉姆（Bab al-Salam）和拉伊（al-Rai）两个新过境点，以向叙利亚反对派控制区运送救灾物资。5 月 13 日，叙利亚同意将两个边境口岸再开放 3 个月，以便让援助物资进入伊德利卜省。[③] 虽然在国际社会斡旋下，叙利亚政府与反对派在救灾问题上达成一定妥协，使救灾物资和部分救援力量能够进入反

---

① "Regional Overview Middle East February 2023", Armed Conflict Location & Event Data Project, March 3, 2023, p. 1.

② "A Syrian Exodus: Some 30,000 Refugees Return Home after Turkey's Earthquake", Al-Monitor, February 24, 2023, https://www.al-monitor.com/originals/2023/02/syrian-exodus-some-30000-refugees-return-home-after-turkeys-earthquake, accessed May 10, 2023.

③ "Syria Extends Opening of 2 Border Crossings with Turkey for Quake Aid", The Turkey News, May 14, 2023, https://www.theturkeynews.net/news/273830772/syria-extends-opening-of-2-border-crossings-with-turkey-for-quake-aid, accessed May 14, 2023.

对派控制区，但阵营对立仍在很大程度上阻碍救援进度，使反对派控制区的民生状况难以得到根本改观。

（四）西方制裁严重干扰灾后援助

2011年叙利亚危机爆发后，以美国为首的西方国家的制裁严重破坏了叙利亚的经济发展，并大幅加剧叙利亚民生困境。"2·6"地震发生后，西方制裁则成为阻碍叙利亚灾后救援的重要因素。在地震灾害发生初期，美国坚持维持对叙利亚单边制裁，阻碍了国际救援力量在72小时黄金救援期的工作。2023年2月9日，在国际舆论压力下，美国宣布临时取消对叙利亚制裁中涉及地震救援的部分，为期180天。虽然美国宣布放宽对叙利亚的部分制裁并愿意为叙利亚救灾开展工作，但在具体操作层面依然充满不确定性，如关于地震救援制裁的范围并无准确标准，同时美国拒绝与巴沙尔政府开展合作，[①] 这些因素都使放宽制裁对叙利亚灾后救援和重建的实际作用相当有限。

四 "地震外交"推动地区国家间关系缓和

"2·6"地震发生后，中东地区各主要国家积极向土耳其、叙利亚提供援助，作为回应，土耳其、叙利亚与地区国家的关系也获得进一步改善，从而为中东地区的"和解潮"注入了更为强大的动力。

（一）土耳其与埃及关系回暖

埃及与土耳其同为在中东地区具有广泛影响力的大国，但自2010年底"阿拉伯之春"大变局发生后，两国关系的发展一直颇为曲折。2013年，埃及时任总统穆罕默德·穆尔西（Mohamed Morsi）被武装部队总司令阿卜杜

---

① "Sanctions on Syria Not Blocking Aid to Quake Victims: US", Arab News, February 16, 2023, https://www.arabnews.com/node/2252546/middle-east, accessed May 5, 2023.

勒·法塔赫·塞西（Abdel Fattah al Sisi）将军领导的军方力量推翻，此举遭到埃尔多安强烈批评，两国关系快速恶化。2014年埃尔多安和塞西分别就任总统后，两国关系进一步下行。围绕利比亚局势、东地中海油气资源开发等问题，两国进行了激烈博弈，导致地区紧张态势升级。自2021年起，土耳其与埃及开始高级别外交官员接触，两国关系逐渐解冻。2023年"2·6"地震发生后，埃及迅速向土耳其提供援助，土埃高级别外交互动明显增加，从而促进两国关系进一步回暖。

在地震发生次日，塞西即致电埃尔多安，表达对地震遇难者的哀悼。同时，塞西指示埃及立即向土耳其和叙利亚提供紧急医疗援助，大量药品和医疗物资通过军用运输机运往土叙两国。2月27日，埃及外交部长萨迈赫·舒凯里（Sameh Shoukry）访问土耳其，与土耳其外交部长查武什奥卢会谈，两人前往土耳其南部重要港口梅尔辛（Mersin）共同迎接运载埃及援土物资的运输船，舒凯里还宣布运送救灾物资的船只在经过苏伊士运河（Suez Canal）时可以获得优先权。[1] 3月18日，土耳其外交部长查武什奥卢访问埃及，在埃及首都开罗与埃及外长萨迈赫·舒凯里会晤，两人在记者会上宣布土耳其和埃及将在适当时机把双边关系恢复至大使级。

土耳其与埃及关系的回暖不仅有利于两国深化交流合作，对中东地区的安全稳定也有着非常积极的意义。但两国在利比亚局势和东地中海事务等问题上仍缺乏足够互信，如要实现真正和解，两国政府仍有诸多具体工作要做。[2]

（二）土耳其与希腊关系出现缓和态势

受历史纠葛、领土争端和难民问题等因素的影响，土耳其与希腊的双边

[1] "Egypt's FM Visits Syria and Turkey in Show of Solidarity after Deadly Quake", Arab News, February 27, 2023, https：//www.arabnews.com/node/2259041/middle-east, accessed May 5, 2023.

[2] "Egypt's Sisi Unlikely to Reconcile with Erdogan before Turkey's Election", Al-Monitor, March 25, 2023, https：//www.al-monitor.com/originals/2023/03/egypts-sisi-unlikely-reconcile-erdogan-turkeys-election, accessed May 5, 2023.

关系一直较为复杂。特别是随着近年东地中海油气资源勘探与开发活动的推进，土耳其和希腊在该地区更是频繁发生摩擦，甚至一度出现爆发军事冲突的风险。但在"2·6"地震发生后，希腊率先对土耳其表示慰问并积极向土耳其提供援助，为两国关系缓和创造了契机。

此次地震发生当日，希腊总理基里亚科斯·米佐塔基斯（Kyriakos Mitsotakis）即向埃尔多安总统表示慰问，并表示愿意提供帮助。希腊不仅迅速向土耳其派出救援队，还向土耳其提供了数十吨医药物资和救援设备。2月12日，希腊外交部长尼科斯·登迪亚斯（Nikos Dendias）访问土耳其，其间与土耳其外交部长查武什奥卢共同乘坐直升机俯瞰灾区情况，并在设于哈塔伊省安塔基亚市的救援行动中心了解救援进展。两国外长在其后的布鲁塞尔会晤中再次释放善意，土耳其承诺支持希腊在2025年和2026年成为联合国安理会临时成员，希腊则承诺支持土耳其候选人竞选新一届国际海事组织秘书长。[①] 3月25日希腊独立日当天，埃尔多安专门致信米佐塔基斯以示祝贺，这一举动被认为是两国关系缓和的重要象征。

总体来看，"地震外交"为土希两国缓和关系提供了明显助力，虽然两国间的一些根本矛盾仍难以解决，但土希关系的阶段性改善仍将对两国的合作与环地中海地区的稳定起到积极作用。

（三）叙利亚与阿拉伯世界关系持续改善

2011年叙利亚内战爆发后，沙特、卡塔尔等海湾国家成为叙利亚反对派武装的主要支持者，从而与叙利亚政府的关系急剧恶化，叙利亚同时也遭到阿拉伯世界的孤立，2011年11月，阿拉伯国家联盟（League of Arab States，以下简称"阿盟"）中止叙利亚的成员国资格。近年，随着叙利亚局势趋于好转，叙利亚与沙特等海湾国家的关系出现改善迹象，阿拉伯国家支持阿盟恢复叙利亚成员国资格的呼声不断升高。"2·6"地震发生后，沙

---

① "Turkey, Greece Take Strides in Ankara Meeting as Aid Diplomacy Continues", Al-Monitor, March 22, 2023, https：//www.al-monitor.com/originals/2023/03/turkey-greece-take-strides-ankara-meeting-aid-diplomacy-continues, accessed May 14, 2023.

特、阿联酋等国积极向叙利亚提供援助，叙利亚与各主要阿拉伯国家的良性互动不断增加，叙利亚回归阿拉伯世界的进程明显提速。

此次地震发生后，以沙特、阿联酋为代表的海湾国家迅速向叙利亚提供救灾援助物资。阿联酋宣布为叙利亚提供5000万美元援助，并派出飞机将大量紧急救援物资、医疗物资和食品运往叙利亚，同时阿联酋的搜救队也是最早到达叙利亚的外国救援队伍之一。沙特在地震后迅速向叙利亚提供包括食品、医疗用品在内的救援物资。2023年2月20日，沙特签署了价值超过1.83亿里亚尔的人道主义项目，用于援助叙利亚和土耳其灾民，项目包括建设3000套住房，以及为灾民提供食品和保健服务。阿曼则为向叙利亚运送救援物资开启了空中走廊。

同时，围绕政治解决叙利亚危机和叙利亚重归阿盟等议题，叙利亚与阿拉伯世界的外交互动也大幅增加。2023年2月15日，约旦外交大臣艾曼·萨法迪（Ayman Safadi）到访叙利亚，承诺约旦政府将为叙利亚提供地震救灾援助，并为政治解决叙利亚危机进行努力。2月20日，叙利亚总统巴沙尔对阿曼进行访问，与苏丹海赛姆·本·塔里克·阿勒赛义德（Haitham Bin Tarik al-Said）进行会谈。3月18日，巴沙尔访问阿联酋。阿联酋阿布扎比王储穆罕默德·本·扎耶德·阿勒纳哈扬（Mohammed bin Zayed al-Nahyan）在会见巴沙尔时强调，叙利亚是阿拉伯安全的基本支柱，其领土完整需要得到维护，外国军队应撤出叙利亚。4月1日，叙利亚外交部长费萨尔·梅克达德（Faisal Mekdad）访问埃及，与埃及外交部长萨迈赫·舒凯里进行会谈，此行为叙利亚外长时隔十余年首访埃及，标志着两国关系的修复向前迈进一大步。[①] 4月12日，叙利亚外交部长梅克达德访问沙特，此次出访为2011年叙利亚危机爆发以来，叙利亚高级外交人员首次访问沙特。在双方发表的联合声明中，叙利亚与沙特一致认为，叙利亚需要维护对其所有领土的控制，政治解决叙利亚危机的目的在于"实现民族和解，让叙利亚重

---

① 《叙利亚外长时隔十余年后首访埃及》，新华网，2023年4月2日，http://www.news.cn/2023-04/02/c_1129487368.html，最后访问日期：2023年5月14日。

返阿拉伯环境，并恢复其在阿拉伯世界的作用"。5月1日，约旦、沙特、埃及、伊拉克和叙利亚外交部长在约旦首都安曼举行会谈，商讨叙利亚问题的政治解决方案，恢复叙利亚阿盟成员资格成为此次会议焦点。5月7日，阿盟在埃及首都开罗举行外长级紧急会议，会上同意恢复叙利亚成员国资格。

叙利亚与阿拉伯世界关系的全面回暖不仅将为政治解决叙利亚危机和叙利亚的国家发展带来巨大助力，同时也将对中东地区整体局势的稳定发挥重要作用。同时也应看到，叙利亚当前局势仍存在诸多不稳定因素，其国内政治碎片化态势并未得到根本改变，西北部的反政府武装与东北部的库尔德人控制区和叙利亚政府仍处于对立状态，恐怖袭击、以色列和美国的军事行动更是导致叙利亚国内安全形势频繁波动。此外，以美国为首的西方国家并未放弃对叙利亚的遏制，不仅继续维持对叙利亚制裁，同时持续向沙特、阿联酋等国施压，阻遏叙利亚回归阿拉伯世界的步伐。对叙利亚来说，实现国家的真正稳定和可持续发展，不仅需要外交环境的改善，而且需要提高自身的安全治理能力和增强内生发展动能。

总之，"2·6"地震造成了土耳其和叙利亚大量人员伤亡、建筑物损毁和巨大财产损失，冲击了土耳其的政治、经济格局和社会发展，加剧了叙利亚人道主义危机。"2·6"地震发生后，国际社会和地区国家纷纷向土耳其、叙利亚伸出援手，超过100个国家向土耳其与叙利亚提供援助和派出救援队，特别是通过救灾援助，中东各主要国家与土耳其、叙利亚关系进一步改善，从而大幅增强了中东地区迈向和平的动力。

对外经济合作

Foreign Economic Relations

Y.17

西亚对外贸易和中国–西亚贸易发展态势

徐 强*

摘 要： 2022 年，因乌克兰危机引发能源产品供需紧张，西亚及该地区大部分国家的出口额和进口额年增速大幅高于全球贸易平均增速；西亚油气产品出口额超高速增长，对欧盟、英国出口额更是成倍或成多倍增长。2022 年，西亚作为伙伴，在中国出口额、进口额中的占比明显上升，中国对大部分西亚国家的出口额、进口额高速增长。近三年，中国和大部分西亚国家双向贸易年均增速较快。少数国家受安全局势和政策环境拖累，与中国的双向贸易出现年均负增长。至2021 年，中国制造品出口额在西亚的市场占有率仍在上升。为促进中国与西亚贸易发展，中国需要应对西亚原油减产的后续影响，扩展中国机电产品在西亚市场的出口，关注部分国家重建带来的机遇。

关键词： 西亚 中国 油气市场 制造品市场

---

* 徐强，商务部国际贸易经济合作研究院副研究员，主要从事世界经济和国际经济合作问题研究。

一　2022年西亚大部分国家贸易规模强劲增长

本节结合西亚出口额和进口额的全球占比变动，考察西亚及该地区国家近年双向贸易增长态势。

（一）2022年西亚在世界出口总额和进口总额中的占比均明显上升

如图1所示，西亚16国出口额在世界出口总额中的占比于2012年达到历史最大值8.2%，此后至2020年，这一占比总体呈下降态势。从数学原理来看，这说明在2012~2020年大部分年份，西亚出口增速总体弱于世界出口增速。2021年、2022年，西亚出口额的世界占比连续两年上升，2022年的占比达7.6%。

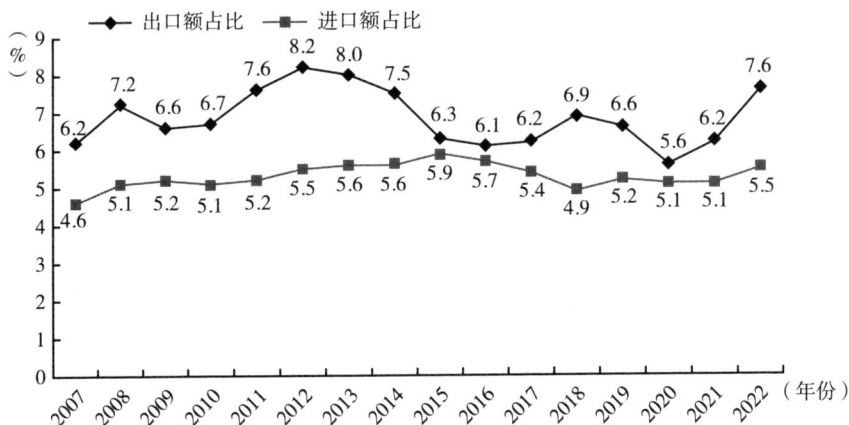

图1　2007~2022年西亚16国的出口额和进口额在世界同类贸易总额中的占比

资料来源：联合国贸易和发展会议（UNCTAD）数据库。

西亚16国进口额在世界进口总额中的占比于2015年达到历史最大值5.9%，之后至2018年持续下降，2018~2021年维持在5%上下，2022年上升至5.5%。

自2012年后，就西亚在世界出口总额和进口总额中的两项占比变动而言，2022 年是唯一二者都明显上升的一年，升幅分别为 1.4 个百分点、0.4 个百分点，都创下 2008 年后最大年升幅。

2022 年，西亚出口额、进口额的世界占比双双升幅显著，意味着西亚及大部分国家的出口额、进口额出现了近十多年来不多见的大幅增长。

（二）2022年西亚及大部分国家出口增速非常强劲

如表 1 所示，2022 年西亚 16 国出口额为 18941 亿美元，同比增长 36.9%，大大高于同年世界出口总额年同比增速 11.5%。

如表 1、图 2 所示，2022 年，除和西方国家关系紧张的伊朗、仍处在内战状态的也门之外，所有产油大国出口额年同比增速都达到或超过 32%。其中，科威特（64.9%）、伊拉克（52.7%）、卡塔尔（48.9%）、沙特（48.6%）、阿曼（41.1%）、阿联酋（40.8%）的年同比增速超过 40%。

如图 2 所示，2022 年，在西亚 16 国之中，出口额年同比增速明显低于世界平均增速的国家只有伊朗和黎巴嫩。其中，伊朗出口额增速低迷的主要原因是美国、英国、日本、加拿大等国停止从伊朗进口原油等产品；黎巴嫩出口额增速低迷主要因为其国内安全局势仍然相对动荡。

表 1　2022 年西亚及各国出口额及其增速

单位：亿美元，%

范围	出口额	年(均)增速		范围	出口额	年(均)增速		范围	出口额	年(均)增速	
		本年*	3年期**			本年	3年期			本年	3年期
世界	249046	11.5	9.4	阿曼	629	41.1	17.6	以色列	736	22.3	7.9
西亚	18941	36.9	14.6	阿联酋	5985	40.8	15.4	土耳其	2542	12.9	12.0
科威特	1041	64.9	17.3	巴林	298	33.2	18.0	巴勒斯坦	32	11.5	9.4
伊拉克	1318	52.7	14.0	也门	8.7	31.9	10.2	塞浦路斯	43	11.4	7.8
卡塔尔	1298	48.9	21.2	约旦	123	31.3	13.9	伊朗	730	1.9	3.6
沙特	4105	48.6	16.2	叙利亚	9.5	24.3	22.2	黎巴嫩	44	-4.8	-3.3

注：*指"本年增速"，为 2022 年相比上年的增速。

　　**指"3 年期年均增速"，为 2019~2022 年的年均增速。

　　资料来源：联合国贸易和发展会议（UNCTAD）数据库。

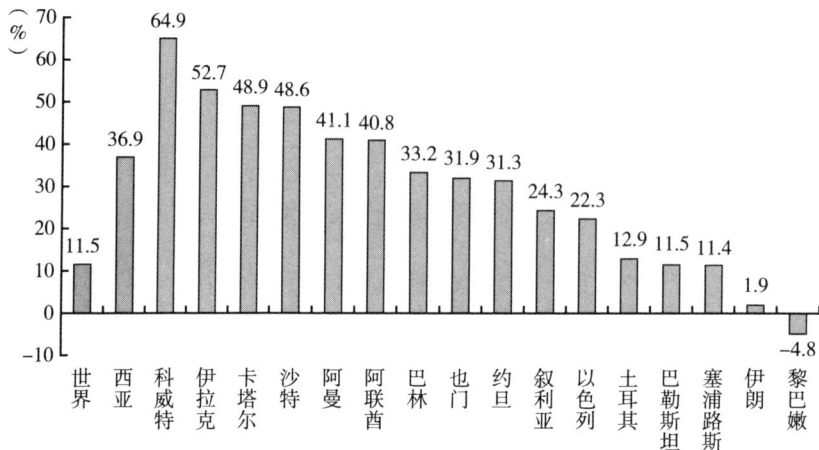

图2 2022年西亚各国出口额的年同比增速

资料来源：联合国贸易和发展会议（UNCTAD）数据库。

表1也展示了世界、西亚及西亚国家出口额2019~2022年的3年期年均增速。自2020年，世界贸易遭受新冠疫情冲击。主要因2022年出口额增速过于强劲，西亚16国出口额3年期年均增速高达14.6%，明显高于世界出口总额3年期年均增速9.4%。在疫情期间，西亚产油国出口增速曾因原油销售额大幅下降而相对低迷，但2022年的超强劲增长补偿了疫情造成的出口规模萎缩，还大大有余。

2019~2022年，西亚16国中出口额3年期年均增速低于世界出口总额3年期年均增速的有黎巴嫩（-3.3%）、伊朗（3.6%）、塞浦路斯（7.8%）、以色列（7.9%），除伊朗外，都非原油出口大国。

（三）2022年西亚及大部分国家进口额增速相对强劲

如表2所示，2022年西亚16国进口额为14214亿元，同比增长23.5%，显著高于世界进口总额年同比增速13.3%。

表2 2022年西亚及各国进口额及其增速

单位：亿美元，%

范围	进口额	年(均)增速		范围	进口额	年(均)增速		范围	进口额	年(均)增速	
		本年*	3年期**			本年	3年期			本年	3年期
世界	256212	13.3	9.8	沙特	1883.4	23.2	7.1	塞浦路斯	119.2	15.7	9.3
西亚	14214	23.5	12.1	阿联酋	4245.3	22.2	13.7	伊朗	554.5	13.2	9.9
黎巴嫩	195.0	40.7	-0.2	阿曼	368.9	19.0	16.2	巴勒斯坦	106.7	13.2	9.8
土耳其	3637.1	34.0	20.0	卡塔尔	332.0	18.6	4.4	巴林	155.4	9.5	5.4
叙利亚	85.8	32.2	9.1	伊拉克	782.3	18.1	2.7	也门	57.2	9.1	6.6
约旦	271.9	26.2	12.4	以色列	1072.7	16.4	11.9	科威特	346.5	8.7	1.1

注：＊"本年增速"指2022年相比上年的增速。

＊＊指"3年期年均增速"，为2019~2022年的年均增速。

资料来源：联合国贸易和发展会议（UNCTAD）数据库。

如图2、图3显示，2022年西亚国家之中，只有黎巴嫩（40.7%）、土耳其（34%）、叙利亚（32.2%）、约旦（26.2%）的进口额年同比增速超过26%，位居前列，但它们都不是产油大国。探究其原因，2022年乌克兰危机推高了全球资源产品价格并导致全球能源供不应求，而正是非产油大国需要大量进口能源和资源。另外，如黎巴嫩、叙利亚这种安全局势相对动荡国家的进口额之所以也出现超高增速，是因为此前若干年进口额增速降幅过大，2022年出现补偿性回调。其中，黎巴嫩2022年进口额仍不及2019年；叙利亚虽然2022年进口额达85.8亿美元，但还不及其2011年进口额200亿美元的一半。

在西亚16国之中，2022年进口额同比增速低于世界进口总额同比增速的有科威特（8.7%）、也门（9.1%）、巴林（9.5%）、巴勒斯坦（13.2%）、伊朗（13.2%）。

表2还显示，2019~2022年，西亚16国进口额3年期年均增速为12.1%，稍高于世界进口总额3年期年均增速9.8%。不过，仔细对照西亚各国3年期年均增速不难发现，只有6个贸易大国进口额3年期年均增速相对较高，包括土耳其（20%）、阿曼（16.2%）、约旦（12.4%）、阿联酋（13.7%）、以色列（11.9%）、伊朗（9.9%），其他10国进口额3年期年均

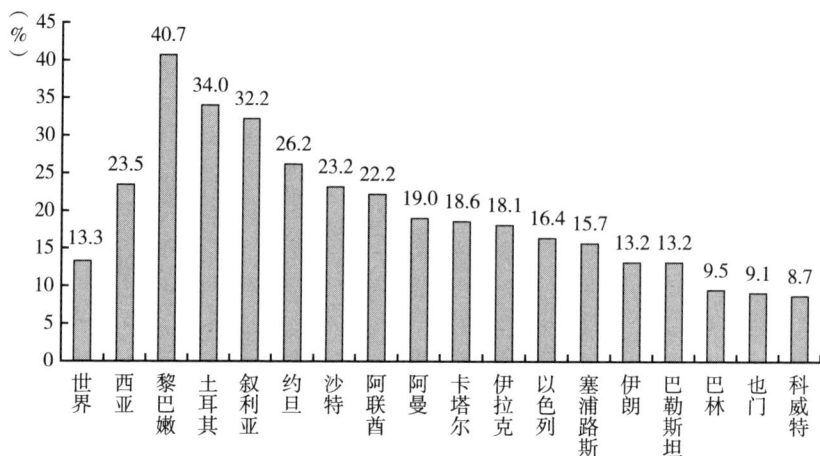

图3　2022年西亚各国进口额的年同比增速

资料来源：联合国贸易和发展会议（UNCTAD）数据库。

增速均相对低于或等于世界进口总额3年期年均增速。这表明，尽管2022年西亚整体原油出口额超高速增长，但仍不足以改变大部分国家特别是经贸规模相对较小的国家进口额3年期年均增速相较全球3年期年均增速仍较弱的情况。

二　2022年西亚油气产品对欧洲出口额增速尤其强劲

本节观察2022年西亚及该地区国家油气产品出口额增速，并观察其近年出口市场在主要大型经济体分布的变动态势。

（一）2022年西亚各产油国对欧美的油气产品出口额同比成倍或成多倍增长

2022年，西亚主要产油国出口额大幅增长，主要有两方面原因，都和乌克兰危机有关：一是能源类产品价格上涨；二是欧洲、北美、日本原来进口自俄罗斯的油气产品有相当大部分转向向西亚国家购买。那么，2022年，西亚各油气产品出口大国对世界主要市场的油气出口额年增速究竟高到什么程度？

因西亚各国贸易数据发布相对滞后，选用中国、欧盟、日本、英国、美国、加拿大六大经济体油气（以 SITC 贸易产品分类第三大类为口径）进口额数据进行计算，计算结果见表3。

1. 西亚10产油国油气产品出口额的总体增长

如表3所示，2022年，西亚10国对六大伙伴油气产品出口额的同比增速高达68.7%。其中英国、欧盟、美国的进口额增速最高，分别高达250%、105.9%、91.6%，即英国同比增长2.5倍，欧盟、美国大致同比增长1倍。在六大经济体中，中国的进口额同比增速最低，但也高达54.1%。

表3 2022年世界主要大型经济体自西亚10产油国油气产品进口额的同比增速

单位：%

西亚范围	合计	中国	欧盟	日本	英国	美国	加拿大
西亚10国	68.7	54.1	105.9	55.1	250.0	91.6	70.3
巴林	24.9	46.1	13.2	8.0	550.3	14.0	—
伊朗	262.7	269.8	71.0	—	—	—	—
伊拉克	63.4	47.7	66.9	—	-98.0	166.6	—
科威特	68.5	55.9	183.9	50.4	326.9	89.4	2616.1
阿曼	38.6	31.5	159.2	128.1	547.7	85.6	49.5
卡塔尔	95.4	80.1	219.9	13.1	278.2	59.8	58.2
沙特	66.9	47.2	112.8	55.8	237.3	86.9	57.5
土耳其	51.7	399.4	59.4	-75.9	842.4	11.1	-81.0
阿联酋	79.1	86.7	71.6	72.3	186.5	30.4	747.5
也门	-5.8	33.0	-75.9	—	—	—	—

注：本表油气产品以 SITC 贸易产品分类第三大类为口径。
资料来源：联合国 UN Comtrade 数据库。

2. 西亚各产油国油气产品出口额增速的比较

2022年，伊朗对六大伙伴油气产品出口总额同比增速高达262.7%，在西亚10产油国中增速最高。不过，在六大伙伴之中，除中国、欧盟之外，因贸易制裁，伊朗对其他四大伙伴油气产品出口额为0，表明2022年美国对其贸易制裁没有解除。2022年，伊朗对中国、欧盟的油气产品出口额同比增速分别高达 269. 8% 、71%。

卡塔尔对六大伙伴油气产品出口总额同比增速为 95.4%，在西亚 10 产油国中增速排在第 2 位，其中对英国、欧盟的油气产品出口额增速分别为 278. 2% 、219. 9%。

阿联酋对六大伙伴油气产品出口总额同比增速为 79. 1%，在西亚 10 产油国中增速排在第 3 位，其中对加拿大、英国、中国的油气产品出口额增速分别为 747. 5% 、186. 5% 、86. 7%。

在各产油国中，也门是唯一油气产品出口额负增长的国家，主要原因是该国内战仍在持续。

（二）近10余年各大型经济体在西亚油气产品出口额中的伙伴占比有升有降

以 SITC 贸易产品分类第三大类为"油气产品"口径，基于西亚各国分类产品进口额数据，可计算各年西亚油气产品出口额的伙伴占比，即出口到各伙伴市场的油气产品金额占油气产品出口总额的比重。图 4 显示了 2011~2021 年在西亚 16 国油气产品出口额之中各大型经济体的伙伴占比变动态势。

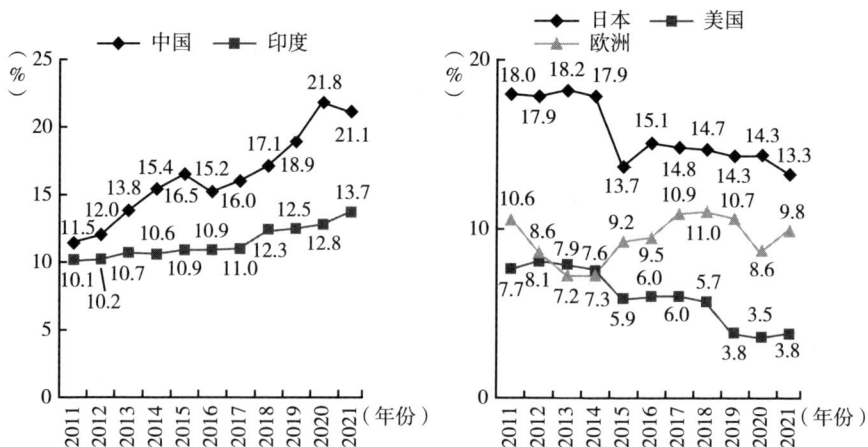

图 4　2011~2021 年西亚 16 国油气产品出口额中各大型经济体的伙伴占比变动态势

资料来源：联合国 UN Comtrade 数据库。

中国的占比总体来看持续上升且上升显著，2011～2020 年，从 11.5%
上升至 21.8%，2021 年为 21.1%。

印度的占比呈上升趋势但缓慢，2011～2021 年，从 10.1%上升至
13.7%；2021 年首超日本占比。

美国的占比表现出"阶梯式下降"，2011～2014 年占比为 8%左右，
2015～2018 年占比在 6%附近，2019 年、2021 年占比都为 3.8%。

日本的占比在 2014 年后持续下降，2011～2014 年占比为 18%左右，2015
年占比降至 13.7%，2016～2021 年占比从 15.1%降至 13.3%，2021 年占比已
低于印度占比。

欧洲的占比表现为幅度不大的波动，2011～2013 年占比从 10.6%降至
7.2%，而后缓升，2018 年达到 11%，再下降后波动，2021 年占比为 9.8%。

（三）2022年欧洲和美国在西亚油气产品出口额中的占比将明显上升

因西亚大部分国家贸易数据公开相对滞后，暂不能基于其官方数据计
算 2022 年各大型目的地在西亚油气产品出口额中的伙伴占比。这里主要
依据各大型伙伴的贸易数据，辅以一些合理假定，对上述占比做相对粗略
的推算。首先假定 2021 年西亚对世界范围的油气产品出口额为 1 个数量
单位。

如表 3 显示，2022 年，六大市场范围从西亚进口的油气产品金额同比增
速是 68.7，假定西亚对六大市场的油气产品出口额同比增速也是 68.7%。
经计算，到 2021 年，西亚对六大市场的油气产品出口额占对世界油气产品出
口总额的 65%左右。一个合理假定是，2022 年，西亚对六大市场之外的油气
产品出口额增速相对更低。非常粗略地来看，2022 年，西亚对世界油气产品
出口总额增速为 50%左右。于是，2022 年，西亚对世界油气产品出口总额为
1.5 个数量单位。由此推算 2022 年各大市场占比情况。

中国占比相比上年变动不大。根据表 3 中国从西亚进口的油气产品金额
增长 54.1%，假定 2022 年西亚对中国油气产品出口额增速也是 54.1%；再

根据图 3 中 2021 年中国在西亚油气产品出口额的占比 21.1%，2022 年西亚对中国油气产品出口额就是 $1 \times 0.211 \times 1.541 = 0.325$（单位），中国在 2022 年西亚总计 1.5 个数量单位的油气出口额中的占比就是 $0.325 \div 1.5 = 21.7\%$，和上年的 21.1%相比变动不大。

按同样方法，推算出 2022 年欧洲在西亚油气产品出口额中的占比达 14.3%，相比上年的 9.8%大幅上升。

按同样方法，推算出 2022 年美国在西亚油气产品出口额中的占比达 4.9%，相比上年的 3.8%明显上升。

按同样方法，推算出 2022 年日本在西亚油气产品出口额中的占比达 13.8%，相比上年的 13.3%变动不大。

三　2022年西亚在中国进口总额中的占比远超历史峰值

本节结合西亚在中国出口总额和进口总额中占比的变动，考察近年中国和西亚及该地区国家双向贸易的增长态势。

（一）2022年西亚作为伙伴在中国出口总额和进口总额中的占比均明显上升

如图 5 显示，2022 年，西亚 16 国作为中国出口伙伴，在中国出口总额中的占比从上年的 4.8%上升至 5.4%，并接近该占比在 2014 年创下的历史最大值 5.9%。

2022 年，西亚 16 国在中国进口总额中的占比从上年的 7.2%大幅上升至 9.9%，升幅为 2.7 个百分点，创历史之最，相比 2014 年的历史最大值 8.4%也高出 1.5 个百分点。

（二）2022年中国对西亚出口额增速显著高于中国出口总额增速

如表 4 显示，2022 年，中国对西亚 16 国的出口额达到 1935 亿美元，同

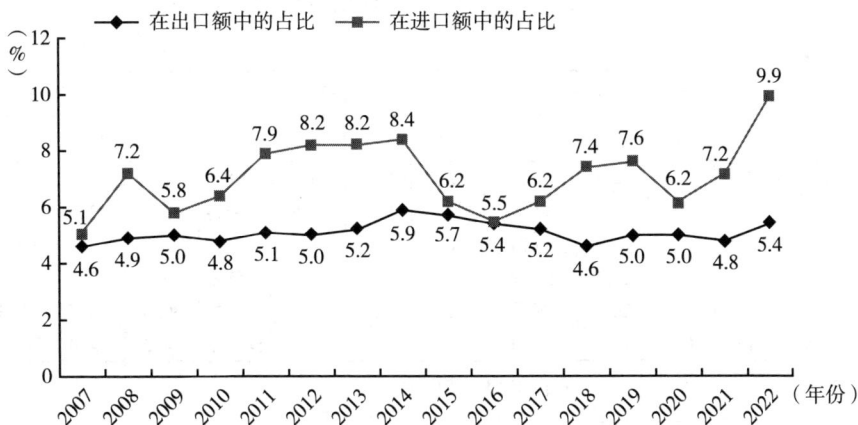

图5　2007~2022 年西亚作为伙伴在中国出口总额和进口总额中的占比

资料来源：联合国 UN Comtrade 数据库，中国海关。

比增长 20.7%，显著高于同年中国对世界出口总额的同比增速 6.9%。

不过，2022 年中国对西亚 16 国出口额同比增速低于同年西亚 16 国进口总额的同比增速 23.5%，即 2022 年西亚自中国进口额增速赶不上自其他伙伴进口额增速。主要原因在于，西亚从中国进口的产品以制造品为主，就 2022 年西亚全部进口产品的构成而言，各国能源产品的过境进口、非产油国的能源产品进口的增长态势都比制造品进口强劲。

如图6、表4显示，在西亚 16 国中，出口额增速位居前 3 位的为黎巴嫩（66.8%）、约旦（43%）、塞浦路斯（34.8%），它们都不是传统的产油大国。考虑到中国对西亚各国出口产品以制造品为主，这表明 2022 年，上述三国不论是制造品进口额还是能源进口额都在迅猛增长。应该说，乌克兰危机既导致西亚地区油气产品贸易规模大涨，也推升该区域经济活跃程度，并造成各国各类产品进口需求大增。仅中国对卡塔尔（0.7%）、叙利亚（-12.0%）两国出口额增速低于中国出口总额增速。

如表4显示，2019~2022 年，中国对西亚出口额的 3 年期年均增速为 15.9%，稍高于中国出口总额的 3 年期年均增速 12.9%。

表4 2022年中国对西亚及各国出口额和增速

单位：亿美元，%

范围	出口额	年（均）增速		范围	出口额	年（均）增速		范围	出口额	年（均）增速	
		本年*	3年期**			本年	3年期			本年	3年期
世界	35936	6.9	12.9	巴林	17.7	28.3	6.1	伊朗	94.4	14.0	-0.5
西亚	1935	20.7	15.9	沙特	380	25.3	16.7	科威特	49.7	13.8	9.0
黎巴嫩	25.2	66.8	14.4	巴勒斯坦	1.58	23.5	24.4	也门	28.0	8.9	-0.3
约旦	57.1	43.0	15.8	阿联酋	539	22.9	17.3	以色列	165	7.7	19.7
塞浦路斯	11.7	34.8	26.2	阿曼	42.1	18.0	11.7	卡塔尔	39.9	0.7	18.3
伊拉克	140	30.9	13.9	土耳其	340	16.7	25.2	叙利亚	4.25	-12.0	-31.4

注：*指"本年增速"，为2022年相比上年的增速。

　　　**指"3年期年均增速"，为2019~2022年的年均增速。

资料来源：联合国 UN Comtrade 数据库，中国海关。

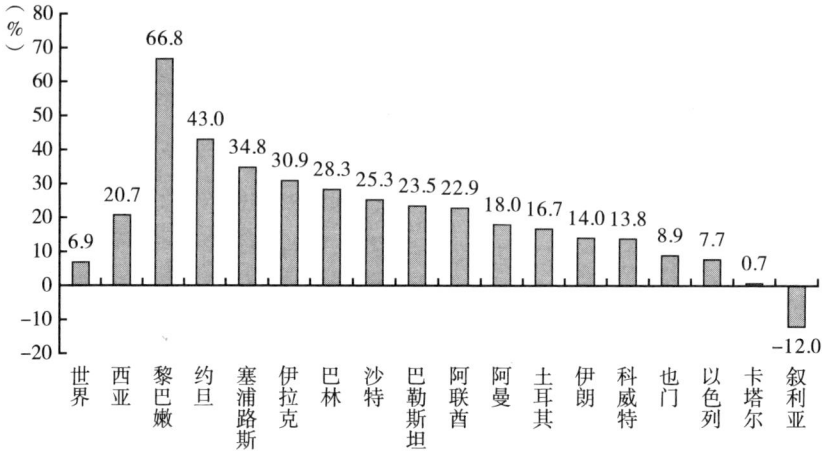

图6 2022年中国对西亚各国出口额的同比增速

资料来源：联合国 UN Comtrade 数据库，中国海关。

中国对3个国家出口额3年期年均增速为负，即叙利亚（-31.4%）、伊朗（-0.5%）、也门（-0.3%）。这种负增长各有原因，其中，叙利亚、也门两国主要因为其国内安全局势不稳定；而伊朗是因为其双边贸易受制于自身国际贸易增长以及受到国际制裁的政策背景。

（三）2022年中国自西亚进口额增速大幅高于中国进口总额增速

如表5显示，2022年，中国自西亚16国的进口额达2697亿美元，同比增长40.3%，大幅高于同年中国进口总额同比增速1.2%。

表5　2022年中国自西亚及各国进口额和增速

单位：亿美元，%

范围	进口额	年(均)增速		范围	进口额	年(均)增速		范围	进口额	年(均)增速	
		本年*	3年期**			本年	3年期			本年	3年期
世界	27160	1.2	9.3	科威特	265	49.3	25.4	以色列	89.7	19.0	20.3
西亚	2697	40.3	19.3	伊拉克	394	47.8	18.1	塞浦路斯	0.33	15.7	-15.5
约旦	7.44	75.1	19.7	沙特	780	37.0	12.9	伊朗	63.6	-2.2	-22.1
叙利亚	0.02	74.7	16.7	也门	6.33	34.5	-9.9	土耳其	45.2	-10.5	8.9
卡塔尔	226	70.8	37.3	黎巴嫩	0.64	33.7	35.0	巴林	2.51	-37.1	8.7
阿联酋	454	58.9	43.6	阿曼	362.40	26.8	22.6	巴勒斯坦	0.00	-94.4	-48.6

注：＊指"本年增速"，为2022年相比上年的增速。
　　＊＊指"3年期年均增速"，为2019~2022年的年均增速。
资料来源：联合国贸易和发展会议（UNCTAD）数据库，中国海关。

如表5、图7显示，2022年，西亚16国中，进口额增速位居前3位的是约旦（75.1%）、叙利亚（74.7%）、卡塔尔（70.8%）。上述三国的进口额超高速增长在一定程度上都是因为上年下降而本年补偿性增长。尽管约旦年增速位居第一，但其3年期年均增速只有19.7%。不过，尽管产油国伙伴的进口额增速没有位居前列，但中国自产油国的进口额增速非常强劲。中国自卡塔尔、阿联酋、科威特、伊拉特、沙特等产油国的进口额增速都在37%或其上。

位居进口额增速后4位的中国进口伙伴均表现为负增速。分别是伊朗（-2.2%）、土耳其（-10.5%）、巴林（-37.1%）、巴勒斯坦（-94.4%）。

如表5显示，2019~2022年，中国自西亚进口额的3年期年均增速为19.3%，大幅高于中国进口总额的3年期年均增速9.3%。中国自4个伙伴国的进口额3年期年均增速为负，包括巴勒斯坦（-48.6%）、伊朗

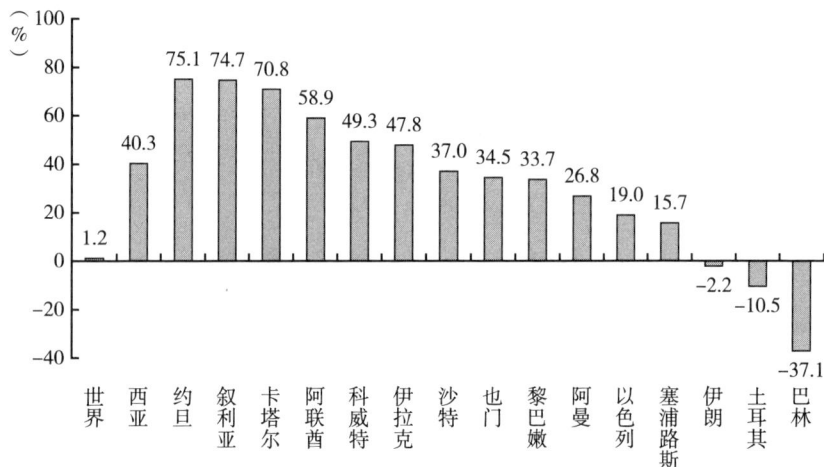

图7 2022年中国自西亚各国进口额的同比增速

资料来源：联合国 UN Comtrade 数据库，中国海关。

（-22.1%）、塞浦路斯（-15.5%）、也门（-9.9%）。其中，巴勒斯坦主要因为其经济环境尚不稳定，伊朗因为其受国际制裁的背景，塞浦路斯主要因为其2020年的进口额增幅降幅过大，也门则因为其国内政治局势相对动荡。

四 西亚是中国值得维护和巩固的制造品市场

本节考察近年中国对西亚及西亚各国出口制造品的伙伴占比和市场占有率。

（一）近8年中国对西亚制造品出口规模和伙伴占比上下波动

如图8显示，1999~2008年，中国对西亚制造品出口额持续上升，2008年达671亿美元；2009~2014年，中国对西亚制造品出口额仍持续上升，2014年达1323亿美元。2014年后，中国对西亚制造品出口额先缓降再缓升，2022年达1814亿美元。

1999~2009年，中国对西亚制造品出口额在中国制造品出口总额中的占

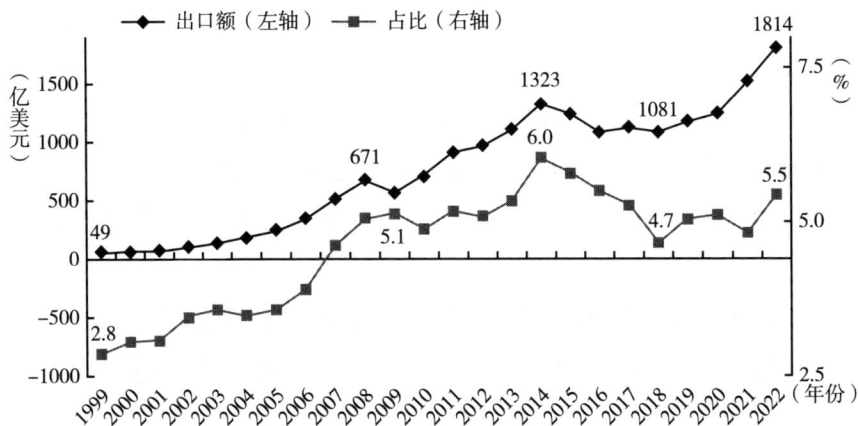

**图8　1999~2022年中国对西亚制造品出口额和其在中国制造品
出口总额中伙伴占比变动态势**

资料来源：基于联合国 UN Comtrade 数据库数据计算。

比从 2.8% 上升至 5.1%，2014 年上升至 6%，此后至 2018 年持续下降，
2018 年为 4.7%，2022 年稍升至 5.5%。

总体来看，2014 年之前，由于中国对西亚制造品出口额年增速快于中
国制造品出口总额增速，因此西亚的伙伴占比持续上升；2014 年之后，由
于中国制造品出口总额增速在全球范围总体放缓以及西亚对制造品的购买支
出受制于世界原油市场行情，因此西亚的伙伴占比上下波动。

（二）西亚国家在中国制造品出口额中的伙伴占比变动表现出差异

以下分类别观察不同西亚国家在中国制造品出口额中的伙伴占比情况。

1. 安全局势相对稳定的产油国

如图9显示，总体来看，西亚国家在中国制造品出口额中的伙伴占比通
常会经历一段时间的连续上升，并且通常在 2014 年前后达到或接近历史最
大值，然后进入上下波动的调整时期。

阿联酋的伙伴占比在 2014 年达万分之 170，同其 2008 年历史最大值万
分之 171 大体相当。

沙特的伙伴占比在 2015 年为万分之 97.5，2020 年达到历史最大值，为万分之 111。

伊拉克的伙伴占比在 2017 年为万分之 38.2，此后停止持续上升。

科威特的伙伴占比在 2015 年上升至历史最大值万分之 17.2。

阿曼的伙伴占比在 2019 年上升至历史最大值万分之 12.3，此后停止持续上升。

巴林的伙伴占比在 2012 年达万分之 5.3，此后不再持续上升。

卡塔尔的伙伴占比在 2015 年为万分之 10.2，2021 年达到历史最大值，为万分之 11.8。

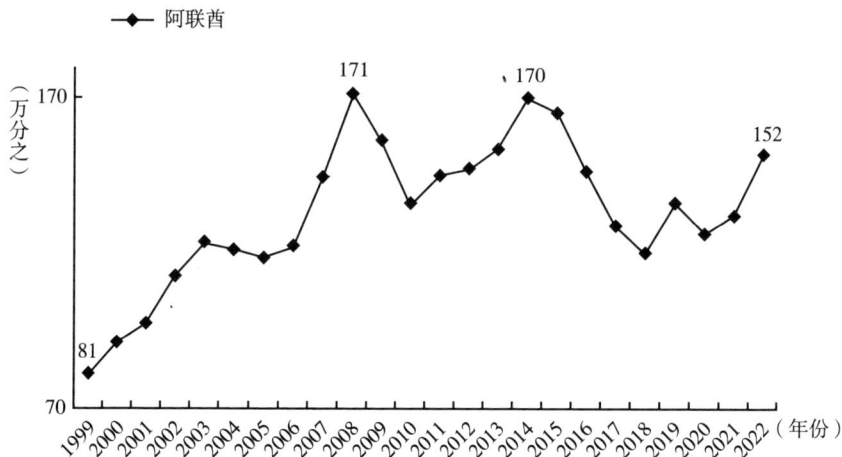

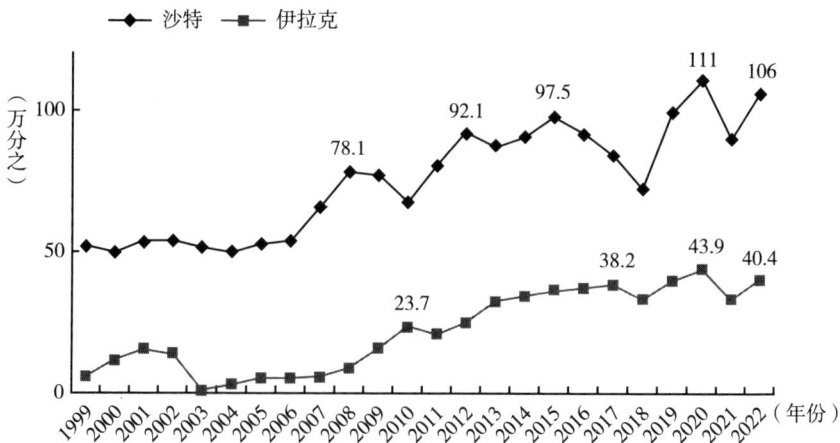

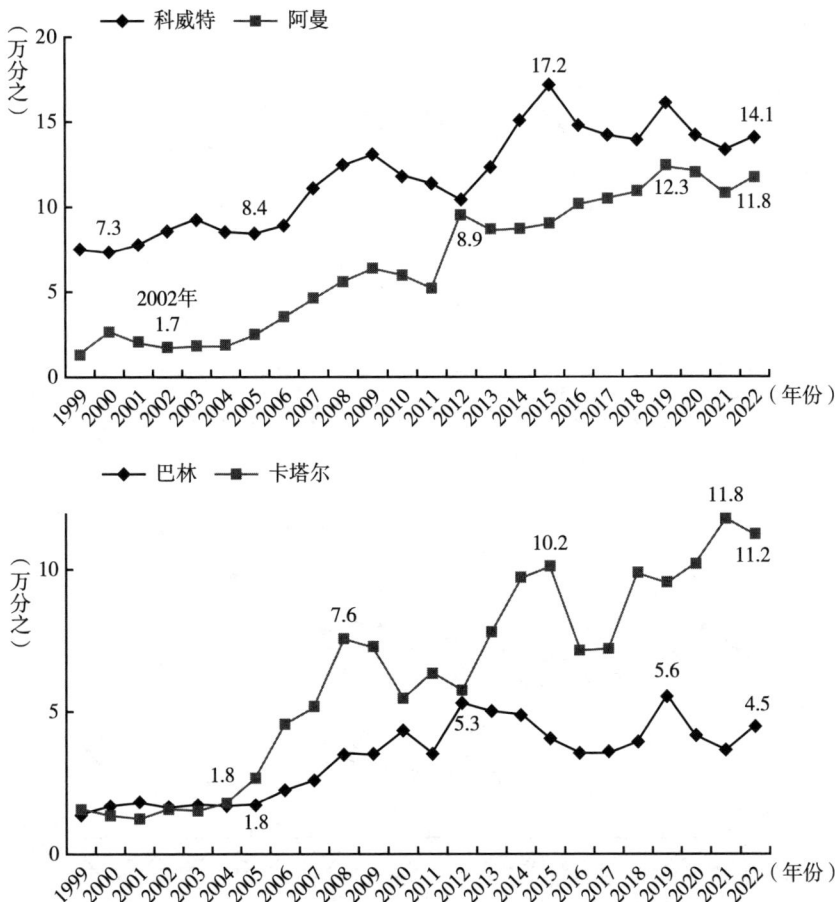

图9　1999~2022年西亚部分产油国在中国制造品出口额中的伙伴占比变动态势

资料来源：基于联合国 UN Comtrade 数据库数据计算。

2. 以工业为主导产业的国家

如图10所示，土耳其等3国在中国制造品出口额中的伙伴占比在1999~2022年或相对稳定或缓慢上升。

2007~2019年，土耳其的伙伴占比大部分年份在万分之80附近小幅波动，近3年稍有上升。

以色列的伙伴占比在2006年后总体缓慢上升，2021年达万分之45。

约旦的伙伴占比2009年后在16%附近小幅波动。

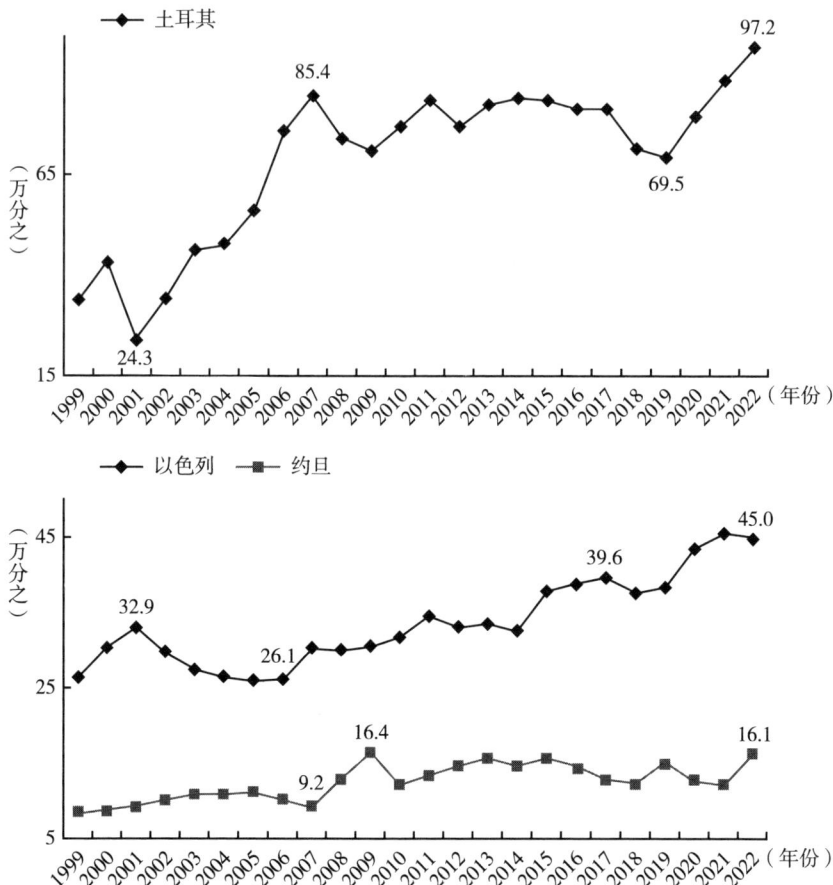

图 10 1999~2022 年土耳其等 3 国在中国制造品出口额中的伙伴占比变动态势

资料来源：基于联合国 UN Comtrade 数据库数据计算。

3. 安全局势或政策环境不稳定国家

如图 11 所示，黎巴嫩等国内安全局势或政策环境不稳定国家在中国制造品出口额中的伙伴占比普遍在某一年之后持续大幅下降，其中叙利亚是自 2009 年，黎巴嫩是自 2013 年，伊朗是自 2014 年。也门的伙伴占比则长期维持在万分之 10 附近，没有像其他产油国那样经历过较长时间的持续上升。

4. 塞浦路斯

如图 12 所示，所有西亚国家中，塞浦路斯的伙伴占比走势相对特

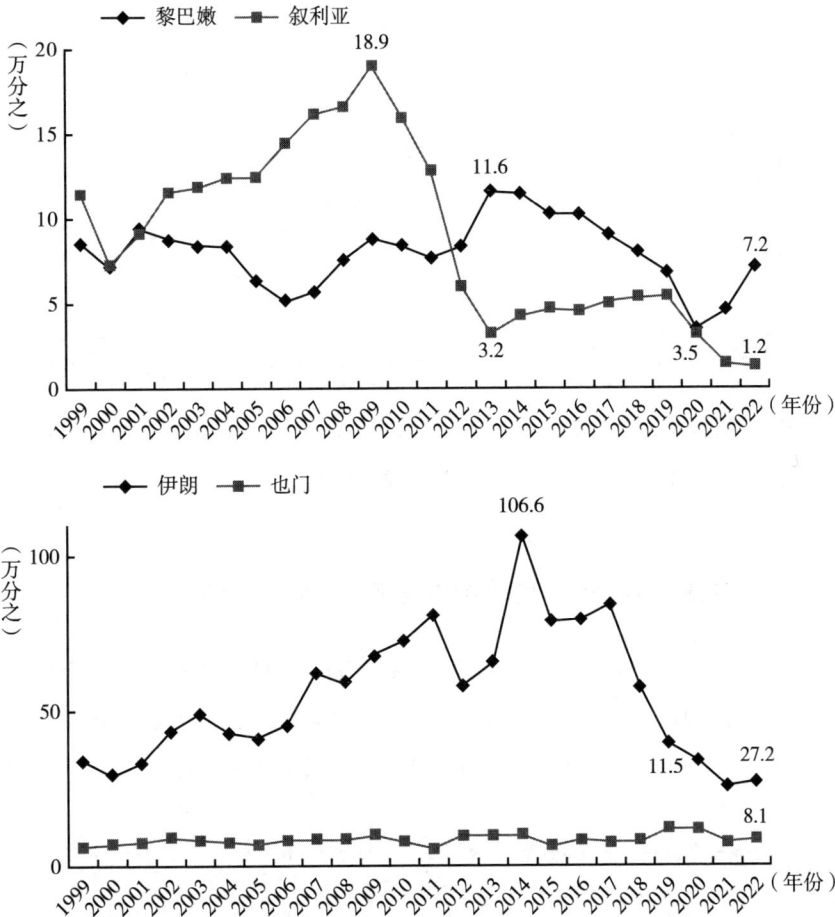

图 11　1999~2022 年黎巴嫩等 4 国在中国制造业出口额中的伙伴占比变动态势

资料来源：基于联合国 UN Comtrade 数据库数据计算。

殊，尽管该国不存在安全局势和政策环境不稳定，但自 2009 年，其伙伴占比从万分之 10.2 持续大幅下降，至 2016 年已降至万分之 2，短短 7 年，降至不足原来的 1/5。究其原因，一是 2010 年前后的欧债危机导致中国对整个欧盟及其周边出口制造品的伙伴份额下降；二是中欧班列开行并且数量不断增加，塞浦路斯作为中欧贸易转口港的地位下降。

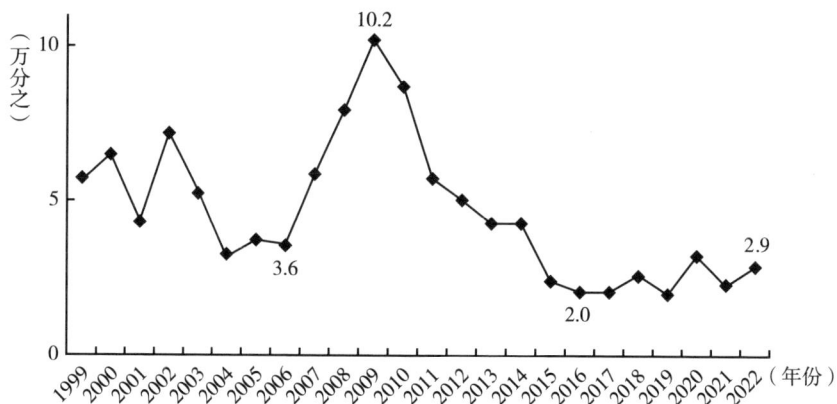

图12　1999~2022 年塞浦路斯在中国制造品出口额中的伙伴占比变动态势

资料来源：基于联合国 UN Comtrade 数据库数据计算。

（三）中国在西亚的制造品市场占有率仍持续上升

如图 13 显示，从中国制造品出口额和出口目的地全部制造品进口额的占比关系看，2016~2021 年，中国制造品出口额在西亚的市场占有率不断上升，从 18.7% 上升至 24.3%，并且 2019 年在西亚的市场占有率（21.1%）

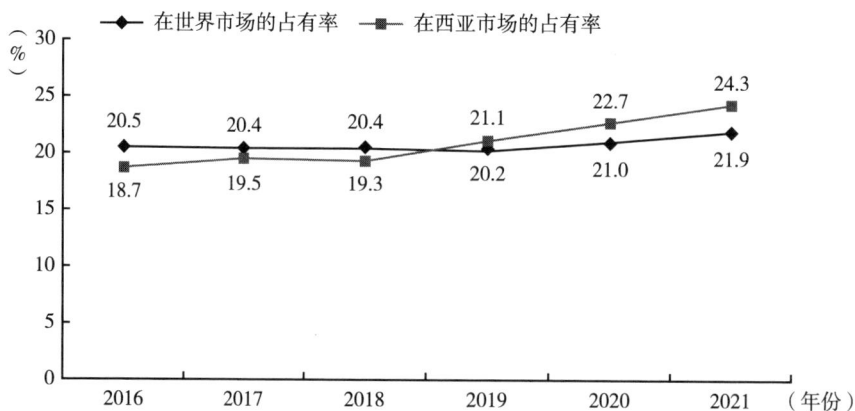

图13　2016~2021 年中国制造品出口额在西亚和世界范围的市场占有率变动态势

资料来源：基于联合国 UN Comtrade 数据库数据计算。

首次超过在世界市场的占有率（20.2%）。这种上升态势表明，中国对西亚的制造品出口额增速强于西亚制造品进口额的整体增速。

如图14显示，2021年，在西亚各国之中，中国制造品出口额在伊朗的市场占有率最高，达到35.1%；在塞浦路斯的市场占有率最低，只有7.7%。通常，中国对西亚各国的制造品出口额在离欧洲相对较远的国家、和欧美政治关系相对紧张的国家的市场占有率相对更高。

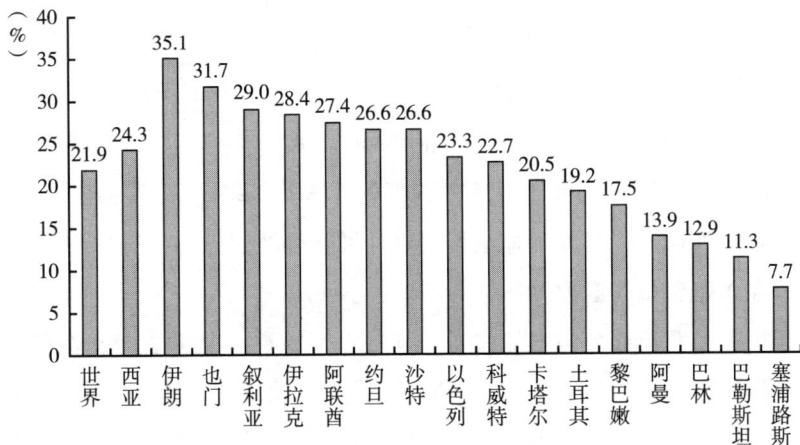

图14　2021年中国制造品出口额在西亚各国的市场占有率

资料来源：基于联合国UN Comtrade数据库数据计算。

五　继续重视和加强中国与西亚贸易

从国际大背景看，2023年，乌克兰危机仍未结束，未来欧盟、美国、俄罗斯等世界大型经济体在重要产品贸易伙伴选择方面的决策会继续深受此国际重大事件的影响。中国和西亚大部分国家是在此国际重大事件中地位相对超脱的国际主体。中国政府和企业应继续重视、加强和拓展中国与西亚贸易。建议积极关注和做好以下工作。

积极关注西亚原油减产对世界贸易市场格局的影响。2022年，在欧美范围已发生一定程度的通货膨胀。进入 2023 年，西亚产油国纷纷宣布自愿减产，这种集体减产势必继续推高欧洲、北美的通胀水平；通胀意味着必然要加息，而美国已经有多家银行部分因利率高企问题陷入财务困境。建议中国政府和企业继续积极关注并做相关研判，乌克兰危机、油气减产后续会不会在欧美范围引发金融危机，并波及世界贸易运行，乃至影响到中国能源供需，并提前做好应对。

积极扩展中国机电产品在西亚市场的出口。中国若干机电产品特别是和新能源产业相关的机电产品的出口额正启动快速增长，2022 年，中国太阳能电池、锂电池和汽车出口额（人民币金额）分别增长 67.8%、86.7% 和 82.2%。西亚是值得重视的机电产品市场。2022 年，中国汽车对沙特、阿联酋出口数量（辆）的同比增速分别高达 67%、260%。建议中国企业今后继续结合对外投资、对外工程承接、对外展会等经贸行动，充分挖掘中国机电产品在西亚出口的潜力。

积极关注西亚部分国家的战后重建或乱后重建。从上文分析我们看到，中国对伊朗、叙利亚的制造品出口额的伙伴占比都曾经历快速下降，目前处在历史较低水平；但分国别来看中国制造品出口额的市场占有率，伊朗、叙利亚的市场占有率较高。由此看到，这些国家国际贸易规模都因局势动荡而整体下滑，但目前其在产品选择方面对中国产品偏好程度较高。因此，建议积极关注上述国家的政治和安全局势，并把握重建可能带来的经贸市场机遇。

Y.18
西亚国家国际投资

周　密*

摘　要： 2021 年，西亚国家的外资流入出现明显增长，在发展中国家中
表现突出。无论是外资流入量还是流出量，西亚国家的表现都比
上年好不少。石油输出国组织成员外资流入量均有所增加，土耳
其外资流入量增长迅速。相比而言，西亚国家在中国企业当年对
外投资中的位置有所下降，投资国别较为集中，领域更为多元
化。为促进中国与西亚国家的互利合作，加快疫后复苏，应在广
泛共同利益和发展目标的基础上，强化供应链关系，加快绿色化
转型，支持多元化和差异化发展，鼓励企业协同创新。

关键词： 中国　西亚　国际投资

2021 年，西亚国家继续采取各种措施吸引外资。作为全球重要的外资
流入地，西亚国家在 2021 年获得了更多外国投资者的青睐。相比而言，中
国企业对西亚国家的投资有所下降。为稳定中国与西亚国家的双边经贸关
系，支持和促进疫后复苏，双方应加强在多领域的投资合作，关注市场需
求，支持创新发展。

一　西亚国家整体的国际投资变化态势

2021 年，发展中国家的外资流入整体表现不佳，但西亚国家的外资流

---

* 周密，商务部国际贸易经济合作研究院研究员，主要研究对外投资合作、服务贸易、国际规
则与协定。

入在上年增长 32.9% 的基础上再次实现了 38.9% 的增长，整体仍保持了净外资流入的状态。不论外资流入量还是外资流出量，西亚国家的全球比重均有所下降，说明当年全球跨国投资增长更为迅速。

（一）外资流入总量大幅增长

2020 年西亚国家的外资流入量回升，2021 年延续这一趋势，外资流入量更快复苏，达到 851.5 亿美元，同比增长 38.9%。如图 1 所示，2021 年西亚国家的外资流入量创造了 2012~2021 年的最高值，远远超过了 2012 年的水平。2021 年，外资流入量的快速反弹说明了外资对西亚国家的兴趣增加。但是，与当年全球外资流入量的变化相比，西亚国家的外资流入量并没有那么突出。2021 年，全球的外资流入量合计 1.58 万亿美元，同比增幅达到 58.4%，比西亚地区外资流入量的增幅高将近 20 个百分点。事实上，西亚国家 2021 年的外资流入量变化在发展中国家和发展中亚洲国家两个范围内还是十分突出的。2021 年，上述两个范围国家的外资流入量分别同比增加了 26.3% 和 15.6%，分别比西亚国家低了 12.6 个百分点和 23.3 个百分点。

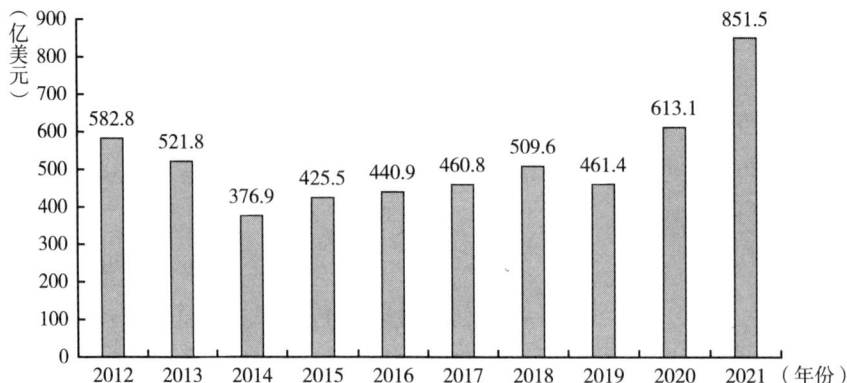

图 1　2012~2021 年西亚的外资流入量

资料来源：联合国贸易和发展会议，《世界投资报告 2022》。

（二）外资流入量仍然高于外资流出量

外资流出量与一国或区域的经济实力关系密切，也反映了企业对全球资源与市场的影响力增强。2021 年，西亚国家的外资流出量一改前两年的颓势，出现了明显增长。2021 年，西亚国家的外资流出量为 656.7 亿美元，同比增幅达到 66.8%。如图 2 所示，2012~2021 年，西亚国家的外资流出量波动幅度较大。与外资流入量相似，2021 年西亚国家的外资流出量也创造了 10 年来的最高纪录，同时外资流入量的增幅也高于发展中国家（13.3%）和发展中亚洲国家（1.4%），但低于全球水平（130.8%）。

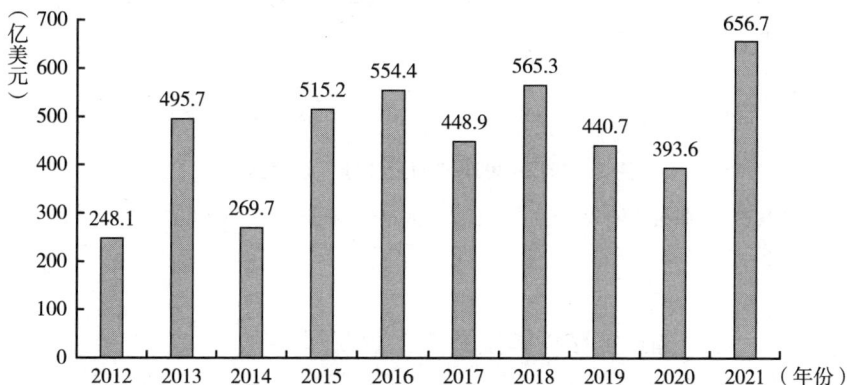

图 2　2012~2021 年西亚的外资流出量

资料来源：联合国贸易和发展会议，《世界投资报告 2022》。

2012~2019 年，西亚国家的净外资流入量呈现震荡缩小的趋势，跨国投资头寸无论是正还是负，在新冠疫情发生之前都保持在 100 亿美元之内。如图 3 所示，2012 年西亚国家的净外资流入量达到 334.7 亿美元。此后在对外投资增长与外资流入量下降共同作用下，西亚的净外资流入量明显下降，甚至多次出现负值。在 2020 年净外资流入量快速反弹之后，由于西亚国家外资流入量的增速比外资流出量的增速低 27.9 个百分点，2021 年西亚国家净外资流出量有所减少。2021 年的净外资流入量为 194.6 亿美元，比上年的 219.5 亿美元减少了 24.9 亿美元。疫情发生后，西亚国家的双向跨国投资的不平衡明显变大。事实上，净外资流入量的正负波动展现出西亚国家企业开展对外投资的积极性显著上升，为西亚国家经济的可持续发展拓展新的海外发展空间。

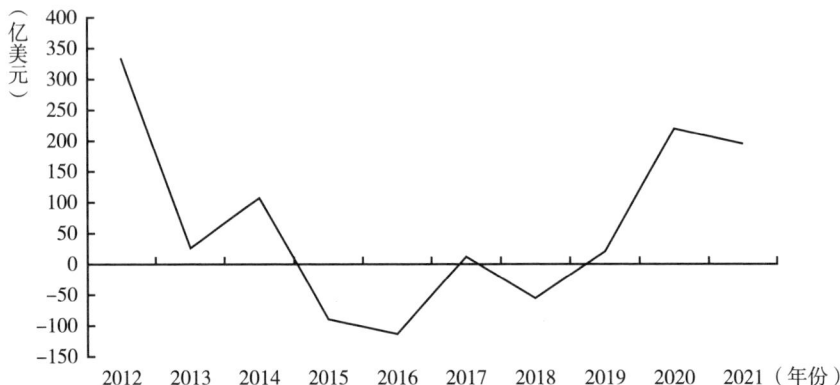

图 3　2012~2021 年西亚的净外资流入量

资料来源：根据联合国贸易和发展会议《世界投资报告 2022》计算。

（三）西亚国家全球跨国投资占比双双回落

2021 年，随着新冠疫情冲击逐渐缓解，全球的跨国投资都出现了明显的复苏。尽管西亚国家的双向跨国投资都实现了较快增长，但全球的外资流入量和流出量的增长幅度更大，从而使西亚国家双向跨国投资的全球占比均出现下降。如图 4 所示，2021 年，西亚国家的外资流入量全球占比从上年的 6.1% 降至 5.4%，而外资流出量全球占比则从上年较高的 5.3% 降至 3.8%，2021 年西亚国家的这两项指标均高于过去 10 年的平均水平。

（四）西亚国家的双向国际投资年末存量保持增长

受 2021 年西亚国家双向国际投资流量较快增长的推动，年末双向国际

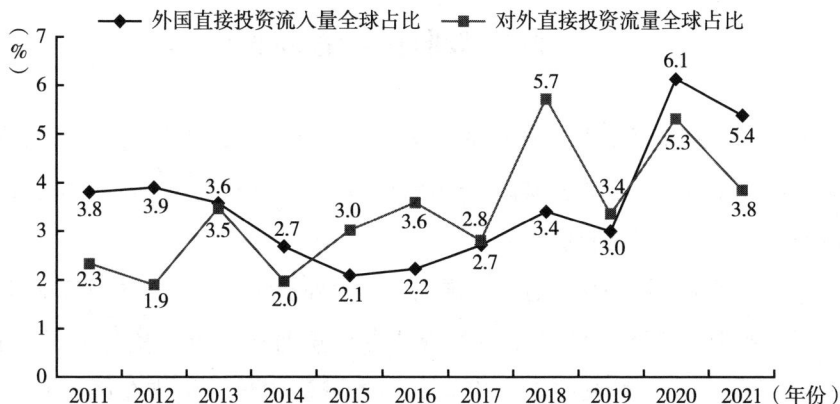

图4 2011~2021年西亚的外资流入量和流出量全球占比

资料来源：联合国贸易和发展会议，《世界投资报告2022》。

投资存量均保持增长。如图5所示，截至2021年末，西亚的外国直接投资存量达到1.03万亿美元，首次突破1万亿美元大关。西亚国家的对外直接投资年末存量增长更快，达到了6782.6亿美元。持续增长的国际投资存量强化了西亚国家与世界其他国家的利益关系。

图5 2012~2021年西亚的外资流入年末存量和流出年末存量

资料来源：联合国贸易和发展会议，《世界投资报告2022》。

二 西亚国家吸收国际投资的特点

2021年，西亚国家的外资流入量分为四个梯队，从百亿美元规模逐级递减至亿美元级别，以资源禀赋和经济社会产业发展状况为基础，结合外部环境的变化，形成了各自特点。

如表1所示，第一梯队有4个国家，其中外资流入量最大的国家是以色列，当年吸引了296.2亿美元的外资，占当年西亚国家外资流入总量的34.8%。阿联酋、沙特阿拉伯和土耳其的外资流入量分别排在第2~4位，分别吸引了206.7亿美元、192.9亿美元和125.3亿美元的外资，占当年西亚国家外资流入总量的比重分别为24.3%、22.7%和14.7%。第二梯队为外资流入量超过10亿美元的国家，包括并非石油输出国组织成员的阿曼（36.2亿美元）和巴林（17.7亿美元）。第三梯队国家的外资流入量处于亿美元区间，包括约旦（6.2亿美元）、黎巴嫩（2.7亿美元）、巴勒斯坦（2.6亿美元）和科威特（2.0亿美元）。第四梯队有4个国家：伊拉克与卡塔尔因外资意愿的变化和利润汇出，外资流入量出现了负值；处于战乱之中的叙利亚和也门都没有外资流入量的数据。

表1 2021年西亚国家外资流入量和年末存量

单位：亿美元，%

序号	国别	投资流量	占比	投资存量	占比
1	巴林	17.7	2.1	334.71	3.3
2	伊拉克	-26.1	-3.1	—	—
3	约旦	6.2	0.7	373.05	3.6
4	科威特	2.0	0.2	147.99	1.4
5	黎巴嫩	2.7	0.3	689.05	6.7
6	阿曼	36.2	4.3	408.14	4.0
7	卡塔尔	-10.9	-1.3	275.34	2.7
8	沙特阿拉伯	192.9	22.7	2610.61	25.4
9	巴勒斯坦	2.6	0.3	29.76	0.3
10	叙利亚	—	—	107.43	1.0

序号	国别	投资流量	占比	投资存量	占比
11	土耳其	125.3	14.7	1207	11.7
12	阿联酋	206.7	24.3	1715.63	16.7
13	也门	—	—	19.42	0.2
14	以色列	296.2	34.8	2355.93	22.9
	合计	851.5	100.00	10274.1	100.0

资料来源：根据联合国贸易和发展会议《世界投资报告2022》测算。

（一）石油输出国组织成员外资流入量均有所增加

石油是西亚国家吸引外资的核心优势之一，已有的产业基础和国际油价变化影响着外资流入的强度。不少以石油为支柱的西亚国家近年来的经济多元化努力也为非油领域的外资创造了更多机会。卡塔尔退出之后，西亚的石油输出国组织成员仅有4个，2021年的外资流入量比上年增长了69.4%。其中，沙特阿拉伯作为石油输出国组织的主导国家，其外资流入量明显增加。2021年，流入沙特阿拉伯的外资达到192.9亿美元，比上年的54.9亿美元大幅增加了251.4%，外资流入量增幅在西亚国家中排在第2位（仅次于巴勒斯坦）。丰富的石油资源为沙特阿拉伯提供了强有力的发展基础，但对其他产业形成了一定程度的"挤出"，导致较长时间以来沙特阿拉伯经济发展动力单一，经济受国际油价波动的影响较大。自2016年沙特阿拉伯内阁正式批准"2030年愿景"后，发展动力的多元化成为其实现蓬勃发展的经济目标的重要路径。吸引和鼓励外资流入，提高产业发展能力成为沙特阿拉伯实现愿景目标的重要方式。沙特阿拉伯政府为外资流入创造良好的条件，尤其改善了基础设施和硬件环境。2021年3月，沙特向外界公布"沙特制造"倡议和沙特伙伴计划，向外界表明沙特阿拉伯将以巨额资金驱动和增强生产端能力的发展思路。10月，沙特阿拉伯王储、副首相、经济发展委员会副主席穆罕默德·本·萨勒曼对外公布了规模超过12万亿里亚尔（约合3万亿美元）的国家投资战略（National Investment Strategy，NIS），探索以石油哺育经济多元化的发展道路。另一个石油输出国组织重要成员阿联酋 2021 年的外资流入量更高，达到了 206.7 亿美元。不过，由于 2020 年阿联酋已经是除以色列之外外资流入量最大的西亚国家，2021 年其外资流入量增幅相对较小，只有 3.9%。2021 年，作为西亚北非地区最大的双向跨国投资国，阿联酋的外资流入量在全球排名第 19 位，外资流出量在全球排名第 17 位。阿联酋联邦政府及各酋长国政府出台"定向经济支持计划"等一系列帮扶救助政策和国际油价的高位增强了阿联酋的经济发展动力，稳定了其国内经济形势和金融体系。2021 年，阿联酋的非油行业增速高于整体经济增速 1 个百分点，经济的多元化发展吸引了更多外资流入。科威特的外资流入量从-3.2 亿美元变为 2.0 亿美元，改善明显。不过，科威特的经济体量相对较小且对石油收入依赖性较强，易受全球油价波动的影响。伊拉克努力增强国际投资者的安全感。2021 年 3 月，伊拉克议会批准加入《承认及执行外国仲裁裁决公约》，未来可在伊拉克执行国际仲裁裁决。不过，伊拉克的社会安全形势仍然复杂，频发的袭击依旧难以预料和防范，对外资的流入意愿和现有在伊投资者的决策都有较大的不利影响。2021 年，伊拉克的外资流入量虽然仍是负值，但比上年已经有了改善，从-29.0 亿美元变为-26.1 亿美元。

（二）土耳其的外资流入量快速增长

2021 年，土耳其的外资流入量为 125.3 亿美元，比上年增加了 59.0%，在西亚国家外资流入总量中的占比为 14.7%。2021 年 3 月，土耳其总统埃尔多安公布了一份全面经济改革方案，涉及从金融市场到实体经济、资本市场、家庭消费等各领域，重点放在遏制通胀。该方案对受疫情冲击较为严重的小微企业进行所得税减免，并鼓励金融科技的创新和运用。受此政策利好影响，外资对土耳其的发展表现出较强的信心，也希望发挥技术优势，参与创新领域的投资。土耳其投资支持和促进局的数据显示，2003~2021 年，流入土耳其的外资按行业领域分的前三位分别是金融（31.6%）、制造业（24.2%）和能源（10.6%），合计占比为 66.4%，约为外资流入总额的

2/3。信息技术服务、批发和零售贸易、运输和仓储、建筑行业也吸引了不少外资的关注。数据还显示，2003～2021年，土耳其最大的外资来源地是荷兰，其外资流入量占比为15.7%，第2～6位依次为美国（8.1%）、英国（7.5%）、海湾国家（7.1%）、奥地利（6.2%）和德国（6.2%）。中国在土耳其的投资未进入前12位，应包含在其他来源（19.8%）之中。

（三）更多外资流入以色列寻求合作发展

较为自由的投资体系和稳定的汇率使以色列在2021年对外资继续保持强劲的吸引力。以色列对投资者（无论是国内投资者还是国际投资者）的限制较少，2021年以色列在全球外资流入量中排名第12位。2021年，以色列不仅外资流入量比上年增长了22%，而且年末投资存量达到了2355.93亿美元，占其GDP的近一半（48.9%）。对以色列的投资与其产业资源优势相关性明显。多数外资流向制造业（以计算机等电子设备为主）、信息和通信、专业服务、科学和技术活动、金融和保险活动等领域。美国和荷兰是以色列外资的主要来源国，其中美国公司的投资就占到近2/3。以色列对外资的吸引力不仅来自其自由的投资体系，还受其劳动力等资源影响。以色列有着大量高技能和多语言的劳动力，还有强大的研发部门。世界银行数据显示，以色列的研发投入强度为世界最高，研发支出占GDP的比重达到5.44%，为经合组织（OECD）平均水平（2.26%）的2倍以上。以色列的工业技术水平较高，经济发展多元，为高科技行业尤其是初创企业提供了不小空间。不过，以色列目前仍在地缘政治上与周边国家较难相处，加之贸易成本和生活成本较高，客观上给其外资流入量带来了一定影响。

（四）其他西亚国家的外国直接投资

2021年，阿曼的外资流入量为36.2亿美元，占西亚国家外资流入总量的4.3%。与2020年相比，2021年阿曼的外资流入量略降了4.2亿美元。2020年初，阿曼通过新的《外商投资法》，在世界银行协助下制定的新法令放宽了投资限制，此后阿曼工商部发布的实施规例进一步明确了具体要求。

2021 年阿曼财政、经济和金融都实现了较快增长，GDP 同比增长 13.8%，市场活跃度上升，外汇储备增加，保持了对外资的吸引力。2021 年，黎巴嫩的外资流入量在西亚国家中表现不佳，外资流入量从上年的 30.7 亿美元骤降至 2.7 亿美元，降幅达到 91.2%。2021 年 7 月黎巴嫩候任总理放弃组建新政府，10 月黎巴嫩国家电力公司因燃料短缺导致全国停电。政治局势和社会保障体系的动荡严重影响了外国投资者的信心。

三 中国与西亚国家间的双向直接投资

2021 年，中国与西亚国家的双向直接投资虽然总量相比上年有较大幅度的下降，但在双方的经济中依然发挥了重要和积极的作用。中国与阿联酋的疫苗合作进一步强化了两国的相互信任，中国与巴林的外长互访为市场合作提供信心引导。在各方的共同努力下，中国与西亚国家的双向直接投资仍然具有较大的发展潜力。

（一）中国企业对西亚国家投资规模和重要性明显下降

如图 6 所示，2021 年，中国企业对西亚国家的投资出现大幅下降。当年对西亚国家的投资流量合计 15.7 亿美元，比上年下降超过一半（51.0%）。过去 10 年，中国企业对西亚国家的投资流量呈现出明显的周期性波动规律。按照投资额比较，2021 年仍比 2012 年、2013 年、2014 年、2016 年、2017 年等 5 年要高。按照中国企业对西亚投资占中国企业当年对外投资总量的比重比较，2021 年占比为 0.88%，比过去 10 年中的 6 年低，只比 2012 年、2016 年和 2017 年略高。流量占比反映出西亚国家在中国企业对外投资中的位置变化，说明西亚国家在中国企业对外投资中的重要程度。但是，对外投资的比重与优势投资行业、相关商品国际市场供需关系、经济热点轮替和相关支撑要素发展状况等多方面因素有关。资源型行业本身如果没有更多的发掘空间，现有的行业竞争格局很难被突破，外资投资的意愿和空间也因此受到限制。在已有的格局下，新进入的外资可能选择相对不多。不过，中国企业在这一区域外资流量的占比不足 2%，在中国企业投资下降且西亚国家 2021 年外资整体流量增长近 40% 的情况下，中国企业在西亚的投资存在被进一步边缘化的风险。

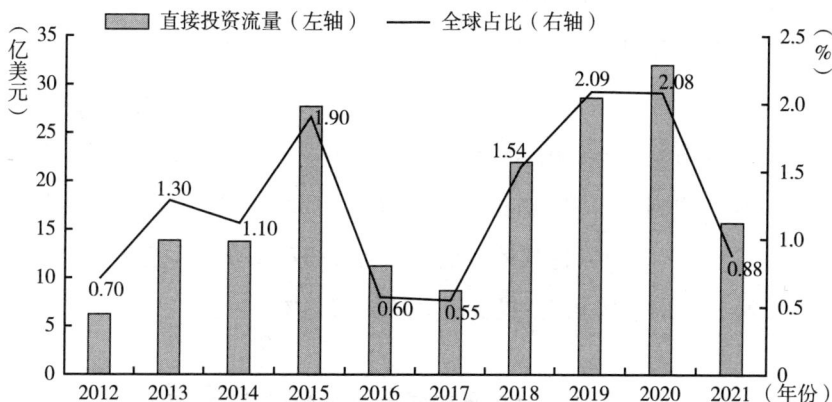

图 6　2012~2021 年中国企业对西亚国家直接投资流量和全球占比

资料来源：根据《中国对外直接投资统计公报 2021》测算，参见中华人民共和国商务部、国家统计局、国家外汇管理局编《中国对外直接投资统计公报 2021》，中国商务出版社，2022。

（二）中国企业对西亚投资国别较为集中

2021 年，中国企业在西亚的投资基本延续了以往的态势，对阿联酋、沙特阿拉伯和土耳其的投资占比较大。如表 2 所示，2021 年，中国企业对阿联酋的投资额为 8.9 亿美元，占中国企业对西亚国家投资总额的 57.1%；中国企业对沙特阿拉伯的投资额为 5.1 亿美元，占比为 32.8%；中国企业对土耳其的投资额为 2.3 亿美元，占比为 14.4%。上述 3 个西亚国家吸引了 2021 年中国企业对西亚投资总额的 104.3%。这种占比超过 100% 的情况是因为 2021 年中国企业对以色列的投资额为 -4.7 亿美元，这使中国企业对西亚国家的投资总额减少。伊拉克在 2021 年也吸引了 1.8 亿美元的中国企业投资，与伊拉克当年的外资净流出有所不同。中国企业和其他国家企业在西亚国家中投资偏好的差异、以自身优势产业为基础关注的投资行业领域等多方面原因，共同决定了中国企业对西亚国家的投资具有自身的地区特点和行业分布。

2021年，中国企业对西亚国家投资流量出现明显波动，投资活动不稳定、易受外界影响。除巴勒斯坦和黎巴嫩数据缺失外，2021年中国企业投资额高于2020年的只有3个国家，即巴林、卡塔尔和沙特阿拉伯。中国企业对约旦的投资流量从2020年的-1.2亿美元改善至-2022万美元。除此以外，中国企业对其他西亚国家的外资流量都出现了不同程度的下降。按照变化幅度计算，中国企业对巴林的投资额增加了320.6倍，对也门投资额的负值增加了296.6%，对以色列的投资额下降了276.0%，对土耳其的投资额下降了124.5%，对阿联酋的投资额下降了42.4%。

表2　2021年中国对西亚国家投资流量和年末存量

单位：万美元，%

国别	投资流量	占比	投资存量	占比
阿联酋	89414	57.1	984494	41.9
阿曼	4086	2.6	28530	1.2
巴勒斯坦	—	—	—	—
巴林	6111	3.9	13469	0.6
卡塔尔	11682	7.5	78946	3.4
科威特	3788	2.4	85356	3.6
黎巴嫩	—	0.0	44	0.0
沙特阿拉伯	51429	32.8	352419	15.0
土耳其	22544	14.4	192136	8.2
叙利亚	-12	0.0	1392	0.1
也门	-1158	-0.7	52969	2.3
伊拉克	17818	11.4	194183	8.3
以色列	-47014	-30.0	344770	14.7
约旦	-2022	-1.3	18359	0.8
合计	156666	100	2347067	100

资料来源：根据《中国对外直接投资统计公报2021》测算，参见中华人民共和国商务部、国家统计局、国家外汇管理局编《中国对外直接投资统计公报2021》，中国商务出版社，2022。

（三）中国企业在西亚国家投资领域更为多元

除了继续在能源和贸易相关领域投资，中国企业更关注西亚国家经济发展的战略方向，投资活动涉及的领域更为多元。2021年科威特为开发人工智能的科技公司制定了税收激励方案，建立数据研究中心和实验室，鼓励企业积极应用人工智能技术。一些西亚国家对共建"一带一路"较为积极，不仅与中国签署了共建"一带一路"合作备忘录，还积极为中国企业赴西亚国家开展投资合作创造较好的发展环境。2021年中国提出的全球发展倡议已经获得了18个中东国家积极支持，其中12个国家已加入"全球发展倡议小组"。中阿（联酋）产能合作示范园等大建设项目为中国与西亚社会的经济发展对接和增强相互信任创造了良好条件。2021年中国企业对巴林的投资流量创造了新的纪录，比2016年的高点还多了10.4%。2021年，中国国务委员兼外交部部长王毅访问巴林，次年巴林外交大臣扎耶尼回访，双边政治互信和支持对方核心利益的共识为中国企业赴巴林开展投资合作创造了良好的条件。中国企业在巴林的投资不仅与其拥有优势资源的油气行业密切相关，还涉及5G通信、电子商务、数字经济和大数据领域的合作，中国企业还积极参与巴林的基础设施和光电项目。这些投资领域与2021年巴林外资流入的热门领域并不完全一致，金融服务、制造业、采矿和采石是当年外资对巴林投资更为集中的行业领域。中国企业对巴林的投资能够支撑的不仅是当前巴林经济的发展，而且通过创新资源的注入为巴林的长期发展创造了更好的条件。沙特阿拉伯经济体量大，为中国投资者提供的机会多。除了两国石油企业之间的紧密合作外，中国企业在沙特的投资还广泛涉及绿色能源、信息技术、云服务、交通运输、物流、医药、住房和建筑等领域，其中不少项目与沙特阿拉伯经济多元化的政府倡导发展方向直接相关。中国企业对土耳其和以色列的投资有较大的差异。中国企业对土耳其的投资大多集中于低附加值产业领域，与贸易直接相关的比较多。中国企业对以色列的投资附加值相对较高，中国企业在包括科技在内的多领域与以色列的合作伙伴加强协同。

（四）西亚国家通过投资中国分散风险

面对中国市场的发展潜力，各国企业都希望把握住发展机遇，西亚国家对中国市场的投资表现活跃，但受新冠疫情等因素影响，投资金额都不大，与这些国家吸引中国企业投资额的情况并不一一对应，也未能反映出其自身的经济实力。不过也应该看到，在全球经济不确定性较强的情况下，一些西亚国家的企业保持甚至加强了对华投资，以获得更为稳定的投资回报。中国作为全球最重要的外资流入地之一，为各国企业提供了不少互利合作和发展的机会。与对华投资的主要国家相比，2021年西亚国家对华投资项目数量和金额都相对较低，与其在全球对外投资中的情况基本相符。《中国外资统计公报2022》数据显示，2021年，伊朗对华投资项目达到117个，总投资额为0.2亿美元；伊拉克和以色列对华投资项目均为90个，投资总额也接近，均约为0.2亿美元；约旦对华投资项目82个，总投资额为0.2亿美元；黎巴嫩对华投资项目25个，巴勒斯坦对华投资项目29个，两国的项目投资总额都是0.1亿美元；土耳其以其与中国较为接近的贸易结构为优势，强化双边贸易联系，对华投资项目97个，总投资额为0.2亿美元；阿联酋有37个对华投资项目，总金额约为0.1亿美元；也门企业对华投资活跃，2021年共有249个项目，总投资额达到0.5亿美元；沙特对华投资项目10个，合计金额不足0.1亿美元。

四　加强互利合作，加速疫后复苏

中国与西亚国家有着广泛的共同利益和发展目标，可以通过包括共建"一带一路"在内的合作机制，推动双向投资合作，为疫后经济社会复苏提供更有力的支撑。

强化供应链关系，减少外部风险冲击。在全球供应链持续紧张的情况下，各方的跨国合作都受到了不小的冲击，通货膨胀压力明显上升。中国与西亚国家应为双边贸易关系提供更为稳定的供应链支撑，降低脱钩断链的风险。鼓励中国企业与西亚国家的企业建立更为紧密的经贸合作关系，增强互信。2022 年全球大宗商品（石油、天然气和粮食等）价格出现较大波动，应稳定供需，合理、适时提高保障能力，提供多元化的供需渠道，满足必要的储备数量和质量要求。对于中国与西亚国家的供应链中可能通过协同增加内容和方式的，应予以重点关注并提供发展环境。鼓励中国企业根据市场需要、自身和合作伙伴的优势，开展更为积极有效的双向合作，增强合作各方在全球产业链上的协同竞争优势，为加快各种要素资源的优化配置、提高资源使用效率提供支持。

加快绿色转型，服务各国发展战略。新冠疫情和地缘政治冲突给全球绿色发展目标的实现带来了较大的挑战，影响了各方的信心和行动。中国与西亚国家应履行在联合国气候变化相关条约和协定中所做的承诺，推动双向投资合作有利于经济社会的绿色发展。加快各国经济社会发展战略中有关绿色发展的目标实现，确定切实、有效的发展路径，提高政府信息的透明度，减少信息误读或传递偏差，帮助企业更为清晰地了解未来发展的方向和路径。提示跨国投资企业需要严格遵守东道国当地的环境保护相关法律法规或政策，在适用国际标准或规范时尽量采用水平更高的作为参照。鼓励企业在投资时（包括投资后的日常运营）尽可能使用绿色能源，减少使用化石能源给环境带来的负面影响；在技术和设备选择上，应纳入更多绿色能源的内容，实现绿色可持续发展，减少对环境的负面影响。

支持多元化发展，显著提高经济效率。西亚产油国对经济多元化有着长期强烈的需求，也通过具体的发展计划加以推进，创造了不少新的发展机会。响应西亚国家对经济多元化发展的需求，降低由于经济发展动力单一而给企业带来的风险。多元化发展需要从基础设施、产业、市场到人力资源等全流程、广领域的能力增强，而包括中国企业在内的外国投资者有能力支持这种转变的完成。通过引导和发展，推动西亚各国多元化增长的内生动力变得更为稳定，非油产业的发展更依赖于市场需求。鼓励具有较强国际竞争优势的中国企业发挥自身产业、技术、品牌优势，参与西亚国家的经济多元化发展进程，把握机会，通过合理的竞争，加快西亚国家重点鼓励产业具有活力和生命力。支持中国企业参与西亚国家民生相关产业的发展，通过与当地企业的协同发展，减少西亚国家重要生活物资对进口的过度依赖。

促进差异化发展，鼓励企业协同创新。各国、各行业和各种发展水平的市场主体的发展意愿与能力有着明显的差异，为相关领域的国际合作创造了多种可能路径。合理引导中国企业与西亚国家企业开展双向投资，在发展方向和重点领域上有所错位，避免低水平的重复建设和过度投资。鼓励中国企业根据东道国本地的市场、文化等特点，提供相应的有特色的产品或服务，形成优势互补。鼓励电子商务平台等数字经济企业在西亚加大投资力度，快速响应市场供需关系的变化。鼓励大企业与中小企业加强配合，形成发展合力，突破重点和难点问题，分散发展风险。对于已有集群式发展能力的行业，可以探索以产业园区、高新技术园区等方式为其创造更为稳定的发展环境，提供有针对性的基础设施服务，为相关产业的发展提供更为便利的经贸环境和条件，使企业在发展中更有效地优化资源，形成保障。

文 献 资 料
Documentations

Y.19

2022年国内外中东研究新进展

王金岩*

2022年，中东地区局势以及中东国家的对外关系都发生了较大变化。从地区内部看，热点问题有所降温，尤其是武装冲突的频度和烈度降低；从地区对外关系看，域外大国对中东的干预有所降低，美国在中东地区的影响力持续下降，中东国家战略自主性明显增强。"总体形势缓和与国家寻求发展"成为中东地区的新主题。尤为值得一提的是，2022年中国与阿拉伯国家、中国与海湾阿拉伯国家合作委员会国家首次举行首脑级会议，中国与沙特实现元首会晤，以上都为中国与中东国家深化合作提供了机遇。在此背景下，国内外学术界围绕西亚非洲政治、经济、国际关系、社会文化、民族宗教和安全等发表了大量研究成果，在研究的深度、广度以及理论和方法上均有所突破。

---

* 王金岩，中国社会科学院西亚非洲研究所副研究员，中国社会科学院海湾研究中心副秘书长，主要研究阿拉伯国家的政治、社会问题。

一　国外中东研究新进展

2022 年，国外中东研究的关注点明显扩展，在持续关注地区国家的转型与改革这一主题的同时，也广泛关注乌克兰危机对中东国家经济的影响以及由此产生的能源安全、粮食安全等问题。大国与中东的关系尤其是中国、美国与中东的关系受到高度关注。在研究领域不断扩展的同时，研究方法也不断创新。

（一）政治领域

国外学术界主要聚焦民主化、地区转型与改革、土耳其和伊朗的政治变化等，在中东剧变与地区转型、地区国家治理以及政党政治等议题上出现了一批有代表性的研究成果。

在中东剧变与地区转型方面，莉萨·布莱兹等人全面研究了中东剧变中各国的政变以及相关政治参与者间的互动。① 迪娜·塔曼等人比较了阿拉伯剧变后的中东冲突与欧洲三十年战争，认为应通过缔结一项新的威斯特伐利亚条约来解决当代中东问题。② 伊萨贝尔·韦伦费尔斯指出，"反革命"在马格里布地区占据上风，这一地区威权主义虽严重，但经济是其致命弱点。③ 奥兹古·E. 托帕克等人分析了中东地区新兴起的"数字威权主义"。④ 迪米塔尔·贝切夫认为土耳其的"独裁"转型可能是短暂的，因为

---

① Lisa Blaydes, Amr Hamzawy, Hesham Sallam, eds., *Struggles for Political Change in the Arab World：Regimes，Oppositions，and External Actors after the Spring*, Ann Arbor：University of Michigan Press, 2022.

② Dina Taman, Mohamed Shawky El-Enany, "A New Westphalia in MENA after the Arab Revolutions", *Middle East Policy*, Vol. 29, No. 3, 2022.

③ Isabelle Werenfels, "Maghrebi Elites and the Pandemic：The Political Economy of Counter Revolution", *IEMed Mediterranean Yearbook*, https：//www. iemed. org/wp - content/uploads/2022/06/Maghrebi - Elites-Pandemic-Counter-Revolution-Political-Economy-Werenfels-IEMedYearbook2022. pdf.

④ Özgün E. Topak, Merouan Mekouar, Francesco Cavatorta, eds., *New Authoritarian Practices in the Middle East and North Africa*, Edinburgh：Edinburgh University Press, 2022.

土耳其的民主富有弹性。[1]

在国家治理研究方面，F. 格雷戈里·高斯三世指出，中央权力软弱甚至崩溃是当前中东混乱的真正根源，必须重建中央政府权威。[2] 若泽·西罗·马丁内斯讨论了约旦"面包政治"，指出面包补贴象征着君主制对其人民的传统责任，而这是新自由主义不愿承担的责任。[3] 阿巴斯·阿布德·萨利姆指出伊拉克政治出现政党武装化和宗派冲突转向什叶派内部冲突两大变化。[4] 卡罗尔·丹尼尔·卡斯巴里关注了以色列极右翼政治的兴起趋势以及影响。[5]

在政党政治方面，阿尔珀·焦什昆和锡南·于尔根梳理了土耳其反对党对外交政策的看法，并分析了土耳其与北约、欧盟等重要国际组织，土耳其与美国、俄罗斯、中国等主要大国，以及土耳其与邻国的关系。[6] 约阿斯·瓦格麦克尔斯认为，将穆兄会描述成一个具有暴力倾向并希望在西方夺权的神权组织是一种偏见。[7]

（二）经济领域

在经济领域，国外学者关注中东国家的经济发展、经济转型以及相关热点问题。新冠疫情、乌克兰危机、能源安全、粮食安全、通货膨胀、贫困等

---

[1] Dimitar Bechev, *Turkey under Erdogan：How a Country Turned from Democracy and the West*, Connecticut：Yale University Press, 2022.

[2] F. Gregory Gause III, "The Price of Order：Settling for Less in the Middle East", *Foreign Affairs*, Vol. 101, No. 2, March/April 2022.

[3] José Ciro Martínez, *States of Subsistence：The Politics of Bread in Contemporary Jordan*, Stanford, CA：Stanford University Press, 2022.

[4] Abbas Abboud Salem, "Iraq's 'Armed Protest Syndrome'：From a Clash of Ideas to Violence", The Washington Institute for Near East Policy, November 14, 2022, https：//www. washingtoninstitute. org/policy-analysis/iraqs-armed-protest-syndrome-clash-ideas-violence.

[5] Carol Daniel Kasbari, "The Victory of Israel's Extreme Right：Implications for Citizens' Rights and Israeli-US Relations", Middle East Institute, November 11, 2022, https：//www. mei. edu/publications/victory-israels-extreme-right-implications-citizens-rights-and-israeli-us-relations.

[6] Alper Coşkun, Sinan Ülgen, *Political Change and Turkey's Foreign Policy*, *Carnegie Endowment for International Peace*, November 2022, https：//carnegieendowment. org/files/coskun_Ulgen_Turkey_final. pdf.

[7] Joas Wagemakers, *The Muslim Brotherhood：Ideology, History, Descendants*, Amsterdam：Amsterdam University Press, 2022.

问题成为全球知名中东研究机构、智库和国际组织的研究重点。国外学者对中东经济的研究呈现出主题多元化和跨学科趋势，数字经济和绿色发展成为中东经济研究的新热点。

首先，国外学者关注中东经济的宏观发展和整体趋势。施普林格出版"中东地区的发展观"系列丛书，2022年出版了《中东地区的新革命浪潮：一种比较观点》《中东感知的力量：对政治和经济利益互相矛盾的研究》《中东地区的主要挑战和政策改革：经济学观点》，这3部著作是关于中东政治、经济和社会发展的综合性成果，深化了中东的经济、社会和政治研究。[①]

其次，国外学者关注中东国家经济发展与政治体制的关系，尤其是经济发展与威权政治体制的关系。克里斯蒂安·诺伊格鲍尔通过对埃及、突尼斯、约旦和摩洛哥四个资源贫乏型国家的案例研究，认为从20世纪50年代国家独立到2011年阿拉伯剧变，中东国家的政治制度与世界其他地区相比在很大程度上是专制的，从计划经济向市场经济的转变也深深地影响了这些国家。其研究发现，消费价格自由化和私有化这两项特定的经济自由化政策与政权稳定性有一定相关性，这解释了中东地区威权主义的韧性。[②]

此外，相关国际组织高度关注乌克兰危机、气候变化等热点问题对中东经济的影响。联合国西亚经济社会委员会分析了乌克兰危机对阿拉伯国家宏观经济、能源政策、财政和债务以及社会的影响。世界银行认为中东地区在不确定时代的经济复苏面临极大不确定性和不均衡性，乌克兰危机和美联储加息等外部环境影响加大了中东经济复苏的难度。与此同时，世界银行还发

---

① Leonid Issaev, Andrey Korotayev, eds., *New Wave of Revolutions in the MENA Region：A Comparative Perspective*, Parañaque：Springer Published, 2022; Warda Samara , Malaka Samara, *The Power of Perceptions in the Middle East：A Study of Contradictory Political and Economic Interests*, Parañaque：Springer Published, 2022; Mohamed Sami Ben Ali, ed., *Key Challenges and Policy Reforms in the MENA Region：An Economic Perspective*, Parañaque：Springer Published, 2022.

② Christian Neugebauer, *Economic Liberalization and Authoritarianism：A Comparative Political Economy of Egypt，Tunisia，Jordan，and Morocco，1950－2011*, Parañaque：Springer VS Wiesbaden, 2022.

布了有关土耳其、约旦、埃及、摩洛哥和伊拉克的气候变化与发展报告，认为气候变化对中东地区经济社会造成严重影响，应对气候变化已成为各国可持续发展的优先事项之一。

（三）国际关系领域

国外中东国际关系研究成果丰富，针对域外大国与中东关系以及中东地区国家间关系的研究更加深入，在运用人类学理论研究中东地区冲突方面取得了新进展。

在大国与中东关系研究方面，西蒙·C.斯米特有关《冷战时期中东的美国阿拉伯主义者（1946~1975 年）：从东方主义到专业主义》的书评介绍了该书所讨论的二战后美国对中东地区的政策制定以及与中东地区的接触中被忽视的方面。[①]

在中东地区国家关系研究方面，鲁巴·莱文-班奇克在有关《中东和北非的战争与冲突》的书评中深入分析了中东和北非地区冲突过程和区域战争的原因，他认为中东战争和冲突的主要原因是"冲突陷阱"。[②] 普热梅斯瓦夫在《欧盟与中东关系：2022 年前景》中分析了欧盟的中东政策、欧盟与一些中东国家的关系以及影响欧盟与中东国家关系的主要因素。[③]

在国际关系理论研究方面，《国际关系事务》刊物 2022 年 9 月出版的第 5 期中有多篇文章做了专门的分析和阐释，其中包括《国际关系理论中的新建构主义》《种族灭绝：权力与一个概念的问题》等。[④]

[①] Simon C. Smith, "Book Reviews: American Arabists in the Cold War Middle East, 1946-75: From Orientalism to Professionalism", *Middle Eastern Studies*, Vol. 58, No. 4, 2022.

[②] Luba Levin-Banchik, "Book Reviews: War and Conflict in the Middle East and North Africa", *The Journal of the Middle East and Africa*, Vol. 13, No. 3, 2022.

[③] Przemysław Osiewicz, "EU-MENA Relations: Outlook for 2022", Middle East Institute, January 21, 2022, https://www.mei.edu/publications/eu-mena-relations-outlook-2022.

[④] Lucrecia García Iommi, "The New Constructivism in International Relations Theory"; Cecilia Ducci, "Genocide: The Power and Problems of a Concept", *International Affairs*, Vol. 98, No. 5, September 2022.

（四）社会文化领域

国外学者的中东社会文化研究领域不断拓展，既重视对传统历史文化的研究，也关注新兴事务。

在历史文化研究方面，菲利普·库里和约瑟夫·克丝缇娜主编的论文集《中东部落与国家形成》采用人类学、历史学和政治学等领域的研究方法，对中东部落社会与国家关系的演变进行了多角度分析。书中各篇文章考察了中东国家在本地区扮演的角色、当代部落结构和体系演变的原因、部落和国家的持续交往引发的社会变迁，以及社会变迁给中东地区带来的影响。①

在新兴文化研究方面，阿卜杜拉·阿勒阿里安在其著作《中东足球：国家、社会和美丽的比赛》② 中指出，卡塔尔承办 2022 年国际足联世界杯意义非凡。该书审视了足球作为中东重要文化力量的现象以及足球带来的政治经济联系。阿维·梅拉米德、马米亚·霍夫曼在《走进中东：一个新的时代》一书中指出，在 21 世纪的第三个十年，中东正进入一个新时代。该书从多方位描绘了在新时代处于复杂平衡状态下的中东面临的众多挑战与机遇。③

（五）民族宗教领域

国外民族宗教领域的研究成果较为丰富，多学科交叉研究特点显著，同时注重同热点问题相结合。2022 年的研究主要聚焦以色列、土耳其等中东地区强国。

以色列以及巴勒斯坦研究方面，《巴勒斯坦与以色列》杂志 2022 年第 1 期和第 2 期合刊的主题是"以色列和种族隔离门槛：一个警醒"。其中，沙

---

① 〔美〕菲利普·库里、〔以〕约瑟夫·克丝缇娜主编《中东部落与国家形成》，韩志斌等译，商务印书馆，2022。

② Abdullah Al-Arian, *Football in the Middle East: State, Society, and the Beautiful Game*, Oxford: Oxford University Press, 2022.

③ Avi Melamed, Mamia Hoffman, *Inside the Middle East: Entering a New Era*, New York: Skyhorse Publishing, Inc., 2022.

乌勒·阿里利的《从"收缩"到"歌唱"冲突：贝内特美化占领的尝试》[1]
认为，巴以冲突不是简单的暴力问题和经济困难问题，而是巴、以建立民族
家园的权利的冲突；拉伊夫·侯赛因的《我们面对的是哪个以色列？：对以
色列的不同看法》[2] 论述了内塔尼亚胡的新犹太复国主义（neo-Zionism）
思想；瓦利德·萨利姆的《从这里到种族隔离，下一个是什么？》[3] 认为，
以色列的殖民主义、种族隔离以及军事占领可能带来两个后果：一是对巴勒
斯坦人新的驱逐，二是变成与种族隔离时期的南非一样。拉米·戈德斯坦的
《2020 年亚伯拉罕协议下的巴勒斯坦难民》[4] 认为，2020 年阿联酋和巴林与
以色列签署的《亚伯拉罕协议》有助于巴勒斯坦难民问题的解决。

在土耳其研究方面，梅尔泰姆·穆夫塔勒-巴克的《移民治理的外部联
系：土耳其的移民管理机构和欧盟的外部边界保护》[5] 认为，近年来，由于欧
盟移民管理机制的外部化以及欧盟边界的外部保护，土耳其对移民管理机制
进行了调整。埃弗拉特·阿维夫的《埃尔多安和 2016 年土耳其政变未遂后的
宗教运动：阿达南·奥克塔尔案》[6] 以阿达南·奥克塔尔案为例，分析了土耳
其的执政党正义与发展党和伊斯兰宗教运动的关系，认为土耳其政权把宗教
工具化。

（六）安全领域

在安全领域，国外学术界主要关注中东地区安全形势、武装组织、恐怖

---

[1] Shaul Arieli, "From 'Shrinking' to 'Singing' the Conflict: Bennett's Attempts to Beautify the Occupation", *Palestine-Israel Journal*, Vol. 27, No. 1 & 2, 2022.

[2] Raif Hussein, "Which Israel Are We Facing?: A Different View of Israel", *Palestine - Israel Journal*, Vol. 27, No. 1 & 2, 2022.

[3] Walid Salem, "From Here to Apartheid, What's Next?", *Palestine-Israel Journal*, Vol. 27, No. 1 & 2, 2022.

[4] Rami Goldstein, "The Palestinian Refugees in Light of the 2020 Abraham Accords", *Middle East Policy*, Vol. 29, No. 2, 2022.

[5] Meltem Muftuler-Bac, "Externalization of Migration Governance: Turkey's Migration Regime, and the Protection of the European Union's External Borders", *Turkish Studies*, Vol. 23, No. 2, 2022.

[6] Efrat Aviv, "Erdogan and Religious Movements after the 2016 Coup Attempt in Turkey: The Case of Adanan Oktar", *Journal of South Asian and Middle East Studies*, Vol. 46, No. 1, 2022.

主义与反恐合作、大国与中东国家的安全关系、水安全以及伊核问题等议题。

地区安全形势研究方面，托瓦·C.诺伦分析了新冠疫情发生后中东地区人类不安全因素和地缘同盟的变化，特别关注造成中东不稳定的"预先存在条件"（pre-existing condition），以及新冠疫情如何加剧了这些不稳定因素。① 阿达姆·哈尼耶和拉菲夫·齐亚达分析了新冠疫情对中东社会经济发展和政治动员的影响，指出新冠疫情不仅对中东地区的公共卫生造成冲击，也拉大了地区国家社会财富差距和权力的差异。②

中东武装组织研究方面，马亚克·达古特指出，多年来，苏丹军事政变频发使该国长期动荡不安。他通过分析苏丹近年来的多次军事政变以及武装组织在其中的表现，认为对武装组织缺乏有效约束和社会契约缺失是苏丹暴力冲突多发、国家发展缓慢的重要原因。③ 马萨卜·阿鲁西指出，黎巴嫩真主党在成立初期即确立了将以色列作为其"唯一敌人"的基本思想，但叙利亚内战爆发后，真主党为了维护巴沙尔政权，开始将叙利亚反对派作为打击对象，其这一转变表明武装组织往往因现实利益的变化进行决策调整，而非教条式地坚持意识形态。④

中东极端组织、恐怖主义和反恐合作研究方面，贾里拉·洛纳斯指出，2019年极端组织"伊斯兰国"崩溃后，从叙利亚和伊拉克返回的外籍战斗人员对马格里布地区构成的威胁并未像预期那样严重，威胁减弱的原因包括利比亚内战、极端分子内讧以及北非国家为前激进分子提供回归路径以换取合

① Tova C. Norlén, "Middle East Pre-Existing Conditions: Regional Security after COVID-19", *Middle East Policy*, Vol. 29, No. 1, 2022.
② Adam Hanieh, Rafeef Ziadah, "Pandemic Effects: COVID-19 and the Crisis of Development in the Middle East", *Development and Change*, Vol. 53, No. 6, 2022.
③ Majak D'Agoôt, "Toward Stable Civil-Military Relations in Sudan", *Middle East Policy*, Vol. 29, No. 4, 2022.
④ Massaab Al-Aloosy, "Hezbollah in Syria: An Insurgent's Ideology, Interest, and Survival", *Middle East Policy*, Vol. 29, No. 1, 2022.

作的计划。① 玛尔塔·富尔兰认为，"基地"组织在也门的势力虽已衰落，但也门国家体系仍然十分脆弱，依旧存在各种不稳定因素，因此不能排除未来"基地"组织在该国死灰复燃的可能性。② 埃利·卡尔蒙聚焦印度与以色列的反恐合作，讨论了国际环境和国内政治制约因素对两国反恐合作的影响及挑战。③

大国与中东地区安全关系研究方面，埃拉伊·阿利姆通过研究俄罗斯在叙利亚战场的力量投射，分析了外部大国与地区国家间可能发生的各种互动。其研究指出，尽管以色列和土耳其一直不是俄罗斯的目标国家，但俄罗斯非常关注它们在叙利亚会不会采取损害其利益的行动。④ 坚克·厄兹根等学者分析了"F-35事件"对土耳其和美国防务合作的影响，指出土耳其和美国防务合作的恢复对未来两国关系有着至关重要的作用，双方应寻找能够达成妥协的调解方案。⑤

中东水安全研究方面，罗伯特·祖尔达指出，伊朗是受到气候变化和水资源短缺影响最严重的国家之一，分析了水安全问题对伊朗政治、经济、社会等领域的影响。⑥

伊核问题研究方面，克莱芒特·特默等学者分析了伊朗核行为相关文献的一些核心假设，指出当代有关伊朗核问题的诸多辩论都与冷战时期的"克里姆林宫学"有相似之处，都被深度政治化，并受到偏见和自我审查的影响，学者应开辟新的方法重新审视伊朗核问题。⑦

---

① Djallil Lounnas, "The Threat of North African Foreign Fighter Returnees: Myths and Realities", *The Middle East Journal*, Vol. 76, No. 1, 2022.

② Marta Furlan, "State Weakness, al-Qa'ida, and Rebel Governance: Yemen from the Arab Spring until 2022", *The Middle East Journal*, Vol. 76, No. 1, 2022.

③ Ely Karmon, "India's Counterterrorism Cooperation with Israel", *Perspectives on Terrorism*, Vol. XVI, No. 2, 2022.

④ Eray Alim, "Russia's Power Projection into Syria and Its Interactions with Local States", *International Affairs*, Vol. 98, No. 4, 2022.

⑤ Cenk Özgen, Eren Alper Yılmaz, Ozan Örmeci, "F-35 Crisis: Will Turkish-US Defense Cooperation Continue?", *Middle East Policy*, Vol. 29, No. 2, 2022.

⑥ Robert Czulda, "Iran's Water Security: An Emerging Challenge", *Middle East Policy*, Vol. 29, No. 2, 2022.

⑦ Clément Therme, Kjølv Egeland, Hebatalla Taha, "Seizing Nuclear Tehran: Obstacles to Understanding Iranian Nuclear Activities", *The Middle East Journal*, Vol. 76, No. 2, 2022.

二 国内中东研究新进展

国内中东学者持续关注中东国家的政治改革、经济转型、国际关系转向等议题，其中，对土耳其、伊朗、以色列等中东非阿拉伯国家的研究力度明显加大，对传统安全、宗教极端势力等传统议题的研究更加深入，对非传统安全的关注不断扩宽。

（一）政治领域

国内学者对中东政治的研究主要集中于政治思想与意识形态、政党政治、地区政治改革与国家治理等议题。

在政治思想与意识形态方面，牛新春认为，阿拉伯剧变后，中东民众对政治日益绝望，地区出现"去政治化"潮流，政治虚无主义泛滥。[1] 刘辰认为，民粹主义与民族主义、威权主义、伊斯兰主义深度融合，加剧阿拉伯国家内部官民对立、社会分裂和政治暴力，制约阿拉伯国家民主转型、经济发展、社会良治等目标的实现。[2] 刘中民、王利莘认为修正派犹太复国主义思想是以色列右翼在巴以问题上立场强硬的思想根源。[3] 杨晨提出土耳其"民族观念运动"是伊斯兰主义者提出的一条"现代化道路"，与凯末尔的现代化道路共同构成了土耳其对政治发展道路的不同探索。[4]

在政党政治方面，谭力和李绍先对以色列移民政党"家园党"的政治参与策略和方式、政治影响力进行了研究。[5] 李艳枝、吕宏分析了土耳其中左政党走下坡路的主要原因，如身份政治、党内民主不充分、权力斗争与腐

---

① 牛新春：《中东泛滥政治虚无主义》，《世界知识》2022 年第 20 期。
② 刘辰：《民粹主义与阿拉伯国家的政治发展》，《国际论坛》2022 年第 5 期。
③ 刘中民、王利莘：《修正派犹太复国主义思想的源流及嬗变》，《阿拉伯世界研究》2022 年第 5 期。
④ 杨晨：《土耳其"民族观念运动"兴起的历史因由》，《史林》2022 年第 5 期。
⑤ 谭力、李绍先：《试析以色列家园党的政治影响力》，《宁夏大学学报》（人文社会科学版）2022 年第 1 期。

败、民粹主义与代议制民主的相互排斥等。① 丁雨婷考察了伊斯坦布尔寮屋区居民与繁荣党的共生关系以及在政治伊斯兰发展中的角色。② 刘中民、刘雪洁认为伊斯兰解放党创始人纳布哈尼巧妙地将伊斯兰概念术语与现代政治语言结合并有效地吸引受众，对该党发展为全球性伊斯兰组织起了重要作用。③

在地区政治改革与国家治理方面，吴冰冰指出伊朗之所以能长期承受西方施加的巨大制裁压力却未陷入动荡，主要原因在于由什叶派历史文化传统、国家宪政架构与派系平衡权力格局三个核心要素构成的独特政治制度。④ 丁隆认为海湾阿拉伯国家正发生真正的变革，改革触及了宗教和社会等敏感领域，试图打破阻碍经济发展的思想文化桎梏。⑤ 史廪霏、罗林指出，在伊拉克，周期性抗议将成为常态，政治体制进行根本性改革可能性不大。⑥ 汪波、穆春唤研究了叙利亚库尔德人的"罗贾瓦自治"理论和实践，指出"罗贾瓦自治"面临内外挑战，前途未卜。⑦ 段九州指出，中东正面临新一轮国家构建危机，并出现"军队主导转型过程"回归的现象。⑧

（二）经济领域

中东国家的可持续发展、工业化、能源转型、中国与中东国家的经贸合作都是国内学者的重点研究领域。

---

① 李艳枝、吕宏：《土耳其中左政党的生成逻辑、政治实践及现实困境——以共和人民党为主线》，《西亚非洲》2022年第2期。
② 丁雨婷：《伊斯坦布尔寮屋区选民与土耳其繁荣党的崛起》，《阿拉伯世界研究》2022年第2期。
③ 刘中民、刘雪洁：《纳布哈尼的宗教政治思想评析》，《西亚非洲》2022年第2期。
④ 吴冰冰：《伊朗为什么能顶住美国的极限施压?》，《文化纵横》2022年第1期。
⑤ 丁隆：《阿拉伯国家艰难探索发展转型之路》，《世界知识》2022年第18期。
⑥ 史廪霏、罗林：《试论伊拉克周期性抗议运动的政治过程》，《阿拉伯世界研究》2022年第1期。
⑦ 汪波、穆春唤：《叙利亚库尔德人罗贾瓦自治的理论与实践》，《阿拉伯世界研究》2022年第4期。
⑧ 段九州：《"军队主导"回归中东：对新一轮国家建构危机的回应》，《文化纵横》2022年第1期。

首先，中国与中东国家的经贸合作是国内学者关注的重点。王晓宇认为，新冠疫情背景下，数字经济的提速发展为全球经济社会注入了新动能，也给新发展格局下中阿数字经济合作带来时代契机。① 王林聪主编的《中东发展报告 No. 24（2021~2022）》聚焦中东主要国家的发展战略问题、地区热点以及政治、经济和国际关系发展趋势。② 2022 年 12 月 9 日，首届中阿峰会在沙特阿拉伯召开，成为中阿关系发展史上具有划时代意义的里程碑。商务部国际贸易经济合作研究院编写《中国与阿拉伯国家经贸合作回顾与展望 2022》③，全面回顾 2004 年中阿合作论坛成立以来，尤其是"一带一路"倡议提出以来，中国与阿拉伯国家在经贸领域取得的合作成果，展望未来合作趋势。吴磊、赵跃晨认为，在全球碳中和愿景的引领下，一场以能源结构清洁化、能源技术低碳化和能源系统电气化为特点的全球能源转型正如火如荼地展开。作为全球能源体系的重要组成部分，中国与中东国家的能源合作深受国际能源转型的影响。双方可通过完善协调机制、创新发展模式、落实技术对接、发展绿色金融和推进电网改造等措施，携手打造国际能源转型合作的利益共同体、责任共同体和命运共同体，提振全球应对气候变化的信心。④

其次，国内学者对中东能源转型的关注热度不减。刘冬认为，从历史演变看，国际能源秩序自 20 世纪 70 年代中期经历了欧佩克主导到欧佩克与国际能源机构相互制衡，再到向竞争型市场转变的不断演进，能源供求关系的变化是推动国际能源秩序演进的主导因素。国际能源秩序也会因乌克兰危机的爆发进入新的建构期，中东地区将重新成为国际能源投资的热点区域。⑤

---

① 王晓宇：《新发展格局下中阿数字经济合作的基础与前景》，《西亚非洲》2022 年第 3 期。
② 王林聪主编《中东发展报告 No. 24（2021~2022）》，社会科学文献出版社，2022。
③ 商务部国际贸易经济合作研究院：《中国与阿拉伯国家经贸合作回顾与展望 2022》，https://www. caitec. org. cn/upfiles/file/2022/11/20221208154337560. pdf，最后访问日期：2023 年 4 月 5 日。
④ 吴磊、赵跃晨：《碳中和目标下中国与中东国家的能源合作》，《西亚非洲》2022 年第 6 期。
⑤ 刘冬：《变迁中的国际能源秩序与中东的角色》，《西亚非洲》2022 年第 4 期。

此外，一些国内学者持续关注并追踪中东工业化问题。魏敏、李炜懿以摩洛哥为案例，认为信息通信技术与传统工业的产业融合成为中东国家经济发展的重要方向，摩洛哥的实践对于广大发展中国家具有一定借鉴意义。[①]

（三）国际关系领域

国内中东国际关系研究稳步向前推进，主要研究领域包括大国与中东关系、中东地区国家间关系以及中东热点问题，中国与中东国家关系的研究尤其受到高度关注。

大国与中东关系是国内学者关注的焦点之一。寿慧生、王倩楠《模糊盟友：联盟体系视角下的美国与土耳其关系》[②] 以"模糊盟友"概念构建的综合分析框架既突出结构性因素对美土关系的制约，也强调两国政府和领导人的战略和政策选择在两国盟友关系转型过程中的作用。刘胜湘、陈飞羽《拜登上台后美国的中东主导机制调整探析》[③] 指出，拜登政府上台后着手调整美国在中东的主导机制，主要方向是从单边霸权向多方协调过渡，从双边结盟到双边与多边机制结合发展，从军事手段向"价值观"外交转型。顾炜《百年变局下俄罗斯中东战略的延续与调整》[④] 分析了俄罗斯中东战略的延续性和战略调整的表现。楼天雄《埃及与德国关系中的价值龃龉与务实合作》[⑤] 指出埃德双边关系呈现出价值张力与务实合作并存的局面。程蕴《日美同盟视角下日本的中东外交——自主外交与同盟义务的矛盾与协调》[⑥]

---

① 魏敏、李炜懿：《摩洛哥信息通信技术与工业产业融合发展的战略与实践》，《西亚非洲》2022年第3期。

② 寿慧生、王倩楠：《模糊盟友：联盟体系视角下的美国与土耳其关系》，《国际安全研究》2022年第2期。

③ 刘胜湘、陈飞羽：《拜登上台后美国的中东主导机制调整探析》，《西亚非洲》2022年第5期。

④ 顾炜：《百年变局下俄罗斯中东战略的延续与调整》，《新疆社会科学》2022年第4期。

⑤ 楼天雄：《埃及与德国关系中的价值龃龉与务实合作》，《阿拉伯世界研究》2022年第3期。

⑥ 程蕴：《日美同盟视角下日本的中东外交——自主外交与同盟义务的矛盾与协调》，《西亚非洲》2022年第2期。

指出，通过将"反恐战争"同盟调整为"公共产品提供者"同盟，日本在短期内实现了自主外交与同盟义务的协调。赵婧、李伟建《相互尊重与新型国际关系——基于中国中东外交的话语与实践分析》① 指出，在相互尊重的过程性互动中，随着共有认知的增加，中国与中东国家之间的相互信任及对合作的信心逐步建立和积累起来。王林聪《大国竞争下中东局势新变化与中国—中东合作》② 指出，大国战略竞争深刻影响着人类的前途和命运，并对中东地区局势产生深远影响。钮松《"一带一路"框架下中国与中东国家合作的进程与前景》③ 指出，在共建"一带一路"框架下，中国与中东国家不断探寻合作新领域并取得显著成效。

热点问题对中东国际关系的影响也是国内学者研究的重点。佘纲正《新型"中间地带"：俄乌冲突中的阿拉伯国家》④ 指出，在乌克兰危机背景下，阿拉伯国家总体上遵循"不选边站队"的中立原则并实施对冲政策。章远《俄乌冲突与伊朗维持中东地区均势的对外行为》⑤ 指出，乌克兰危机爆发后，伊朗的对外交往策略是维持地区均势。唐志超《外溢与突围：乌克兰危机升级对中东的影响》⑥ 指出，乌克兰危机在粮食安全、能源安全、经济社会稳定、地缘政治、地区安全诸多方面对中东地区产生了一系列重要影响。

此外，在中东国际关系领域还涌现出不少新的理论研究成果。孙德刚、

---

① 赵婧、李伟建：《相互尊重与新型国际关系——基于中国中东外交的话语与实践分析》，《国际关系研究》2022 年第 1 期。
② 王林聪：《大国竞争下中东局势新变化与中国—中东合作》，《当代世界》2022 年第 10 期。
③ 钮松：《"一带一路"框架下中国与中东国家合作的进程与前景》，《当代世界》2022 年第 11 期。
④ 佘纲正：《新型"中间地带"：俄乌冲突中的阿拉伯国家》，《阿拉伯世界研究》2022 年第 5 期。
⑤ 章远：《俄乌冲突与伊朗维持中东地区均势的对外行为》，《阿拉伯世界研究》2022 年第 5 期。
⑥ 唐志超：《外溢与突围：乌克兰危机升级对中东的影响》，《俄罗斯东欧中亚研究》2022 年第 5 期。

凌胜利《多元一体：中东地区的弱链式联盟探析》① 指出，正式强联盟的研究假设难以解释中东地区普遍存在的非正式弱联盟现象，通过考察六组中东地区弱链式联盟案例，发现多极格局、多元身份与多重利益是弱链式联盟的生成条件，威胁塑造、宗教动员和分歧管控是弱链式联盟的管理手段，金字塔形、轴辐形和蜂窝形是弱链式联盟的主要类型。杜东辉《从大西洋到大周边：土耳其复合联盟战略初探》② 运用"复合联盟战略"框架来研究土耳其的对外战略，指出土耳其"复合联盟战略"具有互补性、塑造性和动态性，与安全合作伙伴既联合又斗争，各联盟之间既存在牵制又进行联动，体现了土耳其重塑地区秩序的大国角色定位。

（四）社会文化领域

2022 年国内中东社会文化领域的研究视角较为广阔，尤其是聚焦一些热点问题，扩展了知识体系。

国内对中东城市和社会治理的探究更加深入。刘义在其专著《伊斯坦布尔史论——城市、帝国及文明》③ 中，对从拜占庭帝国到奥斯曼帝国和土耳其共和国的历史做了鸟瞰式的论述。全书内容既有通史性的概述，也有对主要社会思潮的分析，还有对文明交往的考察。昝涛《从巴格达到伊斯坦布尔——历史视野下的中东大变局》④ 一书从国别的视角以及现代化、全球史、地缘政治等多重角度，考察近二三十年来尤其是阿拉伯剧变后中东的整体变化。

在中东教育方面，李宝贵、魏禹擎《中文纳入埃及国民教育体系的动因、模式与优化路径》⑤ 从中文国际传播视角梳理埃及各个教育阶段的中文

---

① 孙德刚、凌胜利：《多元一体：中东地区的弱链式联盟探析》，《世界经济与政治》2022 年第 1 期。
② 杜东辉：《从大西洋到大周边：土耳其复合联盟战略初探》，《西亚非洲》2022 年第 6 期。
③ 刘义：《伊斯坦布尔史论——城市、帝国及文明》，上海大学出版社，2022。
④ 昝涛：《从巴格达到伊斯坦布尔——历史视野下的中东大变局》，中信出版集团，2022。
⑤ 李宝贵、魏禹擎：《中文纳入埃及国民教育体系的动因、模式与优化路径》，《民族教育研究》2022 年第 3 期。

教育现状，并就促进中文纳入埃及国民教育体系的路径提出了相关建议。

在中东地区重要的通道、走廊方面，姜明新《中欧班列运输通道的演变与俄乌冲突的影响》① 梳理了中欧班列开通以来列车运输通道的演变，分析乌克兰危机对中欧班列的影响，并提出了相关政策建议。

（五）民族宗教领域

中东地区民族宗教问题叠加，民族宗教问题研究往往也不是孤立的，而是交织在一起。2022 年国内学界关于犹太和以色列研究的成果较为丰富，既有综合性研究，如张倩红主编的《以色列发展报告（2021）》② 和其专著《当代以色列：多元表达与社会张力》③；也有从政治视角透视宗教问题的，如艾仁贵《以色列的外籍劳工政策初探》④、郝忠格《圣城之争与空间博弈：1967 年以来以色列对东耶路撒冷的犹太化改造运动》⑤ 以及张世均《宗教文化在耶路撒冷主权归属问题上的政治延伸》⑥；还有从思想文化角度研究犹太问题的，如杨之涵《摩西·赫斯论犹太复国主义》⑦、喻卿和陈文青《"犹太精神"与马克思的现代性批判——基于〈论犹太人问题〉的考察》⑧ 以及梅华龙《〈希伯来圣经〉中以色列和犹大的"兄弟"关系》⑨ 等。

中东其他国家的民族宗教研究也基本遵循了上述几种研究视角，王健、

① 姜明新：《中欧班列运输通道的演变与俄乌冲突的影响》，《学术探索》2022 年第 11 期。
② 张倩红主编《以色列发展报告（2021）》，社会科学文献出版社，2022。
③ 张倩红：《当代以色列：多元表达与社会张力》，社会科学文献出版社，2022。
④ 艾仁贵：《以色列的外籍劳工政策初探》，《世界民族》2022 年第 3 期。
⑤ 郝忠格：《圣城之争与空间博弈：1967 年以来以色列对东耶路撒冷的犹太化改造运动》，《西亚非洲》2022 年第 6 期。
⑥ 张世均：《宗教文化在耶路撒冷主权归属问题上的政治延伸》，《世界宗教文化》2022 年第 1 期。
⑦ 杨之涵：《摩西·赫斯论犹太复国主义》，《政治思想史》2022 年第 1 期。
⑧ 喻卿、陈文青：《"犹太精神"与马克思的现代性批判——基于〈论犹太人问题〉的考察》，《长江论坛》2022 年第 1 期。
⑨ 梅华龙：《〈希伯来圣经〉中以色列和犹大的"兄弟"关系》，《世界宗教文化》2022 年第 2 期。

罗爱玲主编的《"一带一路"国别研究报告：土耳其卷》① 是土耳其民族宗教问题的综合性研究成果；宗教政治学的研究成果有李福泉和王昕祎《伊朗伊斯兰革命时期阿舒拉节的社会动员功能——基于政治仪式分析的视角》②、张娟娟和黄民兴《教派主义视阈下的黎巴嫩萨拉菲主义运动》③ 和闫伟《从"塔利班"到"新塔利班"——伊斯兰复兴在阿富汗部落社会的形构与表达》④；袁指挥《论法老民族主义与埃及学》⑤、刘中民和刘雪洁《纳布哈尼的宗教政治思想评析》⑥、韩志斌和谢志斌《琐罗亚斯德教宗教哲学思想及其影响》⑦ 从民族学理论、宗教思想文化角度研究了中东地区的民族宗教问题；刘国熙《阿富汗伊斯兰教本土化及其启示》⑧ 指出伊斯兰教本土化有助于促进阿富汗多元、开放、包容价值观的形成。

（六）安全领域

在乌克兰危机对中东安全影响方面，王林聪指出，乌克兰危机导致全球非传统安全问题更加严峻，加大了中东国家的粮食安全压力和财政压力，并引发部分中东国家再度出现政治和社会动荡。同时，美国大搞"胁迫外交"，逼迫他国"选边站队"，大部分中东国家尽管面临巨大外交压力，但仍坚持中立立场，反对美国与欧洲大国对俄罗斯的极限施压和制裁行动。⑨

---

① 王健、罗爱玲主编《"一带一路"国别研究报告：土耳其卷》，中国社会科学出版社，2022。
② 李福泉、王昕祎：《伊朗伊斯兰革命时期阿舒拉节的社会动员功能——基于政治仪式分析的视角》，《中东研究》2022 年第 1 期。
③ 张娟娟、黄民兴：《教派主义视阈下的黎巴嫩萨拉菲主义运动》，《世界宗教文化》2022 年第 1 期。
④ 闫伟：《从"塔利班"到"新塔利班"——伊斯兰复兴在阿富汗部落社会的形构与表达》，《世界宗教研究》2022 年第 3 期。
⑤ 袁指挥：《论法老民族主义与埃及学》，《中东研究》2022 年第 1 期。
⑥ 刘中民、刘雪洁：《纳哈布尼的宗教政治思想评析》，《西亚非洲》2022 年第 2 期。
⑦ 韩志斌、谢志斌：《琐罗亚斯德教宗教哲学思想及其影响》，《世界宗教研究》2022 年第 2 期。
⑧ 刘国熙：《阿富汗伊斯兰教本土化及其启示》，《中国穆斯林》2022 年第 4 期。
⑨ 王林聪：《从俄乌冲突看全球安全治理困境及出路》，《西亚非洲》2022 年第 4 期。

李董林等学者指出，乌克兰危机引发了中东和非洲地区严重的粮食危机，并导致外部势力加速向地区渗透，严重冲击了中东与非洲的社会稳定和可持续发展能力。中东和非洲地区要提高农业生产水平与粮食自给能力，加强对外部资源和技术的多元化运用，并重视发挥国际组织的协调作用，从长远角度来缓解粮食安全难题。①

在地区国家安全政策方面，吴昊昙指出，以色列虽没有成文的国家安全战略，却在实践中践行"安全至上"的国家安全原则，在国家安全政策制定上，以色列表现出高度的非正式性、灵活性、务实性、流动性、透明性和军方主导性等特点。② 王国兵、朱昊分析了伊朗国家安全战略的历史嬗变，指出未来伊朗的对外政策依然是奉行周边外交优先原则，积极对外扩张影响力，其在国土范围外的军事行动和宗教影响力不容忽视，需要重点关注。③

在军事技术发展与地区安全方面，朱泉钢指出，阿拉伯剧变后，军用无人机的使用和扩散成为中东军事与安全领域的突出现象。中东地区军用无人机的应用和扩散，使军用无人机使用者的安全风险辨识、攻防能力发生变化，影响了地区军事威慑范式和冲突烈度，加大了地区安全治理难度。④

在地区反恐研究方面，唐志超指出，叙利亚库尔德人近年积极参与反恐，一方面是因为自身受到恐怖主义威胁，另一方面是希望借此获得美国支持，谋求国际合法性，以推动自治进程。但库尔德人以反恐为工具，美国同样将库尔德人作为反恐工具，无意支持库尔德人独立或自治，这一工具性决定了库尔德人自治的脆弱性，致使库尔德人面临不确定的未来。⑤

在伊核问题方面，同子怡认为，传统的关于伊朗核战略选择的理论不足

---

① 李董林、李春顶、蔡礼辉：《俄乌冲突局势下中东和非洲的粮食安全问题：特征、影响和治理路径》，《中国农业大学学报》2022 年第 12 期。

② 吴昊昙：《安全、武力与自助：以色列的国家安全研究》，《国际政治研究》2022 年第 3 期。

③ 王国兵、朱昊：《伊朗国家安全战略的历史嬗变与影响》，《西部学刊》2022 年第 19 期。

④ 朱泉钢：《中东地区军用无人机的扩散、应用及其安全影响》，《西亚非洲》2022 年第 5 期。

⑤ 唐志超：《反恐抑或自治：叙利亚库尔德人反恐的双重性研究》，《阿拉伯世界研究》2022 年第 4 期。

以解释伊朗缘何在严重打压下依然坚持推进核项目，美国新帝国主义的理论框架则为伊朗的行为提供了新的解释角度。新帝国主义的框架指出伊核项目在美伊互动中有较强的象征意义，伊朗执着于发展核项目是希望利用核力量的象征意义来反对美国的新帝国主义，以回击美国的战略压力。[①] 屠希亮、房宇馨指出，在美国特朗普政府退出伊核协议和苏莱曼尼遭到暗杀后，伊朗"拥核"和"抑核"两大阵营间的断层线愈加凸显，持续多年的核辩论也愈演愈烈。最高领袖哈梅内伊只能谨慎地在各派系间周旋与维持平衡，这也导致伊朗现今面临难解的核决策困境，伊朗国内无法弥合的派系分裂依然是伊朗重返核协议的重要障碍之一。[②]

在中东气候安全方面，马帅指出，中东地区广泛而复杂的气候变化潜藏安全风险，将进一步加剧水资源短缺、粮食危机、能源供需矛盾和公共卫生风险，进而加剧该地区现有的紧张态势和人道主义危机。越来越多的中东国家开始参与气候治理，气候变化给中东带来安全风险的同时也带来合作机遇。[③]

三　对国内外中东研究进展的评价和展望

2022年至2023年5月，中东和解趋势持续。2016年断交的沙特和伊朗在北京举行对话，双方同意恢复外交关系，在各领域开展合作。埃及与沙特、埃及与土耳其等中东地区国家间互动增加，地区国家间搁置隔阂、缓解关系、加强互动趋势明显。2023年5月的阿拉伯国家联盟（以下简称"阿盟"）外长特别会议上恢复了叙利亚在该组织中的成员国资格，这也进一步印证了阿拉伯国家团结自强的发展趋势。中东国家加速和解，合作发展成为中东的主旋律。在此背景下，中东研究的内容必将与时俱进，不断丰富。

---

① 同子怡：《美国的新帝国主义与伊朗核战略选择》，《江南社会学院学报》2022年第1期。
② 屠希亮、房宇馨：《伊朗的核决策困境：精英派系分化、核辩论与政策转变》，《国际论坛》2022年第4期。
③ 马帅：《中东气候变化的安全风险与治理路径》，《中东研究》2022年第1期。

中东国家与大国关系不断调整。曾经长期主导中东事务的美国近年来已陷入大国博弈迷思，无暇也无力在中东投入更多资源。尤其是乌克兰危机爆发后，美国的做法既不符合中东国家的利益，也远离了中东国家当前的发展诉求。欧洲大国也因自身困境而对中东的关注和投入有所减少。同时，日本、印度、中国等新兴大国对中东的关注和投入不断增加，中东国家的战略自主性不断提高，向东看趋势明显。在此背景下，国内外学术界的中东研究视角乃至方法恐将发生较大转变。值得一提的是，中东地区机制建设发展迅速。美国致力于在中东构建和扩大小多边机制，中东多国也越来越热衷于加入金砖国家、上海合作组织等地区组织。中东研究面临新形势、新要求。

随着新冠疫情管控放松，国内外学术交流增加，国际合作愈加紧密。国内外的中东研究将面临更宽的视野和更广的领域，国际学术界也将不断涌现联合研究成果。

Y.20
2022年中东地区大事记

成　红*

1月

1月10~13日　第四届世界青年论坛在埃及沙姆沙伊赫举行，主题为"一起恢复：新冠疫情之后的世界"。来自多个国家和地区的数百名政府官员、青年代表等与会，围绕气候变化、社会保障、人权、创业、数字化转型、远程教育、环境与能源等多个议题进行讨论并开展相应活动。

1月10~14日　应中国国务委员兼外长王毅邀请，沙特外交大臣费萨尔、科威特外交大臣兼内阁事务国务大臣艾哈迈德、阿曼外交大臣巴德尔、巴林外交大臣扎耶尼、海湾阿拉伯国家合作委员会秘书长纳伊夫对中国进行访问。1月10日，王毅外长在江苏无锡同沙特外交大臣费萨尔举行会谈。1月11日，王毅外长在无锡与海湾阿拉伯国家合作委员会秘书长纳伊夫举行会谈，会谈后发表《中华人民共和国外交部同海湾阿拉伯国家合作委员会秘书处联合声明》。同日，王毅外长与巴林外交大臣扎耶尼举行会谈。1月12日，王毅外长在无锡同科威特外交大臣兼内阁事务国务大臣艾哈迈德举行会谈。1月14日，王毅外长在无锡同阿曼外交大臣巴德尔举行会谈。

1月12日　应中国国务委员兼外长王毅邀请，土耳其外长查武什奥卢对中国进行访问。

中国驻叙利亚大使冯飚同叙利亚计划与国际合作署署长法迪·哈利勒分

---

* 成红，中国社会科学院西亚非洲研究所科研处处长，研究馆员。

别代表两国政府在大马士革签署共建"一带一路"合作谅解备忘录。

1月13日 中国国务委员兼外长王毅同阿联酋外交与国际合作部部长阿卜杜拉举行电话会晤。

1月14日 应中国国务委员兼外长王毅邀请，伊朗外长阿卜杜拉希扬对中国进行访问。

中国国务委员兼外长王毅在江苏无锡同伊朗外长阿卜杜拉希扬举行会谈，双方宣布启动两国全面合作计划落实工作。

1月16日 中国对叙利亚紧急粮食援助交接仪式在叙利亚首都大马士革举行，中国驻叙利亚大使冯飚与叙利亚阿拉伯红新月会主席哈立德·侯布巴提出席并签署交接证书。

1月18日 中国科兴公司捐赠埃及生物制品与疫苗公司疫苗冷库项目合作协议签约仪式在线上和线下同时举行。

1月24日 中国国家主席习近平同以色列总统赫尔佐格互致贺电，庆祝两国建交30周年。

中国国家副主席王岐山在北京以视频方式与以色列候任总理、外长拉皮德共同主持召开中以创新合作联合委员会第五次会议。会议听取了两国有关部门对过去三年双方在科技、经贸、卫生、环保、农业、交通等领域合作进展情况的报告和下阶段合作目标与举措。王岐山与拉皮德共同签署了《中以创新合作行动计划（2022—2024）》，见证科技、卫生、文化、环保、清洁能源、知识产权等领域7项合作协议的签署，并共同出席中以建交30周年音乐会上线仪式。

2月

2月5日 中国国家主席习近平在北京会见来华出席北京2022年冬奥会开幕式的埃及总统塞西。

中国国家主席习近平在北京会见来华出席北京2022年冬奥会开幕式的卡塔尔埃米尔塔米姆。

中国国家主席习近平在北京会见来华出席北京 2022 年冬奥会开幕式的阿联酋阿布扎比王储穆罕默德。

2月7日 中国国务委员兼外长王毅同伊朗外长阿卜杜拉希扬通电话。双方就两国关系、伊核问题和阿富汗问题交换了意见。

为期两周的第 53 届开罗国际书展落幕。本届书展主题为"埃及的认同：文化与未来之问"，来自 51 个国家和地区的超过 1000 家出版机构参展。

2月10日 中国国家主席习近平致电土耳其总统埃尔多安，就埃尔多安总统夫妇感染新冠病毒致以慰问。

2月18日 据《人民日报》报道，美国总统拜登日前签署行政令，计划将所冻结的阿富汗中央银行在美资产的一半用于赔偿"9·11"事件受害者。阿富汗等多国政府、媒体和学者对此予以谴责，指出这是非法侵占阿富汗资产的霸道行径，将对阿富汗经济和民生造成巨大打击，呼吁尽早把这些资产归还阿富汗人民。

2月22日 约旦旅游和古迹部宣布，考古人员初步考证认为，2021 年在约旦东南部沙漠地区发掘的一处古人类举行仪式的设施遗迹可以追溯到约公元前 7000 年，也就是距今约 9000 年的新石器时代。

中国全国人大常委会委员长栗战书在北京以视频方式同阿尔及利亚国民议会议长布加利就两国关系举行会谈。

3月

3月2日 中国国务委员兼外长王毅应约同伊朗外长阿卜杜拉希扬通电话。双方就两国关系、伊核问题、阿富汗问题和乌克兰问题交换了意见。

3月8日 中共中央对外联络部部长宋涛同伊朗确定国家利益委员会秘书长祖尔加德尔举行视频通话，就深化治国理政经验交流、加强国际和地区事务协调等深入交换意见。

3月15日 中共中央对外联络部通过视频方式同阿拉伯国家政党媒体智库举行"新时代的中国共产党"主题交流会暨"讲好民主与发展的故

事——政党媒体智库的责任与作用"研讨会。阿尔及利亚民族解放阵线党领导人、国民议会副议长本莱克哈勒，也门改革集团领导人、副议长巴西拉等来自16个阿拉伯国家的18个政党和12家媒体智库约50名代表出席。

3月16日 突尼斯内政部宣布，突尼斯安全机构破获一个恐怖组织并逮捕6名嫌疑人。

3月18日 阿联酋副总统兼总理、迪拜酋长穆罕默德·本·拉希德·阿勒马克图姆和阿联酋阿布扎比王储穆罕默德·本·扎耶德·阿勒纳哈扬分别与来访的叙利亚总统巴沙尔·阿萨德举行会谈，双方讨论了双边关系、叙利亚局势以及共同关心的地区和国际问题等。

3月19~21日 应中国国务委员兼外长王毅邀请，阿尔及利亚外交和海外侨民部部长拉姆丹·拉马拉对中国进行友好工作访问。访问结束后，双方发表了《中华人民共和国外交部和阿尔及利亚民主人民共和国外交部联合声明》。

3月22日 中国国务委员兼外长王毅应邀出席伊斯兰合作组织外长会开幕式并发表致辞。

3月23日 中国全国政协主席汪洋在北京以视频方式会见阿曼协商会议主席马瓦利。

3月24日 中国国务委员兼外长王毅在喀布尔同阿富汗临时政府代理副总理巴拉达尔举行会谈。同日，王毅还同阿富汗临时政府代理外长穆塔基举行会谈。

3月27日 中国南南合作援助基金同联合国难民署合作援助阿富汗人道主义物资交接仪式在阿富汗首都喀布尔举行。

3月28日 据《人民日报》报道，近日，沙特阿拉伯国家发展基金推出一项新战略，提出到2030年投入超过5700亿沙特里亚尔（1美元约合3.75沙特里亚尔），将非石油行业占国内生产总值的比重提高2倍。沙特阿拉伯王储穆罕默德表示，"新战略旨在支持经济可持续发展目标，减少对石油产业的依赖，为实现'2030年愿景'做出贡献"。

中国常驻联合国副代表戴兵在联合国安理会审议苏丹局势时发言，呼吁尽快解除对苏丹的制裁。

3月30日 中国国务委员兼外长王毅在安徽屯溪主持中阿巴三方外长会晤。巴基斯坦外长库雷希、阿富汗临时政府代理外长穆塔基出席。三方同意适时召开中阿巴三方外长正式对话。

中国国务委员兼外长王毅在安徽屯溪会见来华出席"阿富汗邻国+阿富汗"外长对话的卡塔尔副首相兼外交大臣穆罕默德。

3月31日 中国国务委员兼外长王毅在安徽屯溪主持召开第三次阿富汗邻国外长会，巴基斯坦、伊朗、俄罗斯、塔吉克斯坦、土库曼斯坦、乌兹别克斯坦六国外长或代表出席会议。中国国家主席习近平向第三次阿富汗邻国外长会致书面贺词。会上王毅首先宣读了习近平主席书面致辞并代表中方发言，提出三点建议：一是支持阿富汗走出一条自立自强之路；二是支持阿富汗走出一条繁荣进步之路；三是支持阿富汗走出一条和平发展之路。会议发表了《第三次阿富汗邻国外长会联合声明》和《阿富汗邻国关于支持阿富汗经济重建及务实合作的屯溪倡议》。会议宣布启动阿富汗特使定期会晤机制，建立政治外交、经济人道、安全稳定三个工作组。乌兹别克斯坦将主办第四次阿富汗邻国外长会。

中国国务委员兼外长王毅在安徽屯溪主持阿富汗邻国与阿富汗临时政府首次外长对话会。阿富汗邻国协调合作机制成员国外长和代表、阿富汗临时政府代理外长穆塔基出席。卡塔尔副首相兼外交大臣穆罕默德、印度尼西亚外长蕾特诺作为嘉宾参加。

中国国务委员兼外长王毅在安徽屯溪会见来华出席第三次阿富汗邻国外长会的伊朗外长阿卜杜拉希扬。

4月

4月1日 据《人民日报》报道，近日，伊拉克国家博物馆在关闭3年后重新对外开放。伊拉克总理卡迪米参加了开馆仪式，并在社交平台上发文祝贺。

4月6日 中国国务委员兼外长王毅应约同以色列候任总理、外长拉皮德就中以关系、巴勒斯坦问题、乌克兰问题和伊朗核问题通电话。

4月9日 伊朗外交部发表声明，宣布将24名美国人列入制裁名单，因为他们"支持恐怖主义和违反人权"。

4月15日 中国国家主席习近平同沙特阿拉伯王储穆罕默德通电话。

4月17日 以色列航空公司开通该国城市特拉维夫和埃及城市沙姆沙伊赫之间的直航航线。这是2021年10月埃及航空公司开通开罗—特拉维夫航线后，埃以两国间开通的第二条直航航线。

4月18日 土耳其国防部长阿卡尔发表声明说，土耳其军队当天凌晨对盘踞在伊拉克北部的库尔德工人党武装实施了越境陆空联合打击行动。

4月21日 中国国家主席习近平应邀以视频方式出席博鳌亚洲论坛2022年年会开幕式并发表主旨演讲。以色列总统赫尔佐格应邀以视频方式出席年会。

4月28日 中共中央对外联络部部长宋涛同"一带一路"智库合作联盟国际顾问委员会委员埃及前总理伊萨姆·沙拉夫、蒙古国前总理林·阿玛尔扎尔格勒、印度尼西亚前国会议长阿贡·拉克索诺举行视频通话。

5月

5月9日 中国南南合作援助基金同联合国难民署合作援助阿富汗人道主义物资分发仪式在阿富汗首都喀布尔举行。

5月10日 第四届"阿尔及利亚创业挑战计划"近日启动。这是阿尔及利亚政府为推动本国农业和金融领域的初创企业发展而推出的重点举措。

5月10~13日 欧盟协调员、欧盟对外行动署副秘书长莫拉对伊朗进行访问，以推进伊核协议相关方谈判。5月11日，莫拉与伊朗副外长兼伊核问题首席谈判代表巴盖里举行会谈。

5月11日 中共中央对外联络部以视频方式举办中国以色列执政党青年政治精英创新发展论坛。

5月13日 中国驻塞浦路斯大使刘彦涛受中国教育部委托与塞浦路斯教育部长普罗德罗莫斯·普罗德罗穆签署《中华人民共和国教育部与塞浦路斯共和国教育文化体育和青年部关于高等教育与科学研究合作的谅解备忘录（2022—2026年）》。此次签署的备忘录共有11项条款，涵盖语言教学和研究、联合学位和学历学位互认、在线教育、教育代表团交流、政府奖学金、高等教育机构交流等7个主要合作领域。

5月14日 中国国家主席习近平致电阿联酋新任总统穆罕默德，祝贺他就任阿联酋总统。

中国国家主席习近平就阿拉伯联合酋长国总统哈利法因病逝世向阿联酋新任总统穆罕默德致唁电。习近平代表中国政府和中国人民并以个人的名义，对哈利法总统逝世表示深切的哀悼，向哈利法总统亲属及阿联酋人民表示诚挚的慰问。

5月24日 中共中央对外联络部以视频方式举办第二届中国—阿拉伯国家青年政治家论坛。毛里塔尼亚争取共和联盟领导人、第一副议长艾哈迈迪，也门全国人民大会党领导人、副议长沙达迪等来自17个阿拉伯国家政党等的100余位青年政治家参加。

5月25日 中国全国人大常委会委员长栗战书在北京以视频方式同约旦参议长法耶兹就两国关系举行会谈。

5月26日 中共中央对外联络部部长宋涛同塞浦路斯民主大会党主席奈奥菲多举行视频通话，双方就共同落实好两国元首达成的重要共识，加强党际交流、推动中塞战略伙伴关系发展等充分交换意见。

5月27日 在塔吉克斯坦杜尚别举行的第四次阿富汗问题地区安全对话会发表《杜尚别声明》，欢迎今年3月底中国安徽屯溪第三次阿富汗邻国外长会上通过的《阿富汗邻国关于支持阿富汗经济重建及务实合作的屯溪倡议》，呼吁各方在经济、人道主义援助、互联互通、贸易和内部能力建设等方面给予阿富汗更多支持。《杜尚别声明》重申不干涉阿富汗内政和"阿人主导、阿人所有"原则，认为各方有必要同阿富汗方面加强对话沟通，引导阿富汗建立广泛包容的政治架构；强调联合国和国际社会在向阿富汗提供人道主义援助和协助方面发挥着关键作用；敦促对阿富汗负有责任的国家切实履行对阿富汗经济重建和未来发展的承诺，反对将对阿富汗人道主义援助政治化。《杜尚别声明》指出，绝不允许国际恐怖组织利用阿富汗领土隐匿、训练、策划和资助针对该区域各国的任何恐怖行动；呼吁阿富汗有关方面采取更多可行性举措同各类恐怖势力划清界限，监控所有恐怖组织活动轨迹，并通过摧毁其训练营地等措施对其予以坚决打击和消灭，确保阿富汗不再沦为恐怖主义滋生地、庇护所和扩散源。来自中国、俄罗斯、印度、伊朗、哈萨克斯坦、乌兹别克斯坦、吉尔吉斯斯坦、塔吉克斯坦8国高级代表出席了此次对话会。

5月29日 执政的苏丹主权委员会主席兼武装部队总司令布尔汉颁布命令，宣布结束全国紧急状态。2021年10月25日，布尔汉宣布解散政府，并在全国实行紧急状态。

5月31日 中国国家主席习近平同阿联酋总统穆罕默德通电话。

中国全国政协主席汪洋在北京以视频方式会见阿尔及利亚民族院议长古吉勒。

6月

6月17日 据《人民日报》报道，近日，联合国安理会举行也门问题公开会，听取了有关也门局势情况通报，各方对也门停火协议的延长表示欢迎，希望也门问题相关方继续合作，落实好停火协议，推动国家早日走上正常发展的道路。

6月23日 中国国务委员兼外长王毅应约同伊朗外长阿卜杜拉希扬就中伊关系和伊核问题通电话。

6月24日 中国国家主席习近平在北京以视频方式主持全球发展高层对话会并发表重要讲话。阿尔及利亚总统特本、埃及总统塞西、伊朗总统莱希等国家领导人出席。各国领导人围绕"构建新时代全球发展伙伴关系，携手落实2030年可持续发展议程"主题，就加强国际发展合作、加快落实联合国

2030 年可持续发展议程等重大问题深入交换意见，共商发展合作大计，达成广泛重要共识。习近平主席发表题为《构建高质量伙伴关系　共创全球发展新时代》的重要讲话。对话会发表主席声明，全面阐述与会各方关于全球发展的政治共识，围绕全球发展倡议重点领域提出了务实合作举措。

中国国务委员兼外长王毅就阿富汗遭受地震灾害向阿富汗临时政府代理外长穆塔基致慰问电。

6 月 27 日　中国国务委员兼外长王毅同阿富汗临时政府代理外长穆塔基就中阿关系通电话。

6 月 29 日　据《人民日报》报道，中国援助叙利亚第二批 100 辆公交车项目交接仪式在叙利亚首都大马士革举行。中国驻叙利亚大使冯飚、叙利亚地方管理与环境部部长侯赛因·马赫卢夫出席并签署交接证书。

7月

7 月 1 日　联合国人权理事会第五十届会议举行"阿富汗妇女和女童人权状况"紧急辩论，中国常驻联合国日内瓦办事处和瑞士其他国际组织代表陈旭发言阐述中方有关立场和主张。

中国第 20 批赴黎巴嫩维和部队全体官兵被联合国驻黎巴嫩临时部队（联黎部队）授予联合国"和平勋章"，以表彰他们为黎巴嫩南部地区和平稳定做出的突出贡献。

阿联酋总统穆罕默德在阿布扎比会见来访的中共中央政治局委员、中央外事工作委员会办公室主任杨洁篪。

7 月 5 日　中国国家主席习近平向阿尔及利亚总统特本致贺电，祝贺阿尔及利亚独立革命胜利 60 周年。

7 月 8 日　巴勒斯坦总统阿巴斯同以色列总理拉皮德通电话。这是阿巴斯近 5 年来首次与以色列总理通电话。

7 月 11 日　中国常驻联合国副代表戴兵在安理会也门问题公开会上发言，敦促也门各方积极推动休战延长，共同寻求也门问题的长期解决方案。

7月15日　中国国务委员兼外长王毅同叙利亚外长梅克达德就两国关系举行视频会晤。

7月29日　中国国家主席习近平同伊朗总统莱希通电话。

8月

8月7日　巴勒斯坦伊斯兰圣战组织（杰哈德）与以色列达成停火协议。

巴勒斯坦总理阿什提耶接受新华社记者采访时表示，巴勒斯坦政府坚定支持中国维护国家主权和领土完整，反对任何侵犯中国主权和分裂中国的行径。中国有权捍卫国家主权和领土完整，巴勒斯坦主张遵守国际法，反对强加于人。

伊朗外长阿卜杜拉希扬与联合国秘书长古特雷斯通电话，就伊核协议恢复履约谈判、巴勒斯坦加沙地带局势等交换意见。

8月8日　欧洲联盟向伊朗核问题全面协议恢复履约谈判各参与方提交了一份关于恢复履行2015年伊核协议的"最终文本"，并期待各方对这一"最终文本"做出政治决定。

应中国、阿联酋、法国、爱尔兰、挪威要求，联合国安理会就加沙局势举行紧急公开会。中国是安理会8月轮值主席，中国常驻联合国代表张军主持会议并发言，呼吁国际社会在推进"两国方案"方面采取实质性步骤，早日实现巴勒斯坦问题全面、公正、持久解决。

8月9日　中国人权研究会发布《美国在中东等地犯下严重侵犯人权罪行》研究报告。

8月11日　联合国驻南苏丹特派团（联南苏团）部队司令乔杜里少将与朱巴战区司令拉赫曼准将向中国赴南苏丹（朱巴）维和步兵营105名官兵颁发"司令嘉奖"，以表彰他们在执行联合国维和任务中做出的杰出贡献。

8月15日　伊朗外交部发言人卡纳尼说，科威特时隔6年重新派驻大使赴任伊朗，两国关系被提升至大使级。

8月16日 中国国家主席习近平就埃及发生教堂失火事件向埃及总统塞西致慰问电。

8月24日 中国全国人大常委会委员长栗战书在北京以视频方式同土耳其大国民议会议长申托普举行会谈。

8月25日 中国常驻联合国代表张军在安理会中东巴勒斯坦问题公开会上发言，呼吁国际社会采取切实行动，推动巴勒斯坦问题的解决早日重回正确轨道。

8月29日 中国常驻联合国代表张军在安理会叙利亚政治人道问题公开会上发言，敦促结束外国军队在叙利亚境内的非法驻扎和非法军事行动，停止对叙利亚主权和领土完整的侵犯。

9月

9月8日 中国国务委员兼外长王毅应约同伊朗外长阿卜杜拉希扬就中伊关系和伊核问题通电话。

第三届中国—阿拉伯国家改革发展论坛以视频连线形式举行。来自中国和埃及、阿联酋、沙特、卡塔尔、伊拉克等阿拉伯国家的20余位专家学者聚焦全球发展倡议，共商中阿发展大计。本届论坛由外交部依托中阿改革发展研究中心举办，中阿专家学者围绕"加强发展战略对接，携手推进全球发展倡议"和"坚持创新驱动，实现强劲、绿色、健康的发展"两大议题进行深入交流研讨。

据《人民日报》报道，阿尔及利亚政府近日宣布，从2023年起，阿尔及利亚将不再进口蔬菜种子，并力争实现本国农业生产满足阿尔及利亚80%的粮食需求。

9月16日 中国国家主席习近平在出席上海合作组织成员国元首理事会第二十二次会议时发表题为《把握时代潮流 加强团结合作 共创美好未来》的重要讲话。就支持阿富汗实现和平稳定发展问题，习近平主席指出，要继续发挥"上海合作组织—阿富汗联络组"、阿富汗邻国协调合作机制等平台作用，鼓励阿富汗当局搭建广泛包容的政治架构，根除恐怖主义滋生土壤。上海合作组织观察员国伊朗总统莱希、主席国客人土耳其总统埃尔多安与会。

中国国家主席习近平在乌兹别克斯坦撒马尔罕国宾馆会见土耳其总统埃尔多安。

中国国家主席习近平在乌兹别克斯坦撒马尔罕国宾馆会见伊朗总统莱希。

9月21日 中国国务委员兼外长王毅以视频方式出席第二届中东安全论坛开幕式。

9月23日 中共中央对外联络部部长刘建超集体会见阿拉伯国家驻华使节。双方就深化党际交往、推动中阿命运共同体建设等交换意见。

9月29日 中国国务院总理李克强致电穆罕默德·本·萨勒曼·本·阿卜杜勒阿齐兹·阿勒沙特，祝贺他就任沙特阿拉伯王国王储兼首相。

9月30日 联合国驻南苏丹特派团超级营地举行授勋仪式，中国第8批赴南苏丹（朱巴）维和步兵营700名维和官兵被联合国授予"和平荣誉勋章"，以表彰他们在执行维和任务期间的卓越表现和为南苏丹和平事业做出的突出贡献。

9月30日 据《人民日报》报道，埃及中学中文教育试点项目启动仪式暨中文教师培训班开班仪式日前在开罗大学孔子学院举行，标志着中文教学进入埃及国民教育体系。自今年10月1日起，埃及12所公立中学将作为试点进行为期3年的中文教学。

10月

10月6日 应土耳其官方邀请，土耳其中东技术大学孔子学院即日起在土耳其总统府开设为期约4个月的中文课堂，授课对象主要为总统府工作人员。

10月15日 中国国家主席习近平致电拉希德，祝贺他当选伊拉克共和国总统。

10月19日 中国国务院总理李克强致电艾哈迈德·纳瓦夫·艾哈迈德·萨巴赫，祝贺他就任科威特国首相。

10月27日 中共中央政治局委员、国务委员兼外长王毅同沙特外交大臣费萨尔主持召开中沙高级别联合委员会政治外交分委会第四次会议。

10月31日 中国和也门以交换文本的方式签署了《中华人民共和国国家新闻出版署与也门共和国新闻、文化和旅游部关于经典著作互译出版的备忘录》。

11月

11月1日 中国国家主席习近平向阿拉伯国家联盟首脑理事会会议轮值主席阿尔及利亚总统特本致贺信，祝贺第31届阿拉伯国家联盟首脑理事会会议在阿尔及尔召开。

中国国务院总理李克强致电穆罕默德·希亚·苏达尼，祝贺他就任伊拉克总理。

11月1~2日 第31届阿拉伯国家联盟首脑理事会会议在阿尔及利亚首都阿尔及尔召开。来自21个阿盟成员国的领导人或高级官员、联合国秘书长古特雷斯、阿盟秘书长盖特等出席会议。会议发表声明，强调应加强阿拉伯国家共同行动，反对一切干涉阿拉伯国家内政的做法，并重申了巴勒斯坦事业的核心地位和阿盟对巴勒斯坦人民权利的绝对支持。

11月8日 中共中央对外联络部以线上、线下相结合的方式举办了第3届中国—阿拉伯国家政党对话会。阿尔及利亚民族解放阵线党领导人、民族院议长古吉勒，也门全国人民大会党副总书记、议长巴尔卡尼等阿拉伯国家政党领导人，以及部分阿拉伯国家驻华使节参会。

11月17~20日 应土耳其正义与发展党邀请，中共中央对外联络部副部长钱洪山率中共代表团在伊斯坦布尔出席亚洲政党国际会议第11届大会并访土。访问期间，代表团面向土耳其社会各界举办中共二十大精神专题宣介会。

11月18日 据《人民日报》报道，由阿联酋国家通讯社和阿布扎比国家会展中心共同举办的阿联酋首届全球媒体大会日前在阿布扎比开幕。本届大会以"塑造媒体行业未来"为主题，旨在探讨媒体行业面临的机遇与挑战，促进媒体行业实现更好发展。

11月20日 2022年卡塔尔世界杯在卡塔尔首都多哈的海湾体育场拉开大幕。

11月21日 题为"星河璀璨·逐梦太空"的中阿航天主题活动在阿联酋迪拜未来博物馆举行。活动现场播放了展示新时代中国航天科技成就的图片和视频，中阿双方通过线上、线下方式围绕航天科技论坛、航天故事讲述、航天对话等进行了交流互动。

11月21~24日 应黎巴嫩共产党邀请，中共中央对外联络部副部长钱洪山率中共代表团访问黎巴嫩。访问期间，代表团面向黎巴嫩社会各界举办中共二十大精神专题宣介会。

11月27日 伊朗议会高票通过伊朗成为上海合作组织成员国法案。

11月30日 第三届中国阿拉伯城市论坛在线上举行。中国25个省市外办（友协）负责人、阿拉伯国家41个省市负责人，以及阿拉伯国家驻华使节、中阿企业家和学术代表等100余人出席论坛。与会嘉宾围绕数字技术、智慧城市、环境治理、可持续发展、产业优化和友城合作等议题进行了深入交流。

12月

12月4日 据《人民日报》报道，中国外交部近日发表《新时代的中阿合作报告》，回顾中国同阿拉伯国家友好交往历史，梳理新中国成立后特别是新世纪新阶段中阿友好交往实践，展望构建中阿命运共同体的前景和方向。

12月5日 2022年中国—阿拉伯媒体合作论坛在沙特阿拉伯首都利雅得举行。

据《人民日报》报道，阿尔及利亚一站式投资服务中心近日在首都阿尔及尔正式启动。阿尔及利亚政府表示，该服务中心的建立将为国内外投资者提供更多便利，为经济发展增添动力。

12月7日 据新华社报道，近日，中国国家主席习近平复信沙特中文学习者代表，鼓励沙特青年学好中文，为增进中沙、中阿友谊做出新的贡献。

12月7~10日 应沙特阿拉伯王国国王萨勒曼邀请，中国国家主席习近平赴沙特利雅得出席首届中国—阿拉伯国家峰会、中国—海湾阿拉伯国家合作委员会峰会并对沙特进行国事访问。

12月8日 中国国家主席习近平在利雅得王宫会见沙特国王萨勒曼。两国元首亲自签署《中华人民共和国和沙特阿拉伯王国全面战略伙伴关系协议》，同意每两年在两国轮流举行一次元首会晤。

中国国家主席习近平在利雅得王宫同沙特王储兼首相穆罕默德举行会谈。两国领导人共同出席了共建"一带一路"、司法、教育、氢能、投资、住房等领域合作文件文本交换仪式。双方发表了《中华人民共和国和沙特阿拉伯王国联合声明》。

中国国家主席习近平在利雅得王宫出席苏欧德国王大学名誉博士学位授予仪式。沙特王储兼首相穆罕默德陪同出席仪式。

当日，中国国家主席习近平还分别会见了埃及总统塞西、巴勒斯坦总统阿巴斯、苏丹主权委员会主席布尔汉、科威特王储米沙勒。

12月9日 首届中国—阿拉伯国家峰会在沙特首都利雅得阿卜杜勒阿齐兹国王国际会议中心举行。峰会发表《首届中阿峰会利雅得宣言》，宣布中阿双方一致同意全力构建面向新时代的中阿命运共同体。峰会发表了《中华人民共和国和阿拉伯国家全面合作规划纲要》和《深化面向和平与发展的中阿战略伙伴关系文件》。中国国家主席习近平出席峰会并发表题为《弘扬中阿友好精神　携手构建面向新时代的中阿命运共同体》的主旨讲话。

同日，首届中国－海湾阿拉伯国家合作委员会峰会在利雅得阿卜杜勒阿齐兹国王国际会议中心举行。中国国家主席习近平出席峰会并发表题为《继往开来，携手奋进 共同开创中海关系美好未来》的主旨讲话。

当日，中国国家主席习近平在利雅得分别会见了突尼斯总统赛义德、伊拉克总理苏达尼、毛里塔尼亚总统加兹瓦尼、卡塔尔埃米尔塔米姆、巴林国王哈马德、阿曼内阁副首相法赫德亲王、也门总统领导委员会主席阿里米、黎巴嫩总理米卡提、阿尔及利亚总理阿卜杜拉赫曼。

12 月 10~14 日 应阿联酋、伊朗政府邀请，中国国务院副总理胡春华访问阿联酋、伊朗。12 月 11 日，胡春华副总理在阿联酋首都阿布扎比会见阿联酋副总理兼总统办公厅主任曼苏尔。12 月 13 日，胡春华副总理在伊朗首都德黑兰会见伊朗总统莱希。

12 月 14 日 据《人民日报》报道，阿联酋中央银行近日宣布，已与包括中国人民银行在内的多家机构完成了一项大规模的中央银行数字货币交易试点。

12 月 19 日 中国常驻联合国副代表耿爽在安理会伊朗核问题公开会上发言，呼吁各方推动恢复伊核问题全面协议。

中国国家主席习近平向第 5 届"阿拉伯艺术节"致贺信。同日，第 5 届"阿拉伯艺术节"在江西省景德镇市开幕。

12 月 20 日 第 2 届巴格达合作与伙伴关系会议在约旦侯赛因国王会议中心举行。本届会议由约旦国王阿卜杜拉二世主持。法国总统马克龙、埃及总统塞西、伊拉克总理苏达尼等国家领导人，以及一些地区和国际组织代表出席会议。与会各方呼吁支持伊拉克在维护安全稳定、实现全面发展、推进经济一体化等方面的努力。

12 月 21 日 中国第 9 批赴南苏丹（朱巴）维和步兵营第二梯队 350 名官兵抵达朱巴任务区。至此，第 9 批维和步兵营全部部署到位，开始执行为期一年的维和任务。

Abstract

As the world ushers in a new phase of instability and transformation, the position of the Middle East in global strategic competition is further highlighted. The times and history of the Middle East are changing in ways like never before. At present, autonomy, development, and reconciliation have become three important indicators of the new changes in the Middle East.

Firstly, strategic autonomy is a prominent feature of current Middle Eastern countries. The strategic contraction of the United States in the Middle East has accelerated the pace of strategic autonomy of the regional powers. Middle Eastern countries are seeking to getting rid of the control of Western powers such as the United States, and determining their regional development process and national development path independently.

Secondly, development priority has become a strategic choice for Middle Eastern countries. Many Middle Eastern countries give priority to development, and have enhanced their comprehensive national strength by implementing a series of medium and long-term development plans. Some countries have gradually gotten out of the turbulence of the so-called "Arab Spring", and embarked on the path of recovery and development.

Thirdly, seeking reconciliation has become a realistic choice for Middle Eastern countries. In order to create an environment conducive to peaceful development, many countries have taken proactive actions to reduce regional conflicts, alleviate tension, and the wave of Middle East reconciliation emerged. China has played a key role as the creator of peace in the Middle East. By promoting the resumption of diplomatic relations between Saudi Arabia and Iran, China has effectively promoted peace and development in the Middle East. China and Middle Eastern countries further improve and upgrade their relations, which enter into the fast lane.

Fourthly, Middle Eastern countries are committed to sustainable development and actively contribute to global governance. In November 2022, the 27th Conference of the Parties to the United Nations Framework Convention on Climate Change (COP27) was successfully held in Sharm el Sheikh, Egypt. In November 2023, the United Arab Emirates will host the 28th Conference of the Parties to the United Nations Climate Change Conference (COP28), marking the international community's high regard for climate change issues in the Middle East, and the entry of the international climate change agenda into the "Middle East Moment". This demonstrates the increasing influence of Middle Eastern countries in global governance.

Meanwhile, the development of the Middle East still faces a series of severe challenges. For example, the competition among global powers grows more intense. The regional turbulence is experiencing ups and downs, and hot issues of Palestine-Israel, Syria, Yemen, and Libya are still unresolved. Some fundamental contradictions and disputes have not been alleviated. Security risks remain acute and prominent. These not only restrict the strategic autonomy of Middle Eastern countries, but also increase uncertainties of the Middle East reconciliation. Therefore, the peace process in the Middle East remains fragile, lengthy, and repetitive. However, in the long run, strategic autonomy, solidarity and self-improvement, and focusing on development are becoming common consensus among Middle Eastern countries, which will promote a historic turning point in the Middle East.

Keywords: Middle East; Strategic Autonomy; "Reconciliation Tide"; Climate Change; Sustainable Development

Contents

I General Report

Abstract: With the evolution of the global landscape, the times and history of Middle East are undergoing profound changes and the development of Middle East comes into a historical turning point. On one hand, development becomes the priority choices of Middle Eastern countries and strategic autonomy has become a notable feature of many Middle Eastern countries; and on the other hand, the "reconciliation tide" continues to expand, and seeking reconciliation is the realistic choice of the Middle Eastern countries. Global climate governance agenda comes into the "Middle East Moment", Middle Eastern countries' active role in global governance and commitment to sustainable development are changing the course of history in the region. At the same time, the development of the Middle East region still faces a series of severe challenges, such as the competition between major powers in the Middle East, interference from external forces, regional turbulence, especially the intensification of the Palestinian-Israeli conflict, rising security risks, and persistent development difficulties. As a result, those above mentioned challenges weakened the strategic autonomy of Middle Eastern Countries, as well as hold back the fully expanding of "reconciliation tide" in this region, which makes the Middle East peace process still labeled with fragility, permanence and repeatability. However, in the long run, the Middle East region is gradually emerging out of the "long wave of upheaval" since 2010 and beginning to show a different "new Middle East".

Keywords: Middle East; Strategic Autonomy; "Reconciliation Tide"; Climate Governance; Security Situation

II Sub-Report

Y.2 The Political Situation and Prospect in the Middle East in 2022-2023 *Zhu Quangang* / 025

Abstract: Since 2022, except for few countries, the overall political situation in the Middle East has been stable. Lebanon, Israel, Tunisia, Bahrain, and Kuwait have held national parliamentary elections, which showed that the people's desire for change. In Libya, Syria, and Yemen, the ground battlefield situation has not changed much, but there is still a long way to go to achieve comprehensive peace in this countries. A large-scale protest erupted in Iran, exhibiting characteristics such as nationwide, long-term, and internal and external linkage. Under the influence of the Ukrainian crisis, some Middle Eastern countries, such as Egypt, which have poor financial conditions, are facing increasing political pressure. The way out for Middle Eastern countries to overcome their political development difficulties lies in forming a consensus on political development, balancing political participation and political stability, and improving state governance capabilities.

Keywords: Middle East; Electoral Politics; War-Torn Countries; Political Pressure

Abstract: In 2022, the global economy experienced a series of turbulence and faced severe challenges. Ukraine crisis conflict triggered the soaring prices of energy, food and other commodities, leading to the global energy crisis and food insecurity. The Federal Reserve's interest rate hike triggered a global interest rate hike. The global financial environment has been tightening, capital outflows from emerging markets and developing economies, inflation is at the highest level in decades, and the COVID-19 continues unabated. Benefiting from high oil prices, despite facing severe challenges, the Middle East region's economy has rebounded strongly, and the economic growth of oil exporting countries, especially GCC countries, has driven the overall regional economy to continue to recover. However, due to the high external dependence of the Middle East economy, the Ukraine crisis has had a certain impact on some countries in the Middle East, leading to high inflation, capital outflows and increased food insecurity. Looking ahead to 2023, the global economy will further slow down, and growth in the MENA region is projected to decelerate from 5. 3 percent in 2022 to 3. 1 percent in 2023 before increasing slightly to 3. 4 percent in 2024. Due to differences in resource endowments, oil exporting and importing countries face different growth prospects.

Keywords: The Middle East; Economic Situation; Oil Price; Food Security; Inflation

Abstract: Since 2022, the situation in the Middle East has shown an overall trend of relaxation, with accelerated improvement in relations among regional countries and the cooling of most regional hotspot issues. China's successful mediation of the Saudi-Iranian conflict accelerated the tide of detente in the Middle East, and had an important and positive impact on the security and stability of the Middle East. It is expected that this strategic trend of detente in the Middle East will continue for some time to come. However, the structural security dilemma in the Middle East has not changed fundamentally. The region still faces a variety of security and stability challenges. The Palestine-Israel conflict continues to escalate, a serious internal conflict has broken out in Sudan, the Iranian nuclear issue remains stuck in a stalemate, and the United States is intensifying its strategic competition with China and Russia in the region and building new regional security architecture.

Keywords: Middle East; Security Situation; Saudi-Iran Relationship

Y.5 The Situation and Prospects of International Relations in Middle East in 2022-2023 *Wang Feng* / 068

Abstract: Since 2022, the international relations in the Middle East have shown significant changes at the strategic level against the background of the intensification of the U.S.–China strategic game and the outbreak of the Ukraine crisis. Firstly, the competition among super powers in the Middle East continues to show a multipolar trend. Influenced by global strategic adjustments, the U.S. has intensified its strategic contraction in the Middle East, and its dominant position in the region has further declined. After the outbreak of the Ukraine crisis, Russia has made efforts to expand its "circle of friends" in the Middle East in order to fully respond to the systematic sanctions imposed by the United States and the West. At the same time, China's influence in the Middle East has been further enhanced by the successful co-convening of the "Three Rings Summit", which strengthened the strategic mutual trust and practical cooperation between China and Arab countries. Secondly, regional powers have further strengthened their strategic autonomy and actively engaged in diversified diplomacy. Saudi Arabia, Turkey,

Iran, etc. , not only hasn't taken sides in the competition among super powers, but also has been able to actively promote an independent, flexible and balanced pluralistic diplomacy with their own interests as the main focus, and their influence in regional as well as global affairs has thus increased. Thirdly, regional détente has been further strengthened by the influence of the above two categories of factors. In particular, with China's support and mediation, Saudi Arabia and Iran have achieved a historic rapprochement. Improved by the Saudi-Iranian rapprochement, Iran has begun to repair its relations with other Arab countries. As an ally of Iran, Syria has also begun to repair its relations with Arab countries, and eventually has been able to return to the League of Arab States. Looking ahead, the international relations in Middle East will enter an important reshaping period under the premise of multipolar competition among super powers and the rising influence of regional powers.

Keywords: Middle East; Strategic Autonomy; Multipolarity; Regional State Relations

III National Reports

Y . 6 The Carbon Neutrality Action and Sustainable Development in Turkey *Wei Min* / 089

Abstract: As an emerging entity and developing country, Turkey is also a country with a relatively developed manufacturing industry. Based on its own economic development stage and resource endowment of rich in coal, and short of oil and gas, Turkey has put forward the strategic slogan of "independent energy, strong Turkey" and successively promulgated a series of policies and regulations to gradually promote the development of renewable energy and clean energy, to obtain the achievement of emission reduction and carbon neutrality targets. Under the leadership of the government, Turkey's energy transformation mainly has two paths, one is to reduce energy consumption and improve energy efficiency, that is, from the huge energy consumption of the power sector, to promote the clean and low-carbon transformation of the energy field, and then reduce the proportion of coal resources in the overall energy consumption structure, and promote the clean, low-carbon and efficient use of energy. The second is to diversify the energy mix, encourage and support the private sector to enter the field of renewable energy and clean energy through market-based mechanisms, and actively participate in global governance to address climate change. As an important consumer, transit country and supplier of global energy, Turkey has become one of the fastest growing energy markets in the world, and the issue of Turkey's carbon neutrality action and sustainable development deserves to explore.

Keywords: Turkey; Climate Change; Carbon Neutrality Action; Sustainable Development

Y.7 Saudi Arabia: "Carbon-Neutral" Roadmap for the Traditional Energy Power *Liu Dong* / 102

Abstract: The economy of Saudi Arabia is highly dependent on oil resources. Crude oil is the most important export goods of Saudi Arabia, and the oil sector is also the main source of fiscal revenue of Saudi Arabia. Faced with the fragility of the geographical environment, the specific needs of the development of the power sector and the external pressure of the global energy transition, Saudi Arabia, as the leading oil producer, has actively participated in the global climate governance actions, and proposed the goal of "carbon neutrality" by 2060. In general, Saudi's realization of the emission reduction target mainly depends on three technical paths: carbon capture, utilization and recovery, energy supply diversification, energy conservation and energy efficiency improvement. Among the three technical paths, the application of carbon capture, utilization and recovery technology and the development and utilization of natural gas have the clearest prospects. However, the achievements of "green" energy development, energy conservation and energy efficiency improvement targets will be greatly affected by the fluctuations in international oil prices.

Keywords: Saudi Arabia; Oil Resources; Climate Change; "Carbon Neutrality"

Abstract: The United Arab Emirates is the most successful country in the Middle East region in terms of economic diversification, the earliest country to propose carbon neutrality goals, and also the country with the best environmental performance. Against the backdrop of global energy transition and climate change, the United Arab Emirates has included energy transition, energy conservation and emission reduction, climate change response, and sustainable development in its national development plan, striving to achieve sustainable economic growth. In October 2021, the United Arab Emirates announced its carbon neutrality target, launched the UAE 2050 Net Zero Emissions Strategy Initiative, set ambitious emission reduction targets, and is committed to improving its adaptability to climate change. Looking ahead, the carbon neutrality goals and sustainable development prospects of the United Arab Emirates are broad, but they also face some challenges.

Keywords: The United Arab Emirates; Carbon Neutrality; Net Zero Strategy; Sustainable Development

Abstract: Sustainable development, as one of the core issues of global governance in the 21st century, attracted the attention of Israel as early as its proposal. For the purpose of addressing the needs of national production and living, improving the international situation, and addressing the threat of climate change, Israel actively participates in global climate governance issues with its own economic strength and scientific and technological innovation capabilities. As early as the beginning of the 21st century, Israel has regarded sustainable development as the inevitable path of national development. In the process of participating in global climate cooperation, Israel has formulated its emission reduction plan twice in 2010 and 2021 based on its own needs. During this period, Israel has set a timetable with the purpose of "carbon neutrality". Israel actively implements sustainable development strategies in four areas: energy conservation and emission reduction, development of clean energy, promotion of water-saving agriculture, and protection of the ecological environment. As of 2021, Israel's "carbon neutrality" action has achieved some results, but it is also faced with problems including the national economy's hard demand hindering the emission reduction process, the lagging development of supporting industries and insufficient environmental governance, which have raised new problems for Israel's sustainable development practice in the next stage.

Keywords: Israel; Technological Innovation; Carbon Neutrality; Clean Energy; Water-Saving Agriculture

**Y. 10 Iran: Challenges and Prospects for Climate Change and
Sustainable Development** *Wei Liang* / 152

Abstract: Iran is one of the world's major greenhouse gas emitters, has maintained a steady increase in energy consumption despite the spread of COVID-19, U.S. and Western sanctions, and a sluggish global economy. At present, Iran is facing severe challenges of climate change and sustainable development. Crises such as water shortage, air pollution and desertification, economic hardship and international sanctions are superimposed on each other. As a result, Iran lacks the ability to cope with climate change and implement sustainable development, and the current situation is difficult to change in the short term. The road to sustainable development of Iran in the future is "more dangerous than opportunity", and the task is arduous and urgent.

Keywords: Iran; Climate Change; Sustainable Development

Y.11 Egypt: Green Transformation Has Made Remarkable
Achievements, Though the Challenges Should
Not Be Underestimated   *Li Zixin /* 170

Abstract: Egypt's natural geographical conditions make it more vulnerable to the adverse effects of climate change. To this end, Egypt has put forward a series of national agendas and green development plans with quantifiable targets, and some milestones have already been achieved. The COP27 which was hosted by Egypt in 2022 is an important opportunity for the country to assert its commitment to and promote sustainable development, and to shape its position as a leader in climate action in the Middle East and Africa. On the other hand, Egypt's economic development and livelihood improvement process has suffered setbacks in recent years due to a combination of global public health challenges and increasingly severe geopolitical crises both within and outside the region, which is also partially affecting green development and environmental protection efforts. In addition, the financial capacity of the Egypt Government and its domestic capital may not be able to support the green transformation on their own, and the success of international financing will directly affect the future prospects of Egypt's green development.

Keywords: Egypt; Climate Change; Sustainable Development; Green Transformation

Y.12 Morocco: Climate Change and Sustainable Development

Chen Yuxiang / 184

Abstract: Due to its unique geographical location, Morocco is susceptible to the impact of climate change, which has a negative impact on its ecosystem, economic development, and social life. Morocco is also an active player in addressing climate change and sustainable development, adopting multiple adaptation and mitigation strategies related to climate change not only from an institutional perspective, but also strategically. According to the report 2020 *National Report—Voluntary National Review of SDG Implementation* in Morocco, the overall implementation of environmental protection in Morocco is good. Looking ahead, the concept of sustainable development, the development and utilization of renewable energy, and China-Morocco cooperation have provided Morocco with broad space for sustainable development, but they also face challenges such as how to balance the development of economy growth and environmental protection, the influence of limited finances on fighting climate change as well as the influence of limited resources on social inequality.

Keywords: Morocco; Climate Change; Climate Governance; Sustainable Development Strategies

Ⅳ Hot Issues

Y.13 Social Problem in Iran: The "Mahsa Amini" Event and

Its Hidden Worries *Lu Jin, Xiao Ruiang / 200*

Abstract: Mandatory hijab is both a social custom and legal issue in Iran. In September 2022, the "Mahsa Amini" event have triggered a new round debate about mandatory hijab and the social fissures, as well as the hidden security worries become the trickiest challenges for state governance in Iran. The underlying reason behind "Mahsa Amini" event lie in people's dissatisfaction with the country's economic situation, the persistently high inflation, the intensifying antagonism between the state and society, the rebellious behavior of Generation Z, the interference of external forces such as the United States and etc. In order to maintain regime security, alleviate social tension, Iran has taken rational, realistic and moderate measures responding to the pursuits of people and carry out systematic state governance reforms.

Keywords: Iran; "Mahsa Amini" Event; Social Security; Social Governance

Ⅴ.14　The Election and Israel's Rightward Shift

Abstract: The Right camp, led by Netanyahu, won the November 2022 Israeli election and form the most right-wing government in the country's history which included ministers from far-right and ultra－Orthodox parties. It was not only the outcome of Israel's long-term political and social rightward trend but also a reflection of Netanyahu's compromise made to serve as the prime minister again. The new Israeli government put forward judicial reform to reduce the Supreme Court's power, adopted tougher policies toward Palestinians, and continuously contained Iran to assure national security. The government and its far-right policies widened the political and social cleavages in the country, deteriorated the Israeli－Palestinian clashes, and affected Israel's relations with the United States and EU as well as its normalization with Arab states.

Keywords: Israel; Parliamentary Election; Right-wing Parties; Foreign Policy

Y.15 The Yemen Issue and Its Prospects in the

Context of the Yemen Truce　　　　　*Zhu Quangang* / 223

Abstract: In April 2022, the UN arranged a truce in Yemen, which lasted for six months. Each party had its own reason for agreeing to the truce. The Huthis had been defeated in Marib, and the Saudis had become disillusioned with the war. Although the formal truce had ended, Yemen is still in an informal truce, and Saudi Arabia is actively negotiating directly with the Huthisin attempt to reach a comprehensive peace agreement. The truce accelerates the reconciliation between the Huthis and Saudi Arabia, but sows fissures in the two rival camps; the security situation in Yemen has been improved, but the non-traditional security issues become more terrible; the humanitarian situation in Yemen has been improved, but the humanitarian crisis in Yemen remains severe. In the short term, there is a strong willingness to negotiate between Saudi Arabia and the Huthis, and the truce in Yemen will continue. However, the profound contradictions within the anti Huthiscamp, and the lack of negotiations between the Presidential Leadership Council and the Huthis, which would risk renewing the Yemeni civil war.

Keywords: Yemen; Truce; Saudi Arabia; Comprehensive Peace

Y.16 The Turkey-Syria Severe Earthquake's Security

Challenges and Influence on the Middle East

Liu Linzhi / 236

Abstract: On February 6, 2023, two deadly earthquakes struck Turkey's southern provinces and northwest Syria. The severe earthquake caused great casualties and property losses in Turkey and Syria, and also generated combined effects to the two countries' politics, economy, society and security situation, which brought challenges to safety and stability of the Middle East. On the other hand, the major regional countries provided assistance to Turkey and Syria positively after the earthquake, which has further promoted the reconcilation wave of the Middle East. Today's world is experiencing a great change that has not happened in a century, human civilization comes to a crossroad. Facing complex international security situation, international society should deepen cooperation and work together more closely to deal with significant security challenges such as severe earthquake and other global security issues.

Keywords: Turkey; Syria; Earthquake; Humanitarian Assistance; Security Situation

V Foreign Economic Relations

Y.17 The Developmental Statuses of West Asia Nations' International
Trades and Trades between China and WA
Nations' during Recent Years   *Xu Qiang / 251*

Abstract: In 2022, as the energy products' supply shortages caused by the Ukraine Crisis emerged, the yearly growth rate of the Export and Import Values of most West Asia (WA) Nations are all remarkably higher than the average increase rates of global trades; WA's fuel and gas Export Value (EVs) grew at a super-high speed whereas the speeds of those towards European Union, UK are to a double or many folds level. In 2022, WA's partner proportion in both China's Export Value (EV) and Import Value (IM), all ascended remarkably; the growth rate of the bilateral trade values between China and most WA Nations were all in a high or super-high level. The insecurity and policy instability of few nations encumbered the average 3-year growth rates of the bilateral trade values of their Sino-trades. The Market Share Rate of China's manufacturing goods export to WA, were still rising till 2021. The paper suggests to strengthen the Sino-WA trade by attending these aspects: to respond the following effects of WA's fuel production reduction; to expand Mechanical and Electrical product Export to WA; to exploit the rebuilt opportunities of some WA Nations.

Keywords: West Asia; China; Fuel and Gas Market; Manufacturing Goods Market

Y.18 Foreign Direct Investment of West Asia　　　　*Zhou Mi* / 273

Abstract: In 2021, the inflow of foreign capital to West Asian countries increased significantly, and the performance is outstanding among developing countries. Regardless of the inflow or outflow of foreign capital, the performance of West Asian countries is much better than that of the previous year. The foreign capital inflows of members of the oil exporting countries have increased, and Türkiye has grown rapidly. In contrast, the position of West Asian countries in the foreign investment of Chinese enterprises has declined, and the investment destination countries are more concentrated while the sectors are more diversified. In order to promote mutually beneficial cooperation between China and West Asian countries and accelerate post-epidemic recovery, on the basis of broad common interests and development goals, we should strengthen supply chain relationships, accelerate green transformation, support diversified and differentiated development, and encourage enterprises to innovate collaboratively.

Keywords: China; West Asia; International Direct Investment

VI　Documentations

Y.19 New Progress of the Middle East Study in 2022

Wang Jinyan / 289

Y.20 Chronology of the Middle East Study in 2022

Cheng Hong / 309

社会科学文献出版社

皮 书

智库成果出版与传播平台

❖ 皮书定义 ❖

皮书是对中国与世界发展状况和热点问题进行年度监测，以专业的角度、专家的视野和实证研究方法，针对某一领域或区域现状与发展态势展开分析和预测，具备前沿性、原创性、实证性、连续性、时效性等特点的公开出版物，由一系列权威研究报告组成。

❖ 皮书作者 ❖

皮书系列报告作者以国内外一流研究机构、知名高校等重点智库的研究人员为主，多为相关领域一流专家学者，他们的观点代表了当下学界对中国与世界的现实和未来最高水平的解读与分析。

❖ 皮书荣誉 ❖

皮书作为中国社会科学院基础理论研究与应用对策研究融合发展的代表性成果，不仅是哲学社会科学工作者服务中国特色社会主义现代化建设的重要成果，更是助力中国特色新型智库建设、构建中国特色哲学社会科学"三大体系"的重要平台。皮书系列先后被列入"十二五""十三五""十四五"时期国家重点出版物出版专项规划项目；自2013年起，重点皮书被列入中国社会科学院国家哲学社会科学创新工程项目。

权威报告·连续出版·独家资源

皮书数据库
ANNUAL REPORT(YEARBOOK)
DATABASE

分析解读当下中国发展变迁的高端智库平台

所获荣誉

- 2022年，入选技术赋能"新闻+"推荐案例
- 2020年，入选全国新闻出版深度融合发展创新案例
- 2019年，入选国家新闻出版署数字出版精品遴选推荐计划
- 2016年，入选"十三五"国家重点电子出版物出版规划骨干工程
- 2013年，荣获"中国出版政府奖·网络出版物奖"提名奖

皮书数据库　　"社科数托邦"
微信公众号

成为用户

　　登录网址www.pishu.com.cn访问皮书数据库网站或下载皮书数据库APP，通过手机号码验证或邮箱验证即可成为皮书数据库用户。

用户福利

- 已注册用户购书后可免费获赠100元皮书数据库充值卡。刮开充值卡涂层获取充值密码，登录并进入"会员中心"—"在线充值"—"充值卡充值"，充值成功即可购买和查看数据库内容。
- 用户福利最终解释权归社会科学文献出版社所有。

社会科学文献出版社 皮书系列
SOCIAL SCIENCES ACADEMIC PRESS (CHINA)

卡号：984943543452
密码：

数据库服务热线：010-59367265
数据库服务QQ：2475522410
数据库服务邮箱：database@ssap.cn
图书销售热线：010-59367070/7028
图书服务QQ：1265056568
图书服务邮箱：duzhe@ssap.cn

法律声明

"皮书系列"（含蓝皮书、绿皮书、黄皮书）之品牌由社会科学文献出版社最早使用并持续至今，现已被中国图书行业所熟知。"皮书系列"的相关商标已在国家商标管理部门商标局注册，包括但不限于LOGO（🖋）、皮书、Pishu、经济蓝皮书、社会蓝皮书等。"皮书系列"图书的注册商标专用权及封面设计、版式设计的著作权均为社会科学文献出版社所有。未经社会科学文献出版社书面授权许可，任何使用与"皮书系列"图书注册商标、封面设计、版式设计相同或者近似的文字、图形或其组合的行为均系侵权行为。

经作者授权，本书的专有出版权及信息网络传播权等为社会科学文献出版社享有。未经社会科学文献出版社书面授权许可，任何就本书内容的复制、发行或以数字形式进行网络传播的行为均系侵权行为。

社会科学文献出版社将通过法律途径追究上述侵权行为的法律责任，维护自身合法权益。

欢迎社会各界人士对侵犯社会科学文献出版社上述权利的侵权行为进行举报。电话：010-59367121，电子邮箱：fawubu@ssap.cn。

社会科学文献出版社